Spanhel

Integrative Medienerziehung
in der Hauptschule

Herrn

MR Dr. Gerd Sommer

mit herzlichem Dank für
die jahrelange Unterstützung
und stets vertrauensvolle
Zusammenarbeit

von

Ihrem
Dieter Spanhel

Nürnberg, im Juli 1999

Dieter Spanhel

Integrative Medienerziehung in der Hauptschule

Ein Entwicklungsprojekt auf der Grundlage responsiver Evaluation

KoPäd Verlag
München

ISBN 3-929061-98-8

Druck: WB-Druck, Rieden

© KoPäd Verlag 1999
Kommunikation und Pädagogik
Pfälzer-Wald-Str. 64, 81539 München
Fon/Fax: 089-6891912; E-mail: kopaed@jff.crg.de

INHALT

7

9

1. Einleitung

Der Modellversuch „Integrative Medienerziehung in der Hauptschule" stand im Zusammenhang mit der Erarbeitung eines neuen Gesamtkonzepts für die Medienerziehung in Bayern. Im Rahmen der Vorarbeiten wurde immer wieder die Frage diskutiert: Wie muß ein Gesamtkonzept zur Medienerziehung aussehen, daß es die Lehrerinnen und Lehrer an den Schulen überzeugt, von ihnen angenommen und auch umgesetzt wird? Zu Beginn des Modellversuchs lagen zwar bereits Konzepte, Projektvorschläge, Stundenentwürfe und Unterrichtshilfen zur schulischen Medienerziehung vor, aber es gab kaum Erkenntnisse darüber, wie sie von den Lehrkräften aufgenommen und im Unterricht eingesetzt werden, und was sie bei den Schülern bewirken. Vor allem gab es keine gesicherten Erfahrungen im Hinblick darauf, welche Voraussetzungen geschaffen, welche Schwierigkeiten und Hemmnisse überwunden und welche konkreten Hilfen gegeben werden müßten, damit ein umfassendes Konzept schulischer Medienerziehung vom Kollegium einer Schule aufgegriffen und in den alltäglichen Schulbetrieb integriert wird.

Daher lag der Gedanke nahe, dieses Problem in Form einer Begleituntersuchung genauer zu klären. Aufgrund einer Kooperation zwischen dem Lehrstuhl Pädagogik II der Universität Erlangen-Nürnberg und dem Staatlichen Schulamt der Stadt Erlangen bot sich die Durchführung einer solchen Untersuchung in Erlangen an. Sowohl theoretische als auch bildungspolitische und praktische Gesichtspunkte sprachen für eine Erprobung des neuen Konzepts an der Hauptschule: Nach allen Erfahrungen mußte davon ausgegangen werden, daß in den Hauptschulen Erziehungsschwierigkeiten, problematisches Mediennutzungsverhalten und Gewaltprobleme stärker als in den anderen Schularten ausgeprägt sind. Deshalb war dort am besten zu überprüfen, ob ein neues Konzept von Medienerziehung die dringend benötigte Hilfe für Schüler, Eltern und Lehrer bringen konnte. Wir erwarteten, daß theoretisch begründete Konzepte in der Hauptschule von Anfang an einer harten Bewährungsprobe unterzogen, aufgrund des vorherrschenden Klassenlehrerprinzips und der Ausbildung der Lehrkräfte aber auch am ehesten umgesetzt werden würden. Schließlich war damit die Hoffnung verbunden, der Modellversuch könnte zusätzlich auf die Probleme der Hauptschule und auf ihre Bedeutung im Bildungssystem aufmerksam machen.

1.1 Zur Kennzeichnung der Ausgangslage

Die Frage nach einer verbesserten Form schulischer Medienerziehung war Mitte der neunziger Jahre nicht nur aufgrund der zunehmenden Gewalteinwirkungen des Fernsehens, der Videofilme und Computerspiele bedeutsam. Wegen der immer stärker von Medien geprägten alltäglichen Lebenswelt der Schüler in Familie und Freizeit bestand für die Schule zunehmend die Notwendigkeit, ihren Erziehungs- und Bildungsauftrag grundsätzlich zu überdenken und neu zu bestimmen. Die Annahme war, daß der ungehinderte Zugang zu der großen Vielfalt an Medienangeboten und die freie Verfügbarkeit über die verschiedensten Medien zu jeder Zeit und an allen Orten bei den Hauptschülern nicht nur Entwicklungsprobleme, Verhaltensstörungen und Erziehungsschwierigkeiten verursachte.

13

Aufgrund der neuen Ergebnisse aus der Medienforschung mußte von einer grundsätzlichen pädagogischen Ambivalenz der Medien ausgegangen werden (Spanhel 1990). Schulische Medienerziehung mußte daher berücksichtigen, daß das zunehmende Medienangebot und die neuen Medien von den Schülern nicht nur zur Gestaltung ihrer Alltagswelt genutzt wurden, sondern ihnen auch reichhaltige Erfahrungsmöglichkeiten, reizvolle und anschauliche Lernformen, Orientierungs- und Lösungshilfen bei der Bewältigung alltäglicher Lebensprobleme eröffneten (Spanhel 1995a). Die Ausgangsfrage für einen Neuansatz schulischer Medienerziehung mußte daher lauten: Wie müßten Unterricht und Schulleben gestaltet werden, um den jungen Menschen zu helfen, diese Chancen zu nutzen und gleichzeitig die mit den Medien verbundenen Gefahren und negativen Auswirkungen zu mindern?

Ergebnisse aus der Gewalt- wie auch aus der Medienforschung legten den Schluß nahe, eine breit angelegte und kontinuierlich betriebene schulische Medienerziehung müßte auch einen wichtigen Beitrag zur Überwindung der Gewaltproblematik bei Jugendlichen leisten können (Charlton, Neumann-Braun 1992; Tulodziecki 1992). Empirische Erhebungen zeigten aber auch, daß bis zu dieser Zeit Medienerziehung an den Schulen einerseits nur sehr punktuell und auf nur wenige Inhalte begrenzt durchgeführt und andererseits durch eine Reihe ungünstiger Rahmenbedingungen zusätzlich erschwert wurde: In den schulischen Lehrplänen war diese wichtige Erziehungsaufgabe kaum verankert, die Lehrkräfte dafür nicht ausgebildet und die Medienausstattung der Schulen häufig recht mangelhaft (vgl. Höltershinken u.a. 1991; Medienkompetenz 1992).
Grundsätzlich war zunächst davon auszugehen, daß der Erfolg medienpädagogischer Maßnahmen in der Schule von der Einstellung, der medienpädagogischen Kompetenz und der Einsatzbereitschaft der Lehrerinnen und Lehrer abhängt. Die Ausgangslage für das Modellprojekt war schließlich noch durch ein weiteres, in der Forschung hinreichend belegtes Problem gekennzeichnet: Kinder und Jugendliche unterscheiden sich hinsichtlich ihrer Beziehungen zu den Medien und hinsichtlich ihres Mediennutzungsverhaltens ganz erheblich von den Erwachsenen. Sie nutzen die Medien völlig unvoreingenommen zur Bereicherung ihrer Alltagswelt und zur Befriedigung ihrer Bedürfnisse. Hingegen haben die Lehrerinnen und Lehrer aufgrund ihrer andersartigen Mediensozialisation ein eher distanziertes Verhältnis zu den Medien. Sie haben häufig keinen genauen Einblick in das nur noch teilweise von den Eltern kontrollierte Nutzungsverhalten und in die Medienwelten der Schüler.

Vor diesem Hintergrund mußte für das Modellprojekt ein völlig neuer Ansatzpunkt entwickelt werden. Es konnte nicht darum gehen, mit einer kleinen Gruppe ausgewählter Lehrkräfte die Wirksamkeit einzelner und isoliert durchgeführter medienpädagogischer Maßnahmen zu testen. Es kam auch nicht darauf an, die möglichen Effekte solcher Maßnahmen mit ausgeklügelten statistischen Verfahren zu messen. Die *Fragestellung* lautete vielmehr:

-   Was muß getan werden, damit Lehrkräfte im Unterrichts- und Schulalltag ganz selbstverständlich Medien zur Erreichung ihrer Lernziele, zur Problemlösung und zur Bewältigung anstehender Aufgaben einsetzen und in Verbindung damit medienpädagogische Themen aufgreifen und engagiert umsetzen?

14

- In welches Umfeld müssen diese Maßnahmen eingebettet sein, damit sie bei den Hauptschülern auch ankommen und ihnen alternative Handlungsorientierungen für ihr eigenes Medienhandeln vermitteln können?

Zu Beginn des Modellversuchs lag noch keine Antwort auf diese Fragen in Form eines· fertigen, detailliert ausgearbeiteten und theoretisch begründeten Konzepts schulischer Medienerziehung vor, sondern es war das ausgesprochene Ziel des Projekts, ein solches Konzept erst zu gewinnen und erproben.
Dieser Ausgangspunkt führte zwangsläufig zu einer Anlage der Untersuchung in Form einer Evaluationsstudie und zwar in Form eines eher offenen Entwicklungsprojekts. Es war nicht das Ziel, die Ergebnisse medienpädagogischer Maßnahmen unter kontrollierten Bedingungen zu messen, sondern solche Maßnahmen unter den konkreten Bedingungen des Schulalltags mit den Verantwortlichen erst zu entwickeln, die Prozesse der Entwicklung und Umsetzung der Konzepte genau zu beobachten und zu beschreiben und mögliche Auswirkungen auf Schüler, Lehrer, Schule und Eltern sensibel zu erfassen. Dieses Anliegen erforderte eine von der meist üblichen Praxis der bisherigen Modellversuche abweichende Vorgehensweise.

1.2   Die Notwendigkeit medienpädagogischer Evaluationsforschung

Ausgangspunkt für unsere konzeptionellen Überlegungen zur Durchführung des Modellversuchs war folgende These:
Medienpädagogik als eine Handlungswissenschaft darf sich nicht nur auf Erkenntnisgewinnung im Rahmen von Grundlagenforschung ausrichten, sondern sie muß sich auch um eine Verbesserung der Erziehungspraxis kümmern. Seit einigen Jahren läßt sich eine immer größer werdende Diskrepanz zwischen der Wissenschaftsentwicklung mit einer zunehmenden Fülle an empirischen Forschungs-ergebnissen und immer neuen unbewältigten Praxisproblemen beobachten. Ein typisches Beispiel dafür ist die Flut empirischer Untersuchungen über die Auswirkungen von Gewaltdarstellungen in Fernsehen und Video auf die Gewaltbereitschaft und Aggressivität bei Kindern und Jugendlichen. Trotz vielfacher wissenschaftlicher Nachweise solcher Wirkungen und eines begründeten Handlungswissens zur ihrer Vermeidung (vgl. Lukesch, o.J.) und trotz des Vorliegens ausgearbeiteter Handlungskonzepte, wie z.B. der Baukasten Gewalt des Institut Jugend Film Fernsehen (1998), läßt sich in der Erziehungspraxis kaum ein konsequentes Vorgehen gegen die Mediengewalt und ein Rückgang aggressiven Verhaltens bei Kindern und Jugendlichen beobachten. Statt dessen wird eher noch die Zunahme der Gewaltbereitschaft beklagt.
Ein anderes Beispiel sind die überzogenen Erwartungen und euphorischen Hoffnungen in der Folge empirischer Forschungsergebnisse über bessere Lernerfolge beim Einsatz von Multimedia und computergestützten Lernprogrammen. Diese ersten meist in außerschulischen Bildungseinrichtungen gewonnenen Erkenntnisse (vgl. L.J. Issing, P. Klimsa 1995) werden vorschnell auf die allgemeinbildenden Schulen übertragen. Aber es fehlt immer noch an in der Schulpraxis erprobten pädagogischen, didaktischen und methodischen

Konzepten, die den Lehrkräften bei der Umsetzung helfen und eine tatsächliche Verbesserung der Lernprozesse gewährleisten könnten.

Es muß kaum betont werden, daß gerade in einer Zeit, in der durch die rasanten Medienentwicklungen rasche soziale und gesellschaftliche Wandlungen ausgelöst werden, eine Verbesserung der Medienerziehung in den verschiedenen Erziehungsfeldern der Familie, des Kindergartens, der Schule und der außerschulischen Kinder- und Jugendarbeit von herausragender Bedeutung ist. Eine solche Verbesserung der Bedingungen des Heranwachsens in einer mediengeprägten Alltagswelt stellt sich jedoch nicht allein durch die Produktion und Verbreitung immer neuer medienpädagogischer Forschungsergebnisse ein! Dazu sind vielmehr eigenständige wissenschaftliche Verfahren und Bemühungen in Form einer *medienpädagogischen Evaluationsforschung* erforderlich. Sie hat die Aufgabe, medienpädagogische Curricula, alternative medienpädagogische Programme und Handlungskonzepte zu entwickeln, in den unterschiedlichen pädagogischen Praxisfeldern zu erproben und hinsichtlich ihrer Realisierbarkeit, Nützlichkeit und Zielerreichung zu bewerten. Damit ist genau die übergeordnete Zielstellung unseres Modellversuchs gekennzeichnet.

Bei der Entscheidung, den Modellversuch in Form einer Evaluationsstudie durchzuführen, mußte jedoch von Anfang an auch folgendes Problem mitgesehen werden:
Praxiszentrierte Evaluation ist, im Gegensatz zur Grundlagenforschung, selbst ein praktisches Handeln, das sich aufgrund seiner Vielfalt und Vielschichtigkeit letztlich einer stringenten und voll zufriedenstellenden Beschreibung entzieht.
Die Forderung nach einer Verstärkung der Evaluationsstudien im Bereich der Medienpädagogik muß daher zugleich mit der Forderung nach einer methodologischen Umorientierung der Evaluation verbunden werden: Von einer quasi-experimentellen, an empirisch-quantitativen Methoden ausgerichteten, ergebnisorientierten Evaluation hin zu einer *offenen, formativen Evaluation* als Entwicklungsprozeß. Der Grund dafür liegt darin, daß sich medienpädagogische Evaluationsstudien als praktisches Handeln mit einer Reihe von *Schwierigkeiten* konfrontiert sehen. Sie haben sich im Ablauf des Projekts teilweise in drastischer Form bemerkbar gemacht, so daß mehrmals ein Abbruch des Modellversuchs in Erwägung gezogen werden mußte.

1. Medienpädagogik als Handlungswissenschaft richtet sich auf die „Selbstaufklärung" der Lehrer-Erzieher (D. Benner, D. Schmied-Kowarzik). Es genügt daher nicht, wissenschaftliche Erkenntnisse im Rahmen von Fortbildung zu vermitteln, damit sie nachher umgesetzt werden. Dieser Prozeß der Selbstaufklärung muß nicht nur angestoßen, sondern im Rahmen von Evaluationsstudien fachlich begleitet und schließlich in seinen konkreten Auswirkungen im alltäglichen Erzieherhandeln beobachtet und kontrolliert werden. Dabei ist zu beachten, daß medienerzieherisches Handeln wie jedes Handeln ein konstruktiver und kreativer Prozeß ist. Es gilt herauszufinden, wie die Lehrkräfte die theoretisch vorgegebenen medienpädagogischen Konzepte unter den konkreten Bedingungen der Erziehungssituation eigenständig und kreativ umsetzen, was sie tatsächlich daraus machen, wie sie im Sinne der Theorien die Lernumgebun-

gen der Kinder so umgestalten, daß schädliche Medienwirkungen vermieden werden und Medienkompetenz aufgebaut wird. Infolge der knappen Personalausstattung im Modellversuch war es unmöglich, diese Prozesse bei den Lehrkräften im einzelnen zu beobachten und zu dokumentieren. Unsere Bitte an die Lehrerinnen und Lehrer, ihre Erfahrungen mit medienpädagogischen Versuchen mit Hilfe von Unterrichtsdokumentationsbögen festzuhalten, bedeutete für sie eine weitere Arbeitsbelastung und wurde daher nur widerwillig und unvollständig erfüllt.

2. Die Verhaltenssteuerung der Lehrkräfte im medienpädagogischen Feld des Schulunterrichts und des Schullebens beruht auf äußerst *komplexen Regelsystemen:*
   - auf der Person des Erziehers als sich selbst organisierendes System;
   - auf dem sozialen System der Schulklasse und
   - auf dem institutionellen System der Schule.

Evaluationsstudien müssen deshalb zu beschreiben suchen, wie durch das komplizierte Zusammenspiel dieser Steuerungssysteme die medienpädagogischen Handlungskonzepte verändert werden bzw. herausfinden, welche Steuerungsmechanismen günstige Rahmenbedingungen für die Durchführung eines Programms schaffen könnten.

In diesem Punkt hatten wir auf allen drei Systemebenen mit erheblichen Schwierigkeiten zu kämpfen:
   - Bei einer Reihe von Lehrpersonen stellten wir erstarrte Alltagsroutinen, Überlastung, Resignation oder Angst vor jeglichem Experimentieren fest.
   - In den großen Klassen gab es erhebliche Leistungsunterschiede und teilweise gravierende Erziehungsschwierigkeiten bei den Schülern.
   - Auf der Ebene der Schule behinderten Leistungs- und Zeitdruck wegen des Übertritts an die Realschule und des Qualifizierten Hauptschulabschlusses, organisatorische Schwierigkeiten und Verschlechterung der Rahmenbedingungen durch die Schulverwaltung die Projektarbeit.

3. Das Hauptproblem liegt jedoch darin, daß medienpädagogische Handlungskonzepte in die Schule als ein Handlungsfeld implementiert werden müssen, das inmitten vielfältiger und tiefgreifender gesellschaftlicher Veränderungen Halt und Sicherheit in erstarrten Organisationsstrukturen und Handlungsroutinen sucht und das mit großen Ängsten auf das immer stärkere Drängen nach Neugestaltung reagiert.

Als Mitglieder der Universität wurden die Mitglieder der Projektleitung zunächst mit großer Skepsis in der Schule aufgenommen. Das Kollegium befürchtete, der Modellversuch bringe nur Mehrarbeit und diene lediglich unserer eigenen Profilierung. Am meisten schockierte die Idee eines offenen Entwicklungsprojektes. Die von uns in Aussicht gestellten Vorteile für die Lehrerinnen und Lehrer selbst wurden nicht als realistisch akzeptiert.

Für die Konzeption unseres Projekts war weiterhin folgende grundlegende Erkenntnis bedeutsam:

Medienpädagogische Interventionsforschung, wie sie der Modellversuch zur integrativen Medienerziehung in der Hauptschule darstellt, erfordert ein sehr differenziertes Evalua-

tionskonzept, das die Evaluation des Projektinputs (Eignung des Fortbildungsprogramms und der Projektmaterialien für die Lehrkräfte), eine *Transferevaluation* (Bewertung der Umsetzung des Programms durch die Lehrkräfte) und die *Ergebnisevaluation* (Überprüfung der Effekte bei der Unterrichtsgestaltung und bei den Schülern) umfaßt.

Medienpädagogische Theorien und Forschungsergebnisse werden daher auch in Zukunft im Praxisfeld Schule weitgehend folgen- und wirkungslos bleiben und die Anliegen und Ziele der Medienerziehung werden sich nicht verwirklichen lassen, wenn nicht *durch medienpädagogische Evaluationsforschung folgende Fragen* geklärt werden:

- Wie schätzen Lehrkräfte die Bedeutung der ihnen verbindlich aufgetragenen oder empfohlenen medienpädagogischen Curricula, Programme oder Maßnahmen ein?

- Wie kann ihnen die Notwendigkeit und Wichtigkeit bestimmter medienerzieherischer Maßnahmen nahegebracht werden?

- Wie kann bei den Lehrkräften die Angst vor Neuerungen überwunden und die Bereitschaft zur Aufgabe vertrauter Handlungsroutinen und zum Experimentieren mit neuen Medien und Unterrichtsformen geweckt werden?

- Wie gehen Lehrkräfte an ein Konzept schulischer Medienerziehung heran, nach welchen Kriterien bewerten sie es und wie verändern sie es, um es in die ihnen verfügbaren pädagogischen Denk- und Handlungsmuster zu integrieren? Wie stellt sich nach diesem Durcharbeitungsprozeß das Handlungskonzept aus der Sicht der Lehrkräfte dar?

- Welche weiteren Veränderungen müßten an dem Konzept vorgenommen werden, um es an die soziale Konstellation einer bestimmten Schulklasse anzupassen und um seine Umsetzung unter den spezifischen institutionellen Rahmenbedingungen einer bestimmten Schule zu gewährleisten?

- Wie sieht als Ergebnis dieser Konstruktionsprozesse die mediale Lernumgebung für die Schüler schließlich tatsächlich aus und welche Erfahrungen und Lernprozesse zur Verbesserung ihrer Medienkompetenz sind in diesem pädagogischen Handlungsrahmen dann zu erwarten?

Der besondere Stellenwert einer auf solche genuin medienpädagogische Fragen ausgerichteten Evaluationsforschung zeigt sich in der Fokussierung der Bildungsdiskussion seit Beginn der neunziger Jahre auf die pädagogischen, insbesondere schulischen Konsequenzen der Medienentwicklung, die sich schließlich auch in bildungspolitischen Maßnahmen niedergeschlagen hat.

1.3 Die Bedeutung des Modellversuchs im Lichte der aktuellen Bildungsdiskussion

Schule ist grundsätzlich auf Medien angewiesen. Erziehungsabsichten und Bildungsinhalte müssen symbolisch repräsentiert werden, damit sie an die Schüler weitergegeben werden können. *Das* Kommunikationsmedium war von alters her die Sprache. Weil Schule durch die Vermittlung von Lesen- und Schreiben-Können den Zugang zu den Printmedien und den darin aufbewahrten Kulturgütern und menschlichen Erfahrungen, Ideen und Wertorientierungen kontrollierte, verfügte sie lange Zeit über ein Informationsmonopol.

Durch die Entwicklungen im Medienbereich hat sich die Situation von Schule grundlegend geändert, und dieser Prozeß ist noch nicht zum Abschluß gekommen. Ausschlaggebend ist dafür nicht allein die Vielzahl der neuen Medien, sondern die neue Qualität. Sie beruht auf den Möglichkeiten symbolischer Repräsentation, Simulation und Veranschaulichung von Wirklichkeit in Bildern und der Erzeugung fiktiver Bilderwelten, auf der Kombination von Sprache, Bild und Ton, auf der immer größeren Speicherkapazität der Medien, der Verfügbarkeit zu jeder Zeit und an jedem Ort, der leichten Zugänglichkeit zu beliebigen Inhalten, der Interaktivität und den Möglichkeiten zur eigenen Gestaltung von Medien.

Schon bevor Kinder in die Schule kommen, haben sie einen relativ freien und ungehinderten Zugang zu den Medien und damit zur ganzen Welt der Erwachsenen, der von Eltern und Lehrern kaum noch kontrollierbar ist. Sie müssen dafür nicht erst das Lesen beigebracht bekommen, sondern sie eignen sich die erforderlichen Medienkompetenzen selbst an.

Die immer schnelleren Entwicklungen im Medienbereich, die permanente Veränderungen in fast allen Bereichen der Alltagswelt nach sich ziehen, zwingen die Schule zu einer Neubestimmung ihres Erziehungs- und Bildungsauftrags in der modernen Informations- und Wissensgesellschaft. Daher war von folgender *These als wichtiges Begründungselement* für den Modellversuch auszugehen:

Die Schule kann ihren veränderten Bildungs- und Erziehungsauftrag nur erfüllen, wenn die ständig neuen Herausforderungen in der modernen Informationsgesellschaft nicht nur durch veränderte Lerninhalte, sondern insbesondere auch durch flexible Lernformen beantwortet werden, die letztlich nur durch Transformationen in den internen Organisationsstrukturen der Schulen ermöglicht werden.

Im Rahmen eines Modellversuchs als Evaluationsstudie konnte es daher nicht nur um die Entwicklung und Erprobung eines Konzepts schulischer Medienerziehung gehen. Ganz wesentlich für seine Umsetzung und Wirksamkeit war die Frage: In welche Strukturen von Schule und Unterricht muß Medienerziehung eingebettet sein? Die Idee *eines Schulprofils „Medienerziehung"* deutet eine mögliche Grundrichtung dieser strukturellen Transformationen in den Schulen an.

Die Notwendigkeit und die Schwierigkeiten solcher Strukturreformen als Rahmenbedingung für eine erfolgversprechende Medienerziehung müssen *aus systemtheoretischer Sicht* begründet werden (Voß 1996; Willke 1991). Dabei sind wiederum die genannten drei *Systemebenen* zu untersuchen, weil sich alle Schulreformen aus dem Zusammenspiel dieser Systeme und ihren Beziehungen zur gesellschaftlichen Umwelt ergeben und jede Neuorganisation in einem System auch Transformationen in den anderen Systemen zur Voraussetzung und zur Folge hat:

1. Die personalen Systeme der einzelnen Lehrkräfte und Schüler;
2. das soziale System Unterricht in einer Schulklasse;
3. das soziale System der einzelnen Schule als Institution.

Diese systemtheoretische Betrachtungsweise führt zu einem *Wechsel der Perspektive* beim Beobachter: Der Blick richtet sich nun nicht auf „Dinge", sondern auf Verhältnisse, auf die Beziehungen und Prozesse zwischen einem System und seiner Umwelt, zwischen einzelnen Systemen und zwischen den Elementen innerhalb eines Systems. Die gesellschaftlichen Veränderungen im Zusammenhang mit den rasanten Entwicklungen im Medienbereich bedeuten für alle drei genannten Systeme veränderte Umwelten und veränderte Relationen in den inneren Strukturen, die mit neuen Anforderungen verbunden sind (vgl. Spanhel 1998c).

1.3.1 Neue Anforderungen an schulische Bildungsprozesse in der Informationsgesellschaft

Wichtig für unsere Fragestellung sind die Relationen des Systems Schule zur gesellschaftlichen Umwelt. Sie sind bisher dadurch gekennzeichnet worden, daß Schule aus dem Insgesamt der kulturellen Errungenschaften unserer Gesellschaft jene in der *Vergangenheit* bewährten Erkenntnisse und Fähigkeiten auswählt und vermittelt, die den Schülern in der *Zukunft* erlauben, sich in die Gesellschaft zu integrieren und ihr Leben selbständig und eigenverantwortlich führen zu können.

Nun ist in jüngster Zeit immer wieder beschrieben worden, wie rasch sich in der modernen Informationsgesellschaft durch die Entwicklungen im Medienbereich alle Lebensbereiche des Menschen verändern, die Bedeutung und die Verfügbarkeit des Wissens einerseits zunimmt und Wissen andererseits rasch veraltet (W. Schulz).

Die Folge davon ist unter anderem ein boomender kommerzieller Bildungsmarkt außerhalb der Schule mit verlockenden Lernmöglichkeiten schon für Kinder. Damit wird dem bisherigen Modell von Schule der Boden entzogen (Spanhel, Kleber 1996): Tradierung und Aneignung bewährter Erkenntnisse und Fähigkeiten reichten bisher aus, um sich in einer *bestimmten* Umwelt mit absehbaren Anforderungen erfolgreich verhalten zu können. Aber sie geben den jungen Menschen nicht mehr die Sicherheit, daß sie den sich schnell wandelnden Anforderungen ihrer *zukünftigen Lebenswelt* gerecht werden können.

Die jungen Menschen heute brauchen daher Erfahrungen, aus denen sie selbst Lerninstrumente in Form differenzierter Schemata, d.h. Repertoires von Denk- und Handlungsmustern konstruieren können, die es ihnen erlauben, sich *in rasch wechselnden Umwelten* verhalten zu können. Diese verstärkte Ausrichtung auf die *Formen des Lernens* wird notwendig, weil die Anforderungen der zukünftigen Gesellschaft nicht vorhersehbar sind (vgl. Treml 1995).

Im Verlauf ihres schulischen Bildungsprozesses müssen sich daher die Schüler zusammen mit dem Erwerb bestimmter, fachbezogener Kenntnisse und Fähigkeiten zugleich Wissensstrukturen und darüber hinausgehende Kompetenzen aneignen:

- Orientierungswissen und abstraktes Überblickswissen
- operatives Wissen zur Bewältigung neuer Situationen und Probleme
- Medienkompetenz
- effektive Methoden zur Steuerung der eigenen Lern- und Umlernprozesse
- Reflexionswissen: Kriterien zur Bewertung und Auswahl von Informationen
- Fähigkeiten zum gemeinsamen Einsatz von Wissen zur Problembewältigung
- Fähigkeiten zur Kontrolle der inneren Lernbedingungen in der Person
- Fähigkeit zum Umgang mit der Unsicherheit und Veränderbarkeit des Wissens und mit dem Nichtwissen

Diese abstrakten Kenntnisse und Fähigkeiten wurden in den vergangenen Jahren vielfach unter dem Begriff der „Schlüsselqualifikationen" diskutiert. Demnach kann die Vermittlung fachlicher *Inhalte* nicht mehr allein das Ziel des Lehrens sein, sondern *die Formen und Methoden des Lernens* müssen zu einem wichtigen *Inhalt des Lernens* werden (Spanhel 1994). Mehr noch: Die *begrifflichen Instrumente des Lernens* selbst müssen im Unterricht kontinuierlich weiterentwickelt, ausdifferenziert und flexibel gehalten werden. Aber diese Lerninstrumente und Schlüsselqualifikationen einschließlich der Medienkompetenz können eben nicht einfach gelehrt, sondern nur durch eigenes Handeln erworben, gleichsam mitgelernt werden. Eine wichtige Frage im Modellversuch war daher, *wie* die zwingend erforderliche methodische Umgestaltung des Unterrichts aussehen und durch verstärkten Medieneinsatz ermöglicht werden könnte.

1.3.2 Anforderungen an die Gestaltung schulischer Lernumgebungen aus einer systemtheoretischen Sicht von Lernen

Wie lassen sich nun diese Instrumente und Methoden des Lernens genauer beschreiben? Dazu müssen wir uns zunächst klarmachen, daß *Lernen* aus systemtheoretischer Sicht immer ein *eigenaktiver und konstruktiver Prozeß* ist. Nach dieser Auffassung werden beim Lernen keine fertigen Inhalte übergeben und aufgenommen. Vielmehr *konstruieren* die Schüler mit Hilfe der bereits vorhandenen und gerade verfügbaren Schemata neue Wissensstrukturen. Aus der Vielfalt der Wahrnehmungen in der Auseinandersetzung mit der Umwelt abstrahieren sie neue Muster, die zu Transformationen der vorhandenen Denk-, Gefühls-, Wertungs- und Handlungsmuster führen (vgl. Kösel, Scherer 1996). Wenn heute in Diskussionen häufig davon gesprochen wird, die Schüler müßten das *Lernen lernen*, dann wird nun klar, worum es dabei geht: Um die Entwicklung der Lerninstrumente und Lernformen durch Differenzierung, Neukoordination und Neuorganisation der bereits aufgebauten Schemata. Sie sind die Instrumente (in Form von Bewegungs- oder Handlungsmustern, Begriffen oder Theorien), mit denen gelernt werden kann. Weil keine Lernsituation gleich ist, führt die Aneignung konkreter Inhalte immer auch zur Transformation der vorhandenen Schemata. Die Gesamtheit der inneren Strukturen bildet also den *„Lernapparat"* des Menschen (in Anlehnung an K. Lorenz, der von *„Weltbildapparat"* spricht; vgl. dazu Lassahn 1977, S. 173 ff.).

Das *Lernen lernen* hieße aus dieser Sicht dann das bewußte und flexible Zurechtmachen, die Neukoordination, Ausdifferenzierung und damit Weiterentwicklung dieses Lernapparats in der Auseinandersetzung mit den Anforderungen der Umwelt. Dieser selbstgesteuerte Entwicklungsprozeß ist etwas anderes als die bloße Aufnahme neuer Lerninhalte (vgl. dazu Piaget, Inhelder 1977; Piaget 1976; Furth 1971). Er erfolgt auf der Basis sozialer Kommunikation und ist problemorientiert und kontextabhängig.

Aus dieser Auffassung von Lernen ergibt sich eindeutig:
Lernen kann nicht direkt gelenkt und schulisches Lernen daher nur durch die Gestaltung der Lern- und Erfahrungsräume in den Schulklassen angeregt, ausgelöst, motiviert und begleitet werden. Deshalb muß der Unterricht als eine spezifische *Lernumgebung* so gestaltet werden, daß die Schüler bestimmte Anforderungen, ja sogar Lernzwänge bewältigen müssen, damit sie bestimmte Erfahrungen machen und dabei ihre Lerninstrumente weiterentwickeln können.

Dies setzt voraus, daß

1) der Unterricht den Schülern Anschlußmöglichkeiten an ihre inneren Wissensstrukturen bietet, ihre Lerninstrumente aktiviert und sie zu einer intensiven Auseinandersetzung mit den Lernaufgaben anregt;

2) die Lernumgebungen im Unterricht dafür eine Vielzahl von Anreizen, Informationen, Anforderungen sowie vielfältige Handlungsmöglichkeiten und Erfahrungsräume bereitstellen und

3) der Gesamtrahmen „Schule" die Möglichkeitsbedingungen für einen dementsprechend offenen problem- und handlungsorientierten Unterricht schafft. Dabei ist durch die Schulpflicht und durch die Normen und Regelungen der Schule sichergestellt, daß die Schüler den verbindlichen Lernanforderungen nicht ausweichen können.

Bei einer Neugestaltung der Lernumgebungen im Unterrichts ist besonders zu beachten, daß die verfügbaren Schemata bei den einzelnen Schülern je nach ihrer Biographie, aktuellen Lebenssituation und ihrer konkreten Lerngeschichte sehr unterschiedlich sind und angesichts der zunehmenden Ausdifferenzierung der Lebenswelten und Lebensstile der Schüler in Zukunft noch stärker differieren werden. Aber aus einer konstruktivistischen Sicht von Lernen kann diese Heterogenität der individuellen Lerninstrumente bei den Schülern, die viele Lehrerinnen und Lehrer als besonders belastend empfinden, im Rahmen sozialer Lernformen den Mitschülern neue Impulse geben, vielfältige Anschlußmöglichkeiten schaffen und so neue Lernpotentiale eröffnen.

Wie müßten nun die Systeme Schule und Unterricht als Lernräume im Sinne einer konstruktivistischen Lerntheorie umgestaltet werden, damit die Schule ihren veränderten Bildungs- und Erziehungsauftrag erfüllen kann? Welche Rolle kommen dabei der Medienerziehung und dem Einsatz der modernen Medien im Unterricht und Schulleben zu?

1.3.3 Die Bedeutung der Medien und einer verbesserten Medienerziehung für die Schule

Die Bedeutung der Medien wird klar, wenn wir die Relationen zwischen den Systemen Schule, Unterricht und Person betrachten. Durch den wissenschaftlich-technischen Fortschritt und insbesondere durch die Entwicklungen in den Informations- und Kommunikations-techniken erhöht sich die Komplexität der Umwelt für die Menschen und für alle gesellschaftlichen Teilsysteme in einem unvorstellbaren Ausmaß. Aus der Systemtheorie ist bekannt, daß eine größere Umweltkomplexität nur durch eine Erhöhung der Eigenkomplexität eines Systems ausgeglichen werden kann. Größere Eigenkomplexität erfordert jedoch zwingend eine Neuorganisation der inneren Strukturen und Elemente oder Teilsysteme, wenn die Stabilität und kontinuierliche Weiterentwicklung eines Systems gesichert werden soll.

Medien erfüllen in diesem Zusammenhang eine wichtige *Doppelfunktion*: Sie reduzieren in erheblichem Maße die Umweltkomplexität für die Systeme Schule und Unterricht und tragen zugleich zu einer enormen Erhöhung der Eigenkomplexität dieser Systeme bei. Die Medienangebote stellen zum einen ausgewählte, aufbereitete und interpretierte *Ausschnitte aus der Wirklichkeit* des Menschen, seiner Lebenswelt, dem Insgesamt der kulturellen Errungenschaften in Form von Zeichen oder Symbolen zur Verfügung („Unser

Weltbild aus Zeichen", Boeckmann 1994). Eine weitere Auswahl aus dieser Medienvielfalt durch Lehrer und Schüler führt zu nochmaliger drastischer Reduktion an Komplexität. Zum anderen werden gleichzeitig mit einer Ausweitung des Medieneinsatzes die Kommunikationsprozesse in den sozialen Systemen Schule und Unterricht erheblich differenzierter und komplexer. Denn in den Medien steht ein ungleich größeres Angebot an möglichen Lerninhalten bereit, als in den alten Schulbüchern und in der Person des Lehrers. Und das nicht nur in Form verbindlicher Texte oder Lehreraussagen, sondern auch in einer reichen Vielfalt an Bildern, Filmen, Tönen und Grafiken, die interpretierbar und allen Schülern auch unabhängig von den Lehrkräften zugänglich sind. Traditionelle wie moderne elektronischen Medien bieten unerschöpfliche Handlungsmöglichkeiten, weil sie sich individuell variieren, koordinieren, umformen, bearbeiten, vergleichen und interpretieren lassen. Sie liefern damit zugleich vielseitige und interessante Instrumente und Formen zur Aufnahme, Verarbeitung und Vermittlung dieser Lerninhalte.

Mit dem verstärkten Medieneinsatz erhöht sich die Komplexität des Systems Unterricht zusätzlich dadurch, daß nun die Schüler vermehrte Anschlußmöglichkeiten an ihre außerschulischen Medienerfahrungen finden und ihre individuellen, mediengeprägten Interessen, Kenntnisse, Fähigkeiten und Wertorientierungen besser in den Unterricht einbringen können. Denn in ihrer Freizeit nutzen die Jugendlichen das Medienangebot bereits eigenständig, um ihre eigene Alltagswelt zu konstruieren, wobei sich vielfältige selbstgesteuerte und lustbetonte Lernprozesse abspielen (Spanhel 1995a).

Die Bearbeitung und Bewältigung dieser erhöhten Eigenkomplexität muß zwangsläufig zu Transformationen in den Strukturen von Schule und Unterricht führen. Allerdings sind diese nur im Rahmen einer größeren Autonomie der Schulen möglich, die wiederum mehr Eigenverantwortung von den Schulleitungen und auf der Ebene des Unterrichts von Lehrern und Schülern verlangen (vgl. Bildungskommission NRW 1995). Welche Konsequenzen ergeben sich daraus für eine Intensivierung schulischer Medienerziehung und vielfältigen Medieneinsatz im Schulalltag? Wie müßten die Schulen ihre Organisationsstrukturen ändern, um durch verbesserte Medienerziehung und angemessenen Medieneinsatz diese neuen Lernmöglichkeiten und Lernformen eröffnen zu können? Und wenn sich Schule und Unterricht in diesem Sinne als *lernende soziale Systeme* (vgl. von Lüde 1996) ständig verändern, ist weiter zu fragen:

- Wie können sie eine gewisse Stabilität und Identität in ihrer Entwicklung erhalten, damit für die Schüler ein Mindestmaß an Sicherheit und Geborgenheit als Voraussetzung für erfolgreiches Lernen gewährleistet bleibt?
- Könnte dies im Rahmen einer kontinuierlichen Arbeit an einem *Schulprofil Medienerziehung* möglich sein?

Unter diesen übergeordneten Aspekten muß der gesamte Entwicklungsprozeß im Modellversuch betrachtet und bewertet werden.

1.4 Einordnung des Modellversuchs in die bildungspolitischen Bestrebungen

Mitte der neunziger Jahre waren die Entwicklungen im Medienbereich und die daraus folgende Notwendigkeit einer intensiveren Medienerziehung ein wichtiges bildungspolitisches Thema. Die Diskussionen fanden ihren Niederschlag in Beschlüssen der BLK und der KMK. Sie werden im folgenden in einigen wesentlichen Aussagen zitiert, weil sie sehr genau den Rahmen für den hier darzustellenden Modellversuch kennzeichnen.

Zunächst ist auf den *„Orientierungsrahmen: Medienerziehung in der Schule"* der Bund-Länder-Kommission für Bildungsplanung und Forschungsförderung vom 12. Dezember 1994 (BLK 1995) zu verweisen. In der Vorbemerkung heißt es dort:

„Der Orientierungsrahmen geht von der Entwicklung der Medien und ihren Wirkungen aus; es werden Leitvorstellungen entwickelt, an denen sich die pädagogische Arbeit in der Schule orientieren kann. Er gibt darüber hinaus Hinweise für eine Einbeziehung medienpädagogischer Elemente in die Lehreraus- und -fortbildung sowie für die Zusammenarbeit mit dem Elternhaus und mit außerschulischen Partnern.

Der Orientierungsrahmen befaßt sich schwerpunktmäßig mit den elektronischen Medien. Die in diesem Zusammenhang dargestellten Arbeitsansätze sollen zugleich dazu befähigen, sich im Spektrum aller Medien als kompetenter Nutzer zu verhalten."

Schulische Medienerziehung müsse grundsätzlich von einer pädagogischen Ambivalenz der Medien ausgehen und die positiven Wirkungen und Möglichkeiten der Medien nutzen, aber auch die damit verbundenen Gefährdungen und Risiken in Rechnung stellen. Weiter heißt es:

„Dabei werden vor allem die für das Aufwachsen von Kindern und Jugendlichen und ihre Persönlichkeitsbildung im Vordergrund stehenden Widersprüchlichkeiten bestimmend sein müssen:

- die ganz erhebliche Ausweitung der wahrgenommenen Welt einerseits, die Einschränkung der unmittelbaren und sinnlichen Erfahrung von Realität sowie der komplexen Wahrnehmung von Dingen, Situationen und Menschen andererseits;

- die Begegnung mit unterschiedlichen Verhaltensformen und Verhaltensnormen im Sinne einer pluralen Welterfahrung, einer vielfältigen gesellschaftlichen und persönlichen Lebensgestaltung einerseits und die Schwierigkeit der Beurteilung unterschiedlicher Handlungs- und Wertmuster sowie die Gefahr der Orientierungslosigkeit andererseits;

- die Intensivierung von Erlebnismöglichkeiten und die Konfrontation mit komplexen, problembezogenen Situationen einerseits, die Gefahr einer Flucht in Scheinwelten und die Vermeidung von Entscheidungssituationen, die für die eigene Lebensgestaltung und die Wahrnehmung sozialer Verantwortung wichtig sind, andererseits.

Ziel einer auf diese Widersprüche hin orientierten Medienerziehung ist die „Medienkompetenz" des einzelnen als Bestandteil allgemeiner und beruflicher Bildung sowie die „Medienkultur" als Ausdruck eines aufgeklärten Nutzungsverhaltens." (BLK 1995, S. 19f.)

Unmittelbar nach der Veröffentlichung dieser Verlautbarung wurde in einer *Erklärung der Ständigen Konferenz der Kultusminister* der Länder in der Bundesrepublik Deutschland vom 12. Mai 1995 (KMK 1995) die Notwendigkeit einer deutlich verstärkten Medienpädagogik in den Schulen mit Verweis auf die folgenden Punkte weiter unterstrichen:

- „Medienpädagogik in der Schule muß von einer grundsätzlichen Offenheit gegenüber der Medienwelt ausgehen und mit angemessenen Unterrichtsmethoden bzw. Arbeitsformen auf die vielfältigen und z.t. disparaten Erfahrungen und Handlungsmuster der Heranwachsenden im Umgang mit Medien reagieren...
- Richtlinien und Lehrpläne müssen medienpädagogische Aufgabenfelder stärker entfalten und differenzieren...
- In den Schulen müssen die organisatorischen und inhaltlichen Voraussetzungen für eine fachbezogene und fächerübergreifende kontinuierliche medienpädagogische Arbeit verbessert werden...
- Für die Medienpädgogik in der Schule sind geeignete Unterrichtsmedien, Unterrichtsmaterialien und Unterrichtsmodelle zu entwickeln, zu nutzen und unter wissenschaftlicher Begleitung systematisch zu evaluieren...“

Weiterhin wird die Notwendigkeit einer Weiterentwicklung der vorhandenen Infrastruktur (z.B. Medienzentren), der Verankerung der Medienpädagogik in der Lehrerausbildung und einer Intensivierung der Lehrerfortbildung betont.

Zur Verwirklichung dieser Anliegen waren vom Bayerischen Staatsministerium für Unterricht, Kultus, Wissenschaft und Kunst bereits 1994 zwei Arbeitskreise am Staatsinstitut für Schulpädagogik und Bildungsforschung in München eingerichtet worden, in denen der Verfasser bis heute mitarbeitet:

1) Arbeitskreis: „Gemeinschaftsaufgabe Medienerziehung in Bayern“ mit Vertretern der Institutionen und Gruppen, die sich in Bayern mit unterschiedlichen Aspekten der Medienerziehung befassen.

2) Arbeitskreis: „Medienerziehung in Wissenschaft und Bildungspraxis“ mit Vertretern aus der Wissenschaft, mit dem Ziel der Beratung und Einbringung von Forschungsergebnissen in die Praxis.

Sie hatten die Aufgabe, ein neues Gesamtkonzept für die Medienerziehung in Bayern zu erarbeiten. Dieses wurde im Frühjahr 1996 der Öffentlichkeit vorgestellt (Schulreport 2/1996). Es handelt sich um ein offenes Konzept in Form unterschiedlicher Bausteine, die - aufeinander bezogen und miteinander verzahnt - eine differenzierte Grundlage für die Medienerziehung in Schule und Kindergarten sowie in außerschulischen Erziehungseinrichtungen bieten sollen. Dieses vom Kultusministerium herausgegebene *Sammelwerk „Medienzeit“* umfaßt Basisbausteine mit medienpädagogischem Hintergrundwissen sowie Praxisbausteine mit Vorschlägen zu handlungsorientierten Unterrichtsmodellen und Projekten und schließlich unterschiedliche Medien (Videokassetten oder Computerprogramme).

Bereits im Rahmen der Vorarbeiten zu diesem Gesamtkonzept wurde im Frühjahr 1994 die Idee eines Modellprojekts im Bereich der Hauptschule entwickelt, und nach zähen Verhandlungen vom Kultusministerium die Durchführung einer Erprobungsphase für das Schuljahr 1994/95 an der Ernst-Penzoldt-Hauptschule in Erlangen bewilligt. Parallel dazu wurde im Herbst 1994 der Antrag für einen BLK-Modellversuch erarbeitet, mit Schreiben des Bayerischen Staatsministeriums für Unterricht, Kultus, Wissenschaft und Kunst vom

22.12.94 (III/6 - L 0355-1/200952) bei der BLK in Bonn eingereicht und mit Schreiben des BMBF vom 13.7.95 (215 - 2991 - A659400) für die Zeit vom 1.9.95 bis 31.8.98 genehmigt. Trotz erheblicher organisatorischer Schwierigkeiten und inhaltlicher Probleme während der Erprobungsphase konnten bis zum Start im September 1995 annehmbare Ausgangsbedingungen für den Modellversuch geschaffen werden.

Der hier vorgelegte Abschlußbericht über den Modellversuch ist so aufgebaut, daß zunächst der theoretische und methodologische Bezugsrahmen beschrieben werden. Im vierten Kapitel wird etwas ausführlicher der Ablauf des Modellversuchs einschließlich der Erprobungsphase dargestellt. Das ist wichtig für dieses Entwicklungsprojekt, um die wesentlichen Prozesse nachvollziehen und das Zustandekommen der Ergebnisse verstehen zu können. Diese finden sich im fünften Kapitel und umfassen zwei Bereiche: Zum einen die Ergebnisse aus der projektbegleitenden Evaluation über die Auswirkungen der integrativen Medienerziehung auf den Unterrichts- und Schulalltag in der Modellschule sowie die Resultate der wissenschaftlichen Begleitforschung. Zum anderen geht es um die inhaltlichen Ergebnisse aus dem Modellversuch in Form eines integrierten Curriculums für die Medienerziehung und um darauf bezogene konkrete Unterrichtshilfen für die Lehrer/innen an den Hauptschulen. Da die umfangreichen Projektergebnisse an unterschiedlichen Stellen veröffentlicht werden mußten, können einzelne Punkte mit Verweis auf diese Publikationen nur grob skizziert werden. Ein zentraler aber sehr schwieriger Punkt hinsichtlich der Bewährung des Modellversuchs ist die Frage, wie das entwickelte Konzept integrativer Medienerziehung unter Normalbedingungen an Hauptschulen umgesetzt werden kann. Die Konsequenzen aus den Erfahrungen und Ergebnissen des Modellversuchs werden im sechsten Kapitel gebündelt in der Beschreibung einiger wichtiger Schritte auf dem Weg zu einem Schulprofil „Medienerziehung". Schließlich sind in einem letzten Abschnitt als Ergebnis des internen Evaluationsprozesses sehr knappe Empfehlungen zur Realisierung des Konzepts für wichtige Entscheider-, Beteiligten- und Nutzergruppen sowie zur Integration der Medienpädagogik in die Lehrerausbildung formuliert.

2. Theoretische Begründung für einen Modellversuch zur integrativen Medienerziehung in der Hauptschule

2.1 Die mediengeprägte Alltagswelt der Hauptschüler

Im Zusammenhang mit der Ausbreitung der neuen Informations- und Kommunikationstechniken in alle Bereiche der Gesellschaft, der enormen Ausweitung der Fernsehkanäle und dem Zusammenwachsen der unterschiedlichen Neuerungen im Bereich der Multimedia hat sich die Alltagswelt, in der Hauptschüler heranwachsen, rasch und tiefgreifend verändert und wandelt sich immer weiter. Gleichsam als Abfallprodukte des technischen Fortschritts werden für den Unterhaltungs-, Konsum- und Spielbereich ständig neue elektronische Geräte und Software entwickelt, die für Kinder und Jugendliche besondere Attraktivität besitzen. Sie bieten neue und vielfältige Informations- und Bildungsmöglichkeiten, aber immer häufiger auch problematische, die Entwicklungs- und Bildungsprozesse der Heranwachsenden gefährdende Inhalte an. Zudem werden gerade die Heranwachsenden von der Freizeit-, Konsum- und Medienindustrie ganz gezielt und massiv als Käufer, Konsumenten, Rezipienten und als "Entscheider" für das Kaufverhalten der Familien beim Kampf um Werbeanteile, Marktanteile und Einschaltquoten angesprochen. Diesen immer raffinierteren Manipulationen sind sie vielfach hilflos ausgeliefert.

Die Frage ist, wie unter diesen Rahmenbedingungen das konkrete Medien- und Freizeitverhalten der Hauptschüler aussieht. Ein Blick auf die Mediennutzungsforschung zeigt, daß - von älteren Untersuchungen abgesehen (Lukesch 1990; Spanhel 1990) - in neueren Erhebungen nur sehr selten auf die Gruppe der Hauptschüler bezogene Ergebnisse berichtet werden (vgl. Klingler, Schönenberg 1996; Löhr, Schmidbauer o.J.; Lukesch, Mediennutzung, o.J.; Schmidbauer, Löhr 1994; Six, Roters, Gimmler 1995). Bei der altersmäßigen Differenzierung der Stichproben wird in den kommerziellen Untersuchungen zwischen Kindern (6-13) und Jugendlichen (14-19) unterschieden; damit werden die Hauptschüler in keiner Altersgruppe komplett erfaßt. Schließlich fällt auf, daß die Forschung durch ein starkes Übergewicht hinsichtlich des Konsums der Massenmedien (Fernsehen und Hörmedien) gekennzeichnet ist, während eine gleichzeitige Erfassung des Lesens und der Computernutzung selten erfolgt.

Für ein Konzept schulischer Medienerziehung stellt eine möglichst genaue Kenntnis des Medienalltags und des Medienverhaltens der Schüler eine unabdingbare Grundlage dar. Trotz der insgesamt eher unbefriedigenden Forschungslage gibt es eine Reihe wichtiger Erkenntnisse, die sich knapp in den folgenden *Hypothesen* zusammenfassen lassen:
1. Aus älteren Untersuchungen ergibt sich die Tendenz, daß Hauptschüler in einem höheren Ausmaß als andere Gruppen von Jugendlichen Fernsehen und Videofilme nutzen und insbesondere männliche Hauptschüler Action- und Gewaltvideos bevorzugen (vgl. z.B. Spanhel 1990, S. 157ff.; Löhr, Schmidbauer o.J., S.11). Mädchen wenden sich am liebsten dem Fernseher zu, um Familienserien, Liebes-, Tier- und Musikfilme zu konsumieren.

2. Wie bei allen anderen Jugendlichen ist auch bei den Hauptschülern Musik hören die beliebteste Freizeitbeschäftigung, und zwar in gleicher Weise bei Jungen und Mädchen, bei deutschen und ausländischen Schülern.

3. Hauptschüler wenden sich weniger als alle anderen Jugendlichen dem Lesen zu (Fritz 1991).

4. Computer und Computerspiele werden von den Hauptschülern im Gegensatz zu Realschülern und Gymnasiasten seltener genutzt.

5. Viele Eltern sind bezüglich der Mediennutzung ihrer Kinder verunsichert. Sie befürchten negative Auswirkungen aufgrund zu häufigen Fernsehkonsums oder gewalthaltiger Inhalte. (Vgl. K Schönenberg: Kinder und Medien aus Sicht der Eltern. In: Klinger, Schönenberg, 1996, S. 113ff.)

6. In meiner eigenen repräsentativen Medienuntersuchung (Spanhel 1990) konnte ich spezifische Mediennutzungsmuster aufdecken, die zeigen: Die Hauptschüler nutzen Medien nicht nur zur Vertreibung der Langeweile, für Spaß, Unterhaltung und zur Gestaltung ihrer Alltagswelt. Sie haben gelernt, Medien auf ihre Weise zur Befriedigung ihrer eigenen Bedürfnisse, Interessen, Wünsche und Sehnsüchte einzusetzen und entgegenstehende Hindernisse, Verbote oder alle möglichen pädagogischen Kontrollmaßnahmen trickreich zu überwinden. All diese Medienaktivitäten finden in gleichaltrigen Gruppen nach deren Normen statt.

7. Das Medienhandeln der Hauptschüler erfolgt themengeleitet. Damit ist gemeint, daß die Jugendlichen mit Hilfe der Medien ihre alltäglichen Probleme zu lösen und die für das Jugendalter typischen Entwicklungsaufgaben zu bearbeiten suchen: Durch die Präferenz bestimmter Medieninhalte und die Ausprägung spezifischer Nutzungsmuster wollen sie sich von Eltern, Erziehern, Erwachsenen absetzen, ihre Geschlechterrolle überprüfen und sichern, neue Wertorientierungen gewinnen und in der Auseinandersetzung mit Idolen, Helden und Vorbildern zu ihrer eigenen Identität finden (Spanhel 1995a).

8. Die Entwicklungen im Medienbereich und die damit verbundenen Formen des Medienkonsums bei den Jugendlichen dürfen jedoch nicht isoliert gesehen, sondern müssen mit anderen gesellschaftlichen Entwicklungen in Verbindung gebracht werden. Viele Anhaltspunkte sprechen für folgende These:

Die modernen Medien ermöglichen, unterstützen bzw. beschleunigen die Tendenzen einer fortschreitenden Individualisierung, einer fast beliebigen Gestaltung individueller Lebensformen, einer zunehmenden Selbstverwirklichung (häufig auf Kosten der sozialen Gemeinschaft), einer Lockerung religiöser und familiärer Bindungen und einer Vervielfältigung möglicher Wertorientierungen, die jungen Menschen weitgehend gleichgültig erscheinen.

Vor diesem Hintergrund erscheint es außerordentlich schwierig, für die Erziehung in Elternhaus und Schule einheitliche pädagogische Grundpositionen zu finden, von denen aus die Lebenssituation der Heranwachsenden beurteilt, ihre Entwicklungs-, Lern- und Bildungsprozesse wirkungsvoll unterstützt und ihr Medienhandeln in pädagogisch vertretbare Bahnen gelenkt werden könnte. Durch den Modellversuch sollte herausgefunden werden, ob und wie es möglich ist, daß sich Lehrer, Schüler und Eltern auf wenige Grundprinzipien des Medienhandelns einigen und diese in der schulischen Medienerziehung umsetzen und einüben. Für dieses Anliegen gaben die empirischen Befunde erste Anhaltspunkte für die konkrete Arbeit im Projekt. Um jedoch an die spezifische Problemlage der Jugendlichen an der Modellschule anknüpfen zu können, erwies es sich als notwendig, genauere Informationen über ihr Medienverhalten zu bekommen. Dazu sollten im Rahmen der wissenschaftlichen Begleituntersuchung geeignete Instrumente entwickelt und erprobt werden.

Als *grundlegendes Ziel für den Modellversuch* ergibt sich jedoch bereits aus diesen Forschungsergebnissen: Schulische Medienerziehung müßte die Medienpräferenzen und -interessen der Schüler wahrnehmen und daran anknüpfen, um ihnen einen Anschluß an die Unterrichtsinhalte zu ermöglichen und durch Medieneinsatz die Themen zu erschließen. Zugleich müßten dabei die vorhandenen Medienkompetenzen der Schüler in den Dienst eines lebendigen und abwechslungsreichen Unterrichts und intensiven Lernens gestellt werden. Dabei könnten die Schüler alternative Handlungsmuster im Umgang mit Medien erwerben und festigen sowie auf der Grundlage eines reflektierten Medieneinsatzes Wissen über medienspezifische Darstellungs- und Wirkungsformen und eine innere Distanz zu den Medien aufbauen.

2.2 Über das problematische Verhältnis von Medienentwicklungen, Medienforschung und Schulerziehung

In einer historischen Analyse hat R. Merkert (1992) nachgewiesen, daß die Pädagogen auf jeweils neue Medien mit einem gleichbleibenden Grundmuster reagiert haben, das aus drei Phasen besteht.

In der ersten Phase werden nur die Gefahren gesehen, die ein neues Medium für die Entwicklungs- und Bildungsprozesse der Heranwachsenden bringt. Z.B. Fernsehen als "geheimer Miterzieher", Reizüberflutung durch das Fernsehen, Zunahme sekundärer Erfahrungen; Kinder müssen vor diesen Gefahren geschützt und bewahrt werden. Wenn aber dieses Bewahren das einzige Kriterium bleibt und zudem die Bedeutung der Inhalte und die positiven Aspekte des Mediums geleugnet werden, hat dies eine fatale Konsequenz: Die Eltern und Erzieher werden pädagogisch handlungsunfähig, weil nur noch das Fernsehverbot bleibt, das sich aber nicht durchsetzen läßt. Die Folge sind Gleichgültigkeit und schlechtes Gewissen.

In der zweiten Phase findet eine Vereinnahmung des neuen Mediums für pädagogische Zwecke und Ziele statt. Beim Fernsehen begann dies Ende der 60er Jahre mit der Vorschulserie "Sesamstraße", die wie viele Kindersendungen in Deutschland in den 70er Jahren in den Dienst der kompensatorischen Erziehung gestellt wurde. In den Fernsehanstalten wurden damals die Bildungsprogramme eingerichtet und mit großer Euphorie die Vorzüge einer "audio-visuellen-Schule" propagiert.

Die dritte Phase ist durch eine Normalisierung des Verhältnisses gekennzeichnet. Auf der Grundlage einer realistischen Einschätzung des Mediums werden bezüglich der Probleme und Vorzüge des Mediums angemessene pädagogische Antworten gesucht.

Seit Beginn der 80er Jahre ist die Situation aufgrund der rasanten Medienentwicklungen nun so, daß Erzieher und Erziehungswissenschaft bereits wieder mit neuen Medien konfrontiert werden, noch ehe sie das erste Stadium bloßer Abwehr eines neuen Mediums überwunden und pädagogisch angemessene Antworten gefunden haben. Interessant ist in diesem Zusammenhang die Tatsache, daß im Gegensatz zu allen anderen neuen Medien der Computer innerhalb kürzester Zeit pädagogisch vereinnahmt wurde und mit großem Nachdruck als Lerninstrument und "Bildungsmittel" in die Stundentafeln und Fachlehrpläne aller Schularten Eingang gefunden hat, (teilweise sogar als eigenes Unterrichtsfach "Informatik").

So stehen wir heute vor der erstaunlichen Situation, daß einer seit Jahren in den Präambeln der Lehrpläne als fächerübergreifendes Unterrichtsprinzip geforderten *Medienerziehung* eine *"informationstechnische Grundbildung"* - als eigenes Unterrichtsfach bzw. Inhalt in verschiedenen Fachlehrplänen verankert - *gegenübersteht*. Im Zuge des Zusammenwachsens aller (elektronischen) Medien und der vielfältigen Möglichkeiten der Multimedien wäre es von höchster Bedeutung, ein alle Medien umfassendes Konzept einer integrativen Medienerziehung in den Schulen zu entwerfen und ansatzweise zu erproben.

Im *Verhältnis von Medienforschung und Medienerziehung* lassen sich drei Problembereiche ausmachen, die bisher eine Intensivierung der schulischen Medienerziehung beeinträchtigt haben.

1) In der öffentlichen Diskussion wird die Mediennutzung von Kindern und Jugendlichen seit Jahren von vielen Eltern, Lehrern und Politikern als ein zentrales Problem der Erziehung angesehen. Unkontrollierter Medienkonsum gilt vielfach als eine wichtige Ursache von schulischen Lern- und Leistungsschwierigkeiten, Verhaltensstörungen, zunehmender Aggressivität und Gewalt, von Orientierungslosigkeit und Werteverfall bei Heranwachsenden. Im Zusammenhang mit dieser Fixierung auf vermutete schädliche Einflüsse der Massenmedien kommen fast ausschließlich die Ergebnisse der Medienwirkungsforschung in den Blick (Glogauer 1993; Lukesch o.J.; Moser 1999, S. 175ff.; Theunert 1996). Dies hat die neueste Diskussion um Medien und Gewalt überdeutlich gezeigt. Auf diese Weise bleiben aber pädagogisch ganz wichtige Erkenntnisse aus der Nutzungsforschung, der ethnomethodologischen Forschung, der ökologischen und biographischen sowie rezeptionsanalytischen Forschung weitgehend für die Medienerziehung unberücksichtigt (vgl. zusammenfassend dazu Charlton, Neumann-Braun 1992). Gerade sie zeigen jedoch, wie die Heranwachsenden die verschiedenen modernen Medien durchaus kompetent zur Informationsgewinnung, zur Sinngebung in ihrer Alltagswelt, zur Bearbeitung und Bewältigung ihrer Probleme und Entwicklungsaufgaben, zur sozialen Kontaktstiftung und Konfliktregelung, zur Kommunikation und Befriedigung elementarer Bedürfnisse einsetzen. Diese Erkenntnisse wären für eine effektive schulische Medienerziehung und für die Entwicklung neuer Konzepte besonders hilfreich.

2) Insgesamt stehen heute eine kaum mehr zu überblickende Fülle an Einzelergebnissen aus der Medienforschung zur Verfügung. Diese Erkenntnisse werden in Theorie und Praxis unterschiedlich interpretiert und zur Durchsetzung unterschiedlicher Interessen herangezogen. Die Medienerziehung gerät dabei mit ihren pädagogischen Zielen leicht in Gegensatz zu anderen, z.B. wirtschaftlichen Interessen oder den Zielen der Medienproduzenten und der Anbieter. Wie Diskussionen im Bereich des Jugendschutzes ge-

zeigt haben, muß die unübersichtliche Forschungslage auch als Alibi dafür herhalten, notwendige pädagogische Maßnahmen und Hilfen zur Sicherung einer gesunden Entwicklung der Kinder und Jugendlichen in einer mediengeprägten Alltagswelt zu verhindern, z.B. Unterbrechung von Kindersendungen durch Werbung.

3) Das dritte Problem ergibt sich aus der Tatsache, daß die Medienforschung meist psychologisch, sozialpsychologisch oder kommunikationstheoretisch orientiert ist. Wenn die Forschungsergebnisse als Grundlage bzw. Ausgangspunkt für medienerzieherische Maßnahmen dienen sollen, müssen sie daher erst *pädagogisch interpretiert* werden. D.h., es muß erst ihr spezifischer Stellenwert im Kontext einer pädagogischen Theorie geklärt werden, indem die entsprechenden pädagogischen Fragen an diese Ergebnisse herangetragen werden. Auf keinen Fall können aus den empirischen Forschungsergebnissen direkt irgendwelche Erziehungsmaßnahmen "abgeleitet" werden, wie Drerup (1992) noch einmal überzeugend dargelegt hat.

Aus dieser Analyse der historischen Entwicklung des Verhältnisses zwischen Medienangeboten, Medienforschung und Medienpädagogik folgte für die Durchführung des Modellversuchs als Konsequenz: Wenn der Entwurf praktischer Konzepte zur Medienerziehung einen eigenen, konstruktiven und kreativen Akt darstellt, der an der Verwirklichung spezifischer Ziele orientiert ist, dann ist es unabdingbar, die Entwicklung, praktische Umsetzung, Beobachtung und Evaluierung von Unterrichtseinheiten, Projekten und Maßnahmen der Medienerziehung zum Gegenstand eines Schulversuchs und wissenschaftlicher Forschung zu machen.

2.3   Die Situation schulischer Medienerziehung in der Mitte der neunziger Jahre

2.3.1   Grenzen und Schwierigkeiten schulischer Medienerziehung

Bei der Entwicklung von Konzepten schulischer Medienerziehung wurden bis zum Beginn des Modellversuchs meist Medientheorien oder Ergebnisse der Medienforschung als Ausgangspunkt gewählt. Im wesentlichen ließen sich drei Richtungen unterscheiden:
- Der Versuch, durch Analyse der Medien und ihrer formalen Angebotsweisen die Heranwachsenden gegen Manipulation und schädliche Einwirkungen zu schützen - *Medienkunde/Medienanalyse.*
- Das Bemühen, die mit den neuen Medien gegebenen vielfältigen und neuartigen Veranschaulichungs- und Lernmöglichkeiten für das schulische Lernen und eine abwechslungsreiche Unterrichtsgestaltung nutzbar zu machen - *Mediendidaktik.*
- Das Anliegen, die in der Medienforschung aufgezeigten negativen Wirkungen auf die Heranwachsenden und ihre Entwicklungsprozesse durch Bewußtmachung und Reflexion dieser Prozesse, durch Aufweis von Handlungsalternativen und durch aktive Medienarbeit zu vermindern oder auszuschalten *Medienerziehung,* in den Präambeln der schulischen Lehrpläne verankert.

31

Unabhängig von diesen praktischen Ansätzen zur schulischen Medienerziehung wurden auf der Grundlage eines "Gesamtkonzepts der Informationstechnischen Bildung" in den 7. bis 9. Klassen aller Schularten verpflichtende Elemente einer ITG in sog. Leitfächer integriert und darüber hinaus das Fach "Informatik" als Pflicht- oder Wahlpflichtfach in verschiedenen Schularten und Schulstufen eingerichtet.

Nach allen bis dahin vorliegenden Erfahrungen und aufgrund gegenwärtiger Beobachtungen in den Schulen mußte man davon ausgehen, daß die praktizierten Formen schulischer Medienerziehung der pädagogischen Herausforderung durch die rasanten Entwicklungen im Medienbereich in keiner Weise gerecht werden können. Dies zeigten empirische Forschungen und eine Vielzahl wissenschaftlicher Analysen mit aller Deutlichkeit (vgl. Höltershinken 1991; Medienkompetenz als Herausforderung an Schule und Bildung, 1992; Medien als Bildungsaufgabe in Ost und West, 1993). Einige wichtige Gründe dafür sind folgende:

- Medienerziehung war nur unzureichend in den schulischen Lehrplänen verankert (Eschenauer 1992)
- Medienpädagogische Maßnahmen wurden in den Schulen nur punktuell durchgeführt. Es bestanden starke Tendenzen, Medienerziehung als eine isolierte Aufgabe einzelnen "Fachleuten" im Kollegium zu übertragen.
- Medienerziehung in der Schule war einseitig kognitiv orientiert; mittels Analyse, Kritik und Reflexion ließen sich die über Jahre verfestigten, stark *emotional* besetzten *Handlungsmuster* im Umgang mit den elektronischen Medien in Familie und Freizeit nicht aufbrechen und verändern (Sturm 1992; Six 1992).
- Eine für erfolgreiche Medienerziehung unabdingbare Kooperation zwischen Elternhaus und Schule konnte in den seltensten Fällen erreicht werden.
- Bei den Lehrern gab es starke Vorbehalte gegen die neuen Medien und tiefsitzende Hemmnisse gegen eine offene pädagogische Auseinandersetzung mit den elektronischen Medien im Raum der Schule (Dichanz 1992).
- Zwischen den Inhalten, Verfahren und Anforderungen schulischen Lernens einerseits und den Erfahrungen der Schüler mit den faszinierenden Inhalten, selbstbestimmten Formen und vielfältigen Möglichkeiten des Lernens mit Medien außerhalb der Schule bestand eine von der Schule nur sehr schwer zu überbrückende Kluft.

2.3.2   *Vorliegende Konzepte zur unterrichtlichen Integration der Medienerziehung*

Da es kein eigenes Fach „Medienerziehung" gibt, können medienpädagogische Themen entweder in einzelne Unterrichtsfächer oder in Form von fächerübergreifenden Unterrichtseinheiten in den Unterrichtsablauf integriert werden. Dabei können grundsätzlich zwei Ausgangspunkte gewählt werden: 1) von der Medienpädagogik aus oder 2) von den einzelnen Unterrichtsfächern her. Das heißt im ersten Fall, daß die Medienpädagogik eine Systematik der Ziele und Themen entwickelt, die dann über die Jahrgangsstufen hinweg einzelnen Unterrichtsfächern zugeordnet werden. Im zweiten Fall wäre es die Aufgabe der einzelnen Unterrichtsfächer, ihren impliziten Medienbezug zu untersuchen und zu entfalten und von daher medienerzieherische Themen zu erschließen und didaktisch umzusetzen.

Die bis zum Beginn des Modellversuchs vorgelegten Konzepte schulischer Medienerziehung wählten meistens den ersten Ansatzpunkt. Am besten ausgearbeitet war das „Mindestprogramm Medienerziehung" von G. Tulodziecki u.a. (1995), das als Vorstufe für ein Curriculum angesehen werden kann. Dieser Rahmen wird konzeptionell durch den Bezug auf fünf grundlegende Aufgabenbereiche schulischer Medienerziehung begründet:

- Medieneinflüsse erkennen und aufarbeiten;
- Medienbotschaften verstehen und bewerten;
- Medienangebote unter Abwägung von Handlungsalternativen auswählen und nutzen;
- Medien selbst gestalten und verbreiten;
- Medien hinsichtlich ihrer gesellschaftlichen Bedeutung analysieren und beeinflussen. (Tulodziecki u.a.1995, S. 23 ff.)

Für je zwei Jahrgangsstufen wird die Durchführung von mindestens drei bis vier Projekten mit je 10 bis 20 Unterrichtsstunden vorgeschlagen und dafür geeignete Beispiele beschrieben. Die meist fächerübergreifend angelegten Projekte stehen unter der Leitidee der Handlungsorientierung und werden so auf die Jahrgangsstufen 1 - 10 verteilt, daß alle fünf Aufgabenbereiche möglichst gleichmäßig berücksichtigt werden.

Ebenfalls schon sehr detailliert ausgearbeitet war der integrative Ansatz einer Medienpädagogik bei Doelker (1994). Nach seiner Ansicht ist es ohne weiteres möglich, alle Medien zu berücksichtigen und in die schulischen Lehrpläne zu integrieren, wenn man von einem erwieterten Textbegriff ausgeht. Dementsprechend werden auch fiktionale audiovisuelle Darbietungen als „Texte" betrachtet. Die Kulturtechniken Lesen und Schreiben werden um „computer literacy" und um die „Kulturtechnik Fernsehen" (Doelker 1991) erweitert und unter Kultur auch Medienproduktionen bis hin zu Video- und Computerkunst gefaßt. In seinem „Leitfaden Medienpädagogik" (1994) verweist Doelker auf eine Fülle von eigens entwickelten Medien und Unterrichtshilfen, die nach folgenden Gesichtspunkten systematisch geordnet sind: Dokumentarische und fiktionale Darstellungsweisen in den Medien und Einzellektionen bzw. Projekte im Unterricht. Die einzelnen Themen werden drei Altersstufen zugeordnet (1.-3. Schuljahr, 4.-6. Schuljahr und 7.-10. Schuljahr) und bestimmten Unterrichtsfächern zugeteilt.

An dokumentarischen Themen werden z.B. angeboten:

- Wahrnehmen und Mitteilen;
- Wirklichkeit in den Medien;
- Nachrichten;
- Werbung.

Im Bereich fiktionaler Darstellungen werden genannt:

Comics; Fernsehserien; Krimis und Western; Literatur und Film.

Damit ist ein relativ offener, aber sehr eng auf Medieninhalte und mediale Darstellungsweisen bezogener Rahmen schulischer Medienerziehung vorgezeichnet.

Ein weiterer Vorschlag für die unterrichtliche Integration der Medienerziehung für den Bereich der Grundschule wurde 1995 als Ergebnis eines Modellversuchs von Zeitter

(1995) vorgelegt. In diesem Projekt wurden unter den leitenden Prinzipien der Kreativität, Spontaneität und Kompetenz medienpädagogische Materialien für die Grundschule entwickelt und erprobt. Sie umfassen folgende Themenschwerpunkte: Farben - Formen - Klänge; Hörfunk; Tageszeitung; Fernsehen/Film und Werbung.

Dieser Ansatz ist für die Medienerziehung in der Hauptschule deswegen beachtenswert, weil dort für den Unterricht nicht nur Projekte, sondern vielfältige kleine Übungen und Einheiten ausgearbeitet wurden, die problemlos in verschiedenen Fächern und einzelnen Unterrichtsstunden umgesetzt werden können (Zeitter 1995, S. 55 ff.). Sie bieten den Lehrpersonen vielfältige Anregungen und Hilfen, um den Schülern zu einem besseren Verständnis der besonderen Sprache der einzelnen Medien zu verhelfen, vor allem aber zur Einübung in medienspezifische Arbeitstechniken als unverzichtbares Fundament von Medienprojekten.

Für den zweiten Weg vom Unterrichtsfach zur Medienerziehung hat J. Wermke (1997) eine gründliche Untersuchung über die „integrierte Medienerziehung im Fachunterricht" vorgelegt und systematisch die Möglichkeiten der Medienerziehung am Beispiel des Faches Deutsch beschrieben. Den Zugang dazu eröffnen bestimmte „Schnittstellen zur Fachintegration der Medien" (S. 31). Diese Integration läßt sich ihrer Meinung nach nicht an einzelnen Themen oder Medien festmachen, sondern muß sich an *Schlüsselfragen* orientieren, mit deren Hilfe das grundlegende Verhältnis eines Unterrichtsfaches zu den Medien aufgedeckt werden kann.

Sie ordnet den vier Schlüsselfragen basale *didaktische Kategorien* zu, in denen spezifische Relationen Fach/Medium zum Vorschein kommen (Wermke 1997, S. 28 f.):
1. Ziel (Selbstverständnis des Faches/Reflexion):
   - „Welche Konsequenzen hat die Medienentwicklung für das Selbstverständnis des Faches? Wie ist das Fach an der Medienentwicklung beteiligt?"
2. Text bzw. Material („Intertextualität"):
   - „Inwiefern sind die traditionellen Gegenstände des Faches in den Medien präsent? Inwiefern führen die Medien zur Veränderung des traditionellen Gegenstandsbereichs?"
3. Methode (Ziel/Mittel-Ambivalenz):
   - „Wie kann die Doppelfunktion der Medien, Unterrichtsgegenstand und -mittel zu sein, genutzt werden?"
4. Aufgabe (Aufgabenstellung):
   - „Welche Standardaufgaben können auch, gar nicht oder besser auf Beispiele aus den Medien bezogen werden?"

Diese Schlüsselfragen sind nicht auf die einzelne Unterrichtseinheit, sondern auf das jeweilige Fach zu beziehen. Damit ist allerdings ein hoher Anspruch verbunden, der zuerst von der Fachdidaktik eingelöst werden muß.
„Von den *LehrerInnen* erfordert eine so verstandene Integration, daß sie gerade auch dann, wenn Medien nicht explizit genannt werden, fachliche Zusammenhänge feststellen und im Unterricht herstellen.(...) Dieses kreative Denken in Fach- und Medien-Bezügen bei LehrerInnen anzuregen, ist neben der Ausarbeitung von Curricula eine vordringliche

Aufgabe der Medienpädagogik, vordringlicher als die Entwicklung von weiteren Unterrichtseinheiten." (S. 28)

Dieser Ansatz wird in drei inhaltlichen Dimensionen des Deutschunterrichts genauer ausgearbeitet und mit Beispielen belegt:

- Kinder- und Jugendliteratur in den Medien (S. 67 ff.)
- Leseerziehung für Medienrezipienten (S. 105 ff.)
- Hörerziehung mit Medien (S. 117 ff.)

Diese Konzepte zur Unterrichtsintegration der Medienerziehung liefern auf der einen Seite eine Vielzahl von Anregungen und praktischen Unterrichtshilfen, sie weisen auf der anderen Seite aber auch spezifische Einseitigkeiten und Begrenzungen auf. Zwar wurden viele einzelne Unterrichtseinheiten, aber noch keine geschlossenen Konzepte im Ganzen in der Praxis erprobt. Die Themen der ausgearbeiteten Curricula schulischer Medienerziehung ließen sich oft nur sehr schwer mit dem systematischen Aufbau einzelner Unterrichtsfächer vereinbaren. Sie wurden von den Lehrkräften häufig als zusätzlicher Stoff empfunden, der in dem jeweiligen Fach nicht mehr untergebracht werden konnte und daher aus Zeitgründen abgelehnt wurde. Oft wurden in den Konzepten größere, fächerübergreifende Projekte (10-20 Unterrichtsstunden!) vorgeschlagen, die sich aus schulorganisatorischen Gründen nur mit großem Aufwand verwirklichen ließen. Damit war dann die Gefahr verbunden, daß Medienerziehung nur sehr punktuell (z.B. einmal im Schuljahr während einer Projektwoche) thematisiert wurde und so ihre Ziele kaum erreichen konnte. Wird nach dem neueren Vorschlag von J. Wermke der Ansatz vom Unterrichtsfach her gewählt, so besteht andererseits die Gefahr, daß zwar eine bunte Vielfalt medienerzieherischer Themen realisiert wird, aber ein systematischer Aufbau der angestrebten Medienkompetenzen bei den Schülern ausbleibt. Voraussetzung für das Gelingen wäre hier eine verbindliche Verankerung von medienerzieherischen Themen in den Lehrplänen der einzelnen Unterrichtsfächer auf der Grundlage einer Kooperation von Fachdidaktik und Medienpädagogik, die sicherlich nicht so schnell erwartet werden kann.

Die Analyse der Voraussetzungen für ein neues Konzept schulischer Medienerziehung Mitte der neunziger Jahre, der mediengeprägten Alltagswelt der Hauptschüler, der Reaktion der Pädagogik auf die Medienentwicklungen und den damit verbundenen Herausforderungen, der Situation schulischer Medienerziehung und der bis dahin vorgelegten medienpädagogischen Konzepte führte zu einem insgesamt recht ernüchternden Ergebnis:

Unter den beschriebenen Voraussetzungen hatten die Schulen den faszinierenden Angeboten der Medien, der Wirkungstiefe und Wirkungsrichtung der Medieneinflüsse und den schier unbegrenzten Handlungsmöglichkeiten mit den vielfältigen, im Eigenbesitz der Schüler befindlichen Medien wenig entgegenzusetzen. Dies galt umso mehr, wenn man bedenkt, daß die Heranwachsenden meist frei, d.h., ohne größere pädagogische Kontrollen über diese Medien verfügten, mit ihrer Hilfe ihre Alltagswelt nach ihren Wünschen und Phantasien gestalten und sich Zugang zu allen Bereichen der Erwachsenenwelt verschaffen konnten.

Die Antwort auf diese Herausforderung konnte daher nicht wie bisher in einer bloßen "pädagogischen" Vereinnahmung der Medien als Lerninhalte oder Lernmittel oder in einer pädagogisch motivierten Abwehr- und Schutzhaltung bestehen. Vielmehr mußte für die

Neukonzeption eines medienpädagogischen Ansatzes die Frage gestellt werden: Wie müssen sich aufgrund der Entwicklungen im Medienbereich, der mediengeprägten Alltagswelt der Hauptschüler und ihres Mediennutzungsverhaltens die Ziele und Aufgaben, Inhalte und Formen von Lernen, Erziehung, Bildung in der Hauptschule verändern? Welchen Beitrag können Medienerziehung und Medieneinsatz zu diesen Veränderungen leisten und wie müssen sie dann im Unterrichts- und Schulalltag positioniert werden? Vor diesem Hintergrund bestand die Aufgabe im Zusammenhang mit der Vorbereitung des Modellversuchs darin, das Konzept einer *integrativen Medienerziehung* für die Hauptschule zu entwerfen, das die Vielfalt der Aspekte in ihrem systematischen Zusammenhang bedenkt. Im folgenden geht es darum, einen systemischen Begriff von Erziehung als theoretisches Fundament für ein solches Konzept zu kennzeichnen.

2.4 Der Stellenwert der Medienerziehung bei einer systemischen Betrachtungsweise von Erziehung und Unterricht

2.4.1 Der Erziehungsbegriff als theoretischer Bezugsrahmen

Die eigenen Forschungsergebnisse (Spanhel 1990) und alle bisherigen Überlegungen verwiesen darauf, daß Medienerziehung nicht als eine spezielle und isoliert zu bewältigende pädagogische Aufgabe angesehen werden darf. Der Medienalltag der Kinder und Jugendlichen zwingt dazu, daß jeder Begriff von Erziehung grundlegend die Tatsache der Medien systematisch berücksichtigen muß. Die pädgogische Problematik der Medien wird sichtbar, wenn nach den Bedingungen und Möglichkeiten, Schwierigkeiten und Grenzen, Aufgaben und Chancen der Erziehung in einer mediengeprägten Alltagswelt gefragt wird. Die Grundfrage lautet: Was bedeutet es für die Entwicklungs-, Lern- und Bildungsprozesse der Schüler, wenn sie heute in einer von Medien geprägten Lebenswelt heranwachsen, und welche Konsequenzen ergeben sich daraus für die Erziehung und den Schulunterricht? Im einzelnen ist genauer zu fragen:

- Wie wirken sich das Leben in einer Medienwelt und der alltägliche selbstverständliche Umgang mit den verschiedensten Medien auf die *Entwicklungsaufgaben* aus, die die Heranwachsenden auf den einzelnen Altersstufen zu bewältigen haben. Welche neuartigen Entwicklungschancen oder Entwicklungsprobleme sind damit verbunden?
- Welche förderlichen oder hemmenden Einflüsse ergeben sich daraus auf die Sozialisations- und Enkulturationsprozesse und auf die Erreichung der in den schulischen Lehrplänen gesetzten Erziehungs- und Bildungsziele?
- Welche neuen Möglichkeiten und Schwierigkeiten, Aufgaben und Ziele stellen sich damit der Erziehung in Elternhaus und Schule?
- Wie könnten in Schulunterricht und -erziehung die Medien verantwortlich eingesetzt werden, um ihre Chancen zu nutzen und die von ihnen verursachten Probleme zu überwinden?

Als *theoretischer Bezugsrahmen* für die Beantwortung dieser Fragen dient ein *systemischer Begriff von Erziehung*. (Vgl. Spanhel/Hüber 1995; Büeler 1994; Hermanns 1992;

Balser 1993) Erziehung als ein soziales System ist auf den Entwicklungsprozeß der Kinder und Jugendlichen bezogen. Entwicklung ist das Ergebnis eigenaktiver Auseinandersetzung des Heranwachsenden als eines psychischen Systems mit den Gegebenheiten seiner Umwelt, z.B. im Spiel (Abb. 1) oder wenn er eine Fernsehsendung anschaut. In diesen ständigen Interaktionen eignet er sich die Kultur an, wächst bei der Übernahme unterschiedlicher Rollen in die sozialen Beziehungen der Gesellschaft hinein. Dabei baut er schrittweise seine Identität, ein eigenes Selbst- und Weltbild auf. Entsprechend den natürlichen Wachstumsprozessen werden die Kinder und Jugendlichen nach und nach mit bestimmten kulturellen Inhalten und sozialen Erwartungen konfrontiert. Auf diese Weise wird der Entwicklungsprozeß von der Gesellschaft gesteuert, z.B. wenn die Eltern meinen, ihr vierjähriges Töchterchen müßte nun unbedingt das Radfahren erlernen (Abb. 2). In diesem Prozeß entstehen immer wieder Diskrepanzen zwischen den zunehmenden Anforderungen und Lernaufgaben der Gesellschaft und den verfügbaren Lern- und Handlungsfähigkeiten. Diese *Entwicklungsaufgaben* müssen die Heranwachsenden weitgehend selbständig und eigenaktiv bewältigen. Aber sie sind dabei - anfangs sehr häufig, später immer seltener - auf die Hilfe der Erwachsenen angewiesen, um dem *Ziel der Erziehung* näher zu kommen: der Fähigkeit zu eigenverantwortlichem Handeln als Mitglied der Gesellschaft.

Daraus ergibt sich folgendes Strukturmodell der Erziehung in der Schule (Abb. 3). Schulerziehung als Institution der Gesellschaft und die Erzieher (Lehrerinnen und Lehrer) steuern den Entwicklungsprozeß der Heranwachsenden, indem sie Entwicklungsaufgaben stellen (Lernanforderungen und Lernverbote aufstellen) und die zu ihrer möglichst selbständigen Bewältigung erforderlichen Hilfen anbieten. Dazu müssen sie in eine tragfähige soziale Beziehung zum Heranwachsenden treten, die zugleich das Fundament für seine soziale Integration in die Gesellschaft darstellt. Diese Erziehungsprozesse sind eingebettet in die alltägliche Lebenswelt der Menschen, in der sich die soziale und kulturelle Reproduktion und Entwicklung der Gesellschaft vollzieht.

Die Entwicklungen im Bereich der elektronischen Medien und der neuen Informations- und Kommunikationstechniken führen nun zu tiefgreifenden Veränderungen in den Prozessen, Inhalten und Strukturen von Erziehung in und außerhalb der Schule. Um diese Veränderungen beschreiben und verstehen zu können, brauchen wir einen *Begriff von Medien*, der in den skizzierten Begriff von Erziehung systematisch integriert ist. Medien im Kontext von Erziehung sind immer *Kommunikationsmedien*, d.h. sie dienen der Verständigung der Menschen untereinander und über ihre Welt (vgl. Boeckmann 1994). Medien beruhen auf Zeichensystemen (z.B. Sprachzeichen, Bilder, Piktogramme oder symbolische Darstellungen), die Träger von Bedeutungen sind. Diese werden auf unterschiedliche Weise (z.B. durch visuelle, akustische oder audiovisuelle Signale) von einem Menschen zum anderen übertragen. So treten über die Medien die Menschen jeweils auf spezifische Weise miteinander in Kontakt. Über den Austausch zeichenhafter Bedeutungen machen sie sich einen Sachverhalt, ein Thema, einen Gegenstand zu einer *gemeinsamen Sache*. Die Strukturen der Kommunikation sehen dabei ganz unterschiedlich aus, je nachdem, welche Medien für den Prozeß der Verständigung eingesetzt werden. Ein Gespräch in der Schulklasse unter Einbezug von Gestik, Mimik (ikonischen Zeichen), etwa eine hitzige Diskussion über ein aktuelles Vorkommnis, ist etwas völlig anderes als die Kommunikationssituation bei der Nutzung von Massenmedien. Die verwendeten Medien

1. Grundsituation:
Eigenaktive Auseinandersetzung Kind - Umwelt
Handlungsrahmen „Spiel"

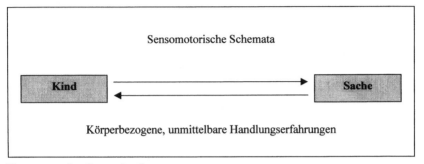

Kontexte: - Sandkasten im Garten
- öffentlicher Spielplatz
- Meeresstrand

Abb. 1

2. Grundsituation
Pädagogisch vermittelte Auseinandersetzung Kind - Umwelt
Handlungsrahmen „Familienerziehung"

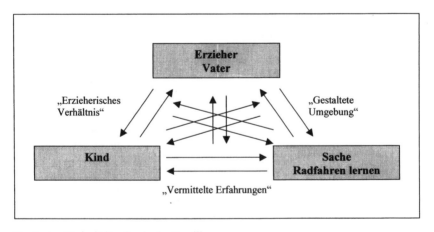

Kontext: Freizeitsituation in der Familie

Abb. 2

bestimmen die soziale Struktur, die Inhalte und den Prozeß der Verständigung, z.b. beim Zeitunglesen, beim Anhören von Werbung im Radio, beim Ansehen einer Schulfernsehsendung im Unterricht oder beim Hören einer Musik-Kassette während des Joggens. Der Austausch persönlicher Botschaften via e-mail zwischen zwei entfernten Partnern, die sich noch nie direkt begegnet sind, unterscheidet sich von einem Telefongespräch zwischen zwei Schulkameraden. Und die Suche nach Informationen zu einem speziellen Unterrichtsthema im Internet ist wieder eine völlig andere Kommunikationssituation.

Die Frage nach der *pädagogischen Problematik der Medien* ist die Frage nach den Konsequenzen dieser Veränderungen für Struktur, Inhalte und Prozesse der Erziehung. Diese lassen sich gut veranschaulichen, wenn wir in das Strukturmodell von Erziehung die Medien als eigenes Element eintragen und durch Pfeile ihr Einwirken auf die Erziehungsprozesse in Form zusätzlicher Beziehungsmuster verdeutlichen. So entsteht ein neues Strukturmodell für einen *pädagogischen Handlungsrahmen „Unterricht in einer mediengeprägten Alltagswelt"* (vgl. Abb.4).

Daraus können nun alle pädagogischen Probleme aber auch Chancen und positiven Möglichkeiten der Medien abgeleitet und systematisch in den strukturellen Zusammenhang der Bedingungsfaktoren von Erziehung eingeordnet werden. Auf diese Weise erhalten sie überhaupt erst einen spezifischen Stellenwert und können hinsichtlich ihrer Bedeutung für den Entwicklungsprozeß der Heranwachsenden und für die Verwirklichung bestimmter Erziehungsziele beurteilt werden.

Auf der Grundlage einer *systemischen Betrachtungsweise* ergeben sich folgende Konsequenzen im Hinblick darauf, wie *Medien die Beziehungsmuster* in den unterrichtlichen und schulischen Kommunikationssituationen verändern:

- Die Medien wirken nicht nur direkt auf die Heranwachsenden, auf die Wirklichkeit (Umwelt, Lerninhalte, mit denen sich die Kinder auseinandersetzen) und auf die Erzieher ein. Sie wirken vor allem auf die *Beziehungen* zwischen diesen Elementen der Erziehungsstruktur. D.h., die Medien verändern die *Beziehungsmuster* zwischen Kind und Sache, zwischen den Kindern untereinander, zwischen Kindern und Erziehern, zwischen Erziehern, Lerninhalten und Lernumgebungen, die sie für die Kinder bereitstellen oder gestalten. In allen Beziehungen, in die Heranwachsende verwickelt sind, müssen sie zu diesen verschiedenen Medien selbst eigene Beziehungsmuster aufbauen.
- Wechselwirkungen bzw. zirkuläre Kausalitäten: Die Medien wirken auf die Alle diese Beziehungsmuster dürfen nicht im Sinne einliniger Ursache-Wirkung-Beziehungen gedacht werden. Es handelt sich vielmehr immer um Kinder ein (Werbung), aber die Kinder wirken auch auf die Medien (z.B. durch ihre Medienpräferenzen oder die Nachfrage nach bestimmten Computerspielen steuern sie das Angebot). Die häufige Nutzung des Internet wirkt sich auf das Lehrer-Schüler-Verhältnis aus, aber das Verhältnis einer Lehrerin zu ihrer Schulklasse hat auch darauf Einfluß, wie die Schüler den Computer als Werkzeug annehmen und einsetzen.

3. Grundsituation
Erziehung und Unterricht in der Schule
Handlungsrahmen „Schulklasse"

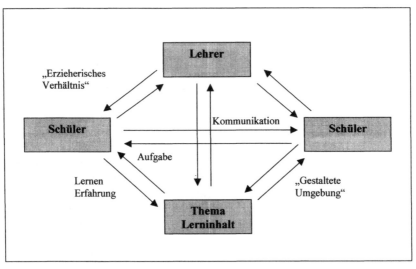

Abb. 3

4. Grundsituation
Handlungsrahmen „Unterricht in einer mediengeprägten Alltagswelt"

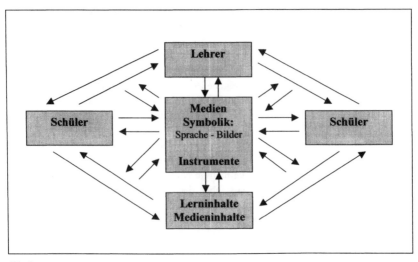

Abb. 4

–   Alles menschliche Handeln ist sinnorientiert und in bestimmte Kontexte einge-
    bettet. Durch den jeweiligen Rahmen erhält das Handeln erst seine spezifische
    Bedeutung. Das gilt auch für die Entwicklungs- und Lernprozesse der Schüler
    und für das darauf bezogene erzieherische Handeln von Lehrpersonen in einer
    von Medien geprägten Lernumgebung. Innerhalb unterschiedlicher Rahmen,
    z.b. in der Gleichaltrigengruppe im Freizeitbereich, im Zusammenleben in der
    Familie oder im Schulunterricht bekommt das Medienhandeln der Heranwach-
    senden einen je spezifischen Sinn. Die Beziehungsmuster, die sie zu den ein-
    zelnen Medien aufbauen, erhalten in diesen Kontexten unterschiedliche Quali-
    tät und Bedeutung.

–   Die einzelnen Kontexte oder Rahmen, in denen sich das Alltagsleben der Her-
    anwachsenden abspielt, sind untereinander vernetzt und beeinflussen sich ge-
    genseitig. Darin liegen zugleich Chancen und Herausforderungen für die schu-
    lische Medienerziehung. Die Chancen liegen in der Erwartung, daß medienpäd-
    agogische Maßnahmen in der Schule das Medienhandeln der Jugendlichen
    auch in den außerschulischen Kontexten positiv verändern könnten. Die Her-
    ausforderung ergibt sich daraus, daß die Schule die vielfältigen, teilweise wi-
    dersprüchlichen, wertvollen wie negativen Erfahrungen der Schüler mit den
    Medien außerhalb der Schule in die Unterrichtsarbeit und in das Zusammenle-
    ben in der Schule mit hereinnehmen und bei der Bewältigung der ihr aufgetra-
    genen Erziehungs- und Bildungsaufgaben berücksichtigen muß.

2.4.2   Ein Konzept integrativer Medienerziehung als Konsequenz aus einer syste- mischen Betrachtungsweise von Erziehung

Aus dem skizzierten Strukturmodell von Erziehung in einer mediengeprägten Lebenswelt
ergibt sich mit zwingender Notwendigkeit die Forderung nach einer *integrativen Medienerziehung in der Schule*. Diese Forderung ist darin begründet, daß die beschriebenen Einwirkungen der Medien auf die unterrichtlichen Kommunikationsprozesse weitreichende
Konsequenzen für die Schule insgesamt haben. Medien wirken sich eben nicht nur - wie
in der Einleitung bereits beschrieben - auf die Formen und die Qualität der Lernprozesse
bei den Schülern aus, sondern auch auf die Ziele und Aufgaben von Schule und damit
letztlich auf die Erfüllung ihres Bildungs- und Erziehungsauftrags.

–   Die Schule verliert ihr Informationsmonopol: Über die Medien ist den Schülern
    die „ganze Welt" verfügbar. Medien eröffnen den Heranwachsenden auch au-
    ßerhalb der Schule neue Lernformen und Lernwege zu interessanten Fragen
    und Themen und sonst nicht zugänglichen Bereichen der Wirklichkeit. Schule
    steht vor der außerordentlich schwierigen Aufgabe, die Interessen der Schüler,
    ihr bruchstückhaftes und zusammenhangloses Detailwissen, die Fülle unver-
    dauter Eindrücke und Vorstellungen auf die strenge Systematik der einzelnen
    Unterrichtsfächer einzugrenzen, auf die innere Ordnung eines Lehrganges auszu-
    richten und ihr Lernen den Anforderungen der fachlichen Inhalte unterzuordnen.

–   Mit der Faszination der Medien, ihrer Dramaturgie, der Vielfalt, dem Abwechs-
    lungsreichtum, der Farbigkeit und Detailgenauigkeit ihrer Darstellungsformen,
    der Unverbindlichkeit und Belanglosigkeit der Angebote und der Offenheit

subjektiver Aneignungsformen kann die Schule nicht mithalten. Sie darf auch gar nicht mit den Medien konkurrieren wollen. Ihre vorrangige Aufgabe liegt ja nicht in der bloßen Informationsvermittlung oder gar Unterhaltung, sondern in der vertieften, gründlichen und kritischen Auseinandersetzung mit einer Sache, in einer systematischen Verarbeitung und Aneignung von Informationen. Um aber die Schüler dafür motivieren zu können, müssen sie die schulischen Aufgaben und Anforderungen an ihre medialen Erfahrungen, bildhaften Vorstellungen und Erlebnisse anschließen können. Die Schule muß an diese Erfahrungen der Schüler anknüpfen und ihre medialen Kompetenzen für die Lern- und Bildungsprozesse nutzbar machen.

- Die modernen audiovisuellen Medien sprechen die Heranwachsenden in Form einer „präsentativen Symbolik" an, d.h., mit einem Gemisch aus Bildern, Tönen, Sprache, Farben, Formen und Geräuschen. Damit wenden sie sich insbesondere an das Emotionale und Unbewußte im Menschen und rufen verborgene Triebe, Bedürfnisse und Erlebnisse wach, die die Heranwachsenden in Phantasien, Tagträumen und Spielen zu verarbeiten suchen. Demgegenüber bauen die schulischen Lern-, Erziehungs- und Bildungsprozesse auf der „diskursiven Symbolik" der Sprache auf, die ganz andere Anforderungen an den Menschen stellt: Sie beruht auf dem begrifflich-abstrakten Denken, das die Entwicklung der menschlichen Kultur ermöglicht hat. Die Schüler müssen zu dieser höchsten Form des Denkens geführt werden, damit sie als Träger der Kultur zu ihrer Erhaltung und Weiterentwicklung beitragen und zur Selbstreflexion, zur Selbstbestimmung und zum eigenverantwortlichen Handeln befähigt werden können. (Vgl. Spanhel 1988; 1997; Medienkompetenz 1992)

Vor diesem Hintergrund ergibt sich zwingend die Forderung nach einer integrativen Medienerziehung in der Hauptschule. Zum einen muß damit die Schule auf die Probleme des Heranwachsens in einer mediengeprägten Alltagswelt reagieren, zumal gerade viele Hauptschüler aus schwierigen familiären Verhältnissen kommen, wo sie kaum angemessene Hilfen erwarten können. Zum anderen muß mit einer integrativen Medienerziehung die Schule auf die Herausforderungen reagieren, die ihr selber aus den Einwirkungen der Medien auf die schulischen Lern- und Kommunikationsprozesse und aus den Chancen neuartiger, auf Medien gestützter Lern- und Bildungsprozesse erwachsen. Die Schule ist letztlich der einzige Ort, an dem die Heranwachsenden zuverlässige, kompetente und kontinuierliche Hilfen bekommen können, um sich in der verwirrenden Fülle von Informationen und Reizen, Lebensformen und Weltbildern, Wertorientierungen und Erwartungen, Angeboten und Verlockungen in den disparaten Lebenswelten der Familie, Freizeit, Medien, Schule, Kultur zurechtzufinden und aus den Handlungserfahrungen ein einigermaßen kohärentes und stabiles Selbst- und Weltbild aufbauen zu können.

Wie ist in diesem Rahmen bzw. Kontext des schulischen Erziehungs- und Bildungsauftrags der Gedanke einer integrativen Medienerziehung zu verstehen? Er bedeutet zunächst, daß Schule und Lehrer bereit sein müssen, die außerschulischen Medienerfahrungen und Medienkompetenzen, medienbedingten Wissenselemente und Wertorientierungen, Lernschwierigkeiten, seelischen Konflikte oder Verhaltensstörungen sensibel wahrzunehmen und zu erkennen, anzunehmen und gelten zu lassen, als momentan gegebene Ausgangsbasis der einzelnen Schüler zu berücksichtigen und in die Unterrichtsarbeit und das Schulleben einzubeziehen. Integrative Medienerziehung sollte gerade *nicht eine zusätzliche Aufgabe* bezeichnen, die zu den anderen, in den Präambeln der Lehrpläne verankerten Erziehungsaufgaben noch hinzu kommt. Sie sollte auch nicht als ein Unterrichtsprinzip mißverstanden werden. Der Gedanke des Integrativen bedeutet vielmehr, daß durch angemessenen Medieneinsatz, durch Medienhandeln, durch Auseinandersetzen mit den Medien, ihren Inhalten, Botschaften und formalen Angebotsweisen neuartige Handlungsrahmen und Kontexte für Unterricht und Schulleben erzeugt werden, in denen gleichzeitig mit der Medienerziehung die Bewältigung auch noch anderer Lern- und Erziehungsaufgaben möglich wird. In diesem Sinne kann und muß Medienerziehung immer zugleich als Werterziehung und Sozialerziehung gesehen und betrieben werden.

Integrative Medienerziehung soll daher von den Lehrern nicht als zusätzliche Arbeit und Belastung empfunden werden, sondern als eine neuartige Sichtweise von Schule und Unterricht, die Handlungsalternativen durch andersartige Lern-, Arbeits- und Erziehungsformen erschließt. Daß dies nicht nur unrealistische und unbegründete Hoffnungen sind, das zeigen viele Erfahrungsberichte einzelner Lehrer, die sich auf solche Formen integrativer Medienerziehung eingelassen haben.

Diese Sichtweise von integrativer Medienerziehung stimmt damit überein, wie in dem Orientierungsrahmen der BLK (1995, S. 23) die Medienerziehung als eine *integrative Aufgabe* beschrieben wird:

„Medienerziehung in der Schule sollte insgesamt auf ein integratives Konzept ausgerichtet sein. Langfristig geht es in den Schulen darum, die medienerzieherischen Aktivitäten für die einzelnen Altersgruppen und Bildungsgänge sowie Aktivitäten in den verschiedenen Fächern und Lernbereichen in einem Orientierungsrahmen der Medienerziehung aufeinander abzustimmen. Dabei sollten auch medienerzieherische Ansätze für unterschiedliche Medienarten, z.B. für Printmedien, audiovisuelle Medien und den Computer miteinander verbunden werden. Die langfristige Perspektive eines integrativen Konzepts hält offen, daß medienerzieherische Fragen und Probleme zunächst von bestimmten Fachperspektiven aus sowie für einzelne Altersgruppen und Bildungsgänge angegangen werden. Dabei können Leseerziehung, Fernseherziehung oder die informationstechnische Grundbildung den Ausgangspunkt bilden. Die Ausgestaltung einer integrativen Medienerziehung muß letztlich von der einzelnen Schule aus der jeweils gegebenen pädagogischen Situation heraus geleistet werden."

2.5 Merkmale, Ziele und Aufgaben einer integrativen Medienerziehung in der Hauptschule

2.5.1 Merkmale

In der Konzeption des Modellversuchs ging es schließlich darum, diesen Ansatz für den Schulalltag zu operationalisieren und am Beispiel der Hauptschule die Möglichkeiten der Umsetzung, die Schwierigkeiten und die Wirkungen einer solchen integrativen Medienerziehung zu erproben und zu beobachten. Diese modellhafte Verwirklichung integrativer Medienerziehung sollte sich an folgenden Merkmalen orientieren:

- Integration der *außerschulischen Medienerfahrungen* und -kompetenzen der Schüler, der medienvermittelten Kenntnisse, Fähigkeiten, Emotionen und Wertorientierungen und der medienbedingten seelischen Konflikte, Lern- und Verhaltensstörungen in Unterricht und Schulleben.
- Die *selbstverständliche Nutzung* der verschiedenen Medien bei der Bewältigung unterschiedlichster Lern- und Arbeitsaufgaben, unterrichtlicher, erziehlicher, sozialer oder institutioneller Probleme und Aufgaben entsprechend den spezifischen Möglichkeiten und Stärken der einzelnen Medien, wie dies sonst im Alltagsleben auch geschieht, d.h., die aktive Verwendung der Medien als Darstellungs-, Ausdrucks-, Informations-, Lern-, Arbeits- und Kommunikationsmittel für Schüler und Lehrer.
- Die gleichberechtigte *Integration aller Medien,* ohne pädagogische Vorbehalte. Das Buch ist nicht von vornherein pädagogisch wertvoller als ein Videofilm oder ein Computerspiel; es kommt immer auf den Inhalt an und auf den Zweck, der mit dem Medieneinsatz verfolgt werden soll.
- Dieser Aspekt schließt eine Integration von schulischer Medienerziehung und *informationstechnischer Grundbildung* ein. Seit dem Beginn des Modellversuchs haben die fortschreitende Digitalisierung und die technischen Entwicklungen im Bereich von Multimedia diese Trennung hinfällig werden lassen. So wie im Alltag der Kinder Radio und Fernsehen, Videofilme und Computerspiele, Comics und Zeitschriften nebeneinander und in unterschiedlichen Kombinationen genutzt werden, so müssen die Schüler sich im Unterricht mit allen Medien kritisch auseinandersetzen, ihre je spezifische Sprache verstehen lernen und alternative Handlungsmuster im Umgang mit ihnen einüben.
- Wenn man im Medienbereich von einem erweiterten *Textbegriff* ausgeht, wie dies C. Doelker (1995) vorschlägt, und damit nicht nur gedruckte oder geschriebene Texte, sondern alle komplexeren symbolischen Darstellungsformen einbezieht, könnte der Deutschunterricht zu einem wichtigen Kristallisationspunkt integrativer Medienerziehung werden. Leitgedanke könnte die Vermittlung einer "media literacy" sein.
- Die Verschmelzung von *Mediendidaktik* (Einsatz und Nutzung der Medien als Lern- und Arbeitsmittel zur Gestaltung des Unterrichts und zur Verbesserung schulischer Lernprozesse) und Medienerziehung (Medien als Unterrichtsthema mit dem Ziel einer Erziehung zum kritischen, reflexiven und verantwortungsbewußten Umgang der Schüler mit den Medien in allen Lebensbereichen).

44

- Integration der Medienerziehung in den *Gesamtzusammenhang der Schulerziehung,* die eben nicht als bloße Summierung einzelner Erziehungsaufgaben verstanden werden darf. Der mediale Aspekt muß bei allen Erziehungsproblemen mitbedacht werden, z.b. als ein wichtiger Teil der Freizeiterziehung. Aus diesem Blickwinkel ist ein lebendiger und anregender Musik-, Kunst-, Werk- und Sportunterricht ein bedeutsamer Teil einer integrativen Medienerziehung: Durch Ausbildung vielseitiger Interessen, durch Einübung in vielfältige Gestaltungs-, Ausdrucks-, Spiel-, Tätigkeits- und Herstellungsformen und durch kreativen Umgang mit verschiedensten Medien (Materialien, Formen, Tönen, Werkzeugen, Instrumenten) kann der Stellenwert der elektronischen Medien im Alltagsleben relativiert werden. Auf der anderen Seite implizieren medienpädagogische Maßnahmen stets auch wichtige Möglichkeiten zur Sozialerziehung oder Werterziehung.

- Integrative schulische Medienerziehung liegt in der *Verantwortung eines jeden Lehrers* und darf nicht auf ein einzelnes Unterrichtsfach mit einem speziell dafür ausgebildeten Lehrer oder auf bestimmte inhaltliche Anknüpfungspunkte in einzelnen Unterrichtsfächern (z.B. Deutsch oder Sozialkunde) allein begrenzt werden. Sie umfaßt außerdem fächerübergreifende Projekte, Veranstaltungen im Bereich des Schullebens, Maßnahmen zur Kooperation mit den Eltern sowie schulübergreifende Aktivitäten (Öffentlichkeitsarbeit, Kooperation mit Jugendamt, Jugendschutz, Freizeiteinrichtungen, lokalen Medienanbietern).

2.5.2 Ziele

Als Ziel schulischer Medienerziehung wird heute übereinstimmend die *Medienkompetenz* genannt, d.h., die Befähigung zu einem sinnvollen, kritischen, reflexiven, verantwortungsbewußten Umgang mit den verschiedensten Medien.

Da alle Medien Kommunikationsmedien sind, müssen zur *Vermittlung von Medienkompetenz* zunächst grundlegende kommunikative Fähigkeiten aufgebaut und weiterentwickelt werden.

Jeder Mensch muß sich im Laufe seines Lebens solche *kommunikativen Fähigkeiten* aneignen, wenn er als eigenverantwortlich handelnder Bürger ein subjektiv befriedigendes und sozial verträgliches Leben in der modernen Gesellschaft führen will. Es handelt sich dabei um folgende Kompetenzen:

- Die Fähigkeit zur Verständigung über Inhalte: Der Mensch muß Informationen über die Außenwelt (über Wahrnehmungen, Phantasien oder Abstraktionen) mitteilen und verstehen können.
- Die Fähigkeit zur Herstellung und Aufrechterhaltung sozialer Beziehungen: Der Mensch muß persönliche und öffentliche Beziehungsbotschaften herstellen und verstehen können.
- Die Fähigkeit zum Aufbau und zur Erhaltung der Identität: Der Mensch muß in den sozialen Beziehungen sein persönliches Erleben artikulieren, sich selbst darstellen und dabei sein Selbstbild gewinnen und stabilisieren können.

Für all diese Dimensionen menschlicher Kommunikation eröffnen die modernen Medien neue Möglichkeiten und Formen. Daher ist es unabdingbar, daß die Menschen spezifische

Medienkompetenzen erwerben, damit sie die ganze Bandbreite der Medien zur Ausgestaltung und Bereicherung der Kommunikationsprozesse adäquat einsetzen können. Diese Kompetenzen sind Teil der Sozialisation jedes Individuums, die sich über den ganzen Lebenslauf hin erstreckt. Die Aneignung dieser Fähigkeiten ist nie abgeschlossen; sie müssen immer wieder weiterentwickelt, auf neue Anforderungen hin spezifiziert, geübt und neu gefestigt werden. (Vgl. dazu von Rein 1996; Moser 1999, S. 213ff.)

Mit Bezug auf die drei Grundkomponenten jedes Mediensystems umfaßt *Medienkompetenz* folgende Fähigkeiten:

1) Wahrnehmungskompetenz:
   Die besondere Sprache der verschiedenen Medien verstehen und beurteilen lernen; unterschiedliche Medien in ihrer jeweils spezifischen Machart, ihren ästhetischen und gestalterischen Ausdrucksmöglichkeiten und Wirkungen kennenlernen; Medieneindrücke und -erlebnisse differenziert und bewußt wahrnehmen.
2) Verarbeitungskompetenz:
   Die Medieninhalte und die dargebotenen Informationen über die Außenwelt, über Phantasien, die dargebotenen Geschichten und Mythen kognitiv aufnehmen, kritisch reflektieren und verarbeiten lernen.
3) Beurteilungs- und Selektionskompetenz:
   Die mit den Medienangeboten verbundenen Wertorientierungen erkennen und sich auf der Grundlage der eigenen Wertmaßstäbe mit ihnen kritisch auseinandersetzen; Kriterien erarbeiten, nach denen man Medien auswählen, analysieren und beurteilen kann; an vielfältigen Beispielen die Fähigkeit zur Anwendung dieser Kriterien erproben und entwickeln.
4) Kritische Nutzungskompetenz:
   Unterschiedliche Medien je nach ihrer Eigenart für eigene Zwecke und Ziele auswählen und nutzen lernen, sei es zur Information und Bildung, zur Unterhaltung und zum Vergnügen, zur Kommunikation mit anderen, als Mittel, um soziale, politische, religiöse Interessen zu formulieren und in der Öffentlichkeit präsent zu machen oder zur Problemlösung.
5) Kreative Handlungskompetenz:
   – Befähigung und Anleitung zur Produktion eigener Medien, um die persönlichen Ausdrucks- und Gestaltungsmöglichkeiten spielerisch zu erweitern und sozial verantwortliches Medienhandeln einzuüben, z.B. bei der Mitwirkung an einer Zeitung, Fotoausstellung oder Tonbandreportage oder bei der Herstellung eigener Videofilme oder Computergrafiken.
   – Befähigung zum adäquaten Einsatz von Medien zur Bewältigung sozialer Probleme oder Konflikte.
   – Die Entwicklung der Medien, ihre technischen, wirtschaftlichen, rechtlichen und politischen Produktionsbedingungen, ihre Verbreitung und Wirkungen in gesellschaftlichen Zusammenhängen kennenlernen, ein Gespür für diese Zusammenhänge entwickeln und lernen, wie man selbst Medien beeinflussen und demokratisch mitgestalten kann.

6) Multimediale Kompetenz:
Zur optimalen Nutzung hypermedialer Lernsysteme sind erforderlich:
- Fähigkeit zur „Navigation" in Hypertextstrukturen;
- Selektionsfähigkeit, um die aus der Informationsfülle erforderlichen Daten herausfiltern zu können;
- Fähigkeit, die Texte zu verstehen;
- Fähigkeit, die Verantwortung für das eigene Medienhandeln zu übernehmen.

Ein wichtiges Ergebnis aus dem Strukturmodell der Erziehung war die Einsicht, daß Medien stets in Handlungsrahmen eingebettet sind. Deshalb muß weiter gefragt werden: Zur Verwirklichung welcher *Zwecke* sollen die Schüler Medien kompetent einsetzen lernen? Sie können ja meist sehr wohl kompetent mit den Medien umgehen, oft kompetenter als Erwachsene. Sie nützen die Medien sehr sinnvoll zur Verwirklichung ihrer subjektiven Wünsche und Ziele, zur Befriedigung ihrer emotionalen Bedürfnisse und zur Bearbeitung und Bewältigung anstehender Aufgaben oder drängender Konflikte oder Lebensprobleme. Das Ziel schulischer Medienerziehung muß es sein, diese einseitige Orientierung am Prozeß der Selbstverwirklichung zu relativieren und zu korrigieren. Sie müßte den Schülern Orientierungshilfen und Wertorientierungen anbieten, damit sie ihre Medienkompetenz ausbilden und produktiv nutzen bei der Bewältigung der legitimen Anforderungen der Kultur und Gesellschaft, wie sie durch die schulischen Lern- und Erziehungsziele repräsentiert werden. Oberstes Ziel: Beide Grundorientierungen in ein ausgewogenes und stabiles Gleichgewichtsverhältnis zu bringen.

2.5.3 Aufgaben

- Die erste grundlegende, aber auch schwierige Aufgabe im Rahmen einer integrativen Medienerziehung besteht für die Lehrer darin, sich ein möglichst *genaues Bild von den Medienwelten und dem Medienhandeln ihrer Schüler* zu machen. Weil die Hauptschüler in ihrer Mediennutzung kaum noch elterlichen Kontrollen unterliegen und die Einstellungen der Lehrer zu Medien kennen, werden sie mit Informationen sehr zurückhaltend sein.
- Wenn sich eine Lehrperson auf verschiedenen Wegen vorsichtig und ohne jede Verurteilung um die Medienwelten seiner Schüler bemüht, kommt vielleicht ein Prozeß in Gang, der bereits die zweite Aufgabe schulischer Medienerziehung kennzeichnet: Eine *verständnisvolle Begleitung der Schüler bei ihrem Umgang mit Medien*. Dabei erhalten die Jugendlichen Möglichkeiten, etwas von ihren Medienerfahrungen und -erlebnissen auszudrücken und über ihr Medienhandeln, ihre Präferenzen und ihre Beurteilungskriterien zu sprechen. So können ihnen ihre Mediengewohnheiten, Handlungsmuster und Wertungen bewußter werden; dann lassen sie sich eher ändern.
- Zur Aufgabe der verständnisvollen Begleitung gehört auch das Angebot vielfältiger *Hilfen zur Aufarbeitung von Medienwirkungen* im kognitiven, emotionalen oder moralischen Bereich (vgl. Tulodziecki 1992). Hier bieten sich zahlreiche Anknüpfungspunkte bei konkreten Themen in verschiedenen Unterrichtsfächern (Deutsch, Geschichte, Sozialkunde, Religion, Kunst, Erziehungskunde).

- Eine weitere, sehr schwierige Aufgabe besteht darin, daß Lehrpersonen hinsichtlich des festgestellten Medienhandelns und der Medienwelten ihrer Schüler mit Hilfe des pädagogischen Sinnkriteriums zu einer *erzieherischen Beurteilung* kommen müssen. Das wäre die Voraussetzung für eine begründete Planung pädagogischer Hilfen und Maßnahmen. Dabei stehen der Lehrer/innen vor der Frage, ob es ihnen möglich und angemessen erscheint, mit den Schülern selbst zu einer Beurteilung ihres eigenen Mediennutzungsverhaltens und zu einer kritischen Reflexion der dabei verwendeten Beurteilungskriterien zu kommen. Das Sinnkriterium aus der Sicht des Lehrers ist die Frage, ob das beobachtete Medienhandeln die geistige, soziale und moralische Entwicklung der Schüler fördert, zum Aufbau eines differenzierten Selbst- und Weltbildes beiträgt, bei der produktiven Bewältigung von Alltagsproblemen und Entwicklungsaufgaben hilft, die Entwicklung von Zukunftsperspektiven und die Integration der Jugendlichen in die Erwachsenenwelt unterstützt.
- Die zentrale Aufgabe einer integrativen Medienerziehung in der Schule könnte man als *"didaktische Integrationsfunktion"* bezeichnen. Dabei geht es um die Aufarbeitung und Systematisierung der aus den Medien und in der Auseinandersetzung mit ihnen bezogenen Informationen und Wissensbruchstücke, Fähigkeiten und Lernerfahrungen, Einstellungen und Interessen. In den einzelnen Unterrichtsfächern müssen die Lehrer versuchen, den Schülern zu helfen, die anstehenden Unterrichtsthemen an diese inneren Voraussetzungen anzuschließen. Diese Basis an Kenntnissen und Fähigkeiten muß genutzt werden, um die Schüler für den Unterricht zu motivieren, vorhandene Interessen und Fragen aufzugreifen und weiterzuführen und die damit verbundenen Energien sowie Arbeits- und Konzentrationsfähigkeit für die schulischen Lernprozesse nutzbar zu machen. Auf diese Weise werden Selbstachtung und Selbstwertgefühl der Schüler gestärkt, und sie erfahren die Lebensbedeutsamkeit schulischer Lernanforderungen und Lerninhalte. Die Schüler dürfen mit der Flut an Medieneindrücken nicht allein gelassen werden.
- In diesen bisher skizzierten Rahmen integrativer Medienerziehung fügen sich die Aufgaben ein, die bisher *im engeren Sinne* einer *systematischen Medienerziehung* beschrieben und in den Schulen auch vielfach betrieben worden sind:
    - Nutzung der Medien als Arbeits-, Lern- und Bildungsmittel (einschließlich Leseerziehung und informationstechnischer Bildung);
    - Medienanalyse und -kritik;
    - praktische Medienarbeit, z.B. die Eigenproduktion von Videofilmen oder Computerspielen und die Nutzung der Medien als Ausdrucks- und Darstellungsmittel vor allem im Rahmen von Projekten.
- Die letzte schwierige Aufgabe liegt schließlich in der dringenden Notwendigkeit, die *Eltern als Partner für die Anliegen einer integrativen Medienerziehung zu gewinnen*. Das Ziel wäre es, das Medienhandeln der Jugendlichen auch im Bereich von Familie und Schule durch eine verständnisvolle Begleitung der Eltern in vernünftige Bahnen zu lenken und reflektierte Formen des Medienumgangs zu stützen.

2.6 Rahmenbedingungen zur Verwirklichung eines integrativen Ansatzes der Medienerziehung in der Hauptschule

2.6.1 Voraussetzungen für einen Modellversuch in der Hauptschule

Eine Reihe von Gründen sprachen dafür, den skizzierten Ansatz einer integrativen Medienerziehung in einem Modellversuch an der Hauptschule zu erproben:

- Ergebnisse der Medienforschung belegen, daß die 13-16jährigen Jugendlichen und insbesondere die Gruppe der Hauptschüler ein sehr problematisches Mediennutzungsverhalten zeigen (Spanhel 1990). Deshalb wären gerade Hauptschüler, Eltern und Hauptschullehrer auf konkrete Hilfen von Seiten der Medienpädagogik angewiesen.

- Im Gegensatz dazu wird die Medienerziehung an den Hauptschulen eher vernachlässigt; Hauptschullehrer halten andere Erziehungsprobleme für vordringlicher.

- Hinzu kommt, daß die Hauptschüler vielfach aus schwierigen familiären Verhältnissen kommen; in der Folge davon haben die Lehrer im täglichen Unterricht mit Verhaltensauffälligkeiten, Lern- und Leistungsschwierigkeiten zu kämpfen.

- Die Arbeit in der Hauptschule wird vor allem dadurch sehr erschwert, daß ein Teil der Schüler noch den Übertritt an die Realschule oder den qualifizierenden Hauptschulabschluß schaffen möchte, während der andere Teil der Schule insgesamt sehr distanziert oder grundsätzlich negativ gegenübersteht, fast nicht zu motivieren ist und kaum eine Leistungsbereitschaft zeigt.

- Wenn man von der These ausgeht, daß die Lern- und Erziehungsprobleme in der Hauptschule auch durch die Formen der Mediennutzung mitverursacht sind und umgekehrt die schwierigen Lebens-, Erziehungs- und Schulsituationen der Hauptschüler ihren problematischen Umgang mit Medien mitbedingen, muß integrative Medienerziehung an der Hauptschule als eine ganz wichtige Erziehungsaufgabe angesehen werden.

- Für die anderen Schularten in Bayern wurden in jüngster Zeit neue Lehrpläne ausgearbeitet. Dabei fand das Anliegen der Medienerziehung in Form konkreter Themen und einer genauen Kennzeichnung von Anknüpfungspunkten und inhaltlichen Bezügen eine viel stärkere Berücksichtigung als bisher. Da 1994 mit der Novellierung des Hauptschullehrplans begonnen worden war, bot sich die einmalige Möglichkeit, Erfahrungen und Ergebnisse aus dem Modellversuch direkt für die Lehrplanarbeit fruchtbar zu machen und auf diese Weise eine wirkliche Integration der Medienerziehung in alle Bereiche des Lehrplans anzustreben.

2.6.2 Probleme und Ansatzpunkte

Für die Durchführung eines Modellversuchs an der Hauptschule gab es Vor- und Nachteile. Die Einführung einer integrativen Medienerziehung wird durch die Tatsache erleichtert, daß der Klassenlehrer an den Hauptschulen in Bayern meistens mehrere Fächer und eine größere Zahl von Unterrichtsstunden in seiner Schulklasse unterrichtet. Da Hauptschullehrer von ihrer Ausbildung her offen für alternative Unterrichtsformen sind, bietet sich damit eine gute Ausgangsbasis für fächerübergreifende und projektorientierte Maßnahmen der Medienerziehung. Schließlich finden sich im Fächerkanon der Hauptschule (neben Deutsch, Sozialkunde, Musik und Kunst noch Arbeitslehre und informationstechnische Grundbildung) vielfältige Anknüpfungsmöglichkeiten und thematische Berührungspunkte zu medienpädagogischen Inhalten.

Diesen positiven Voraussetzungen steht auf der anderen Seite eine enorme Belastung der Hauptschullehrer/innen gegenüber. Deshalb erscheint ihnen die Aufgabe einer integrativen Medienerziehung als eine zusätzlich belastende Anforderung. Da ein Großteil der Hauptschullehrer der älteren Generation angehört, haben sie aufgrund ihrer eigenen Medienbiographie wenig Verständnis für die Medieneuphorie der Jugendlichen, finden nicht so leicht Zugang zu ihren Medienwelten und stehen daher vermutlich dem Anliegen einer integrativen Medienerziehung eher distanziert gegenüber. Es kam daher im Modellversuch darauf an, die Lehrer/innen von Anfang an von den besonderen Möglichkeiten und der Fruchtbarkeit dieses Ansatzes zu überzeugen.

Um die beschriebenen vielfältigen Aspekte einer integrativen Medienerziehung im Rahmen eines Entwicklungsprojekts beobachten und bewerten zu können, war es unabdingbar, den Modellversuch an nur *einer* Hauptschule unter Einbezug des gesamten Kollegiums durchzuführen.

2.6.3 Klärungsbedarf

Die Medienforschung hatte in den vorausgegangenen Jahren viele neue und pädagogisch bedeutsame Erkenntnisse vorgestellt. Unter Bezug auf diese Ergebnisse wurden in der Medienpädagogik (von Theoretikern und Praktikern) eine Vielzahl an Konzepten, Maßnahmenkatalogen, Unterrichtsentwürfen, Projekten und Formen praktischer Medienarbeit zur schulpraktischen Verwirklichung der Medienerziehung entwickelt und teilweise auch erprobt (vgl. Doelker 1994, Tulodziecki 1992, Höltershinken u.a. 1991, Schill, Wagner 1993, Vilgertshofer u.a.1992). Zu Beginn des Vorhabens war jedoch kaum etwas darüber bekannt, wie Hauptschullehrer die Mediennutzung der Schüler aus pädagogischer Sicht einschätzen, was sie von schulischer Medienerziehung halten, auf welcher Wissensgrundlage sie Medienerziehung betreiben, in welchem Umfang und in welchen Formen sie das normalerweise tun, ob und wie sie dabei die vorliegenden unterrichtspraktischen Hilfen aufgreifen und welche Erfahrungen sie damit gemacht haben.

Von den Landes-, Kreis- und Stadtbildstellen wurden im Rahmen ihres pädagogischen Auftrags von engagierten Hauptschullehrern vielfältige, thematisch interessante und praxisnahe Fortbildungen zur Mediendidaktik und teilweise auch zur schulischen Medienerziehung angeboten und so eine große Zahl von Lehrern angesprochen. Aber es existierten kaum Erkenntnisse darüber, was von diesen Anregungen tatsächlich aufgegriffen und in die alltägliche Schularbeit umgesetzt wurde. Trotz dieser zahlreichen Hilfen und trotz der Klagen vieler Lehrer über medienbedingte Lern- und Erziehungsschwierigkeiten der Schüler schien es der schulischen Medienerziehung an Kontinuität zu mangeln.

Vor allem fehlten Informationen darüber, wie die tatsächlich durchgeführten Maßnahmen zur Medienerziehung bei den Hauptschülern ankamen, was sie bewirkten, ob sie das Medienhandeln der Jugendlichen beeinflußten und ihnen bei der Bewältigung der damit verbundenen Entwicklungsaufgaben und schwierigen Lebenssituationen helfen konnten. Schließlich bestand Klärungsbedarf hinsichtlich der Frage, ob und wie eine Kooperation mit den Eltern und mit außerschulischen pädagogischen Einrichtungen (Freizeitstätten, Jugendamt, Jugendschutz) herbeigeführt werden könnte, um die Bemühungen der Lehrer zu unterstützen. Es wurde bis dahin nicht versucht, für diese Stützung schulischer Maßnahmen und Kooperationsformen die regionalen Massenmedien selbst (Presse, öffentlich-rechtliche und private Rundfunk- und Fernsehsender) mit in die Verantwortung zu nehmen.

2.7 Ziele des Modellversuchs

Aus der theoretischen Begründung und der Situationsanalyse wurden die folgenden Zielstellungen für das Evaluationsprojekt abgeleitet:

1) Durch welche *Maßnahmen schulinterner Lehrerfortbildung* können möglichst viele Mitglieder eines Kollegiums für die Verwirklichung einer integrativen Medienerziehung gewonnen und befähigt werden?
   - Welche Zugangsweisen zu den Medienwelten, Nutzungsformen und Medienproblemen der Hauptschüler lassen sich den Lehrerinnen und Lehrern eröffnen?
   - Mit Hilfe welcher Methoden und Instrumente erscheint es möglich, das Medienhandeln der Schüler besser zu verstehen?
   - Wie können die Lehrer Einblick in die Medienwelten, Nutzungsformen und Medienprobleme der Hauptschüler gewinnen?
   - Wie können die Lehrer von der Notwendigkeit einer integrativen Medienerziehung überzeugt werden?

2) Welche konkreten *Hilfen für die Planung und Durchführung* integrativer Medienerziehung halten Hauptschullehrerinnen und Lehrer an ihrer Schule für erforderlich?
   - Welche Ergebnisse aus der Medienforschung sind für erfolgreiche Medienerziehung unabdingbar?
   - Welche Unterrichtskonzepte, Projektvorschläge und Materialien werden von den Lehrern als hilfreich akzeptiert?
   - Welche Unterstützung erwarten die Lehrkräfte bei Medieneinsatz, bei der praktischen Medienarbeit und bei der Information über neue Medienentwicklungen von den Stadt- und Kreisbildstellen?
   - Welche praktischen Erfahrungen, welche medienspezifischen Fertigkeiten und Arbeitstechniken der Lehrpersonen sind für eine Umsetzung der Medienerziehung erforderlich?

3) Durch welche Maßnahmen können *Kontinuität und Wirksamkeit* integrativer Medienerziehung erhöht werden?
   - Können die Lehrer durch Unterstützung der Schulleitung, durch Thematisierung der Medienfragen und durch Erfahrungsaustausch stärker zur Medienerziehung motiviert werden?

- Erfahren die Lehrer die Kooperation mit Kollegen, die gemeinsame Vorbereitung, Durchführung und Reflexion bei fachbezogenen, fächer- oder klassenübergreifenden Maßnahmen als Arbeitserleichterung, Stützung, Ansporn und Bereicherung der Schularbeit?
- Läßt sich durch Formen offenen und handlungsorientierten Unterrichts und durch Formen aktiver Medienarbeit die Wirksamkeit der Medienerziehung erhöhen?

4) Wie lassen sich *alle Medien* (Printmedien, auditive, audiovisuelle und elektronische Medien) angemessen berücksichtigen, um den Schülern den inneren Zusammenhang von symbolischer Weltdarstellung und Kommunikation zu verdeutlichen und sie zu *bewußter Medienwahl* zu befähigen?
   - Welche Inhalte und Themen sind für die Behandlung medienpädagogischer Grundfragen am besten geeignet?
   - Wie läßt sich eine auf die ganze Breite der modernen Medien bezogene Medienkompetenz bei den Schüler systematisch aufbauen?
   - Kann eine kontinuierliche Medienerziehung dazu beitragen, Lern-, Leistungs- und Erziehungsschwierigkeiten bei den Schülern zu überwinden?
   - Welche Erfahrungen werden dabei mit heterogenen Lerngruppen gemacht? (Leistungsheterogenität, unterschiedliche ethnische und kulturelle Herkunft, geschlechtsspezifische Mediennutzung)

5) Gibt es realistische Möglichkeiten und welche Ansatzpunkte und Methoden erscheinen geeignet, um die vieldiskutierte *Gewaltproblematik in den Medien* im Rahmen schulischer Medienerziehung bearbeiten zu können?
   - Wie müßte ein Handlungskonzept gegen die Auswirkungen der Gewalt in den Medien aussehen?
   - Wie ließen sich Konzepte der sozial-moralischen Erziehung für die Bearbeitung der Gewaltproblematik in den Medien nutzen?
   - Wie könnte bei den Schülern eine kritische Distanz zu den gewaltdarstellenden Idolen in den Medien aufgebaut werden?
   - Wie könnte mit den Schülern die Entwicklung friedlicher Konfliktlösungsstrategien als Alternative zu Gewalthandlungen geübt werden?

6) Kann die Medienerziehung durch *Kooperationsformen* über die Schule hinaus abgestützt werden?
   - Wie läßt sich eine Zusammenarbeit mit den Eltern anbahnen? Welche Hilfen erwarten die Eltern bei der Bewältigung familiärer Erziehungsprobleme im Medienbereich?
   - Welche Formen der Kooperation mit dem Jugendamt, Jugendschutz, mit der Gemeinde, mit Freizeiteinrichtungen sind möglich?
   - Können für das Anliegen einer integrativen Medienerziehung auch die Massenmedien gewonnen werden? (Kooperation mit lokalen, öffentlich-rechtlichen und privaten Rundfunk- und Fernsehsendern und mit der Presse?)

7) Wie können die Ergebnisse der *Evaluation des Modellversuchs* für eine Ausweitung der Medienerziehung an anderen Hauptschulen genutzt werden?
   - Mit welchen Methoden lassen sich die medienpädagogischen Maßnahmen an den Schulen evaluieren?
   - Kann durch kontinuierliche Öffentlichkeitsarbeit während des Modellversuchs eine breite Diskussion über Medienerziehung an den Schulen in Gang gesetzt werden?
   - Wie können die Erfahrungen aus dem Projekt in ein umfassendes Fortbildungskonzept zur Medienerziehung an Hauptschulen eingebracht werden?

8) Läßt sich aus den Erfahrungen mit dem Modellversuch *ein Curriculum zur Medienerziehung* an der Hauptschule erarbeiten, das die wesentlichen Themen, Problembereiche und Lernziele der Medienerziehung in möglichst viele Unterrichtsfächer integriert und über alle Schuljahre verteilt?
   Da während des Ablaufs des Modellversuchs ein neuer Lehrplan für die Hauptschule eingeführt werden sollte, war besonders zu fragen:
   - Wie könnte das Anliegen der Medienerziehung im neuen Hauptschullehrplan verankert werden? Welche Hinweise und Erkenntnisse könnten dafür aus dem Modellversuch gewonnen werden?
   - Wie mußte ein Curriculum der Medienerziehung gestaltet werden, um eine möglichst gute Verbindung von Fachlernzielen und medienpädagogischen Zielen im Unterricht zu sichern?
   - Wie könnten in einem solchen Lehrplan traditionelle medienpädagogische Themen, wie z.B. Leseförderung, Nachrichten oder Zeitung mit aktuellen Herausforderungen (Computerspiele oder Multimedia) verbunden werden?

2.8 Überregionale Bedeutung des Modellversuchs

Sie ergibt sich aus den aufgelisteten Zielen des Modellversuchs und wird durch die folgenden Punkte näher erläutert.

1) Das Projekt steht modellhaft für eine integrative Form schulischer Medienerziehung. Sie beruht auf der Überzeugung, daß Medienerziehung nicht als ein isolierte Aufgabe betrieben werden kann, sondern sich nur in enger Verbindung von und Abstimmung mit anderen selbstverständlichen Lern- und Erziehungsaufgaben erfolgversprechend verwirklichen läßt. Das Moment des Integrativen bezieht sich dabei auf folgende Aspekte:
   - Die Einbeziehung der außerschulischen Medienerlebnisse und -erfahrungen der Schüler und ihre Medienkompetenzen in Unterricht und Schulleben;
   - die selbstverständliche Nutzung aller Medien zur Bewältigung unterschiedlicher unterrichtlicher oder schulischer Aufgaben und eine enge Verbindung der Medienerziehung mit dem Anliegen einer informationstechnischen Grundbildung;

- Verschmelzung von Mediendidaktik (Einsatz der Medien zur Verbesserung schulischer Lernprozesse) und Medienerziehung (Erziehung zum kritischen und verantwortungsbewußten Umgang mit den Medien in allen Lebensbereichen)
- Integration der Medienerziehung in den Gesamtzusammenhang von Schulerziehung, einschließlich der Sozial- und Werterziehung.
- Integration der indirekten Medienerziehung durch Stärkung der musischen Fächer und einer schulischen Freizeiterziehung

2) Das Projekt steht modellhaft für die Verwirklichung fächerübergreifender schulischer Erziehungsaufgaben.

All diese Erziehungsaufgaben (seien es Medien- oder Umwelterziehung, Suchtprävention oder Friedenserziehung, interkulturelle oder Verkehrserziehung) können nur *handlungsorientiert* angegangen werden durch die Art und Weise, *wie* in Unterricht und Schule Lernaufgaben oder Probleme wahrgenommen und bearbeitet werden, *wie* dabei das soziale Zusammenleben verantwortungsbewußt gestaltet wird und *wie* Konflikte gelöst werden. Gerade am Beispiel der Medienerziehung läßt sich das besonders gut zeigen. Praktische Medienarbeit erhält dabei besonderes Gewicht. Unabhängig davon können und müssen die Medien, ihre Sprache und Wirkungen, medienspezifische Arbeitstechniken, Medienkultur und medienverursachte Probleme auch zum Gegenstand von Unterricht gemacht und mit den Schülern bearbeitet werden.

3) Das Projekt steht modellhaft für eine Kooperation zwischen Erziehungswissenschaft und Schulpraxis.

Voraussetzung für eine enge Verzahnung zwischen wissenschaftlicher Begleitung und Unterrichtspraxis, zwischen praktischer Erprobung der Konzepte und ihrer wissenschaftlichen Evaluierung ist eine gute Verständigung zwischen dem Forschungsteam und dem Kollegium an der Modellschule. Diese sollte durch einen freigestellten und in der Medienarbeit erfahrenen Hauptschullehrer als Mitarbeiter im Team erleichtert werden. Dabei wäre eine stärkere Orientierung der praktischen Konzepte an den grundlegenden Erkenntnissen der Medienforschung anzustreben.

4) Das Projekt steht modellhaft für Möglichkeiten einer Schulentwicklung von innen.

Dafür beinhaltet das Projekt folgende Ansatzpunkte:
- Neue Formen der schulinternen Lehrerfortbildung sollen sicherstellen, daß die Lehrpersonen mit den vermittelten Kenntnissen und Methoden nicht allein gelassen, sondern in Arbeitsgruppen begleitet und unterstützt werden.
- Lehrer sollen die Erfahrung machen, daß durch Kooperation bei der Medienerziehung nicht nur zusätzliche Arbeiten anfallen, sondern daß damit zugleich Entlastung, neue Ideen, Spaß am Beruf, Hilfen bei der Bewältigung von Alltagsroutinen und Problemen verbunden sein können.
- Durch Kooperation von Schulleitung, Lehrern, Schülern, Eltern und Jugendamt können das Unterrichts- und Schulklima verbessert und eine Öffnung der Schule nach außen angebahnt werden.

– Die gemeinsame Entscheidung des Gesamtkollegiums für ein Schulprofil „Medienerziehung", die Planung und schrittweise Verwirklichung einer solchen Idee könnte eine kontinuierliche Schulentwicklung von innen in Gang setzen.

5) Das Projekt steht modellhaft für eine integrative Medienerziehung auch in anderen Schularten.

Die Erfahrungen mit einer integrativen Medienerziehung in den Projektschulen können auf andere Hauptschulen sowie auf andere Schularten übertragen werden.

Dabei sind folgende Punkte aus dem Projekt von entscheidender Bedeutung:

– Die schulinterne Lehrerfortbildung, ein gewisser Konsens hinsichtlich der Ziele der Medienerziehung im Kollegium und die Bereitschaft zur Kooperation und gegenseitigen Unterstützung.

– Für die Vorbereitung der Lehrer und als wichtige Hilfen im Schulalltag sind die im Projekt erarbeiteten Dokumentationen und Materialien von besonderer Bedeutung.

– Bei rechtzeitigem Beginn könnten die Erfahrungen aus dem Modellprojekt für die Novellierung des Hauptschullehrplans fruchtbar gemacht werden.

6) Das Projekt steht modellhaft für eine medienpädagogische Evaluationsforschung. Wichtig ist dabei die Anlage des Modellversuchs als Entwicklungsprojekt. Den Lehrkräften wird kein fertig ausgearbeitetes Konzept vorgegeben, sondern praktikable Formen werden erst mit ihnen gemeinsam erarbeitet, erprobt und bewertet.

Der Erfolg des Projekts hängt dann entscheidend davon ab, daß es von Anfang an eng mit der wissenschaftlichen Begleitung verbunden ist. Ergebnisse der Begleitforschung müssen als Steuerungsgrößen in den Projektablauf eingegeben, auf der anderen Seite die Lehrkräfte aber auch kontinuierlich in die wissenschaftliche Begleitung integriert werden.

3. Das Konzept einer „responsiven Evaluation" als methodologischer Bezugsrahmen für den Modellversuch

3.1 Merkmale responsiver Evaluation und die Konsequenzen für den Modellversuch

Aus diesen Planungsüberlegungen ergab sich in der Konsequenz ganz klar, daß der Modellversuch eine Form pädagogischer Evaluation darstellt und daß der Evaluationsprozeß selbst als ein offener Entwicklungsprozeß konzipiert werden mußte. Vor diesem Hintergrund wurde der Schulversuch an dem *Modell der „responsiven Evaluation"* ausgerichtet, das von W. Beywl (1986, 1988, 1991) in die sozialwissenschaftliche Diskussion in Deutschland eingeführt worden ist, in der erziehungswissenschaftlichen Methodendiskussion seither jedoch kaum Resonanz gefunden hat. Im folgenden sind zunächst die Merkmale dieses Konzepts genauer zu beschreiben.

Responsive Evaluation zeichnet sich dadurch aus, daß unter Berücksichtigung der Interessen aller Beteiligten und Betroffenen in einem offenen Entwicklungsprozeß ein nützliches und brauchbares medienpädagogisches Handlungskonzept (ein Curriculum) konstruiert wird.

Das bedeutet, daß der Untersuchungsgegenstand zusammen mit den am Programm beteiligten Personen, Gruppierungen und Institutionen erst schrittweise interaktiv entwickelt werden muß. Nach Beywl (1991, S. 272) ergeben sich daraus folgende *Grundzüge einer responsiven Evaluation:*

- „Responsive Evaluation ist *konstruktivistisch*, indem sie Realität nicht nur beschreibt oder analysiert, sondern in einem gemischt wissenschaftlichsoziopolitischen Prozeß neu schafft. Die Veränderung des Evaluationsgegenstandes ist nicht unerwünschte Störung, sondern integraler Bestandteil des Prozesses;"
  So wurde in unserem Modellversuch kein fertiges Curriculum zur integrierten Medienerziehung mit festen Themen und Unterrichtseinheiten vorgegeben. Den Lehrer/innen wurden nur die Grundidee des integrativen Ansatzes und Möglichkeiten aufgezeigt und sie erhielten Anregungen und Beispiele in Form fertiger Unterrichtsbausteine. Aber sie sollten selbst herausfinden und erproben, welche medienpädagogischen Themen und Arbeitsweisen sich in welcher Form am besten in den alltäglichen Unterricht integrieren lassen.
- „Responsive Evaluation ist *emergent*, da sie nicht einem vorher festgelegten Untersuchungsplan folgt, sondern Schritt für Schritt, in fließender Kommunikation zwischen Evaluatorinnen und anderen Beteiligten konzipiert wird."
  Dementsprechend sollten in unserem Modellversuch die Möglichkeiten und Formen einer umfassenden Integration der Medienerziehung durch alle Lehrkräfte, in allen Fächern und unter Berücksichtigung aller Medien in den Arbeitsteams gefunden, erprobt und schrittweise zu einem Gesamtkonzept zusammengefügt werden. Dafür mußten aber erst geeignete Organisationsstrukturen und Arbeitsformen gefunden und aufgebaut werden.

"Responsive Evaluation ist *responsiv*, insofern als Steuerungskriterien die Anliegen und Konfliktthemen der am evaluierten Programm beteiligten Gruppen fungieren, auf die Evaluation „antwortet". Responsivität bezeichnet die Grundhaltung der Evaluatorin, „empfindlich" und „empfänglich" zu sein für die Belange der Akteure im Feld."

Ein solches sensibles Reagieren auf die Interessen der Beteiligtengruppen ist jedoch nur unter einer Voraussetzung möglich: Die Evaluation muß von einem Team durchgeführt werden, in dem Personen mit möglichst breit gestreuten Fähigkeiten zusammenarbeiten. Denn die Untersuchungsergebnisse hängen nicht allein von den eingesetzten wissenschaftlichen Methoden, sondern ebenso von dem persönlichen Agieren, den kommunikativen und fachlichen Fähigkeiten der Projektmitarbeiter ab.
Im Falle unseres Modellversuchs bestand das Team aus dem Projektleiter (Professor für Pädagogik), aus zwei erfahrenen Hauptschullehrern, einer davon mit besonderer medienpädagogischer Qualifikation (als stellvertr. Leiter der Erlanger Stadtbildstelle) und als Mitglied des Kollegiums der Schule für den Modellversuch freigestellt, der andere als Wiss. Assistent am Lehrstuhl, dessen Dissertation im Bereich des Modellversuchs angesiedelt wurde. Hinzu kamen ein Sozialwissenschaftler und zwei wissenschaftliche Hilfskräfte, die sich als eher Außenstehende um die wissenschaftliche Begleitforschung kümmerten und ein Medienpädagoge aus dem Staatsinstitut für Schulpädagogik und Bildungsforschung in München als Kooperationspartner.

3.2 Die Phasen des Modellversuchs in Anlehnung an die responsive Evaluation

Der Ablauf der responsiven Evaluation vollzieht sich in drei Hauptphasen, die Gegenstandsbestimmung, die Informationssammlung und die Ergebniseinspeisung, die schleifenartig immer wieder neu durchlaufen werden.

Man muß sich den gesamten Prozeß als ein fortwährendes Fragestellen, Antworten, Bewerten, Informieren und Aushandeln vorstellen, in den alle Beteiligtengruppen möglichst umfassend einbezogen werden. Damit waren höchste Anforderungen an die Projektorganisation verbunden. Die Projektleitung mußte ständigen Kontakt zum Schulamt, zur Regierung von Mittelfranken und zum Ministerium halten. Gleich zu Beginn des Projekts zeigte sich auch, daß eine erfolgversprechende Arbeit nur dann möglich war, wenn alle Entscheidungen mit der Schulleitung und dem Kollegium abgesprochen wurden. Als Entscheidungsgremium wurde dafür die *Teamleiterkonferenz* eingerichtet, der das Projektteam, die Schulleitung und als Vertreter der Lehrkräfte je ein Teamleiter von jeder Klassenstufe angehörten. Sie bildete die zentrale Steuerungsinstanz für den gesamten Ablauf des Modellversuchs.
Um Kontakt zu den verschiedenen Beteiligtengruppen zu halten und deren Informationsbedürfnisse zufriedenzustellen, wurde von Beginn des Projekts an großer Wert auf eine begleitende Öffentlichkeitsarbeit gelegt. Dazu gehörten Darstellungen des Modellversuchs für den Schulausschuß des Stadtrats von Erlangen, für die Schulräte des Regierungsbezirks Mittelfranken, Veröffentlichungen in pädagogischen Fachzeitschriften, Pressebe-

richte und Darstellung im Fernsehen, Projekttage und Schulveranstaltungen für die Eltern und die lokale Öffentlichkeit und ausführliche Zwischenberichte nach jedem Projektjahr. Die letzte Phase der Evaluation diente vorrangig der Aushandlung von Schlußfolgerungen und Empfehlungen zwischen den beteiligten Gruppen. Für diesen Aushandlungsprozeß sollten die auf die Fragestellungen hin beschafften Informationen aufbereitet und nach der Diskussion mit den Beteiligtengruppen zur Grundlage für die abschließende Berichterstattung über den Modellversuch gemacht werden.

Dazu gehörten
– die Ergebnisse einer Lehrer-, Schüler- und Elternbefragung;
– ein integriertes Curriculum zu Medienerziehung, das an den Vorgaben des neuen Hauptschullehrplans ausgerichtet ist und für jede Jahrgangsstufe aus drei sog. Projektrahmen besteht;
– Beispiele für die konkrete Umsetzung eines Projektrahmens auf jeder Jahrgangsstufe mit medialen Dokumentationen;
– Praxisbausteine zur Medienerziehung als Unterrichtshilfen für Lehrkräfte:
  - zur Bildpädagogik
  - Fragebögen zur Mediennutzung der Hauptschüler mit einer Computerdiskette zur selbständigen Auswertung durch die Schulklassen
  - Handlungskonzept gegen Gewalt in den Medien (Dissertation)

Die drei Projektphasen im Modellversuch und die Arbeitsplanung orientierte sich an diesen drei grundlegenden Arbeitsschritten einer responsiven Evaluation.

3.2.1 Gegenstandsbestimmung

Dazu gehören die vorläufige Identifikation des Untersuchungsgegenstandes und des Programmkontextes sowie die Identifikation der relevanten Beteiligtengruppen und deren Anliegen und Konfliktthemen.
a) Die *vorläufige Bestimmung des Untersuchungsgegenstandes* erfolgte im Rahmen des Projektantrags. Wichtige Bestimmungsstücke waren dabei der Bezug auf das Gesamtkonzept der Medienerziehung in Bayern, die Ausrichtung auf den neuen Hauptschullehrplan, die Orientierung an einem integrativen Konzept auf der Ebene einer ganzen Schule unter Einbezug aller Lehrkräfte, Fächer und Medien und das Ziel eines integrierten Curriculums der Medienerziehung mit ausgearbeiteten und im Projekt bewährten Unterrichtsbeispielen. Zum Untersuchungsgegenstand sollten ferner gehören:
  – eine Beschreibung der notwendigen medialen Ausstattung der Schule als Voraussetzung für eine erfolgversprechende Medienerziehung;
  – die Möglichkeiten und Formen einer angemessenen Lehrerfortbildung zur Vermittlung der erforderlichen medienpädagogischen Kompetenzen bei den Lehrkräften;
  – die Möglichkeiten und Formen der Integration medienpädagogischer Themen und Maßnahmen in die alltägliche Unterrichtsarbeit und das Schulleben sowie
  – die Vernetzung der Schule bei der praktischen Medienarbeit mit anderen Institutionen und lokalen Medienanbietern vor Ort.

Diese Übersicht zeigt mit aller Deutlichkeit die Vielschichtigkeit des Evaluationsvorhabens.

b) Die *vorläufige Bestimmung des Untersuchungskontextes*. Das betraf die Auswahl der Schule und die Information der Schulleitung und des Kollegiums über den geplanten Modellversuch sowie die Auswahl einer Lehrkraft, die für das Projekt freigestellt werden sollte. Ferner mußten die organisatorischen Rahmenbedingungen innerhalb der Schule erfaßt werden, wie z.b.: Größe der Schule; Schule mit Nachmittagsbetreuung; überaltertes Kollegium mit vielen Fach- und Teilzeitlehrkräften; Problemschüler aus dem gesamten Stadtgebiet von Erlangen und schließlich Bedingungen im schulischen Umfeld, wie z.b.: Lage der Schule, Konkurrenzverhältnis zu den beiden anderen Hauptschulen in der Stadt. Eine völlig unvorhersehbare Änderung im Kontext ergab sich durch den plötzlichen krankheitsbedingten Ausfall des Stadtschulrats, mit dem alle Projektvereinbarungen getroffen worden waren und seine Vertretung durch einen Schulrat, der dem Projekt eher skeptisch gegenüberstand. Eine zentrale Kontextbedingung für das Gelingen des Projekts war die Tatsache, daß die Schulleitung das Projekt organisatorisch hervorragend unterstützte und der Projektleitung und den Lehrerteams großzügig Spielräume zum Experimentieren gewährte.

c) *Identifikation der relevanten Beteiligtengruppen*: Dazu gehören Entscheider-, Nutzer- und Betroffenengruppen, wobei sich manche Gruppen ihrer Betroffenheit gar nicht bewußt sein müssen, z.B. die Gruppe der Eltern oder der Schüler. Die Beschreibung der Gruppen ist wichtig, weil sie alle ein Anrecht auf Berücksichtigung im Entwicklungsprozeß haben.

So war unser Modellversuch durch eine ganze Hierarchie von Entscheidergruppen gekennzeichnet, zwischen denen es fast unausweichlich zu Zielkonflikten kommen mußte. Projektgruppe und Schulleitung, Stadtschulamt, Schulabteilung der Regierung von Mittelfranken und schließlich das Ministerium verfolgten unterschiedliche politische, schulorganisatorische, wissenschaftliche und pädagogische Zielstellungen. So führte die Entscheidung des Ministeriums, die Nachmittagsbetreuung durch Lehrer einzustellen und einem privaten Träger zu übergeben und der Kampf des Kollegiums und der Schulleitung um den Erhalt dieser Schulform aus pädagogischen Gründen fast zum Scheitern des gesamten Evaluationsvorhabens.

Nutzer- und Betroffenengruppe in einem waren die Mitglieder des Kollegiums der Modellschule. Sie konnten und sollten durch den Modellversuch profitieren, aber sie waren es auch, die am meisten zu „verlieren" hatten: durch erhöhten Arbeitsaufwand, verstärkte Kontrolle ihrer alltäglichen Arbeit, Verunsicherung durch ungewohnte Unterrichts- und Arbeitsformen sowie teilweise Überlegenheit der Schüler im praktischen Umgang mit Medien (vor allem beim Computer).

Wichtige Nutzergruppen stellten die Bildstellenleiter in Nordbayern und die Seminarleiter für die 2. Phase der Lehrerausbildung in Mittelfranken dar. Für beide Gruppen wurden in eigenen Fortbildungskonferenzen bereits nach dem ersten Jahr das Konzept der integrativen Medienerziehung und erste Ergebnisse aus dem Modellversuch zur Diskussion gestellt.

d) Die *Identifikation der Anliegen und Konfliktthemen der verschiedenen Beteiligten-gruppen* war die wichtigste und schwierigste Aufgabe bei der Gegenstandsbestimmung, die den gesamten Evaluationsprozeß begleitete.

„Ein Anliegen (concern) ist jede Sache, die für eine oder mehrere Parteien von Interesse oder Wichtigkeit ist. Es mag etwas sein, was sie bedroht, etwas, von dem sie denken, daß es zu unerwünschten Konsequenzen führen kann, oder etwas, um das sie sich sorgen, ob es sich in einem positiven Sinn verwirklichen läßt (eine Behauptung, die empirischer Bestätigung bedarf)." (Guba, Lincoln 1981, S. 33)

So stellte sich in unserem Modellversuch z.B. nach kurzer Zeit heraus, daß die Lehrkräfte der 6. Klassen darüber besorgt waren, die zum Übertritt in die Realschule bereiten und fähigen Schüler könnten wegen der Medienarbeit nicht ausreichend in den Kernfächern Deutsch, Mathematik und Englisch gefördert werden. Und die Lehrkräfte der 9. Klassen lehnten Projektvorschläge ab mit der Begründung, die Schüler müßten vorrangig auf den qualifizierenden Hauptschulabschluß vorbereitet werden. Darin zeigte sich, daß die Lehrkräfte die Grundidee der Integration der Medienerziehung in die normale Unterrichtsarbeit ohne Beeinträchtigung der zentralen Bildungs- und Erziehungsziele nicht begriffen hatten bzw. keine Vorstellung entwickeln konnten, wie sie sich verwirklichen ließe. Als sich im weiteren Fortgang des Projekts die Unterrichtsformen öffneten, wurden die damit verbundenen zunehmenden Disziplin- und Erziehungsschwierigkeiten bei den Schülern zu einem dominanten Anliegen für die Lehrkräfte.

„Ein Konfliktthema (issue) ist jedes Statement, jeder Vorschlag oder jede Perspektive, zu denen unterschiedliche Betrachtungsweisen möglich sind, jeder Vorschlag, zu dem Uneinigkeit bestehen kann, oder jeder Streitpunkt." (Guba, Lincoln 1981, S. 34f.)

Ein ständiges Konfliktthema mit der Schulleitung war z.B. die ständige Forderung einiger engagierter Teamleiter nach einer verstärkten Freistellung der Förderlehrer für medienpädagogische Maßnahmen, aber auch die grundsätzlich unterschiedliche Einschätzung der Wichtigkeit der schulischen Medienerziehung durch einzelne Lehrkräfte.

Neben den Anliegen und Konfliktthemen mußten jedoch zusätzlich noch mögliche Hintergrundannahmen und sich verändernde Kontextfaktoren fortlaufend erfaßt werden. Wie wichtig dies war, zeigte folgende Erfahrung. Offensichtlich gingen zu Beginn des Modellversuchs einige Lehrkräfte von der irrigen Annahme aus, die Mitglieder der Projektgruppe würden in ihren Unterricht kommen, um sie hinsichtlich der direkten Umsetzung medienpädagogischer Maßnahmen zu bewerten. Erst vor diesem Hintergrund ließ sich ihre beharrliche Weigerung zur Mitarbeit im Projekt verstehen.

Weil durch die Anliegen und Konfliktthemen der gesamte Evaluationsprozeß gesteuert wird, mußte der Aufdeckung dieser Faktoren besondere Aufmerksamkeit gewidmet werden und es waren dafür geeignete Organisationsformen und Instrumente zu entwickeln. Dazu diente im wesentlichen die zweite Hauptphase der Untersuchung.

3.2.2 Informationssammlung

Dabei ging es neben der Erfassung der Anliegen und Konfliktthemen vorrangig um die Gewinnung jener Informationen, die zu ihrer Klärung und Bewältigung erforderlich waren.

Die Aufdeckung der Anliegen und Konfliktthemen stellte ein eigenes und sehr heikles Problem dar. Sie erfolgte auf drei Ebenen:

- während der Pädagogischen Konferenzen und schulhausinternen Fortbildungen für das gesamt Kollegium;
- im Rahmen der Teamleiterkonferenz;
- durch informelle Kontakte zwischen den für den Versuch freigestellten Lehrer und seinen Kolleginnen und Kollegen bei der alltäglichen Medienarbeit im Schulhaus.

Die offengelegten Anliegen und Konfliktthemen wurden in der wöchentlichen Teamleiterkonferenz diskutiert und darüber entschieden, welche aufgegriffen und weiter bearbeitet und wie die erforderlichen Informationen beschafft werden sollten.

Die Teamleiterkonferenz nahm dann unter Berücksichtigung dieser Entscheidungen die anstehenden Planungen für die weitere Projektarbeit vor. Diese Konferenzen wurden fortlaufend protokolliert, um dadurch die Nachvollziehbarkeit der Informationsbeschaffung und -auswertung zu sichern.

Die primäre Aufgabe bestand sodann in der Sammlung *deskriptiver Informationen*. Dazu gehörte als erstes die Beschreibung der Ausgangsbedingungen für den Modellversuch an der Schule durch den freigestellten Lehrer. Ein schwieriges und äußerst aufwendiges Unterfangen war die Beschreibung und Dokumentation aller Programmaktivitäten im Verlaufe der Studie. Diese erforderten selbst schon einen enormen Zeit- und Arbeitsaufwand, der oft bis an die Grenze der Belastbarkeit der einzelnen Mitarbeiter ging; sie konnten daher nicht auch noch mit der wissenschaftlich geforderten Gründlichkeit protokolliert werden. Es wurde jedoch versucht, alle Maßnahmen z.B. Unterrichtsstunden, Projekte und Projekttage und -wochen festzuhalten. Dazu wurden *Unterrichtsdokumentationsbögen* ausgearbeitet, um die Themen und ihren Bezug zum Fachunterricht, die Formen der Integration, die angestrebten medienpädagogischen Ziele, die Auswirkungen auf die Unterrichtsgestaltung und die Verbesserung der Medienkompetenzen der Schüler möglichst genau erfassen zu können. Darüber hinaus wurden möglichst alle Unterrichtsdokumentationen und selbstproduzierte Medien gesammelt.

Für die Beschaffung *evaluativer Informationen* wurden sowohl informelle Formen als auch traditionelle Erhebungsmethoden eingesetzt. Beispiele für erstere sind:

- Vorstellung gelungener Unterrichtseinheiten und Austausch von Erfahrungen über die Projektarbeit im Rahmen von Konferenzen und Fortbildungen;
- Erhebungen über den Zusammenhang von Erziehungsschwierigkeiten bei Schülern mit ihren Schulleistungen und ihrer Schullaufbahn in einzelnen Klassen als Hintergrundinformation darüber, mit welcher Schülerpopulation der Modellversuch durchgeführt wurde.

Daneben wurden Erhebungsinstrumente in Form von *Fragebögen* für Lehrkäfte, Schüler und Eltern entwickelt. Um die mediengeprägte Alltagswelt der Schüler in den einzelnen Schulklassen möglichst präzise erfassen zu können, wurden für die Nutzung jedes einzelnen Mediums sehr kurze und einfach auszuwertende Fragebögen erarbeitet.

3.2.3 Ergebniseinspeisung

Wichtig für den Erfolg der responsiven Evaluation ist eine möglichst rasche und einfache Verfügbarkeit der Informationen, damit sie fortlaufend in den Prozeß eingespeist werden können. So wurden z.B. die Befragungen der Schüler über die Nutzung einzelner Medien sehr rasch ausgewertet und die Ergebnisse so aufbereitet, daß sie schon kurz nach der Befragung in den Klassen als Gesprächsgrundlage dienen konnten. Auch die wesentlichen Ergebnisse aus der Elternbefragung wurden den Lehrkräften schon nach kurzer Zeit zurückgemeldet.

Die ausführliche Beschreibung und Bewertung der einzelnen Projektphasen in Zwischenberichten stellt ebenfalls eine Form der Ergebniseinspeisung dar. Solche Zwischenbewertungen von Erfahrungen im Projektablauf führten u.a. dazu, daß auf Vorschlag aus dem Kollegium in einer ganztägigen Konferenz die Frage einer Verankerung der Medienerziehung in einem Schulprofil bearbeitet wurde oder daß die besondere Problematik der Erziehungsschwierigkeiten bei den Schülern und die Möglichkeiten ihrer Überwindung im Zusammenhang mit einer integrativen Medienerziehung mit Vertretern der Schulabteilung der Regierung von Mittelfranken erörtert wurden.

Allerdings ist hier kritisch anzumerken, daß längst nicht alle Prozesse der Informationssammlung und Ergebniseinspeisung aufgrund der geringen personellen Ausstattung des Modellversuchs in der wissenschaftlich geforderten systematischen Form durchgeführt werden konnten.

3.2.4 Bewertung des Evaluationsmodells

Diese Überlegungen zeigen, daß das Modell einer responsiven Evaluation hervorragend geeignet ist, die ungeheure Komplexität von medienpädagogischen Evaluationsstudien zu strukturieren und einigermaßen systematisch zu bearbeiten. Es dürfte aber auch klar geworden sein, daß aus wissenschaftlicher Sicht viele methodische Fragen offen bleiben. Meines Erachtens muß man sich zwischen wissenschaftlicher Exaktheit und praktischer Nützlichkeit entscheiden. Mit der responsiven Evaluation wird eindeutig der zweiten Alternative der Vorzug gegeben. Ich plädiere für diese Alternative, weil ich darin einen gangbaren Weg sehe, den fortschreitenden wissenschaftlichen Erkenntnisgewinn der Medienpädagogik für die Praxis nutzbar zu machen und die Kluft zwischen Wissenschaftsentwicklung und zunehmenden Erziehungsproblemen in einer mediengeprägten Alltagswelt zu überbrücken.

Eine nach dem vorgestellten Modell ausgerichtete praxiszentrierte Evaluation ist ein von empirischer Forschung zu unterscheidendes wissenschaftliches Dienstleistungsangebot mit spezifischer Untersuchungslogik, eigenen Gütekriterien, Regeln und ethischen Maßstäben, in dem beide Seiten, Wissenschaft und Praxis, aufeinander angewiesen sind. Damit wird die Medienpädagogik als Sozialwissenschaft zu einer aufklärenden Instanz und trägt so der Tatsache Rechnung, daß keine sich wie auch immer „objektiv" gebende Wissenschaft ihre Konstruktionen frei von sozialen, politischen, geschlechtsspezifischen und anderen Interessen schaffen kann. Was in empirischer Forschung ein zu beherrschender Störfaktor ist, wird in den offenen Ansätzen einer responsiven Evaluation zum Prinzip: Die Einbringung und Offenlegung aller Interessen der wichtigen Beteiligtengruppen in den wissenschaftlichen Prozeß und seine Steuerung durch diese selbst. Derart ernst genommene Akteure werden Informationen eher aufnehmen und nutzen, da sie persönlich der Evaluation Aufgaben stellen und am Veränderungsprozeß des Programms teilhaben. Damit wird *Sozialwissenschaft zu einem Aushandlungsprozeß* und wirkt als *aufklärende Instanz*, wie bei Guba, Lincoln (1989, S. 255) beschrieben:

„Evaluation ist ein Prozeß der Erschaffung von Wirklichkeit. Die Bezeichnung „Befund" muß ausrangiert werden, da sie die Existenz objektiver „Wahrheiten" unterstellt, welche vorgeblich durch die Methodologie der Evaluation aufgedeckt werden. Die (Re)Konstruktionen, die sich aus einer Evaluation ergeben, sind im wahrsten Sinne des Wortes Kreationen der Teilnehmenden und Beteiligten, die diese konstruieren, wie es auch Konstruktionen waren, die jede Beteiligtengruppe ursprünglich in die Verhandlungen einbrachte."

3.3 Überblick über den geplanten Ablauf des Projekts

Aufgrund der Erfordernisse responsiver Evaluation wurde folgender Ablauf des Modellversuchs vorgesehen:

Erprobungsphase im Schuljahr 1994/95:
- Differenzierte Erfassung und Beschreibung der Ausgangslage an der Schule;
- Gewinnung des Kollegiums; Vorbereitung durch schulinterne Fortbildung;
- Lehrer- und Schülerbefragung;
- Entwicklung und Erprobung wichtiger Untersuchungsinstrumente, Konzepte und Materialien;
- Anstoß zur Teamarbeit der Lehrkräfte in drei inhaltlichen Bereichen (Leitfächer: Deutsch, Sozialkunde, Kunsterziehung);
- Diskussion von möglichen Themenschwerpunkten, Methoden und Maßnahmen zur Medienerziehung und erste praktische Versuche;

1. Projektphase im Schuljahr 1995/96:
- Verbesserung der Medienausstattung der Schule;
- Einführung der Lehrer in das Konzept integrativer Medienerziehung; Einarbeitung medienpädagogischer Themen in die Stoffverteilungspläne der einzelnen Klassen;
- Einbezug der Schüler und erste Maßnahmen zur Kooperation mit den Eltern;
- Fortbildung in praktischer Medienarbeit; Erprobung und Evaluation erster Maßnahmen zur praktischen Medienarbeit;
- Erprobung und Evaluation ausgewählter Materialien und Bausteine aus dem „Gesamtkonzept der Medienerziehung in Bayern";

- kontinuierliche Begleitung der Lehrkräfte und Reflexion der Erfahrungen im Rahmen pädagogischer Konferenzen;
- Auswertung der ersten Projektphase und Erarbeitung eines integrativen Konzepts für das kommende Schuljahr unter Bezugnahme auf die ersten Entwürfe des neuen Hauptschullehrplans.

2. Projektphase im Schuljahr 1996/97

- Umsetzung des entwickelten Konzepts durch die Lehrer; Begleitung und Unterstützung durch pädagogische Konferenzen, Teambesprechungen, schulinterne Fortbildungen und Hilfen bei der Beschaffung, Auswahl und Erstellung von Unterrichtskonzepten, Projekten und Maßnahmen;
- Beobachtung und Bewertung einzelner medienpädagogischer Maßnahmen durch das Projektteam;
- Aufbau und Pflege der Zusammenarbeit mit den Eltern und mit anderen außerschulischen Einrichtungen (Bibliotheken, Bildstelle, Jugendamt, lokale Medienanbieter);
- abschließende Evaluation des integrativen Konzepts durch die Lehrkräfte; schriftliche Befragung der Lehrer, Schüler und Eltern;

3. Projektphase im Schuljahr 1997/98

- Erprobung des erarbeiteten integrierten Curriculums;
- Diskussion und Bewertung der Erfahrungen mit dem Konzept mit den einzelnen Lehrkräften und der Schulleitung;
- Überarbeitung und Diskussion der Unterrichtseinheiten für die Klassenstufen als Grundlage für ein auf den neuen Hauptschullehrplan bezogenes Curriculum;
- Erstellung von Materialien und „Bausteinen";
- Diskussion und Evaluation der durchgeführten Maßnahmen zur Fortbildung;
- Auswertung der Daten aus der Begleitforschung und Abschlußarbeiten zur Veröffentlichung der Ergebnisse.

3.4 Arbeitsplanung

3.4.1 Schulinterne Vorbereitung des Lehrerkollegiums

Für die Entwicklung einer integrativen Medienerziehung und ihre erfolgreiche Umsetzung war die Vorbereitung und Schulung der Lehrer/innen der Dreh- und Angelpunkt. Dazu gehörten:
Information über Ziele und Ablauf des Projekts;
Gewinnung der Lehrer für die Mitarbeit im Modellprojekt;
Sensibilisierung der Lehrer für die Medienproblematik mit Hilfe konkreter Fallbeispiele aus der Forschung;
gemeinsame Erarbeitung pädagogischer Kriterien für die Beobachtung und Beurteilung des Medienhandelns der Schüler;
Reflexion der eigenen Medienbiographie und Mediennutzung;

Aneignung grundlegender Fachkenntnisse aus der Medienpädagogik: Kennenlernen wichtiger Ergebnisse aus den unterschiedlichen Ansätzen der Medienforschung; Diskussion eines theoretischen Bezugsrahmens für eine Medienerziehung in der Hauptschule; kritische Reflexion der Ziele und Aufgaben der Medienerziehung im Rahmen des Modellprojekts; Diskussion der Möglichkeiten und Schwierigkeiten, Voraussetzungen und erforderlichen Hilfen für eine erfolgreiche Durchführung des Projekts; praktische Medienarbeit; Einübung in den praktischen Umgang mit den verschiedenen Medien in enger Kooperation mit der Stadtbildstelle.

3.4.2 Erfassung bzw. Schaffung der Voraussetzungen für eine integrative Medienerziehung an der Projektschule

Erfassung der institutionellen Voraussetzungen: Struktur, Größe, Einzugsbereich, Schülerpopulation der Schule, räumliche Gegebenheiten, Medienausstattung; Erfassung der Voraussetzungen bei den Lehrern: bisherige Erfahrungen mit Formen, Themen und Auswirkungen medienpädagogischer Maßnahmen; Diskussion der Befragungsergebnisse im Kollegium als eine wichtige Grundlage für die weitere Projektplanung; Erfassung der Voraussetzungen bei den Schülern: Befragung über Freizeitverhalten, Mediennutzung, Einstellungen zu Medien, Einstellung zur Schule und zur schulischen Medienerziehung, Schulprobleme; Information der Eltern über das Modellprojekt mit der Bitte um Kooperation und Mithilfe; Befragung der Eltern über die Medienproblematik ihrer Kinder und eigene Bemühungen zur Medienerziehung;

3.4.3 Auswahl und Erprobung einzelner Maßnahmen integrativer Medienerziehung an den Projektschulen im Laufe eines Schuljahres

Auswahl und Erprobung von Unterrichtseinheiten oder Maßnahmen zur Medienerziehung auf der Ebene der einzelnen Klassenstufen.
a) für Unterrichtsfächer (Deutsch, Sozialkunde, Erziehungskunde, Arbeitslehre, Musik u.a.)
b) fächerübergreifende Projekte (evtl. auch klassenübergreifend), unter besonderer Beachtung einer möglichen Anknüpfung an vorgegebene Lehrplaninhalte.
Durchführung und Bewertung der Unterrichtseinheiten in enger Kooperation der Lehrer/innen untereinander und mit dem Hauptschullehrer im Projekt.
(Gemeinsame Erstellung von Materialien, Auswahl und Begutachtung der Medien, gegenseitige Unterrichtsbeobachtung, Erfahrungsaustausch und evtl. veränderte Planung und Durchführung der Einheit in einer anderen Klasse.)

Die Lehrkräfte sollten dazu aufgefordert werden, bei allen Unterrichtsvorbereitungen besonders auf den medialen Aspekt zu achten und selbst gefundene Themen, Anknüpfungspunkte und methodische Formen des Medieneinsatzes bzw. der Medienerziehung festzuhalten.

Gemeinsame Planung von Aktionen, Maßnahmen oder Veranstaltungen im Kollegium für die ganze Schule bzw. über die Schule hinaus (Schulleben, Elternabende, Öffentlichkeitsarbeit, Feste, Freizeitmaßnahmen), ggfls. in Kooperation mit dem Jugendamt. Hier wäre zu denken an Projekttage mit Schwerpunkt praktischer Medienarbeit; mediale Dokumentation von Schulfesten durch die Schüler; Schulmedientage mit besonderen Angeboten für Eltern und Öffentlichkeit; Einrichtung von Neigungsgruppen zur praktischen Medienarbeit.

3.4.4 *Evaluierung der durchgeführten Maßnahmen zur Medienerziehung*

Praktische Evaluierung durch Erfahrungsaustausch und kritische Reflexion der realisierten Maßnahmen durch die Lehrer. Welche Verbesserungen müßten für eine erfolgreiche integrative Medienerziehung vorgenommen, welche Voraussetzungen müßten geschaffen werden?

Wissenschaftliche Evaluierung der Maßnahmen durch das Projektteam, auf der Grundlage

a) von Befragungen der Lehrer und Schüler aus der Projektschule;
b) von Beobachtungen während der Durchführung und Bewertungen unmittelbar nach Abschluß der Einzelmaßnahmen;
c) von abschließenden Diskussionen und Erfahrungsaustausch mit dem Kollegium, unter Berücksichtigung wichtiger Ergebnisse aus dem Vergleich der Eingangs- und der Abschlußerhebungen.

Gemeinsame Erarbeitung von Verbesserungsvorschlägen für die durchgeführten Konzepte und für eine integrative Medienerziehung an Hauptschulen;

Vorschläge für die Integration der Medienerziehung in den neuen Hauptschullehrplan und zur Verbesserung der schulischen Rahmenbedingungen;

Vorschläge für eine angemessene Vorbereitung und Sensibilisierung der Lehrer an Hauptschulen, sowie für die Kooperation mit den Eltern.

3.5. Angaben zur wissenschaftlichen Begleitung

3.5.1 *Rahmenbedingungen für die wissenschaftliche Begleituntersuchung*

Die wissenschaftliche Begleitung konnte nicht – wie beantragt – in Form einer eigenständigen Untersuchung durchgeführt werden, sondern mußte in den Projektablauf selbst integriert werden. Das war zwar im Rahmen einer responsiven Evaluation vertretbar, trotzdem gingen damit aber wichtige Momente einer externen Bewertung verloren. Außerdem war damit eine weitere Arbeitsbelastung für das Projektteam und zusätzlicher enormer Organisationsaufwand für die Projektleitung verbunden. Mit den Begleituntersuchungen waren ein wissenschaftlicher Mitarbeiter des Staatsinstituts für Schulpädagogik und Bildungsforschung in München sowie zwei wissenschaftliche Hilfskräfte mit zeitlich begrenzten Arbeitsaufträgen betraut. Inhaltlich orientierte sich die Begleitforschung an den nachfolgend beschriebenen Überlegungen.

3.5.2 Hypothesen der wissenschaftlichen Begleituntersuchung

Auf die Lehrer bezogene Hypothesen:

- Hauptschullehrer sehen in der schulischen Medienerziehung eine wichtige Aufgabe neben vielen anderen pädagogischen Aufgaben, die teilweise als noch wichtiger erachtet werden.
  Sie sehen mit der Medienerziehung zusätzliche Anforderungen und Belastungen verbunden, für die sie wegen der vielfältigen anderen schwierigen Erziehungsproblemen und Unterrichtsaufgaben weder genügend Zeit noch Kraft aufbringen können. Lehrer/innen tendieren wegen dieser Überforderung dazu, die primäre Verantwortung für die Medienerziehung den Eltern zuzuschreiben, und weisen auch den Politikern und den Medien selbst (Medienproduzenten und -anbieter) eine wichtige Mitverantwortung zu.
- Bei der konkreten Verwirklichung der Medienerziehung haben die Lehrer/innen Schwierigkeiten, die zu mangelnder Kontinuität und Effektivität der medienpädagogischen Maßnahmen führen:
- Diese Schwierigkeiten sind bedingt durch eine spezifisch "pädagogische" Einstellung zu den Medien, die sich aufgrund der andersartigen Medienbiographie deutlich von dem Verhältnis der Hauptschüler zu den Medien unterscheidet.
- Die Schwierigkeiten sind bedingt durch unzureichende Kenntnisse über die Ergebnisse aus den unterschiedlichen Ansätzen der Medienforschung und über die Vielfalt vorliegender ausgearbeiteter Konzepte und Unterrichtsentwürfe zur Medienerziehung.
- Die Schwierigkeiten sind bedingt durch mangelnde Aus- und Fortbildung im Bereich der Medienerziehung und durch fehlende Eigenerfahrungen in der praktischen Medienarbeit.
- Die Schwierigkeiten sind bedingt durch schlechte Medienausstattung, Probleme bei der Beschaffung von Medien und fehlende fachliche Unterstützung beim Medieneinsatz.

Auf die Schüler bezogene Hypothesen:

- Das Grundproblem schulischer Medienerziehung liegt in der Diskrepanz zwischen der mediengeprägten Alltagswelt der Schüler und den Anforderungen, Normen, Werten und Verhaltenserwartungen in der Schule. Diese Diskrepanz erschwert den Hauptschülern eine möglichst eigenständige und produktive Bewältigung der im Jugendalter anstehenden Entwicklungsaufgaben.
  Weil diese Diskrepanz von den Lehrern zu wenig gesehen wird, lassen sich die anspruchsvollen Ziele der Medienerziehung in der Hauptschule kaum erreichen.
- Die geringe Wirksamkeit schulischer Medienerziehung ist dadurch bedingt, daß die medialen Kompetenzen der Hauptschüler kaum für Unterricht und Schulleben genutzt werden.

Formen und Inhalte schulischer Medienerziehung treffen zu wenig die hinter dem Medienhandeln der Schüler stehenden Alltags-, Entwicklungs- und Lebensprobleme. Schulische Mißerfolge und Schwierigkeiten verursachen oder verstärken problematische Formen des Medienumgangs bei Hauptschülern.

Die über Jahre hinweg verfestigten Mediennutzungsmuster in Familie und Freizeit lassen sich nicht durch wenige punktuelle medienpädagogische Maßnahmen in der Schule aufbrechen und verändern.

Das vielfach gespannte oder konflikthafte Verhältnis der Hauptschüler zur Schule verhindert ein Interesse für und ein Sich-einlassen auf die medienpädagogischen Maßnahmen.

Auf die integrative Medienerziehung bezogene Hypothesen:

Der entscheidende Punkt integrativer Medienerziehung ist eine *veränderte Handlungsorientierung der Lehrpersonen*: Sie dürfen sich nicht nur auf die Inhalte und Ziele des Unterrichts ausrichten, sondern müssen vor allem die Art und Organisation der darin ablaufenden *Prozesse* beachten. Die mit der Medienerziehung angestrebten Kompetenzen können nur über die Qualität der Prozesse vermittelt werden, in die die Hauptschüler bei medienpädagogischen Maßnahmen involviert sind. Die Bedeutung und Organisation der einzelnen Handlungsprozesse hängt jedoch vom Kontext bzw. von dem Rahmen ab, in die sie eingebettet sind. Die Lehrer/innen müssen sich daher sehr genau überlegen, welche Rahmen (Unterricht, Projekte, Feiern, praktische Medienarbeit, Ausstellung) sie mit Hilfe bestimmter Medien für die Medienerziehung konstituieren.

- Die Integration medienpädagogischer Maßnahmen in einen prozeßorientierten Unterricht verhindert, daß Medienerziehung als eine zusätzliche und belastende Aufgabe erscheint.
  Prozeßorientierte Medienerziehung erhöht Interesse und Motivation der Schüler an Unterricht und Schule.
- Prozeßorientierte Medienerziehung fördert nicht nur die Medienkompetenz, sondern weitere grundlegende Handlungskompetenzen (soziale und moralische Kompetenz).
- Integration der Medienerziehung in einen prozeßorientierten Unterricht ermöglicht das Anknüpfen an die individuellen Lebensumstände, Fähigkeiten und Medienkompetenzen der Schüler und trägt zur Verbesserung der Lern- und Leistungsfähigkeit der Schüler insgesamt bei.

3.5.3 Beschreibung der Untersuchungspopulation

Untersuchungspopulation sind die Lehrer/innen und die Schulleitung, Schüler und Eltern der Modellschule sowie die Mitarbeiter außerschulischer Einrichtungen (Jugendamt, Jugendschutz, Bildstellen, Freizeitstätten).

1) Kollegium und Schulleitung:
   Einstellung zu Medien und personale Voraussetzungen für die Medienerziehung; Erfahrungen und Wirkungen der Fortbildungsmaßnahmen; Erfahrungen mit der Koope-

69

ration bei der Entwicklung und Durchführung der Projektmaßnahmen; Einstellungs-
änderungen durch die Projektleitung.
Methodische Verfahren: Schriftliche Befragung, Beobachtungen, Gruppeninterviews

2) Evaluation der Formen, Inhalte und Wirkungen integrativer Medienerziehung
in den beteiligten Schulklassen und in der Schule insgesamt:
   - Beobachtung, Dokumentation und Auswertung von Unterrichtsabläufen und
   Prozessen in den medienpädagogischen Maßnahmen (Lehrer- und Schülerverhalten, Interesse an den Inhalten, angesprochene Kompetenzen, Handlungsorientierungen).
   - Befragung der Lehrer und Eltern zu den Wirkungen der schulischen Medienerziehung auf die Kinder während und nach der Projektphase.
   - Erfassung der Einstellungen (zu Schule, Familie, Freizeit, Medien) und Me-
   diennutzungsmuster der Hauptschüler vor, während und nach der Projektphase.
   - Einschätzung der medienpädagogischen Maßnahmen und der Kooperationsformen durch Lehrer, Eltern und Mitarbeiter außerschulischer Einrichtungen.
   - Methodische Verfahren: Befragung, Beobachtung, Gruppendiskussion

3) Evaluation der Fortbildungskonzepte
Beobachtung. Dokumentation und Auswertung der Fortbildungs- und Schulungsmaß-
nahmen für die Projektlehrer in der 1. und 2. Projektphase. Probleme, Widerstände
und Ängste der Lehrer bei der Fortbildung und bei der Umsetzung medienpädagogischer Maßnahmen.

Entsprechend dem Konzept der responsiven Evaluation sind die wissenschaftlichen Begleituntersuchungen ein essentieller Bestandteil des Modellversuchs. Sie laufen nicht getrennt nebenher, sondern werden entsprechend den oben beschriebenen Schritten in den
Ablauf des Projekts integriert: Sie sind Teil der Gegenstandsbestimmung, der Informationsgewinnung und der Ergebniseinspeisung.
In den Forschungsprozeß müssen die betroffenen Personen selbst mit einbezogen werden,
weil sich im Fortgang des Projekts die Struktur des Systems Schule und damit die Beziehungen zwischen den Beteiligten verändern. Daraus ergeben sich folgende Leitlinien für
die Durchführung der Untersuchungen:
1) Die beteiligten Lehrer, Schüler, Eltern sind über das Projekt und seine Ziele aufzuklären!
2) Von allen Personen müßten bezüglich der Medieneinschätzung und Mediennutzung
der Schüler möglichst harte und weiche Daten erhoben werden! Die Differenz zwischen den Ergebnissen ist mit den Beteiligten zu diskutieren (Gruppendiskussion)!
3) Die gewonnenen Daten sind so zu verarbeiten, daß sich die Aussagen/Daten verschiedener Personen, die einen Schüler betreffen, zusammenführen lassen. Die Daten müssen sowohl individuell, als auch gruppenspezifisch auswertbar sein!
4) Wenn möglich, sollten extreme Konstellationen (z.B. extreme Vielnutzer einzelner
Medien - extreme Medienabstinente) in Form qualitativer Einzelstudien untersucht
werden!

5) Pädagogische Maßnahmen, Unterrichtsstunden, Projekte, Medieneinsatz sind mit den Schülern (Eltern, Lehrern) zu evaluieren!

6) Eine erfolgversprechende Medienerziehung bei Hauptschülern dürfte schwerlich gegen den Willen der Schüler (und gegen die Eltern bzw. gegen bestimmte innere Überzeugungen der Lehrer) zu verwirklichen sein. Eine Antwort auf die Frage: "Welche Änderungen im Umgang der Schüler mit Medien wollen wir gemeinsam erreichen?" muß in einem gemeinsamen Kommunikationsprozeß gefunden werden und dieser Prozeß ist zu dokumentieren!

7) Welche Informationen/Daten über die Person jedes einzelnen Schülers müßten gewonnen werden, um die spezifische Qualität der Beziehungen zu den Medien und der Beziehungen dieses Teilsystems "Mediennutzung" zu anderen Elementen der Handlungssysteme Familie, Freizeit, Schule angemessen beschreiben zu können?

8) Wie könnte das Zusammenspiel der Elemente der Strukturen des personalen Systems im Kontext spezifischer Mediennutzungsformen beschrieben werden?
(Einsatz psychologischer Diagnose-Instrumente wie z.B. Intelligenztest, Problemfragebogen, Angstfragebogen.)

9) Ein wichtiges Ziel der Untersuchung wäre das Erkennen und Beschreiben der Steuerungsgrößen auf den verschiedenen Systemebenen der Schüler als personale Systeme und der sozialen Systeme der Schule, Familie und Freizeitwelt der Schüler.

4. Der Ablauf des Modellversuchs

4.1 Die Schaffung geeigneter Rahmenbedingungen während der Erprobungsphase im Schuljahr 1994/95

4.1.1 Voraussetzungen und Rahmenbedingungen an der Ernst-Penzoldt-Hauptschule

Ein erstes Ziel des Modellprojekts war die Erfassung der Voraussetzungen und der eventuell notwendigen Verbesserungen für integrative Medienerziehung an der Schule. Die Analyse der Kontextbedingungen ist im Modell der responsiven Evaluation ein wesentlicher Teil der Gegenstandsbestimmung. Dazu gehört im ersten Schritt eine Beschreibung der Strukturen der Schule, ihrer personellen und sachlichen Ausstattung und ihrer Einbettung in die „Schullandschaft" der Stadt.

Die Ernst-Penzoldt-Hauptschule wurde 1976 für den östlichen Stadtbereich als Modellversuch „Ganztagsschule" gegründet, für die sich Schülerinnen und Schüler aus dem gesamten Stadtgebiet anmelden konnten. Nach Beendigung des Modellversuchs 1986 wurde die Schule als Schule mit Nachmittagsbetreuung weitergeführt (Unterrichtszeit bis 16 Uhr, freitags bis 14 Uhr). Außerdem werden seit einigen Jahren für Sprengelschüler sog. Halbtagsklassen gebildet. Zu Beginn des Modellversuchs läßt sich der Stand folgendermaßen kennzeichnen:
Im Schuljahr 1994/95 besuchten 410 Schüler (davon 110 „Halbtagsschüler") die Ernst-Penzoldt-Hauptschule. In den 17 Klassen (davon eine Übergangsklasse) unterrichteten 41 hauptamtliche Lehrkräfte, davon 15 Teilzeitkräfte und ein hoher Anteil an Fachlehrern. Das Kollegium ist seit vielen Jahren zusammengewachsen und gemeinsam älter geworden (Durchschnittsalter ca. 45 Jahre). In einer Reihe von Schulklassen mußten Ganztags- und Halbtagsschüler gemeinsam unterrichtet werden; dies brachte nicht nur organisatorische Schwierigkeiten, sondern führte häufig auch zu Spannungen und Konflikten in der Klassengemeinschaft. Die Tatsache, daß Kinder aus der ganzen Stadt für diese Schule mit Nachmittagsbetreuung angemeldet werden können, führte dazu, daß in den Klassen ein erhöhter Anteil an Schülern mit besonderen Erziehungsschwierigkeiten, Verhaltensauffälligkeiten und Disziplinproblemen zu finden ist. Aufgrund dieser besonderen Belastungssituation und wegen des zerrissenen Stundenplans wurden dem Kollegium Entlastungsstunden in Form Pädagogischer Konferenzen zugestanden, um dort gemeinsam an Problemlösungen arbeiten zu können.

Eine wichtige Voraussetzung für das Modellprojekt stellte die Medienausstattung der Schule dar. Bei ihrer Gründung 1976 wurde die Modellschule entsprechend den damaligen Verhältnisse modern und großzügig ausgestattet, aber aufgrund der Finanzlage des Schulträgers war es nicht möglich, eine kontinuierliche Modernisierung des Bestandes vorzunehmen. Neben der üblichen Ausstattung mit Tageslicht-, Diaprojektoren und Kassettenrecordern waren zu Beginn des Modellversuchs drei Fernseher und Videorecorder vorhanden, aber nur eine veraltete Videokamera. In den beiden Informatikräumen standen je 12 veraltete Computer. Aus den geringen Projektmitteln konnten im ersten Jahr zur

Verbesserung der Ausstattung lediglich ein Multimediarechner und eine moderne Video-kamera sowie ein Epidiaskop und ein Videopräsenter angeschafft werden. In dieser Situation war die gute Kooperation mit der Stadtbildstelle sehr wichtig. Sie un-terstützte die Arbeit mit Geräten und Medien, mit Rat und technischer Hilfe, z.B. beim Schneiden und Vertonen von Videofilmen. Trotzdem klagten im ersten Projektjahr viele Lehrkräfte über den großen Organisationsaufwand bei Medienbeschaffung und Medien-einsatz. An eine Integration von Medienerziehung und Informationstechnischer Bildung war unter diesen Voraussetzungen nicht zu denken. Um diese Probleme zu überwinden, wurden am Anfang der Einsatz einfachster Medien (stehende Bilder und Fotoapparat) in Verbindung mit neuen Arbeits- und Unterrichtsformen angeregt. Dadurch konnten am ehesten alle Fächer und Fachlehrer angesprochen und in die Arbeit einbezogen werden.

4.1.2 Startschwierigkeiten

Über diese allgemeine Kennzeichnung der Gegebenheiten an der Schule hinaus sind die besonderen Kontextbedingungen zu beschreiben, die für den Beginn der Projektarbeit maßgeblich waren. Sie ergaben sich aus einer Reihe unglücklicher Ereignisse und unvor-hersehbarer Schwierigkeiten.

- Die späte Bewilligung des Modellprojekts im Juni machte es unmöglich, die Lehr-kräfte noch vor Beginn des Versuchs vor den Sommerferien ausreichend zu in-formieren und für die Idee der Medienerziehung zu gewinnen.
- Im August/September 1994 erkrankten der Stadtschulrat von Erlangen und der Abteilungsdirektor in Ansbach schwer, so daß in der unmittelbaren Vorbereitungs- und Anfangsphase des Projekts die vertrauten Ansprechpartner zur Regelung wichtiger organisatorischer Fragen fehlten.
- Erst mit Projektbeginn ab 1. September konnten sich die neu eingestellten Mitar-beiter am Lehrstuhl mit dem Themenkomplex schulischer Medienerziehung ver-traut machen und in die Anliegen des Modellversuchs einarbeiten.
- Schwierigkeiten aufgrund der Vorbehalte des Kollegiums gegenüber dem Modell-projekt:
  Im Juli 1994 wurde bei einer internen Konferenz das Kollegium erstmalig über den geplanten Modellversuch zur Medienerziehung informiert. Die Lehrkräfte zeigten sich interessiert und aufgeschlossen, weil sie darin eine Chance für den Fortbestand des Sonderstatus der Schule sahen und finanzielle und personelle Verbesserungen erhofften. Andererseits wurde das Projekt als aufgezwungen be-trachtet und vor allem der Zeitpunkt des Beginns aus zwei Gründen als ungünstig erachtet:
  - Das Kollegium hatte eben erst ein belastendes Projekt „Freizeit mit Köpf-chen" abgeschlossen;
  - in den Pädagogischen Konferenzen arbeitete das Kollegium unter Leitung der Schulpsychologin seit einem Jahr an dem Thema: „Verbesserung des Selbstwertgefühls der Schüler"; diese Arbeit sollte nicht einfach abgebro-chen werden.
  In der ersten Konferenz zu Beginn des neuen Schuljahres im September mußte das Kollegium darüber informiert werden, daß trotz des Modellpro-

jekts drei Lehrkräfte (darunter eine Klassenleiterin) an andere Schulen versetzt worden waren. Die Enttäuschung darüber führte zu einer starken Ablehnung des Projekts.

Eine gravierende Konsequenz der neuen Personalsituation waren große Schwierigkeiten bei der Stundenplanerstellung. Auf die Belange des Modellprojekts konnte dabei nicht mehr Rücksicht genommen werden.

Diese Ereignisse führten schließlich dazu, daß bei der ersten Zusammenkunft der Projektgruppe mit dem Kollegium am 4. Oktober 1994 die Vorstellung des Projekts durch den Projektleiter reserviert aufgenommen wurde und die Diskussion der Projektplanung zu Kontroversen führte. Erst in einer ganztägigen Fortbildungskonferenz Anfang November konnten diese Schwierigkeiten gemeinsam überwunden werden.

4.1.3 Aufbau der Organisationsstruktur

Grundlegend für den Prozeß der responsiven Evaluation in den drei Bereichen der Gegenstandsbestimmung, Informationssammlung und Ergebniseinspeisung war zunächst die Bestimmung der Beteiligtengruppen. Bezüglich der Umsetzung eines Konzepts integrativer Medienerziehung mußten drei Teilgruppen unterschieden werden:

1. Entscheidergruppen (Projektgruppe, Schulleitung, Schuladministration), die für den Ablauf und relevante Kontextbedingungen des Modellprojekts verantwortlich waren.
2. Betroffenengruppen (Lehrer, Schüler und Eltern der Ernst-Penzoldt-Hauptschule, Stadtbildstelle und Schulverwaltungsamt der Stadt), auf die sich die vorgesehenen Maßnahmen der Entscheidergruppen richteten bzw. die sie ausführen mußten.
3. Nutzergruppen (Lehrkräfte der Modellschule, Kollegien anderer Hauptschulen, Medienreferate und Lehrplankommissionen im ISB, Einrichtungen der Lehrerfortbildung), die aus den Erkenntnissen des Modellprojekts profitieren können.

Bei der Vorbereitung des Modellprojekts hatte sich bereits eine tragfähige Kommunikationsstruktur zwischen den Entscheidergruppen gefestigt. Nun kam es darauf an, im Laufe des Jahres effektive Kommunikationskanäle zwischen Entscheider- und Betroffenengruppen, insbesondere zwischen dem Projektteam und dem Kollegium der Schule aufzubauen. Dieser Aufbau vollzog sich ganz grob in drei Stufen, ist aber schwer zu beschreiben, da viele Prozesse parallel abliefen und nur analytisch als Aspekte eines einheitlichen Vorgangs zu unterscheiden sind.

Mit dem Schulamt wurde vereinbart, daß die an der Schule fest verankerten, regelmäßigen Pädagogischen Konferenzen für die medienpädagogische Fortbildung und die Durchführung des Modellprojekts genutzt werden konnten. Mit der Schulleitung bestand Einigkeit darüber, daß einzelne Konferenzen für schulinterne Angelegenheiten und für die abschließende Behandlung der Thematik „Stärkung des Selbstwertgefühls der Schüler" aus dem vorangegangenen Schuljahr reserviert werden sollten.

1. Stufe zwischen Schuljahresbeginn und Weihnachtsferien:

Zunächst mußte sich die Projektgruppe in regelmäßigen Treffen konstituieren; die Mitarbeiter aus dem ISB nahmen von Fall zu Fall an diesen wöchentlichen Teamsitzungen in Nürnberg oder Erlangen teil. Neben den laufenden Planungsarbeiten führte die Vorbereitung eines Projektantrags an die Bund-Länder-Kommission für die Genehmigung eines dreijährigen Modellversuchs zur integrativen Medienerziehung an Hauptschulen zu einer Präzisierung und Weiterentwicklung des Untersuchungsgegenstandes.

Die Konstituierung der Lehrkräfte sowohl als Betroffenen-, wie auch als Nutzergruppe erwies sich als schwierig und zog sich über das ganze Jahr hin. Grund dafür war der vorgegebene Organisationsrahmen: Einerseits war den Lehrkräften die Mitarbeit im Projekt freigestellt, andererseits waren sie zur Teilnahme an den Pädagogischen Konferenzen verpflichtet. Dadurch sollte niemand vorschnell ausgeschlossen werden, sondern auch später noch zum Projekt dazustoßen können.

Formen der Zusammenarbeit zwischen Projektgruppe und Kollegium entwickelten sich in der Anfangszeit auf mehreren Ebenen:

- Die Kooperation mit der Schule lief zunächst überwiegend über die Schulleitung; daneben gab es die ersten Kontakte mit dem Kollegium bei den „offiziellen" Pädagogischen Konferenzen.

- Die intensiven direkten Gespräche von Herrn Winklmann als Mitglied der Projektgruppe und des Lehrerkollegiums war ein wichtiger Kommunikationskanal zum gegenseitigen Austausch von Anliegen und Konfliktthemen. Projektleiter und Assistent wurden anfangs als „Außenstehende" eher zurückhaltend aufgenommen. Erst allmählich entwickelten sich persönliche Kontakte als Grundlage für Meinungsaustausch und Beratungsgespräche zwischen einzelnen Lehrkräften und Mitgliedern des Projektteams.

- Andere Kommunikationsformen, wie z.B. die Ausgabe von Informations- und Arbeitspapieren oder die Einrichtung einer Informationsecke zur Medienerziehung im Lehrerzimmer wurden vom Kollegium teils abgelehnt, teils sehr zurückhaltend aufgenommen.

- Einrichtung von drei Arbeitsgruppen zu den Themen:
  Leseerziehung als Medienerziehung;
  Medien und Gewalt;
  Erziehung zum richtigen Umgang mit der Flut der Bilderwelten.

2. Stufe von Januar 1995 bis zu den Osterferien:
Die Projektgruppe arbeitete regelmäßig einen Tag pro Woche in der Schule:
- Gespräch mit der Schulleitung
- Betreuung der Lehrer-Arbeitsgruppen
- Projektgruppenbesprechung
- Gespräche mit einzelnen Lehrkräften

Um die medienpädagogischen Maßnahmen inhaltlich auszurichten und die Kooperation zwischen Projektgruppe und Kollegium effektiver zu gestalten, sollten sich die Lehrkräfte (freiwillig) zur Mitarbeit in drei Arbeitsgruppen unter Leitung je eines Teammitglieds melden. Die Arbeit erwies sich aus organisatorischen Gründen als schwierig, da nicht für alle Mitglieder eine gemeinsame Freistunde für die Gruppenarbeit gefunden werden konnte. Den Gruppen wurden zur Entlastung studentische Hilfskräfte zugewiesen. Damit erfolgte ein erster Schritt in Richtung auf das wichtige Prinzip und Ziel der Kooperation zwischen den Lehrkräften.

Ein weiterer wichtiger Punkt war die Organisation und Planung regelmäßiger Fortbildung in den Pädagogischen Konferenzen. Innerhalb der Arbeitsgruppen kam es auch zu einer Intensivierung der persönlichen Kontakte zwischen Projektgruppe und Lehrkräften.

Während eines pädagogischen Wochenendes im März 1995, an dem viele Mitglieder des Kollegiums freiwillig teilnahmen, brachen bezüglich des Medienprojekts Meinungsverschiedenheiten und Konflikte zwischen den einzelnen Teilgruppen der Befürworter, Kritiker, Verunsicherten und Desinteressierten auf. In einer Pädagogischen Konferenz unter Leitung der Schulpsychologin gelang es in einem offenen Gespräch recht gut, diese Anliegen und Konfliktthemen des Kollegiums mit dem Projektteam aufzudecken und abzuklären, Unsicherheiten zu beseitigen und die gegenseitigen Erwartungen bezüglich der weiteren Projektarbeit besser aufeinander abzustimmen. Das Ergebnis dieses Klärungsprozesses war eine Weiterentwicklung der Organisationsstruktur und eine Intensivierung der inhaltlichen Arbeit.

3. Stufe von Ostern bis zum Ende des Schuljahres:

Der letzte und wichtigste Schritt im Aufbau der Organisationsstruktur bestand in der Einrichtung einer *„Planungsgruppe"* an der Schule, der neben dem Projektteam und der Schulleitung auch die Schulpsychologin und einige engagierte Lehrkräfte angehörten. Aufgrund dieser Zusammensetzung entwickelte sich diese neue Entscheidergruppe zu einem wichtigen Bindeglied zwischen den anderen Entscheidergruppen und dem Kollegium sowie den Schülern als Betroffenengruppe. Sie vermittelte hervorragend zwischen theoretischen Vorstellungen von Medienerziehung und Realisierungsmöglichkeiten im schulischen Alltag. Dadurch wurde die Entwicklung eines praktikablen Konzepts integrativer Medienerziehung in der Hauptschule entscheidend vorangetrieben. Am Ende des Schuljahres wurden in der Planungsgruppe die Weichen für eine verbesserte Organisationsstruktur im zweiten Projektjahr gestellt: Dann sollten Lehrerteams für die einzelnen Klassenstufen gebildet werden.

4.1.4 *Bewertung und Konsequenzen für die weitere Projektentwicklung*

Aufgrund des Fehlens einer Vorlaufphase war der Beginn des Modellversuchs in den ersten vier Monaten sehr stark beeinträchtigt. Für eine effektive inhaltliche Arbeit ging zu viel Zeit durch organisatorische Maßnahmen verloren. Für einen Modellversuch, der eine ganze Schule einbezieht, müßte unbedingt ein Vorlauf von mindestens einem halben Jahr bis ca. einem Jahr eingeplant werden.

Für die Durchführung des Modellversuchs erwies sich die Freistellung eines Lehrers der Schule als unverzichtbar. Er stand den Lehrkräften jederzeit als Berater und Ansprechpartner in allen Medienfragen zur Verfügung, motivierte und spornte zu medienpädagogischen Maßnahmen an, half bei der Material- und Medienbeschaffung und bereitete die Basis für eine vertrauensvolle Zusammenarbeit zwischen Kollegium und Projektleitung. Er konnte frühzeitig auf Anliegen und Konfliktthemen aus dem Kollegium aufmerksam machen.

Bezüglich der Grundprinzipien der Projektarbeit läßt sich feststellen: Der Einbezug aller Fächer und Lehrkräfte erwies sich als richtig; allerdings hatten insbesondere die Fachlehrer mit nur ein oder zwei Wochenstunden Unterricht in einer Klasse und von ihrem Fach her (z.b. Hauswirtschaft oder Werken, Technisches Zeichnen) Schwierigkeiten, sich in das Projekt zu integrieren. Außerdem bedeutete die Mitarbeit von Teilzeitkräften im Projekt einen erhöhten Arbeitsaufwand. Auf der Ebene der Medien war aufgrund der mangelhaften Ausstattung eine Integration des Computers in die Projektarbeit nicht möglich. Eine Kooperation der Lehrkräfte untereinander wurde in kleinen Schritten angebahnt.

Bereits nach diesem ersten Jahr des Modellversuchs ließ sich mit großer Klarheit feststellen, daß ohne gewisse Voraussetzungen eine erfolgreiche Umsetzung integrativer Medienerziehung nicht möglich ist. Dazu gehören:
Eine zeitgemäße Ausstattung der Schule mit modernen Medien; Kooperation mit der Bildstelle sowie eine gewisse finanzielle Ausstattung zur Anschaffung von Arbeitsmaterialien und Software, für praktische Medienarbeit und mediale Dokumentationen.

- Der Versuch, das gesamte Kollegium einer Hauptschule in die Umsetzung integrativer Medienerziehung einzubeziehen, erfordert sehr viel Geduld und Zeit; es ist eine enorme Überzeugungsarbeit nötig, um die Lehrkräfte zu einer vertieften Auseinandersetzung mit medienpädagogischen Fragen und zu einem Umdenken bezüglich ihres unterrichtlichen und erzieherischen Handelns zu bringen. Deshalb erscheint eine gewisse Stundenentlastung für einen Klassenlehrer pro Klassenstufe sinnvoll, damit er sich in Medienpädagogik fortbilden und als Teamleiter mit den übrigen Lehrkräften in seiner Klasse fachlich kooperieren kann.
- Vorbehaltlose Unterstützung durch die Schulleitung und das Schulamt: Die Lehrkräfte brauchen einen festen Rückhalt, damit sie bereit sind, sich zu öffnen, Gewohnheiten und erstarrte Routinen aufzugeben, zu experimentieren und neue methodische Wege zu gehen. Für fächerübergreifende Medienprojekte müssen flexible organisatorische Lösungen ermöglicht werden.

4.1.5 Die Integration der wissenschaftlichen Begleitung in den Modellversuch

Die Bedeutung der Lehrer- und Schülerbefragung für den Evaluationsprozeß

Im Rahmen der wissenschaftlichen Begleitung des Modellversuchs wurden im 1. Jahr Erhebungsinstrumente für eine Lehrer- und eine Schülerbefragung entwickelt. Für den Prozeß der responsiven Evaluation kommt ihnen eine doppelte Bedeutung zu: Zum einen liefern sie wissenschaftliche Erkenntnisse sowohl über das aktuelle Verhältnis spezifischer Personengruppen (der Hauptschüler bzw. Hauptschullehrer) zu den Medien bzw. zur Medienerziehung als auch über das Ausmaß an Veränderungen, das durch die Projektmaßnahmen bei den Betroffenengruppen erreicht werden konnte. Zum anderen dienten sie der Informationssammlung über wichtige Beteiligtengruppen. Die erfolgreiche Umsetzung der Projektidee setzte ein Wissen darüber voraus, in welches Umfeld hinein Medienerziehung integriert werden sollte.
Vordringlich war dabei eine Befragung der Lehrkräfte, um zu erkennen, auf welcher Basis die Kooperation mit dem Kollegium und die medienpädagogische Fortbildung anset-

zen konnte und mit welchen Problemen dabei zu rechnen war. Damit die Ergebnisse nicht durch Kenntnisse über die Ziele und Anlage des Projekts verfälscht werden konnten, mußte die Befragung noch vor Projektbeginn in den ersten Schultagen im September 1994 durchgeführt werden. An der Lehrerbefragung beteiligten sich neben 34 Lehrerinnen und Lehrern an der Modellschule auch 20 Lehrerinnen und Lehrer zweier benachbarter Hauptschulen. Sie umfaßte die Lehrermeinungen und -erfahrungen über das Mediennutzungsverhalten der Hauptschüler,

- die Auswirkungen der elektronischen Medien auf Hauptschüler,
- den Umgang der Jugendlichen mit Medien,
- das Medienverhalten der Eltern
- das Nutzungsverhalten und Einstellungen der Hauptschullehrer zu den Medien
- die Haltung der Lehrer zu einer Medienerziehung an der Hauptschule.

Die Ergebnisse wurden im Februar 1995 in einem Bericht zusammengefaßt.

In ähnlicher Weise sollte die Schülerbefragung Aufschlüsse darüber erbringen, wie das Mediennutzungsverhalten bei den Schülern dieser Schule bzw. noch konkreter in den einzelnen Schulklassen aussieht, um möglichst gezielt auf die tatsächlichen Medienprobleme der Schüler eingehen zu können. Maßgebend war dabei die Überlegung, daß eine erfolgversprechende Medienerziehung in der Schule Informationen über den Medienkonsum von Schülern voraussetzt, damit ein lebensnaher und glaubwürdiger Dialog mit den Schülern überhaupt in Gang kommt. Kurzgefaßte Klassenergebnisse aus der Schülerbefragung sollten deshalb den Lehrern diese Informationsbasis für ein Unterrichtsgespräch bzw. -projekt geben. Die Befragung beschränkte sich neben dem Freizeitverhalten der Schüler auf deren Fernsehgewohnheiten.

Dazu wurde im Mai 1995 zunächst an einer Nachbarschule der Modellschule ein Schülerfragebogen erprobt und die Verwendbarkeit der Klassenauswertung für ein Unterrichtsgespräch getestet. Nach erfolgreichem Probelauf wurde ein verkürzter Fragebogen am Ende des Schuljahres 1994/95 in der Ernst-Penzoldt-Hauptschule eingesetzt. Die Ergebnisse wurden sowohl als Gesamtbericht unter dem Titel "Der Fernsehkonsum von Hauptschülern" (Januar 1996) als auch in Form einzelner Klassenberichte veröffentlicht. Die Einzelberichte über verschiedene Klassen an der Modellschule lieferten die Basis für Unterrichtsgespräche und -projekte zum Thema „Fernsehkonsum", die alle zum Ziel hatten, Schüler mit einem überlegten und kompetenten Medienumgang vertraut zu machen.

Ausgewählte Ergebnisse aus der Lehrerbefragung

Nach Schätzung der befragten Lehrer an der Modellschule und einiger Lehrer benachbarter Schulen (vor Beginn des Versuchs) liegt der Anteil von Hauptschülern, die in ihrer Freizeit elektronische Medien besonders intensiv nutzen, bei etwa 74%, und die Zeit, die Hauptschüler täglich vor dem Fernseher verbringen, wird von den Lehrern mit durchschnittlich 2 Stunden und 45 Minuten angegeben. Rund 14% der Hauptschüler sehen nach Meinung der Lehrer schon vor Schulbeginn fern (oder schauen Videofilme an), und sie glauben auch, daß rund ein Drittel der Hauptschüler wochentags noch nach 22 Uhr fernsieht oder Videos anschaut.

Es wundert deshalb nicht, daß die Lehrer bei der Frage nach der „Hitliste" der Freizeitaktivitäten ihrer Hauptschüler meinen, der „anspruchslose" Medienkonsum (Fernsehen,

Videofilme) stehe an erster Stelle, während alle Freizeitbeschäftigungen, die einen gewissen „Bildungsgehalt" beinhalten, das Schlußlicht bilden, wobei drei Viertel der Lehrer überzeugt sind, daß speziell männliche Hauptschüler einen problematischen Medienumgang pflegen. Die Meinungen über besonders anfällige Altersgruppen sind jedoch nicht so eindeutig.

Bei den Antworten auf verschiedene Statements über Medienwirkungen sind sich die Lehrer darin einig, daß Medien speziell den Realitätsbezug von Jugendlichen beeinträchtigen. Nur wenige sind dagegen der Überzeugung, daß sich Medien positiv auf das Lern- und Sozialverhalten ihrer Schüler auswirken.

Die Lehrer sind überwiegend der Meinung, daß Medienerziehung vorrangig eine gesellschaftliche und nicht schulische Aufgabe sei, wobei sich die Lehrer der Modellschule etwas aufgeschlossener gegenüber einer schulischen Medienerziehung erweisen als die Lehrer in den beiden Nachbarschulen.

Von sieben fächerübergreifenden Erziehungsaufgaben, die in den letzten Jahren der Hauptschule zugeschrieben wurden, erhält die Medienerziehung von den befragten Lehrern zu Beginn des Modellversuchs einen vorletzten, die informationstechnische (Grund-) Bildung einen letzten Platz. An die erste Stelle setzen die Lehrer die Umwelterziehung, gefolgt von der Friedenserziehung.

Interessanter Weise sind Lehrerinnen stärker als ihre männlichen Kollegen der Überzeugung, Medienerziehung sei vorrangig eine gesellschaftliche und nicht schulische Aufgabe. Sie sind auch entschiedener der Meinung, Eltern seien sich zu wenig ihrer eigenen (Medien-)Verantwortung bewußt, wie sie andererseits auch häufiger als ihre männlichen Kollegen glauben, das Interesse von Eltern an einer schulischen Medienerziehung sei ohnehin nicht besonders stark.

Diese Ergebnisse beleuchten die schwierigen Bedingungen auf der Ebene der Lehrkräfte, unter denen das Modellprojekt durchgeführt werden mußte.

Ausgewählte Ergebnisse aus der Schülerbefragung

„Musik hören" ist im Gegensatz zur Meinung ihrer Lehrer die beliebteste Freizeitbeschäftigung der Schüler. Bei den unbeliebtesten Freizeitaktivitäten stimmen Schüleraussagen und Lehrermeinung dagegen überein: Alles wird vermieden, was im weitesten Sinne als ziel- und ergebnisorientiert, als „produktiv", „effizient", als „Kulturaneignung und Kulturgenuß" erscheint. Die Meinung, die Freizeit von Jugendlichen sei heutzutage überwiegend eine Fernseh- und Videofreizeit, erscheint vor diesem Hintergrund nicht frei von „Vor-" Urteilen. Die Musikvorlieben der Schüler (darunter sehr wohl auch die entsprechenden Musikclips im Fernsehen), ihre Interpreten, deren Bühneninszenierungen und Liedtexte, haben mindestens die gleiche, wenn nicht gar eine größere Bedeutung für die Schüler. Ihre Identifikations- und Vorbildfunktion dürfen von einer Medienerziehung, die einen kompetenten Umgang mit den verschiedensten Medien zum Ziel hat, nicht unterschätzt werden.

„Musik hören" ist für Jungen und Mädchen gleicherweise die wichtigste Freizeitbeschäftigung. Aber die männlichen Schüler haben darüber hinaus ein deutlich größeres Interesse an den neuen elektronischen Medien (Fernsehen, elektronische Spiele, Computer) als ihre weiblichen Mitschüler, die sogar eine besondere Aversion gegenüber Computerspielen und Computerarbeiten erkennen lassen.

Besonders das Fernsehen verliert mit zunehmendem Alter sehr stark an Bedeutung. Je älter die Schüler sind, desto mehr bevorzugen sie andere Formen des „Ausruhens und Faulenzens". Ungeachtet dieser Unterschiede bleibt „Musik hören" für Schüler jeder Altersstufe in der Hauptschule unangefochten die wichtigste Freizeitbeschäftigung.

"Musik hören" kennt auch keine kulturellen und ethnischen Grenzen: Ausländische Schüler mögen diese Freizeitbeschäftigung genauso gerne wie ihre deutschen Mitschüler. Nur das Anschauen von Videofilmen ist unter ausländischen Schülern beliebter als unter den deutschen Schülern.

Die beliebtesten Fernsehprogramme der Schüler sind (1) Lustspielserien, (2) (harte) Actionfilme und (3) Musiksendungen bzw. -sender. Am unbeliebtesten sind (1) Kultursendungen, (2) Wirtschafts-/Rechtssendungen und (3) politische Magazine - und damit alle informativen Programmangebote des Fernsehens.
Während Mädchen besonders die Jugendserien, Beziehungs- und Problemfilme/-serien und die Musiksendungen und -sender mögen, erfreuen sich unter den männlichen Schülern die (harten) Actionfilme und Abenteuerfilme und -serien besonderer Beliebtheit. In den Unterschieden spiegeln sich traditionelle Geschlechterrollen wider, wobei in beiden Fällen die Vorbildfunktion des Fernsehens, von der die Schüler selbst sprechen (s.u.), nicht unbedenklich ist. Darin sind sich die Geschlechter jedoch einig: Sie lieben die (Familien)Lustspielfilme und -serien, sie zählen auch Grusel- und Horrorfilme zu ihren Lieblingssendungen, und sie teilen ihre Abneigung gegen Kultur-, Wirtschafts- und Rechtssendungen im Fernsehen.
Je älter die Schüler werden, desto wichtiger werden die Musikangebote des Fernsehens. Mit zunehmendem Alter stoßen aber auch die action- und gewaltbetonten Filme und Serien auf immer breitere Zustimmung. Die (Familien-)Lustspielserien behalten dennoch ihre hohe Attraktivität. Die Mischung macht's: einmal Entspannendes und Lustiges, ein anderes Mal Spannendes und Gewalttätiges.
Bemerkenswert ist, daß Schüler, die im Fernsehen besonders gerne (harte) Action, Krieg und Gewalt anschauen, diesen Sendungen einen vergleichsweise hohen Realitätsgehalt beimessen. Schüler, die am liebsten Filme und Serien über Beziehungs-, Liebes- und Jugendprobleme sehen, geben diesen Sendungen einen hohen Vorbild- und Identifikationswert. Beide Sichtweisen beliebter Fernsehprogramme sind nicht unproblematisch.
Schüler sehen mit ihrer Klassenlehrerin/ihrem Klassenlehrer Gemeinsamkeiten des Fernsehgeschmacks (Lustspielserien, lustige Unterhaltungsshows), Unterschiede zu ihren Lieblingssendungen (Grusel-/Horrorfilme, (harte) Actionfilme) und zu den Lieblingssendungen ihres Lehrers (politische Magazine, Wirtschafts-, Rechts- und Kultursendungen) - ein interessanter Einstieg für ein offenes, dialogisches Unterrichtsgespräch.
Über 50% der befragten Hauptschüler besitzen ein eigenes Fernsehgerät, mit zunehmendem Alter mehr, männliche und deutsche Schüler mehr als weibliche und ausländische Schüler. Rund 35% der Schüler rechnen sich selbst zu den "Vielsehern", die täglich 3

Stunden und mehr fernsehen, wobei männliche, junge und ausländische Schüler unter den Vielsehern überrepräsentiert sind.

Mehr jüngere und ausländische Schüler gehören zu den extremen "Frühsehern", die schon vor Schulbeginn fernsehen, als die älteren Schüler, die dafür unter den "Spätsehern" (nach 23 Uhr) überrepräsentiert sind.

Gemessen an ihren Aussagen, was ihnen am Lieblingsprogramm im Fernsehen besonders gefällt, lassen sich (mindestens) drei "Sehertypen" bei den Schülern unterscheiden:

(1) die Entspannungsorientierten,
(2) die Vorbildorientierten und
(3) die Actionorientierten.

Actionorientierte, unter denen männliche Schüler überrepräsentiert sind, sehen gleich mehrere Sendungen hintereinander an, Vorbildorientierte, unter denen Schülerinnen überrepräsentiert sind, schalten ihr Fernsehgerät "gezielter" ein und bleiben häufiger bei der einmal eingeschalteten Sendung als andere Schüler.

In den Klassenberichten wurden diese Themen in verkürzter Form angesprochen, aber zu jedem Thema wurden auch Folgerungen gezogen und Anregungen für den Unterricht formuliert.

Bewertung und Konsequenzen

Beide Befragungen bestätigten eine Reihe von Ergebnissen, die aus der Medienforschung bereits bekannt waren. Sie lieferten aber darüber hinaus bezüglich der spezifischen Zielgruppen wichtige Differenzierungen und neue Erkenntnisse, die für die Ansatzpunkte und die inhaltliche Ausrichtung schulischer Medienerziehung von grundlegender Bedeutung sind.

Die Lehrerbefragung zeigt deutlich, welche Kluft überbrückt werden muß, wenn ein Kollegium für das Anliegen integrativer Medienerziehung gewonnen werden soll. Eine Ausweitung der Lehrerbefragung auf andere Hauptschulen und Schularten könnte zu wichtigen Erkenntnissen für die Verwirklichung des neuen Gesamtkonzepts der Medienerziehung in Bayern, aber auch für die Lehrerausbildung und -fortbildung im Bereich der Medienpädagogik führen.

Die Auswertung der Schülerbefragung in Form von Klassensätzen bewährte sich in vielen Klassen als Ausgangspunkt für einen fruchtbaren Dialog zwischen Lehrern und Schülern über Medienfragen. Die Ergebnisse legen es nahe, auch andere Themen, wie z.B. den Musikkonsum, die Computernutzung und die Lesegewohnheiten der Schüler in diesen integrierten und dialogorientierten Ansatz mit aufzunehmen und auch dafür geeignete Erhebungsinstrumente zu erproben.

Die Auswertung der Unterrichtsgespräche und Projekte zum Thema „Fernsehkonsum" in den einzelnen Schulklassen soll zu einer weiteren Verfeinerung des Fragebogens führen, mit dem die Lehrer ohne fremde Hilfe ihren Unterricht zum Thema „Fernsehen" vorbereiten können. Die Vorgehensweise (Befragung - Auswertung - Unterrichtsgespräch/-projekt) und das Erhebungsinstrument samt Auswertungsanweisungen werden im „Sammelwerk Medienzeit" des Bayerischen Staatsministeriums für Unterricht, Kultus, Wissenschaft und Kunst als sog. Praxisbaustein veröffentlicht.

Aus organisatorischen Gründen konnte eine geplante Elternbefragung im ersten Projektjahr nicht mehr verwirklicht werden.

4.1.6 Schulhausinterne Lehrerfortbildung zur integrativen Medienerziehung als primäres Anliegen des Modellversuches

Stellenwert der Fortbildung im Rahmen der responsiven Evaluation

Von Anfang an war es ein Grundgedanke des Modellprojekts, die Lehrerinnen und Lehrer an der Schule als gleichwertige Partner anzusehen. Gemeinsam mit ihnen sollten gangbare Wege zur Entwicklung und Realisierung des Konzepts einer integrativen Medienerziehung in der Hauptschule gefunden werden. Deshalb kam der schulhausinternen Fortbildung absolute Priorität in der ersten Projektphase zu, weil sie die entscheidende Plattform für dieses kooperative Entwicklungsprojekt darstellte. Dabei wurde die Klärung der Frage nach geeigneten Formen und Inhalten der Fortbildung zu einem eigenen und wichtigen *Ziel des Modellversuchs*.

In der ersten Projektphase kam es insbesondere darauf an, die Lehrkräfte für das Projekt zu gewinnen, sie für medienpädagogische Probleme und Aufgaben zu sensibilisieren und sie für die Verwirklichung der Ziele integrativer Medienerziehung zu befähigen und zu motivieren. Die Schwierigkeiten, die dabei zu überwinden waren, ließen sich aus den oben genannten Ergebnissen der Lehrerbefragung erahnen.

Die Planung der Organisation sollte sich dabei von folgenden Fragen leiten lassen:
- Welche Schwierigkeiten haben Lehrkräfte bei der Integration medienpädagogischer Konzepte in ihren Unterricht bzw. in das Schulleben?
- Welche konkreten Hilfen benötigen sie bei der Umsetzung der Medienerziehung unter den besonderen Bedingungen ihrer Schulklasse?
- Wie können sie erfahren, daß sie sich durch Kooperation gegenseitig entlasten und motivieren, Anregungen austauschen, Probleme leichter überwinden und ihren Unterricht abwechslungsreicher gestalten können?

Aus der Sicht responsiver Evaluation kamen der Lehrerfortbildung mehrere wichtige *Funktionen* zu:
- Die Auseinandersetzungen mit dem Gesamtkollegium führten zu einer fortlaufenden Präzisierung und Weiterentwicklung des Untersuchungsgegenstandes;
- Fortbildung diente der Informationssammlung, vor allem über die Brauchbarkeit empfohlener Unterrichtsentwürfe, über Probleme bei der Durchführung medienpädagogischer Maßnahmen und über ihre Wirkungen auf die Schüler;
- sie führte zur Aufdeckung von Anliegen und Konfliktthemen der Lehrkräfte, aber auch der Schüler und wirkte so bei der Steuerung des Gesamtprozesses mit;
- sie ermöglichte eine Kontrolle der Prinzipien der Integration, Kooperation und Vernetzung.

Die Fortbildung der Lehrkräfte vollzog sich auf *drei Ebenen*:
- die regelmäßigen Pädagogischen Konferenzen, verpflichtend für das gesamte Kollegium;
- die Besprechungen in den Arbeitsgruppen unter Anleitung eines Mitglieds des Projektteams, mit freiwilliger Teilnahme, je nach Interesse und zeitlichen Möglichkeiten der Lehrkräfte;

- informelle Fortbildung innerhalb und außerhalb der Schule, meist aufgrund spontaner Bedürfnisse oder zufälliger Angebote.

Entsprechend dem Grundprinzip der responsiven Evaluation konnte die Fortbildung nicht nach einem vorher festgelegten Plan durchgeführt werden, sondern mußte sensibel auf die Erwartungen und Interessen, auf konkrete Bedürfnisse, Schwierigkeiten oder Erfolge der Lehrkräfte Rücksicht nehmen.

Ablauf der Fortbildung im Rahmen der Pädagogischen Konferenzen

Auf dieser 1. Ebene wurden die einzelnen Fortbildungen für das Gesamtkollegium sehr genau geplant und für Evaluationszwecke soweit möglich dokumentiert. Ihr Ablauf wird im folgenden hinsichtlich ihrer Ziele und Inhalte, Formen und methodischen Prinzipien sowie hinsichtlich ihrer Ergebnisse und Wirkungen beschrieben und bewertet.

Bei den *Zielen und Inhalten* vollzog sich eine deutliche Entwicklung im Ablauf des ersten Jahres. Im ersten Schritt mußten dem Kollegium Idee, Bedeutung, Ziele und geplanter Ablauf des Modellprojekts vermittelt werden. Dazu gehörten auch offizielle Erklärungen des Ministeriums und der Schulaufsicht über die politische Bedeutung des Modellversuchs im Rahmen des Gesamtkonzepts der Medienerziehung in Bayern und im Lehrplan. Die Klärung der wichtigsten *theoretischen Grundlagen* des Projekts nahm das ganze Jahr über in Anspruch: die Idee des Integrativen; die mit dem Begriff der Medienkompetenz verbundenen Ziele bei den Schülern und insbesondere der Gedanke einer gemeinsamen Entwicklung eines Konzepts integrativer Medienerziehung für die Hauptschule mußten immer wieder thematisiert werden.

Ein Kernpunkt jeder Veranstaltung war die Frage der Integration der Medienerziehung in den Unterricht. Dazu wurden zunächst von der Projektgruppe Anregungen gegeben, Medien vorgestellt, Unterrichtsentwürfe und Projektvorschläge aus verschiedensten Unterrichtsfächern angeboten. Die Lehrkräfte wurden immer wieder zum Experimentieren mit Medien und zu Unterrichtsversuchen mit medienpädagogischen Themen angeregt. Im Verlaufe der Fortbildung trat an diese Stelle die motivierende Kraft gelungener Unterrichtsbeispiele von einzelnen Lehrkräften. Die aus dem Kollegium selbst kommenden positiven Erfahrungen hatten eine viel größere Überzeugungskraft. An den Beispielen wurden die Möglichkeiten und Schwierigkeiten der Integration der Medienerziehung in die Unterrichtsfächer an zwei wesentlichen Fragestellungen diskutiert:
- Wie lassen sich Ansatzpunkte für medienpädagogische Themen in einem bestimmten Unterrichtsfach finden?
- Wie muß ein Unterrichtsthema methodisch aufbereitet werden, damit neben den fachlichen auch medienpädagogische Ziele verwirklicht werden können?

Ein letzter wichtiger Bereich der Fortbildung war die Einübung in das Medienhandeln: Das Kollegium sollte mit Grundformen praktischer Medienarbeit und mit medienspezifischen Arbeitstechniken vertraut gemacht werden.

Gegen Ende des Schuljahres wurde die Fortbildung inhaltlich auf den Bereich der *Bildpädagogik* eingegrenzt: Bilder sind jederzeit und in vielfältiger Form (als Druckbilder,

Fotos, Plakate, Dias, Computerbilder, Comics) verfügbar, erfordern geringen technischen oder organisatorischen Aufwand, sind in allen Fächern einsetzbar, eröffnen den Zugang zu den medienpädagogischen Grundfragen und bieten gute Möglichkeiten für einen handlungsorientierten Unterricht und für praktische Medienarbeit.

Diese Ziele und Inhalte verlangten für die Gestaltung medienpädagogischer Fortbildung von Anfang an bestimmte *Formen und methodische Vorgehensweisen*. Die Durchführung der Konferenzen orientierte sich an zwei generellen Leitlinien:

- Die Lehrkräfte sollten in den Fortbildungen selbst erfahren können, was sie später im Unterricht den Schülern vermitteln wollten.
- Die theoretischen Grundlagen der integrativen Medienerziehung sollten von konkreten Beispielen ausgehend erschlossen und einsichtig gemacht werden.

In Verbindung mit den Grundprinzipien des Modellversuchs ergaben sich daraus weitere Folgerungen für die methodische Gestaltung der Konferenzen:
Kooperation: Gemeinsame Entwicklung von Unterrichtsentwürfen oder Projekten in Partner- und Gruppenarbeit;
Handlungsorientierung: Einübung in Grundformen aktiver Medienarbeit und in medienspezifische Arbeitstechniken;
Zunehmende Selbstorganisation der Fortbildung durch das Kollegium:
- inhaltliche und methodische Planung in Kooperation mit dem Projektteam;
- im Laufe des Jahres wurden die Fortbildungen zunehmend von einzelnen Lehrkräften geleitet und durchgeführt.

Die Pädagogischen Konferenzen bewirkten bei vielen Lehrkräften eine Öffnung für und eine zunehmende gedankliche Auseinandersetzung mit medienpädagogischen Fragen, die Bereitschaft zum Aufgreifen medienpädagogischer Themen, zum Medieneinsatz und zum Experimentieren mit aktiver Medienarbeit in verschiedensten Unterrichtsfächern (vgl. hierzu den folgenden Abschnitt 4.1.7). Diese Wirkungen der Konferenzen müssen jedoch im Zusammenhang mit den anderen Formen schulhausinterner Fortbildung gesehen werden.

Andere Formen der Fortbildung

Eine wichtige Ergänzung zu der Fortbildung in den Pädagogischen Konferenzen bildete die Arbeit in den Lehrerarbeitsgruppen. Ab Januar 1995 tagten die Arbeitsgruppen mit einer gewissen Regelmäßigkeit im 14tägigen Rhythmus mit folgenden Aufgaben:
- Kennenlernen von Medien und Unterrichtsentwürfen zu medienpädagogischen Themen;
- Anregung und Diskussion von Unterrichtseinheiten und Medienprojekten;
- Erfahrungsaustausch; Besprechung von Schwierigkeiten, die aufgetaucht waren;
- Anregung zur Kooperation zwischen den Lehrkräften.
Diese Arbeitsgruppen bildeten eine wichtige zusätzliche Kommunikationsebene zwischen Projektteam und Schule. Auf dieser Ebene konnte die Idee des Modellversuchs besser verdeutlicht und für die einzelnen Fächer konkretisiert werden. Die Projektgruppe hatte

so die Möglichkeit, rasch auf Schwierigkeiten und Konflikte, Probleme und Anliegen der Lehrkräfte zu reagieren.

Informelle Fortbildungsmaßnahmen innerhalb und außerhalb der Schule:
Neben den offiziellen Konferenzen und den Lehrerarbeitsgruppen hatten *informelle Formen* der Hilfestellung und Kooperation eine wichtige Funktion für die Fortbildung und für die Entwicklung der Projektarbeit:

–   Jeden Mittwoch Anwesenheit der Projektgruppe an der Schule, mit der Möglichkeit zu Gesprächen, persönlicher Beratung und Hilfestellung.

–   Kontinuierliche Hilfe durch Herrn Winklmann: Beratung bei der Auswahl und Beschaffung von Medien; Einrichtung eines elektronischen Kataloges der Bildstelle, Hinweise auf verfügbare Unterrichtskonzepte sowie Einrichtung einer Informationsecke im Lehrerzimmer; Beratung, Einweisung und Hilfestellung bei der praktischen Medienarbeit (insbesondere Video-Arbeit).

–   Teilnahme an Fortbildungsveranstaltungen außerhalb der Schule, u.a. an einer Fortbildung der Zentralstelle für die Erprobung audiovisueller Medien in München zum Thema „Praktische Videoarbeit in der Hauptschule" (ganztägig) sowie an einem Vortrag von Prof. Dr. Doelker (Zürich) zum Thema „Bildpädagogik" an der Erziehungswissenschaftlichen Fakultät in Nürnberg.

Bewertung und Konsequenzen

Durch das Zusammenwirken der schulinternen Fortbildungsmaßnahmen auf verschiedenen Ebenen wurden wichtige Ziele des Modellprojekts erreicht. Ein Großteil des Kollegiums konnte von der Bedeutung und Notwendigkeit einer integrativen Medienerziehung in der Schule überzeugt und für deren Anliegen sensibilisiert werden. Es gelang die Vermittlung medienpädagogischer Grundkenntnisse sowie der Fähigkeit, medienerzieherische Ansatzpunkte in den verschiedensten Unterrichtsfächern zu erkennen und bei der Unterrichtsplanung zu berücksichtigen. Eine Bereitschaft zur Kooperation und zum Erfahrungsaustausch über Medienprojekte wurde angebahnt. Es läßt sich feststellen, daß bis zum Jahresende etwa ein Drittel des Kollegiums engagiert im Projekt mitarbeitete und ein weiteres Drittel Interesse zeigte und sich gelegentlich beteiligte. Einige Lehrkräfte konnten von ihren Fächern her keinen Bezug zur Medienthematik erkennen, hatten bei einstündigen Fächern organisatorische Probleme oder empfanden als Teilzeitkräfte die zusätzlichen Belastungen bei einer Mitarbeit als zu hoch.

Aus den Erfahrungen im Modellprojekt lassen sich einige allgemeine Erkenntnisse für die Durchführung schulhausinterner Fortbildung z.B. im Bereich der Medienpädagogik ableiten:
Für einen Erfolg sind zunächst die aktive Unterstützung und das überzeugte Eintreten durch die Schulleitung und das Schulamt unerläßlich. Von entscheidender Bedeutung sind weiterhin Kontinuität und Intensität der Fortbildung. Bei einem so komplexen Thema und einem neuen Ansatz wie dem der integrativen Medienerziehung haben nur punktuelle Maßnahmen wenig Aussicht auf Erfolg. Medienerziehung muß daher mindestens über ein ganzes Schuljahr hinweg im Mittelpunkt der Fortbildung stehen. Als Grundlage

für tatsächliche Veränderungen in Unterricht und Schulleben bietet sich ein Mehrebenen-Modell für die schulhausinterne Fortbildung an: Regelmäßige, für das gesamte Kollegium verpflichtende Pädagogische Konferenzen müssen durch Lehrerarbeitsgruppen und Beratung in Form von Einzelgesprächen oder Partnerarbeit ergänzt werden. Dieses Modell ist nur realisierbar unter der Voraussetzung der Eigenorganisation der Fortbildung durch die Schule (durch eine kleine Planungsgruppe engagierter Lehrkräfte) und durch die Nutzung der in jedem Kollegium vorhandenen fachlichen Kompetenzen. Nur zur Einführung, zu speziellen Fragen und in Einzelfällen müßten Fachleute von außen hinzugezogen werden. Was die inhaltliche und methodische Ausrichtung medienpädagogischer Fortbildung betrifft, so ist zunächst auf die notwendige Offenheit und Flexibilität der Planung zu verweisen. Schwierigkeiten und Erfahrungen bei der Durchführung medienpädagogischer Maßnahmen müssen aufgegriffen und diskutiert werden. Gelegentlich wird es erforderlich sein, aufbrechende Konflikte und gruppendynamische Prozesse zum Gegenstand der Fortbildung zu machen, am besten unter Anleitung einer Schulpsychologin / eines Schulpsychologen. Die Lehrkräfte sollten angeleitet werden, medienerzieherische Fragen, Probleme und Anliegen der Schüler und Eltern aufzugreifen und in die Fortbildung einzubringen. Bei allen medienpädagogischen und technischen Fragen sollte eine enge Kooperation mit der zuständigen Stadt- oder Kreisbildstelle angestrebt werden.

4.1.7 Die Integration der Medienerziehung in Unterricht und Schule

Formen der Integration und Schwierigkeiten der Umsetzung

Entsprechend der Anlage des Modellprojekts war die Integration der Medienerziehung auf vier Ebenen anzustreben und zu evaluieren:

(1) in den Köpfen der Lehrerinnen und Lehrer,
(2) in Unterricht und Schulleben (unter Einbezug vielfältiger Medien),
(3) bei den Schülern und
(4) bei der Vernetzung der Schule mit anderen Erziehungs- und Bildungseinrichtungen

Im 1. Projektjahr richteten sich alle Bemühungen auf den Prozeß der Integration auf den ersten beiden Ebenen; Maßnahmen zur Evaluation konnten in dieser Phase noch nicht gezielt und systematisch vorgenommen werden. Die folgenden Beschreibungen und Bewertungen beruhen auf Gesprächen und direkten Beobachtungen der Projektgruppe, insbesondere auf intensiven teilnehmenden Beobachtungen. Sie stützen sich außerdem auf mediale Dokumentationen von Unterrichtsergebnissen sowie auf vereinzelt von den Lehrkräften ausgefüllte Dokumentationsbögen, die zu Evaluationszwecken vom Projektteam entwickelt und ausgegeben worden waren.

Die beobachteten Integrationsprozesse sind im Folgenden mit Bezug auf zwei Fragen zu bewerten:

- Wie veränderte die Idee der integrativen Medienerziehung im ersten Projektjahr den Unterricht in den Schulklassen und Fächern sowie das Schulleben und über die Schule hinausgreifende Aktivitäten?

–   Welche Auswirkungen hatten die Veränderungen auf die Schüler, insbesondere auf ihre Medienkompetenz?

Den ersten Ansatzpunkt für die Integration der Medienerziehung sahen die Lehrkräfte fast immer im Fachunterricht. Sie suchten nach Themen, die einen klaren Bezug zu medienpädagogischen Fragen erkennen ließen. Dabei tauchte die Frage auf: Was ist das Neue des Projekts? Medieneinsatz zur Verbesserung der unterrichtlichen Lernprozesse wurde nach ihrer Auffassung schon immer praktiziert. Es fiel ihnen nicht leicht, neben dieser didaktischen Funktion der Medien die mit den Medien verbundenen Erziehungsaufgaben zu erkennen. Das zwang zu einer Reflexion der Ziele der Medienerziehung beim Schüler. Der zweite Ansatzpunkt lag bei den Medien selber: Welche Medien könnten bei einem bestimmten Unterrichtsthema zur Bereicherung des Unterrichts eingesetzt werden? Auch hier ergab sich die Schwierigkeit, über die didaktischen Funktionen der Medien hinaus Möglichkeiten zu einer kritischen Reflexion der Medienverwendung bei der Unterrichtsplanung vorzusehen. Spezifisch medienpädagogische Themen, z.B. „Wahrnehmungsgeschichten", für die vom Projektteam Medien, Materialien und Stundenentwürfe angeboten wurden, griffen die Lehrkräfte nicht auf, weil kein Bezug zu den vorgegebenen Lehrplaninhalten erkennbar war.

Nach einer gewissen Anlaufzeit setzte sich eine klare Bevorzugung von Formen aktiver Medienarbeit durch (Produktion von Videofilmen, Zeitung, Comics, Wandzeitung). Dabei kam es zu Schwierigkeiten, weil manche Lehrkräfte Unsicherheiten im praktischen Umgang mit Medien überwinden und mit den Schülern erst neue Arbeits- und Unterrichtsformen einüben mußten. Außerdem gab es organisatorische Probleme bei der Verfügbarkeit der Geräte. Manche Lehrkräfte klagten über den hohen Vorbereitungsaufwand und zusätzliche Nacharbeiten bei der Fertigstellung der medialen Produkte (z.B. Filme schneiden und vertonen).
Als Ausgleich dazu regte das Projektteam ein verstärktes Arbeiten mit dem stehenden Bild an und zeigte Beispiele für aktive Medienarbeit mit Bildern in verschiedenen Fächern, stieß dabei aber auf wenig Interesse im Kollegium.
Medien als Kommunikationsmittel verlangen nach Öffentlichkeit. Es reichten daher einige Hinweise, um einzelne Lehrkräfte zur Kooperation mit außerschulischen Einrichtungen anzuregen, z.B. in Form von Dichterlesungen, Besuch einer Zeitungsredaktion, Videofilmproduktion im Medienzentrum „Parabol" in Nürnberg.
Die Integrationsprozesse bei den Schülern wurden nicht direkt beobachtet oder gemessen. Lehrkräfte, die sich offen und engagiert auf medienerzieherische Maßnahmen einließen, berichteten übereinstimmend von folgenden Beobachtungen: Verstärkter Medieneinsatz und medienpädagogische Maßnahmen veränderten die Unterrichtsstrukturen und Arbeitsformen. Schüler ließen sich gerne auf die Arbeit mit Medien und auf Medienthemen ein. Beides führte zu positiven Auswirkungen auf die Schüler:
–   Verstärktes thematisches Interesse erhöhte Lernmotivation und Konzentration bei den Schülern.
–   Methodenvielfalt und wechselnde Sozialformen (Partner- und Gruppenarbeit) verringerten die Disziplinprobleme und verbesserten das Klassenklima.

- Beim Medieneinsatz konnten die Schüler nicht nur verstärkt zu einer aktiven Mitarbeit herangezogen werden, sondern auch ihre spezifischen Kompetenzen im Umgang mit den Medien einbringen.
- Vor allem bei der Erstellung medialer Unterrichtsdokumentationen (Wandzeitungen, Videofilme) zeigten die Schüler einen außergewöhnlichen Arbeitseinsatz.

Diese veränderten Umgangsweisen mit Medien im Rahmen veränderter Unterrichtsstrukturen boten die Chance, daß die Schüler eine reflexive Distanz zu ihrem Mediennutzungsverhalten aufbauen und so ihre Medienkompetenz verbessern konnten.

Inhaltliche Ausrichtung der integrativen Maßnahmen

Um die Lehrkräfte mit der Forderung nach Integration der Medienerziehung in alle Fächer und Unterrichtsbereiche nicht zu überfordern, wurde die inhaltliche Arbeit zunächst auf drei Themenbereiche konzentriert. Die Lehrkräfte konnten freiwillig in einer dieser Arbeitsgruppen mitarbeiten.

Leseerziehung als Medienerziehung

Dieser Schwerpunkt wurde gewählt, da das Fach Deutsch die größte Nähe zu medienerzieherischen Fragen aufweist. Hier konnten die Lehrkräfte in einem vertrauten Umfeld mit ersten medienpädagogischen Themen experimentieren und Erfahrungen sammeln. Für diese Arbeitsgruppe entschieden sich 14 Lehrerinnen und Lehrer. Aus der Vielzahl von Vorhaben sollen nur einige beispielhaft genannt werden:

5./6. Klassen: Beschäftigung mit Comics; Verfilmung eines Gedichts von Erich Kästner; Teilnahme am Wettbewerb der Bavaria Film Tour mit Besuch in Geiselgasteig.

7./8.Klassen: Teilnahme an einer Dichterlesung; Produktion einer Schülerzeitung; Produktion eines Hörspiels „Traumwelten" mit Aufzeichnung und Sendung im Bayrischen Rundfunk; Produktion von Fernsehnachrichten im Medienzentrum „Parabol" in Nürnberg.

9.Klassen: Dichterlesung, Besuch der Stadtbibliothek; Vergleich Buch und Film; Videofilm zum Rechtschreibunterricht; Werbung; Videofilm zum Thema „Müll", Video-Dokumentation über eine Klassen-Abschlußfahrt.

Erziehung zum richtigen Umgang mit der Flut der Bilderwelten

Dieses Team bestand nur aus 5 Mitgliedern und beschäftigte sich mit dem Einsatz und dem aktiven Umgang mit jeder Art von Bildern in den verschiedensten Unterrichtsfächern. Dahinter steht der Gedanke, daß die modernen Medien vorrangig mit Bildern arbeiten und daß das richtige Sehen, Interpretieren und Verarbeiten von Bildern ein wesentlicher Aspekt der geforderten Medienkompetenz ist. Weil Bilder anscheinend jeder „lesen" kann, wird ein kritischer und reflektierter Umgang mit Bildern in der Schule sehr vernachlässigt. Einige Themenbeispiele:

- Aktiver Umgang mit Bildern; Familienbilder; Bilder im Geschichts- und Sozialkundeunterricht; Einsatz von Fotos im Unterricht; Werbung; Herstellung von Wandzeitungen.

Da der dritten Arbeitsgruppe über Medien und Gewalt besondere Bedeutung im Rahmen des Modellversuchs zukommt, werden einige Ergebnisse im folgenden Abschnitt gesondert dargestellt.

Integration am Beispiel des Themenschwerpunkts „Gewalt in den Medien"

Kinder und Jugendliche sind in vielfältiger Weise und in hohem Maße mit medialer Gewalt und den Wirkungen medialer Gewalt konfrontiert, Hauptschüler in besonderer Weise. Innerhalb dieser Schülergruppe stellen Vielseher und Videonutzer nochmals eine besonders gefährdete Gruppe dar. Problematische Elternbeziehungen im Kontext schwieriger persönlicher und sozio-struktureller Rahmenbedingungen bilden gerade bei Hauptschülern ein Bedingungsgefüge, in dem der Übergang vom Konsum medialer Gewalt zu aggressivem, gewalttätigem Handeln wahrscheinlich wird.

Für pädagogische Maßnahmen ergeben sich aus der Fülle bisher vorliegender Forschungsergebnisse eine Reihe von Konsequenzen, die differenziert und sensibel angegangen werden sollten. Die Arbeitsgruppe setzte sich mit diesen Ergebnissen auseinander und traf einige grundsätzliche Festlegungen, um einen zielgerichteten und motivierenden Einstieg in Unterrichtsmaßnahmen zum Themenbereich "Gewalt in den Medien" für Lehrer und Schüler zu ermöglichen.

1. Grundsätzlich sind alle Medienarten als Grundlage für unterrichtliche Maßnahmen geeignet, die Aggressionen oder Gewaltdarstellungen transportieren.
2. Zu Beginn der Projektmaßnahmen wollte man sich zunächst auf das Medium "Bild" konzentrieren:
   - Der Gewaltbegriff von Jugendlichen sollte zunächst detaillierter erarbeitet werden, was mit dem "unbewegten Bild" nachhaltiger gelingen kann.
   - Bilder ermöglichen kreative Ausdrucksformen; auf diese Weise erhoffte man "innere" Einstellungen und Betroffenheit beim Schüler offenzulegen.
   - stehende Bilder bieten eine gute Ausgangsposition einer reflektierenden Diskussion in der Klasse, im Sinne einer sozial-moralischen Diskussion. Die gezielt eingeübte und angewandte sozial-moralische Diskussion als fachspezifische Arbeitsweise anhand von Dilemmafragen soll die sozial-moralische Entwicklung der Schüler im Zusammenhang mit Gewaltfragen im Medienbereich und vor allem ihre sozial-moralische Urteilsfähigkeit erhöhen.
   - Im späteren Projektverlauf sollte man auch "bewegte Bilder" in die Unterrichtsmaßnahmen einbeziehen.
3. Der Lehrer sollte grundsätzlich aktuelle Geschehnisse, die Gewaltthematik in den Medien betreffen, in den Unterricht einbringen können.
4. Die Unterrichtsmaßnahmen sollten handlungs- und produktorientiert durchgeführt werden, um die Motivation zu erhöhen und den Unterrichtserfolg zu sichern; projektorientierte Unterrichtsverfahren sollten bevorzugt angewandt werden.
5. Geschlechtsspezifisch bedingte Vorgehens- und Rezeptionsweisen in der unterrichtlichen Auseinandersetzung mit dem Thema und bei der Aufarbeitung medialer Gewalt im Unterricht von Jungen und Mädchen sollten verstärkt beobachtet und dokumentiert

werden, um gegebenenfalls Aussagen für spätere Unterrichtsmaßnahmen erhalten zu können.

6. Inhaltlich gesehen sollten die medialen Freunde, Helden und Idole im Mittelpunkt unterrichtlichen Geschehens stehen; dies sollte die Schüler zusätzlich für Unterrichtsmaßnahmen motivieren. "Mediale Idole" transportieren in der Regel Gewalt- und Aggressionshandlungen in vereinfachten Handlungsmustern. In diesem Sinne wollte man an folgenden Punkten arbeiten:

Grobziele:
- Aufarbeitung medienvermittelter Vorstellungen über die Realität
- Aufarbeitung medienbedingter Emotionen
- Aufarbeitung medienvermittelter Verhaltensorientierungen

Feinziele:
- Beschreibung von gewaltdarstellenden Helden, Freunden und Idolen
- Beschreibung der von ihnen ausgeübten Aggression/Gewalt
- Erarbeitung der von medialen Idolen angewandten Handlungsmuster (z.B. das Erreichen von Reichtum, Gerechtigkeit legitimiert den Einsatz physischer Gewalt.)
- Vergleich dieser Handlungsmuster mit der Realität (sozial-moralische Diskussion)
- Erarbeitung neuer kreativer Konfliktlösungen, wenn möglich auf einer höheren sozial-moralischen Entwicklungsstufe

7. Eine Feststellung des Mediennutzungsverhaltens der Schüler in diesem Bereich sollte, soweit möglich, erfolgen.

8. Die Verbindung von Fachlernzielen und medienpädagogischen Zielen sollen unter folgenden Aspekten bewertet werden:
- gelingt eine Verzahnung/Verbindung der Zielkomplexe
- erscheint die Verzahnung/Verbindung der Zielkomplexe sinnvoll:
- hinsichtlich
  * des Unterrichtserfolges
  * der Schülermotivation
  * eines lebensnahen Unterrichts
  * der Medienkompetenz der Schüler.

lfd. Nr.	Jahrgangsstufe	Fach	Thema
1	7	Kunst-erziehung	Strukturelle Gewalt in der kindlichen Lebenswelt; Bildanalyse/aktive Formen der Bildpädagogik
2	9	Geschichte, Deutsch, Sozialkunde	Helden/Kämpfer/Sieger - Opfer/Verlierer/Besiegte; Bildanalyse und Bildvergleich
3	9	Deutsch, Geschichte, Sozialkunde	Helden/Kämpfer/Sieger (Unterrichtsprojekt) - Täter/Opfer/Verlierer/Besiegte - Bildanalyse/Bildvergleich, Verfolgung Andersdenkender, Herstellen von Collagen; Besuch des KZ Dachau; Aktive Bildarbeit; Herstellen eines Ergebnisplakats; Ausstellung in der Schule
4	7	Deutsch	Produktion eines Hörspiels "Traumwelten"
5	8	Deutsch, Sozialkunde	Videoproduktion zum Thema "Kinderrechte"
6	6	Sport	Fairneß und Kooperation im Sport
7	6	Kunst-erziehung	Herstellen und Gestalten von Comics

Im folgenden wird am siebten Thema exemplarisch dargestellt, in welcher Weise die aufgeführten Unterrichtseinheiten bzw. Projekte vorbereitet, durchgeführt, dokumentiert und bewertet wurden.

Beispiel eines durchgeführten Projekts
Lfd. Nr. 7
Fach: Kunsterziehung/Jgst. 6
Thema: *Herstellen und Gestalten von Comics*
Ob Schüler, aufgrund entsprechenden Medienkonsums, z.B. gewalthaltige Filme, von Medienwirkungen (z.B. Ängste, Schlafstörungen) betroffen sind, kann vom Lehrer nur sehr unzureichend erkannt werden. Neben dem Einsatz eines Fragebogens zum Mediennut-

zungsverhalten der Schüler und dem pädagogischen Gespräch mit dem Schüler/den Schülern scheinen vor allem indirekte Erkennungs- und Interpretationsmethoden (Rollenspiele, Stegreifspiele, thematisch orientierte Bildproduktion) sehr erfolgversprechend zu sein.

Lernziele zur Thematik "Gewalt in den Medien":
Die Schüler sollen
-   real oder medial erfahrene gewalthaltige Erlebnisse in einem Comic darstellen (z.b.: Wir sehen im Fernsehen beeindruckende Filme; Zeichne einen Comic o.ä. Aufgabenstellungen)
-   ihre inneren Themen in einem Comic offenlegen und dadurch bearbeiten
    in einem persönlichen Nachgespräch zu ihrem Comic Aussagen machen
    *   das dargestellte Idol beschreiben
    *   die dargestellten Handlungen beschreiben und bewerten
-   in einer Diskussion gewalthaltige Szenen und Handlungsweisen bewerten und nach konfliktlösenden Möglichkeiten suchen.

Medienerzieherische Ziele:
-   eigenes Gestalten und Verbreiten von Medien (Aktive Medienarbeit)
-   unterrichtsthematisch orientierte Mediengestaltung
-   Analyse und Kritik medialer Produkte
-   (Darstellungsformen/Absichten/Gestaltungstechniken) (Medienanalyse)
-   Aufarbeitung von Medienwirkungen
-   Aufarbeitung medienvermittelter Vorstellungen über die Realität
-   Aufarbeitung medienbedingter Emotionen.

Unterrichtsverlauf:
Die Schüler sollten zunächst schrittweise und themengeleitet an die Arbeit mit Comics herangeführt werden. Sie wollten aber einen Comic ohne Hilfe durch die Lehrerin ohne thematischer Vorgabe, nach eigener Phantasie zeichnen.
In mehreren Unterrichtsstunden entwickelten die Schüler „ihren" Comic. Die Lehrerin stand ihnen in fachlicher Hinsicht mit Rat und Tat zur Seite. Nach Fertigstellung der Comics präsentierte jeder Schüler seinen Comic der Klasse. In einer gemeinsamen Diskussion wurden die bildsprachlichen Aspekte der Comics geklärt. Die gewaltdarstellende Inhalte wurden herausgearbeitet und unter sozial-moralischen Gesichtspunkten gewürdigt. Schließlich suchte die Klasse nach alternativen Lösungsmöglichkeiten für die dargestellten Probleme. In Einzelgesprächen hatten die Schüler die Möglichkeit, mit der Lehrerin über die Problemgehalte der von ihnen gezeichneten Geschichten zu sprechen.

Bewertung der Unterrichtseinheit „Herstellen und Gestalten von Comics":
Dieses Projekt führte zu erstaunlichen Erkenntnissen.
-   Die überwiegende Anzahl der Schüler war mit der Kulturtechnik des "Comiczeichnens" vertraut.
-   Die Schüler zeigten beim Zeichnen und Gestalten von Comics eine erstaunliche Kompetenz; manche Comics wurden professionell gemacht.
-   Die Schüler zeigten sich intrinsisch motiviert.

Jungen zeichneten überwiegend harte Gewaltcomics, Mädchen überwiegend inhaltlich gestaltete Erlebnisgeschichten.

- Geschlechtsspezifische ästhetische Vorlieben und spezifische inhaltliche Orientierungen wurden deutlich.
- In fast allen Comics wurde ein mediales Idol dargestellt, das den Ablauf der inhaltlichen Handlung dominierte.
- Im Einzelnachgespräch mit den Schülern zeigte sich, daß im Comic sehr oft reale Eigenerfahrungen und Erlebnisse der Schüler aufgearbeitet wurden.
- In den Comics wurden häufig stereotype Muster medialer Gewalthandlungen dargestellt.
- In der Schule war leider kaum geeignetes Lehrmaterial vorhanden.
- Mit relativ wenig Aufwand konnte ein sehr guter pädagogischer Erfolg erreicht werden.

Bewertung der durchgeführten Maßnahmen zum Bereich „Gewalt in den Medien"

1. Der "Gewaltbegriff" in seinem vollen Umfang war den Schülern inhaltlich nicht präsent. Gewalt wurde in aller Regel nur mit "physischer Gewalt" in Verbindung gebracht. Die Aufarbeitung des Gewaltbegriffs ist daher nötig, um differenzierte pädagogische Handlungen zu ermöglichen.
2. Unterrichtsmaßnahmen zum Bereich medialer Gewalt sollten an den konkreten realen und medialen Gewalterfahrungen der Schüler ansetzen. Eine Analyse des Mediennutzungsverhaltens der Schüler vor Beginn von Unterrichtsmaßnahmen zu diesem Thema erscheint dringend geboten, weil mediale Gewalterfahrungen dem Schüler sehr unterschiedlich präsent sind.
3. Der handlungsorientierte Umgang mit Bildern und Comics erwies sich als geeignet, im Schüler subjektiv vorhandene mediale Gewalterfahrungen offenzulegen.
4. Unterrichtsmaßnahmen zum Thema reale/mediale Gewalt versprechen dann eher Erfolg, wenn ihre Aufarbeitung im Rahmen des pädagogischen Kontextes der sozialmoralischen Erziehung geschieht.
5. Unterrichtsmaßnahmen zum Thema Gewalt sollten die geschlechtsspezifisch unterschiedlichen Orientierungen berücksichtigen; dafür müssen noch geeignete Möglichkeiten entwickelt werden.
6. Gewaltdarstellende mediale Idole vermitteln schematische und stereotype Handlungsmuster. Jugendliche und Kinder lieben ihre medialen Idole, deshalb läßt gerade die Aufarbeitung dieses Aspekts der Thematk eine hohe Motivation bei den Schülern erwarten. Die pädagogische Aufarbeitung dieses problematischen Aspekts erscheint besonders sinnvoll.
7. Die reflektierende Diskussion im Klassenverband bewährte sich als geeignetes methodisches Instrument, um subjektiv vorhandene reale und mediale Gewalterfahrungen offenzulegen und gemeinsam bewerten zu können.
8. Gewalthaltige, mediale Texte, sollten vom Lehrer in pädagogischer Verantwortung, als Grundlage von Unterrichtsmaßnahmen in diesem Bereich eingesetzt werden dürfen. Dies ist oftmals aus urheberrechtlichen und schulrechtlichen Gründen nicht möglich.

Konsequenzen für die nächste Projektphase

- Die Unterrichtsmaßnahmen zum Themengebiet "mediale Gewalt" müssen inhaltlich eingeengt und gebündelt werden, um aussagekräftige Ergebnisse zu erhalten. Besonders sinnvoll erscheint die Erprobung von Unterrichtsmaßnahmen im Bereich sekundärer Medienwirkungen, vor allem die Aufarbeitung medienvermittelter Vorstellungen über die Realität, also z.b. die
  * Identifikation von Kindern und Jugendlichen mit gewaltdarstellenden, medialen Idolen;
  * Aufarbeitung von stereotypen Handlungsmustern von gewaltdarstellenden medialen Idolen.
- Unterrichtskonzepte zur Aufarbeitung des Gewaltbegriffs sind zu entwickeln.
- Die Unterrichtsmaßnahmen zur Aufarbeitung medialer Gewalt sollten eingebettet werden in den übergreifenden Kontext der sozial-moralischen Erziehung.
- Erforderliche medienpädagogische Kenntnisse (z.b. medienerzieherische Arbeitstechniken - Analyse- und Produktionstechniken) sollten in Lehrerfortbildungen fortlaufend begleitend vermittelt werden.
- Das Mediennutzungsverhalten der Schüler sollte noch genauer ermittelt werden; die entsprechenden empirischen Instrumente sollten deshalb weiter verbessert werden und über das Fernsehen hinaus auch die Nutzung anderer Medien, insbesondere der Hörmedien, aber auch die Computerspiele und Zeitschriften erfassen.

Bewertung und Konsequenzen

Die Grundidee des Modellprojekts konnte im ersten Jahr bereits insoweit verwirklicht werden, als es gelungen ist, den Großteil der Lehrkräfte zu aktivieren und medienerzieherische Maßnahmen in den meisten Fächern unter Berücksichtigung fast aller Medien durchzuführen. Insgesamt fiel es den Lehrern nicht leicht, die angestrebten medienpädagogischen Ziele mit den Fachlernzielen im Unterricht zu verbinden. Aufgrund einer starken Orientierung an den Fachlehrplänen war es für sie aber auch schwer, reine Medienthemen in den Unterricht aufzunehmen. Am ehesten waren die Lehrkräfte zu Formen aktiver Medienarbeit im Kontext vertrauter Unterrichtsthemen bereit.
Solche handlungs- und produktorientierten Maßnahmen und Projekte führten zu variablen Unterrichts- und Sozialformen und eröffneten damit den Schülern neue Lernerfahrungen und den Lehrern neue erziehliche Möglichkeiten. Sie trugen dazu bei, die oft problematische Alltagssituation und die Interessen der Schüler im Unterricht stärker wahrzunehmen und einen Dialog über Medienthemen zwischen Lehrer und Schüler in Gang zu setzen. Der handlungsorientierte Umgang mit Bildern und Comics und die reflektierende Diskussion im Klassenverband erscheinen als geeignete Methoden, um die Medienkompetenz der Schüler zu verbessern.

4.1.8 Zusammenfassende Ergebnisse und Konsequenzen aus der Erprobungsphase

Die Durchführung des Modellprojekts an einer Hauptschule unter wenig veränderten Bedingungen des Schulbetriebs ermöglicht eine bessere Übertragbarkeit der Erkenntnisse auf andere Schulen. Die wesentlichen Ergebnisse aus dem ersten Projektjahr lassen sich zusammenfassend so darstellen:

1. Die Wirksamkeit medienpädagogischer Maßnahmen auf Schüler wird durch die Kontinuität, Intensität und Bedeutsamkeit dieser Maßnahmen bestimmt. Diese hängen davon ab, ob es gelingt, Medienerziehung in alle Unterrichtsfächer und Bereiche des Schullebens zu integrieren.
    Dies kann geschehen durch die Behandlung von Medienthemen in den verschiedensten Unterrichtsfächern, durch die Verbindung von fachlichen und medienpädagogischen Zielen in einzelnen Unterrichtsstunden, in Form fächerübergreifender Medienprojekte sowie durch unterschiedliche medienpädagogische Maßnahmen oder Veranstaltungen im Rahmen des Schullebens bzw. bei der Pflege der Schulkultur.

2. Die wichtigste und schwierigste Voraussetzung dafür liegt in der Überzeugung der Lehrkräfte und in der Vermittlung eines richtigen Verständnisses von integrativer Medienerziehung, das über die bloße mediendidaktische Dimension hinausgeht. Sie dürfen Medienerziehung nicht als ein additives Element ansehen, für das es im Schulalltag weder Zeit noch Raum gibt, sondern als einen wesentlichen Aspekt aller pädagogischen Bemühungen. Grundlage dafür ist die selbstverständliche Nutzung aller Medien als Informations-, Ausdrucks-, Kommunikations- und Dokumentationsmittel.

3. Im Rahmen schulhausinterner Fortbildung müssen den Lehrkräften die dafür erforderlichen medienpädagogischen Kenntnisse und Fähigkeiten vermittelt werden. Diese Fortbildung sollte durch Fachleute von außen eingeleitet und begleitet, dann aber schrittweise in die Eigenregie des Kollegiums übernommen werden. Sie ist durch Kooperation in Arbeitsgruppen, durch gegenseitigen Erfahrungsaustausch und durch persönliche Beratungsgespräche zu ergänzen.

4. Die Ergebnisse der Lehrerfortbildung können nur wirksam werden, wenn Schulleitung und Schulaufsicht die Idee integrativer Medienerziehung vorbehaltlos unterstützen und mithelfen, geeignete Rahmenbedingungen für eine erfolgreiche Umsetzung zu schaffen: angemessene Ausstattung der Schule mit Medien und Software und flexible organisatorische Lösungen für die Fortbildung, Teamarbeit und Medienprojekte.

5. Die bei den Schülern angestrebte Medienkompetenz zielt nicht nur auf Wissensvermittlung, sondern insbesondere auf Fähigkeiten, die die Jugendlichen nur durch eigenes Handeln erwerben können. Vielfältiger Medieneinsatz erfordert und ermöglicht handlungsorientierten Unterricht. Vor allem in der Form praktischer Medienarbeit, bei der Eigenproduktion von Medien eröffnet er neue Unterrichts-, Arbeits- und Sozial-

formen. Sie bieten die Chance neuer, bedeutsamer und motivierender Lernerfahrungen für die Schüler und neuer Erziehungsmöglichkeiten für die Lehrer.

6. Medienthemen und insbesondere auch das Thema Gewalt werden für die Schüler nur dann bedeutsam, wenn sie sich selbstbestimmt und interessengeleitet damit auseinandersetzen können. Das erscheint am besten in einem offenen, handlungs- bzw. projektorientierten Unterricht möglich, der es ihnen erlaubt, ihre vielfältigen Medienerfahrungen, -interessen und Medienkompetenzen sowie die damit verbundenen Gefühle und Wünsche, Probleme und Ängste mit in die Arbeit einzubringen.

7. Medienpädagogische Maßnahmen, Medieneinsatz, praktische Medienarbeit und handlungsorientierter Unterricht erfordern einen erheblichen Mehraufwand an Zeit für die Lehrkräfte, der durch das Prinzip der Integration nur teilweise aufgefangen werden kann. Die Lehrkräfte sind zu diesem erhöhten Engagement bereit, wenn sie die Erfahrung machen können, daß die neuen Strukturen von Unterricht und Schulleben Disziplinprobleme und Gewalt in der Schule vermindern und Möglichkeiten und Ansatzpunkte für eine bessere Bewältigung weiterer drängender Erziehungsaufgaben eröffnen, z.B. für die Wert-, Sozial- und Freizeiterziehung.

4.2 Die Entwicklung eines integrierten Konzepts zur Medienerziehung in der 1. Projektphase im Schuljahr 1995/96

4.2.1 Schaffung der organisatorischen Rahmenbedingungen

Ausgangsbedingungen an der Modellschule

Die Ernst-Penzoldt-Hauptschule (EPH) war eine von drei voll ausgebauten Hauptschulen im Stadtgebiet von Erlangen. Sie war dreizügig; hinzu kam noch eine Übergangsklasse. Im Schuljahr 1995/96 besuchten insgesamt ca. 400 Schüler die EPH. In Fortsetzung eines früheren Modellversuchs handelte es sich bei der EPH um eine Schule mit Nachmittagsbetreuung (vgl. 4.1.1). Unter den 42 Mitgliedern des Kollegiums waren daher überdurchschnittlich viele Fachlehrkräfte; ein hoher Anteil der Lehrerinnen arbeitete nur Teilzeit. Daraus resultierten erhebliche Probleme bei der Stundenplangestaltung. Viele Lehrkräfte hatten einen zerrissenen Stundenplan - zum Vorteil des Modellversuchs: Dadurch ergaben sich Möglichkeiten für Besprechungen. Bedeutsam war außerdem die Tatsache, daß das Durchschnittsalter des Kollegiums bei über 45 Jahren lag. Aber nicht nur ältere Lehrkräfte klagten über enorme Belastungen durch vielfältige Verhaltensstörungen und Erziehungsschwierigkeiten der Schüler.
Die räumlichen Bedingungen an der Schule waren gut, da in den letzten Jahren die Schülerzahl erheblich zurückgegangen war. So standen Räume für den Modellversuch, für Besprechungen, Konferenzen, praktische Medienarbeit und andere Arbeitsgruppen zur Verfügung.

Zusammenarbeit im Kollegium war das wichtigste Fundament für das Gelingen des Projekts, denn integrative Medienerziehung kann nur gemeinsam und durch gegenseitige Entlastung der Lehrkräfte im Schulalltag verwirklicht werden. Auf der Grundlage der Bedingungen des Modellversuchs (Freistellung eines Hauptschullehrers an der Schule und 10 Entlastungsstunden für Teamleiter) mußten dafür geeignete organisatorische Rahmenbedingungen geschaffen werden:

Organisation der *Zusammenarbeit im Kollegium*:

- Die drei Klassenleiter einer jeden Jahrgangsstufe bildeten ein Team. Eine(r) von ihnen erhielt als Teamleiter(in) zwei Entlastungsstunden. Der Stundenplan konnte so gestaltet werden, daß die Mitglieder jedes Teams eine gemeinsame Freistunde für Besprechungen nutzen konnten. Fachlehrer sollten sich diesen *Klassenstufenteams* nach eigener Entscheidung zuordnen.

- Der Musiklehrer arbeitete im Team mit jenen Fachlehrern zusammen, die sich für kein Klassenstufenteam entschieden und die freie Arbeitsgemeinschaften im Rahmen der Nachmittagsbetreuung anbieten konnten.

- Der für das Projekt freigestellte Hauptschullehrer, Herr Winklmann, betreute als Mitglied der Projektleitung diese Teams und stand ihnen bei allen Fragen der Medienerziehung, der Medienbeschaffung und der praktischen Medienarbeit zur Verfügung. Als stellvertretender Leiter der Stadtbildstelle Erlangen ist er dafür besonders gut qualifiziert.

Organisation der *Zusammenarbeit zwischen Schule und Projektleitung*:

- Als zentrales Steuerungsgremium für den Modellversuch bildete sich im Laufe des Jahres die *Teamleiterkonferenz* heraus, der die o.g. Teamleiter, die Schulleitung und die Projektleitung (Prof. Dr. D. Spanhel, Wiss. Ass., Dipl.Pol. H. Kleber und Hauptschullehrer L. Winklmann) angehören. Im Stundenplan wurde am Mittwoch eine gemeinsame Freistunde für alle sechs Teamleiter eingerichtet, in der diese Teamleiterkonferenz regelmäßig stattfinden konnte. Hier wurden alle inhaltlichen und organisatorischen Fragen der Projektarbeit gemeinsam besprochen, medienpädagogische Maßnahmen geplant und deren Umsetzung reflektiert. Für weitere Besprechungen, Beratungen und Kontakte hielt sich die Projektleitung jeweils am Mittwoch an der Schule auf.

- Im Sinne der responsiven Evaluation diente die Teamleiterkonferenz als das Gremium, in dem Anliegen und Konfliktthemen sowohl von Seiten der Schule als auch von Seiten der Projektleitung vorgebracht, diskutiert und konstruktive Lösungen entwickelt wurden.

- Wichtige Entscheidungen wurden in regelmäßigen direkten Gesprächen zwischen Schulleitung und Projektleitung vorgeklärt.

- Intensive Kooperation erfolgte auf der Ebene der Klassenstufenteams (bzw. einzelner Lehrkräfte) mit einzelnen Mitgliedern der Projektleitung: mit Herrn Kleber (6. Jahrgangsstufe zum Thema „Gewalt in den Medien"); mit Herrn Winklmann in den übrigen Teams.

- Die medienpädagogische Arbeit an der Schule wurde durch den Einsatz studentischer Hilfskräfte unterstützt.

Planungsarbeiten der Projektleitung:
Alle inhaltlichen und organisatorischen Fragen der Projektarbeit wurden in Besprechungen der Projektleitung am Lehrstuhl diskutiert und geplant. Viermal im Jahr fanden Gesamtteamkonferenzen am Lehrstuhl statt, an denen die wissenschaftlichen Mitarbeiter aus dem ISB in München, Herr Dr. J. Bofinger und Herr IR W. Bauer sowie die Wiss. Hilfskräfte teilnahmen. In diesem Gremium ging es vorrangig um Fragen der wissenschaftlichen Begleitung des Projekts und um Probleme der Evaluation.

Verbesserung der Medienausstattung an der Schule

Als wesentliche Voraussetzung für die Verwirklichung der Projektziele und für effektives medienpädagogisches Arbeiten erwies sich eine Verbesserung der Medienausstattung an der Schule. Zur Ergänzung der vorhandenen Geräte konnten Kassettenrecorder, Fotoapparate, 2 SVHS-Videokameras und Videorecorder, ein datenfähiger Videopräsenter, eine einfache Video-Schnittanlage und insgesamt 12 Computer angeschafft werden.
Um den Lehrkräften auch kurzfristig für medienpädagogische Unterrichtseinheiten oder Übungen die erforderlichen Medien ohne Aufwand verfügbar zu machen, wurde folgendes Konzept entwickelt:
- *Mediengrundausstattung* auf jedem Stockwerk des Schulgebäudes (Fotoapparate, Diaprojektor, Kasettenrecorder, Video-Kamera und -recorder und ein Multimedia-Computer). Die Lehrkräfte hinterlassen eine Information über Standort und Entleihdauer des benützten Gerätes.
- *Elektronischer Katalog der Stadtbildstelle* auf einem Computer im Lehrerzimmer, der die Information über verfügbare Medien, ihre Auswahl und Bereitstellung erleichtert. Im Einzelfall wurden von der Bildstelle auch weitere Geräte entliehen.
- *Grundprinzip*, das gegen den anfänglichen Widerstand vieler Lehrkräfte eingeführt wurde: Alle Medien sind (nach vorheriger Einführung) auch für die Schüler im Rahmen des Unterrichts oder der Projektarbeit verfügbar und können von ihnen in Eigenregie genutzt werden. Trotz einiger anfallender Reparaturen hat sich dieses Prinzip sehr positiv auf die Medienarbeit an der Schule ausgewirkt. Es trägt viel zur Motivation der Schüler und zur Entlastung der Lehrkräfte bei.

Bewertung der organisatorischen Rahmenbedingungen an der Schule und Konsequenzen für die Weiterarbeit im Projekt

Folgende *Probleme* behinderten eine zügige und kontinuierliche inhaltliche Arbeit:
- Anschaffung und Einrichtung der Medienausstattung dauerte bis nach den Weihnachtsferien und kostete sehr viel Zeit und Kraft;
- Einsatz studentischer Hilfskräfte erwies sich als schwierig und wenig effektiv (Zeitprobleme, Semesterferien, weiter Anfahrtsweg);
- Teamarbeit der Lehrkräfte konnte teilweise nur sehr mühsam in Gang gebracht werden und belastete die Teamleiter;

- Koordination aller Projektarbeiten erwies sich für den Projektleiter als sehr schwierig und zeitaufwendig.

Als *positives Ergebnis* ließ sich festhalten:
Durch den Aufbau der beschriebenen Organisationsstrukturen konnten im Verlaufe des Schuljahres insgesamt günstige Bedingungen für die medienpädagogische Arbeit geschaffen werden. Aufbau und Erhaltung dieser Strukturen kosteten viel Zeit und Kraft, sie stellten jedoch das unabdingbare Fundament für das Gelingen des Modellversuchs dar.

4.2.2 Die Kooperation mit dem Kollegium

Formen und Ebenen der Zusammenarbeit mit den Lehrkräften

Die Zusammenarbeit erfolgte im wesentlichen auf drei Ebenen:
- In Form monatlicher Pädagogischer Konferenzen für das gesamte Kollegium (Vorbereitung in der Teamleiterkonferenz). Dauer: jeweils ca. 3 Stunden. Einige wurden von der Schulpsychologin moderiert.
- In Form von Beratung und Hilfen für einzelne Teams zu spezifischen medienpädagogischen Themen durch einzelne Mitglieder der Projektleitung.
- In Form direkter Gespräche und Hilfen bei der Vorbereitung, Durchführung und Aufarbeitung von medienpädagogischen Unterrichtseinheiten für einzelne Lehrkräfte.

Inhaltliche Entwicklung der Fortbildung

Der besondere Anspruch des Projekts lag in der Umsetzung integrativer Medienerziehung in der Hauptschule unter möglichst realitätsnahen Bedingungen. Nicht einige ausgewählte und besonders qualifizierte und engagierte Lehrkräfte sollten fertig ausgearbeitete Unterrichtskonzepte erproben, sondern das ganze Kollegium der Schule sollte dazu motiviert werden, unterschiedliche Formen der Integration medienpädagogischer Themen und Konzepte zu entwerfen und auszuprobieren und so im Verlaufe des Projekts gemeinsam ein integriertes Curriculum der Medienerziehung zu entwickeln. Das hatte Konsequenzen für die Formen und Inhalte der schulhausinternen Fortbildung, die damit selbst einem Entwicklungsprozeß unterlag.

Die *Inhalte* der Fortbildung bis zu den Weihnachtsferien konzentrierten sich auf folgende Punkte:
- Theoretische und begriffliche Grundlagen schulischer Medienerziehung; Bedeutung der Medienerziehung im Zusammenhang mit dem veränderten Erziehungs- und Bildungsauftrag von Schule heute.
- Begriff der Medienkompetenz und die grundlegenden Ziele und Aufgaben der Medienerziehung in Anlehnung an Tulodziecki (1995): Raster als Hilfe zur Einordnung medienpädagogischer Themen in die Leitfächer und Wochenarbeitspläne.
- Prinzipien der Integration der Medienerziehung in den Unterrichts- und Schulalltag; Festlegung der Arbeitsformen.

- Didaktische Leitfragen als Hilfe zur Integration medienpädagogischer Aspekte in den Fachunterricht.
- Einigung der Gruppen auf bestimmte medienpädagogische Projekte, die im Laufe des Schuljahres auf den einzelnen Klassenstufen durchgeführt werden sollten.
- Vorstellung und Diskussion der Ergebnisse der Schülerbefragung zum Freizeitverhalten und zur Fernsehnutzung (Dr. J. Bofinger, ISB München).

Nach den Weihnachtsferien konzentrierte sich die Fortbildung zunächst darauf, die Lehrkräfte mit den neu angeschafften Geräten vertraut zu machen und in kleinen Gruppen in *medienspezifische Arbeitsweisen* einzuüben.
In einem weiteren Schritt wurden Möglichkeiten einer Integration medienpädagogischer Themen in den Fachunterricht erarbeitet. In Kooperation mit den Fachlehrern wurden in einer Konferenz kleine Unterrichtseinheiten konzipiert, dann in den Klassen durchgeführt und überzeugende Beispiele bei der nächsten Fortbildung vorgestellt und diskutiert. Aus der Zusammenschau der durchgeführten Maßnahmen im Verlaufe des Schuljahres wurde die Grundstruktur eines integrierten Curriculums zur Medienerziehung entwickelt.
Nach den Osterferien war eine Fortbildungskonferenz der Evaluation der medienpädagogischen Arbeit gewidmet und die letzte Veranstaltung diente der Planung für das zweite Projektjahr sowie der Vorbereitung eines Projekttages der Schule, an dem den Eltern und der Öffentlichkeit der Modellversuch und Ergebnisse aus der Arbeit des ersten Jahres präsentiert werden sollten.
Für die Erreichung der wesentlichen *Ziele* der Fortbildung mußte in den Veranstaltungen mit ca. 40 Lehrkräften mit variablen *Methoden* gearbeitet werden.
- Zur Vermittlung der Grundkenntnisse und Begriffe wurde neben ganz kurzen Vorträgen und Diskussionen auch ein Arbeitspapier ausgegeben.
- Zur Stärkung der Kooperation auf den Klassenstufen wurden in den Teams medienpädagogische Vorhaben sowie ein größeres Projekt für den Ablauf des Schuljahres geplant und mit Hilfe des vorgegebenen Rasters in die Leitfächer eingeordnet. Beispiele wurden im Plenum diskutiert.
- In den Konferenzen wurden in wechselnden Kleingruppen Ideen zur Umsetzung von Medienthemen und für offene Unterrichtsformen unter Einbezug der Medien (z.B. Lernzirkel) entwickelt.
- Im Zentrum der Bemühungen stand immer wieder die Motivierung der Lehrkräfte durch Mitglieder des Kollegiums, die gelungene medienpädagogische Unterrichtseinheiten und Medienproduktionen vorführten und über ihre Erfahrungen mit praktischer Medienarbeit berichteten.

Bewertung der medienpädagogischen Fortbildung

Inhalte:
Die ursprünglich geplante, an Grundfragen der Medienpädagogik systematisch ausgerichtete Fortbildung konnte nicht durchgehalten werden. Die Teamleiter drängten auf eine kontinuierliche Ausrichtung der Fortbildung an den aktuellen Bedürfnissen der Lehrkräfte, an den konkreten Problemen bei der praktischen Medienarbeit, am Fortschritt ihres medienpädagogischen Bewußtseins und an der Gesamtentwicklung der Projektarbeit.

Zusammenarbeit:
Die Teamarbeit auf den einzelnen Klassenstufen kam teilweise nur zögernd in Gang. Die Kontinuität und Intensität der Zusammenarbeit war in den Gruppen sehr unterschiedlich. Die Kooperation wurde von einigen Lehrkräften als ungenügend betrachtet, während andere sie als positiv und bereichernd ansahen.

Integration der Medienerziehung:
Einige Lehrkräfte waren nur sehr schwer zu einer Öffnung ihres Unterrichts durch den Einsatz von Medien und die Integration medienpädagogischer Themen zu bewegen. Erziehungsprobleme, Lehrplanvorgaben und erhöhter Zeitaufwand wurden als Hinderungsgründe für eine flexiblere Unterrichtsgestaltung unter Einbezug der Medien angegeben. Immer wieder mußten daher die Lehrkräfte zum Experimentieren mit neuen Themen und Unterrichtsformen ermuntert werden.

Medienkompetenz der Lehrkräfte:
Nach der Anschaffung der neuen Medien (insbesondere Multimedia-Computer) wurde deutlich, daß eine Reihe von Lehrkräften Unsicherheit und Ängste im praktischen Umgang mit Medien hatten, die sie nun zugeben konnten. Es wurden auch Unsicherheiten und Probleme beim Einsatz offener Unterrichtsformen (Gruppenarbeit, Projektmethode) artikuliert. Grundfragen der Projektarbeit und die Einübung in Computeranwendungen sowie die Arbeit mit CD-Lernprogrammen sollten daher im Zentrum der Fortbildung zu Beginn des kommenden Schuljahres stehen.

4.2.3 Integration der Medienerziehung in den Unterrichts- und Schulalltag

Integration der Medienerziehung in den Unterricht

1) Projektrahmen auf jeder Klassenstufe:
Um die medienpädagogische Arbeit inhaltlich auszurichten, einigten sich die Teams auf jeder Jahrgangsstufe in der ersten Pädagogischen Konferenz auf nachfolgende Projektrahmen, die auf großen Wandzeitungen mit den entsprechenden Zielstellungen entwickelt wurden. Ausgangspunkt war dabei die Frage: In welcher Weise soll sich bis zum Ende des Schuljahres die Medienkompetenz der Schüler in unseren Klassen verbessert haben?
5. Schuljahr:
Förderung der Lesefähigkeit und Lesemotivation der Schüler durch Medieneinsatz; Teilnahme am Wettbewerb der Stiftung Lesen: „Der Indianer im Küchenschrank"
6. Schuljahr:
Spiele und Spielen als Alternative zum Medienkonsum: Herstellung und Verbreitung von 5-Minutenspielen in der Schule.
Eine Lehrergruppe arbeitete kontinuierlich unter Anleitung des Wiss. Ass. Kleber am Thema: "Gewalt in den Medien".
7. Schuljahr:
Vorbereitung und Durchführung eines umfangreichen Projekts „Wald" unter Einbezug aller medialen Möglichkeiten.

8. Schuljahr:
Zeitungsprojekt: Zeitung in der Schule; Herstellung einer eigenen Zeitung.
9. Schuljahr:
Lesen einer Ganzschrift in Verbindung mit Themen aus der Sozialkunde und Arbeitslehre.
Fachlehrer/Musische Fächer:
Arbeitsgruppen zur Förderung und Ausbildung breiter Interessen bei den Schülern als Alternative zu bloßem Medienkonsum.
Innerhalb dieser übergreifenden Rahmen gab es für die Lehrkräfte vielfältige Möglichkeiten und Anknüpfungspunkte für die Behandlung spezifischer medienpädagogischer Problembereiche, Themen und Arbeitstechniken.

2) Medienthemen und medienspezifische Arbeitstechniken
Eigenständige Medienthemen wurden insbesondere in den Fächern Deutsch, Kunsterziehung, Musik, Sozialkunde und Arbeitslehre oder in fächerübergreifenden Unterrichtseinheiten behandelt.
Einige Beispiele: Die Sprache der Medien (Vergleiche Text - Bild oder Buch - Film in Deutsch; aktive Bildbetrachtung in Sachfächern oder Kunst); Medien und Wirklichkeit (Nachrichten, Werbung, Zeitung in Deutsch, Sozialkunde, Kunst); Medienwirkungen (Gewalt in den Medien, Medienpräferenzen in Deutsch, Kunst und Musik).
Bei all diesen Themen könnten medienspezifische Analyse- wie auch Produktionstechniken eingeübt werden.

3) Integration medienpädagogischer Aspekte in den Fachunterricht
Eine wichtige Zielstellung schulischer Medienerziehung ist die vielfältige und selbstverständliche Nutzung der Medien im Unterricht. Das schließt die didaktischen, d.h. auf eine Verbesserung der Lernprozesse bei den Schülern ausgerichteten Funktionen der Medien mit ein (z.B. Veranschaulichung, Motivation, Unterstützung der Selbsttätigkeit), geht aber weit darüber hinaus. Die Schüler sollten dabei Alternativen zu einem bloß konsumierenden Umgang mit den Medien handelnd einüben und zugleich eine reflexive Distanz zu den Medien aufbauen.
Über die o.g. Unterrichtsfächer hinaus kamen hierfür grundsätzlich alle Fächer in Betracht, neben den Sachfächern auch Religion, Sport, Handarbeit und Hauswirtschaft.
Einige Beispiele: Aktivierende Bildbetrachtung in verschiedenen Sachfächern; Verfilmung eines Gedichts; Zeitungsartikel über das Betriebspraktikum; Wandzeitungen im Geschichtsunterricht; Kassettenrecorder in Englisch; Filmen und Beschreiben eines physikalischen Experiments.
Den Lehrkräften fiel die Verbindung von fachspezifischen mit medienpädagogischen Zielen nicht leicht. Sie erhielten daher einen Katalog mit didaktischen Leitfragen und wurden in den Konferenzen durch Vorstellung guter Beispiele und durch den Entwurf entsprechender Unterrichtseinheiten in Kleingruppen immer wieder zur Umsetzung dieser wichtigen medienerzieherischen Aufgabe ermuntert.

4) Projektgruppe „Gewalt in den Medien"
Ein wichtiges Teilziel des Modellversuchs war die Entwicklung eines Handlungskonzepts zur Überwindung der Gewaltwirkungen der Medien. An dieser Aufgabe arbeitete Wiss.

Ass. H. Kleber im Rahmen seines Promotionsvorhabens mit einer kleinen Gruppe von Lehrkräften. Im Berichtszeitraum wurden eine Vielzahl von Unterrichtseinheiten durchgeführt und wichtige Ergebnisse erzielt.

5) Praktische Medienarbeit

Bei allen Formen der Integration der Medienerziehung in den Unterricht spielte die praktische Medienarbeit eine wesentliche Rolle, trotz des damit verbundenen erhöhten Zeit- und Organisationsaufwandes. Sie wirkt sowohl bei Lehrkräften als auch bei Schülern besonders motivierend. Die entstandenen Medienproduktionen berücksichtigen die ganze Vielfalt der herkömmlichen wie auch der modernen Medien. So entstanden im Laufe des Schuljahres Zeitungen, Wandzeitungen und eine Videozeitung; Waldgedichte, Fabeln und Spieleanleitungen; Comics und ein Zeichentrickfilm; Foto- und Dia-Dokumentationen; Videofilme, die teilweise von den Schülern vertextet und vertont wurden; Lernzirkel unter Einbezug verschiedener Medien; Unterrichtsdokumentationen am Computer.

Integration der Medienerziehung durch schulische und schulübergreifende Aktivitäten

1) Projektwoche (25. - 29.3.96)

In Teamarbeit (Klassenlehrer und Fachlehrer) und in unterschiedlicher Zusammensetzung der Schülergruppen wurde eine Woche lang an verschiedenen Medienthemen gearbeitet.
Während dieser Woche drehte die Frankenschau (Studio Nürnberg) einen Film über das Modellprojekt.
Schüler aus der 5.und 6. Klasse diskutierten mit einem Kinderfilmregisseur über erste Folgen einer neuen Kinderserie und mit der Moderatorin einer Kindersendung.
Andere Klassen diskutierten mit Dr. J. Bofinger (ISB) über die Ergebnisse der Schülerbefragung zum Freizeit- und Fernsehverhalten.

2) Projekttag (am 20.7.96)

Ziel: Präsentation des Modellversuchs, der Arbeitsformen und einiger Arbeitsergebnisse für Eltern und die interessierte Öffentlichkeit. Neben Vorführungen entstandener Medienprodukte, Diskussionen und Demonstrationen hatten einzelne Teams auch Medienprojekte ausgewählt, an denen Schüler und Eltern gemeinsam teilnehmen konnten. (Einzelheiten können aus dem beiliegenden Informationsblatt und aus der Schülerzeitung entnommen werden.)

3) Aktionen im Laufe des Schuljahres:

Innerhalb der Projektrahmen ergaben sich viele Gelegenheiten für schulübergreifende Aktivitäten:
Besuche in Bibliotheken, Museen, Spielzeugmuseum, Zeitungsredaktion und Großdrukkerei; Dichterlesung, Diskussion mit Zeitungsredakteuren, Arbeit mit einem Spezialisten für Layout, Arbeit mit einem Trickfilmer und einem Computerspezialisten; Besuch in einer Waldarbeiterschule, zwei Wochen Unterricht im Wald.
Durchführung von Befragungen an der Schule;

Teilnahme einzelner Klassen an verschiedenen Wettbewerben: Karikaturen-Wettbewerb der Deutschen Jugendpresse zum Thema „Gewalt in der Schule"; (Ein Schüler einer 6. Klasse gewann auf Bundesebene einen 3. Preis in der Altersklasse 11-14 Jahre.) Teilnahme der Schule am Internationalen Comic-Salon in Erlangen 6.-9. Juni 1996. Teilnahme der 5. Klassen am Preisausschreiben der Stiftung Lesen: „Der Indianer im Küchenschrank"

Teilnahme am Wettbewerb: „Wo hört der Spaß auf?" - Anmache. - Konflikte, Gewalt und Aggressionen in der Schule (6b und Lehrerteam)

Bewertung der Integration der Medienerziehung in den Unterrichts- und Schulalltag

Insgesamt ließ sich feststellen, daß alle in der theoretischen Begründung des Modellversuchs aufgeführten Aspekte von Integration in die Arbeit einbezogen werden konnten. Alle Lehrkräfte beteiligten sich, wenn auch in sehr unterschiedlichem Ausmaß.

Die einzelnen Klassenstufen bieten unterschiedliche Möglichkeiten zur Integration der Medienerziehung: In den 6. Klassen ist nach Ansicht einiger Lehrkräfte das Anliegen der Medienerziehung nicht mit der Vorbereitung auf den Übertritt mancher Schüler an weiterführende Schulen zu vereinbaren. In den 9. Klassen ließ die Vorbereitung auf den Qualifizierenden Hauptschulabschluß weniger Zeit und Kraft für medienpädagogische Maßnahmen.

Bei der Integration der Medienerziehung in die einzelnen Unterrichtsfächer standen Deutsch, Kunsterziehung, Geschichte, Sozialkunde und fächerübergreifende Unterrichtseinheiten im Vordergrund.

Bezüglich der Berücksichtigung aller Medien spielten Formen aktiver Medienarbeit eine größere Rolle als die klassischen Bereiche der Medienanalyse und -kritik. Medien aus der Bildstelle, Rundfunk- und Fernsehbeiträge zu unterrichtlichen oder medienpädagogischen Themen, Schulfunk- oder -fernsehsendungen kamen seltener zum Zug als die Benutzung von Kassettenrecorder, Videokamera und Computer. Obwohl bei der praktischen Medienarbeit der Produktionsprozeß und nicht das fertige Produkt im Mittelpunkt stehen sollte, legten sowohl Lehrkräfte als auch Schüler großen Wert auf die Qualität der Ergebnisse, was vor allem beim Schneiden, Vertexten und Vertonen von Videofilmen zu erheblichen Arbeitsbelastungen bei einzelnen Schülern, Lehrkräften und insbesondere bei Herrn Winklmann führte.

Betrachtete man das Anliegen der Integration unter dem Aspekt der Intensität medienerzieherischer Maßnahmen in den einzelnen Schulklassen und damit hinsichtlich der Wirkungen auf die einzelnen Schüler, so war festzuhalten: Je nach Engagement des Klassenlehrers geschah in einzelnen Klassen sehr wenig, während sich in anderen Klassen Medienerziehung und Medieneinsatz zu einem durchgängigen Prinzip des Unterrichts entwickelten. Daraus folgt, daß über die Integration der Medienerziehung in die Schule letztlich im Kopf des Lehrers entschieden wird. Er muß davon überzeugt werden, daß eine recht verstandene Medienerziehung selbstverständlicher Bestandteil von Unterrricht und Schule sein muß und er muß dann noch die Erfahrung machen, daß dies möglich und sinnvoll ist und zu einer wesentlichen Verbesserung der schulischen Bildungs- und Erziehungsprozesse beiträgt.

4.2.4 Wissenschaftliche Begleitung und Öffentlichkeitsarbeit im Rahmen des Projekts

Wissenschaftliche Begleitung des Modellversuchs

1) Evaluation des Projektverlaufs:
   Der gewählte Ansatz einer „responsiven Evaluation" erforderte zunächst eine möglichst genaue Dokumentation der Entwicklungen im Modellversuch. Dazu wurden Protokolle der Besprechungen und Konferenzen auf allen Ebenen angefertigt, um die Anliegen und Konfliktthemen der Beteiligtengruppen kontinuierlich erfassen und bearbeiten zu können. Durch die gemeinsame Bearbeitung der Konflikte, die Suche nach konstruktiven Lösungen und durch weiterführende Informationseinspeisung bzw. Hilfen der Projektleitung sollte der Modellversuch entsprechend der Planung vorangetrieben werden.

2) Evaluation der Integration der Medienerziehung:
   Als Grundlage dafür dienen Dokumentationsbögen, in denen von den Lehrkräften die wichtigsten Informationen über die Vorbereitung, Durchführung und Bewertung der einzelnen medienpädagogischen Maßnahmen oder Unterrichtseinheiten festgehalten werden sollten. Diese Dokumentationsbögen des Schuljahres 1995/96 konnten aus Zeitgründen bisher noch nicht systematisch ausgewertet werden.
   Ein weiteres Fundament stellen die entstandenen Medienproduktionen dar.
   Schließlich wurden im Rahmen einer Pädagogische Konferenz die Lehrkräfte zu ihren Erfahrungen mit der Medienerziehung im Modellprojekt gefragt.

3) Begleituntersuchungen:
   – Auswertung und Veröffentlichung der Ergebnisse der Schülerbefragung zum Fernsehkonsum und Verbesserung des Befragungsinstruments durch Dr. Bofinger. Diskussion der Ergebnisse in einzelnen Schulklassen.
   – Erste Ansätze zur Entwicklung eines Befragungsinstruments zu den Hörmedien.
   – Entwicklung eines Elternfragebogens und Durchführung einer Elternbefragung während der Projektwoche.

Öffentlichkeitsarbeit im Rahmen des Projekts:

Berichte über den Modellversuch:
   – Vorstellung des Modellversuchs im Schulausschuß der Stadt Erlangen
   – Präsentation des Modellversuchs und Weitergabe von Erfahrungen im Rahmen einer Pädagogischen Woche im Schulamtsbezirk Ansbach (Oktober 1995)
   – Vorstellung des Modellversuchs im Rahmen einer Fortbildung für die Schulräte im Regierungsbezirk Mittelfranken (November 1995)
   – Präsentation des Modellversuchs (Poster-Wände) im Rahmen einer Pädagogischen Woche der Erlanger Hauptschulen (März 1996)
   – Berichte über den Modellversuch in der Erlanger Presse (März 1996)
   – Ausstrahlung eines Kurzberichts in der Frankenschau (Bayern 3) im April 1996
   – Besuch von Vertretern der Schulabteilung der Regierung von Mittelfranken an der Schule (7.3.1996)

— Präsentation des Modellversuchs für Vertreter der Landesbildstelle Nordbayern und Bildstellenleiter (2.7.1996)

Schülerzeitungen:

„Powenz-News" 1995. Schülerzeitung Klasse 7a und Herr G. Doetzer

„Medien in der Schule - In der Schule der Medien": Sonderausgabe der *Powenz-News* zum Projekttag an der Ernst-Penzoldt-Hauptschule am 20.7.96

„Die erste interessante Zeitung". Hauptschulklasse macht Zeitung. 1. Jg.Ausgabe1. Klasse 8b der Ernst-Penzoldt-Hauptschule (Herr H. Batz), Erlangen-Spardorf 1996

Veröffentlichungen:

Batz, H.: Schüler gestalten ein Hörspiel zum Thema „Gewalt und Ausländerfeind-lichkeit". In: unterrichten/erziehen, H.5, 1996, S. 29-33

Bofinger, J.: Der Fernsehkonsum von Hauptschülern. Ergebnisse einer Schülerbefragung im Modellversuch „Integrative Medienerziehung" an der Ernst-Penzoldt-Hauptschule in Erlangen-Spardorf. ISB- Beiträge zur Medienerziehung. Arbeitsbericht Nr. 273, München 1996

Ogilvie, J.: Integrative Medienerziehung an der Erlanger Ernst-Penzoldt-Hauptschule. In: Mittelfränkische Lehrerzeitung, 16. Jg.1996, H4, S. 3-4

Spanhel, D., Kleber, H.: Integrative Medienerziehung in der Hauptschule. In: Pädagogische Welt, 50.. Jg. 1996, H.8, S.359-364

Spanhel, D.: „Wirklichkeit aus zweiter Hand". Wie Jugendliche die elektronischen Medien nutzen, um sich ihre eigene Lebenswelt aufzubauen. In: Schulmagazin 5 - 10, H.5/1995, S. 58-60

Spanhel, D.: Integrative Medienerziehung in der Hauptschule. In: unterrichten/erziehen, H.5, 1996, S. 51-54

Spanhel, D.: Medienerziehung an Hauptschulen. Hilfen für Schüler, Eltern und Lehrer.In:Schulreport 2/96, S. 18-20

Spanhel, D.: Integrative Medienerziehung in der Hauptschule - ein Modellversuch. In: Schulmagazin 5 bis 10, 6/96, S. 75-78

Winklmann, L.: Medienproduktionen durch Schüler im Rahmen des Modellversuchs „Integrative Medienerziehung". In: unterrichten/erziehen, H.5, 1996, S. 21-24

4.2.5 Zusammenfassende Bewertung des Versuchsablaufs im Schuljahr 1995/96

Die gemeinsame Entwicklung des Evaluationsgegenstandes

Das zentrale Ziel des Modellversuchs war die Entwicklung und Erprobung eines Curri-culums für die integrative Medienerziehung sowie die Erfassung und Bewertung der Möglichkeiten, Schwierigkeiten und Grenzen seiner Umsetzung unter möglichst realen Bedingungen alltäglicher Unterrichts- und Erziehungsarbeit an einer Hauptschule. Für die Verwirklichung dieser Zielstellungen wurde die Methode der sog. „Responsiven Evalua-tion" gewählt. Das bedeutet, daß in der fortlaufenden Kooperation zwischen Projektlei-tung und Kollegium, auf der Grundlage der Äußerung und Bearbeitung von Anliegen und Konfliktthemen allmählich immer klarer hervortritt, was integrative Medienerziehung in der Hauptschule überhaupt heißen kann, wo ihre wesentlichen Aufgaben, Ziele, Möglichkeiten und Probleme liegen. Diese gemeinsame Entwicklung des Evaluationsgegenstandes in einem fortgesetzten Kommunikationsprozeß führte im abgelaufenen Schuljahr zu einem gemeinsamen Verständnis und zu einer differenzierten Struktur des Begriffs „Integrative Medienerziehung". Dieses Strukturschema bildet die Grundlage für die Ausarbeitung eines detaillierten Curriculums für die einzelnen Jahrgangsstufen im kommenden Schuljahr.

Wichtige Ergebnisse

1. Eine Zusammenschau der durchgeführten medienpädagogischen Unterrichtseinheiten und Projekte ergab das o.g. Strukturmodell integrativer Medienerziehung, wie es auf der folgenden Seite dargestellt ist. Dies war das eine zentrale Ergebnis der Projektarbeit im vergangenen Jahr. Das andere Ergebnis lag in der wachsenden Erkenntnis der notwendigen Voraussetzungen und günstigen Rahmenbedingungen für die Umsetzung integrativer Medienerziehung durch das Kollegium selbst. Daraus erwuchs bei den Lehrkräften die Einsicht, welche Veränderungen sie selbst für das Gelingen der Arbeit und für eine Verbesserung der medienpädagogischen Möglichkeiten schaffen müssen.

2. Die Integration der Medienerziehung in den Unterrichts- und Schulalltag findet in den Köpfen der Lehrerinnen und Lehrer statt. Der Schlüssel dafür ist eine kontinuierliche und intensive Fortbildung. Die monatlichen Pädagogischen Konferenzen im Umfang von ca.drei Stunden am Nachmittag reichten dafür kaum aus. Die Forderung nach Umsetzung ganz spezifischer Erziehungsziele und -aufgaben im Unterricht war für die meisten Lehrkräfte zunächst sehr schwer nachvollziehbar.

3. Die Verbesserung der Medienausstattung der Schule ist eine absolut notwendige, aber keineswegs ausreichende Bedingung für die Integration der Medienerziehung. Die Frage einer angemessene Verfügbarmachung der Medien und die Einübung in die Handhabung der Geräte stellte das Kollegium vor erhebliche organisatorische Probleme.

4. Die Integration der Medienerziehung erforderte zusätzlichen Aufwand für die Vor- und Nachbereitung des Unterrichts, ein verstärktes pädagogisches Engagement, das nicht alle Lehrkräfte aufbringen wollten oder konnten. Diese Mehrarbeit konnte auch durch die Hilfen des Projektteams und durch die Kooperation zwischen den Klassenlehrern nicht aufgefangen werden. Die Zusammenarbeit der Lehrkräfte stellte ein eigenes Problem dar. Die unterschiedliche Bereitschaft zur Mitarbeit führte zu Spannungen im Kollegium.

5. Die Integration medienerzieherischer Themen, Fragestellungen und Arbeitsweisen veränderte nicht nur die Struktur und Arbeitsformen einzelner Unterrichtsstunden, sondern den Unterricht der einzelnen Lehrkräfte überhaupt, z. B. handlungs- und projektorientierter Unterricht. Das Kollegium erkannte, daß sich daraus Konsequenzen für die Unterrichtsorganisation an der Schule ergeben, für die erst angemessene Lösungen gefunden werden müssen. Das verunsicherte und verwies auf neue Arbeitsbelastungen.

6. Verstärkter Medieneinsatz erhöhte die Motivation, Lern- und Arbeitsbereitschaft und die Ausdauer und Konzentration vieler Schüler und brachte zugleich neue Probleme, z.B. durch die Schüler, die sich nicht interessieren oder bei der Rückkehr zum herkömmlichen Unterricht.

Umsetzung in der Schule			
Medien als Unterrichtsthema	Projekte mit medialem Schwerpunkt	Medieneinsatz im Fachunterricht	Medien als Teil des Schullebens
Mediennutzung (Schülerbefragung)	Lesen	als Werkzeug	Schulhausgestaltung
dienwirkungen	Spiele	didaktische Funktionen (Motivation)	Schülerzeitung Me- (Ge-
walt)	Wald		Schulfeste
		Pädagogische Ziele	
Sprache der Medien	Zeitung	(Reflexion des Medieneinsatzes)	AG Freizeiterziehung
	Lesen		
Medienspezifische Arbeitstechniken		veränderte Arbeits- und Sozialformen	
Lesefähigkeit - Sinnentnahme aus „Texten" (Medien) Ausdrucksfähigkeit - Produktion von medialen „Texten"			
Schlüsselqualifikation Medienkompetenz			

Bewertung des Modellversuchs durch das Kollegium

Im Rahmen einer Pädagogischen Konferenz wurde eine kurze schriftliche Befragung durchgeführt, die zu folgenden Ergebnissen führte:

1. Eigene Erfahrungen in der Arbeit im Modellprojekt:
   - positive Aspekte bezüglich der eigenen Person, z. B. eigene Horizonterweiterung und Bereicherung sowie eine positive Einschätzung der Kooperation im Kollegium;
   - negative Aspekte betrafen die Kluft zwischen Aufwand und Erfolg, Organisationsprobleme und Unruhe im Kollegium;
   - positive Veränderungen im Bereich des Unterrichts, z.B. stärkere Aktivierung und bessere Konzentration der Schüler; Freisetzung unerwarteter Fähigkeiten;
   - es läßt sich nur ein Teil der Schüler motivieren; die vergrößerte Kluft zu den anderen erschwert die Arbeit;
   - gutes Lehrer-Schüler-Verhältnis: mehr Offenheit und Vertrauen;
   - positive Einschätzung offenere Unterrichtsformen, z.B. Projektarbeit und neue Arbeitstechniken;

2. Veränderte Sichtweise gegenüber den Medien:
   - Lehrkräfte betonen die Notwendigkeit aktiver Medienarbeit und die positiven Nutzungsmöglichkeiten der Medien;
   - vorhandene Ängste gegenüber den Medien konnten überwunden werden;
   - eine Reihe von Lehrkräften fühlt sich kompetent im Umgang mit den Medien;
   - größere Selbstverständlichkeit des Medieneinsatzes.

3. Durch den Modellversuch wurden neue Perspektiven eröffnet, Anregungen und Hilfen gegeben:
   - Lehrkräfte fühlten sich motiviert zu neuer Unterrichtsgestaltung und zur Erprobung neuer Unterrichtsformen durch vielfältigen Medieneinsatz;
   - Kooperation der Lehrkräfte, Unterrichtsdokumentationen mittels Medien und außerschulische Medienprojekte werden als Bereicherung der Schularbeit betrachtet.

4.3 Die Anpassung des integrativen Konzepts zur Medienerziehung an den neuen Hauptschullehrplan in der 2. Projektphase im Schuljahr 1996/97

4.3.1 Ziele und geplante Maßnahmen für die 2. Projektphase

Laut Projektantrag waren folgende Arbeitsschritte vorgesehen:
   - Umsetzung des entwickelten Konzepts durch die Lehrer; Begleitung und Unterstützung durch pädagogische Konferenzen, Teambesprechungen, schulinterne Lehrerfortbildung und Hilfen bei der Beschaffung, Auswahl, Erstellung bzw. Anpassung von Unterrichtskonzepten, Projekten, Maßnahmen.
   - Beobachtung und Bewertung einzelner medienpädagogischer Maßnahmen durch das Projektteam;
   - Aufbau und Pflege der Zusammenarbeit mit den Eltern und mit anderen außerschulischen Einrichtungen (Bibliotheken, Bildstelle, Jugendamt, lokale Medienanbieter);
   - Abschließende Evaluation des integrativen Konzeptes durch die Lehrer; schriftliche Befragung der Lehrer, Schüler, Eltern.

4.3.2 Organisatorische Rahmenbedingungen

Organisatorische Sicherung der Zusammenarbeit

Für eine erfolgreiche Weiterführung des Projekts mußten die in der ersten Phase aufgebauten Strukturen und Formen der Kooperation auf den verschiedenen Ebenen unbedingt erhalten und gefestigt werden.
   - Teamleiterkonferenz:
   Die wöchentliche Zusammenkunft des zentralen Planungsgremiums (Projektleitung, Schulleitung, Teamleiter jeder Klassenstufe) wurde durch eine gemeinsame Freistunde der Teamleiter im Stundenplan gesichert. Entsprechend der Grundidee der responsiven Evaluation wurden hier alle auftretenden Probleme, Anliegen und Konfliktthemen der Beteiligtengruppen gesammelt und diskutiert, Entscheidungen über die Weiterentwicklung der Projektarbeit getroffen und die medienpädagogischen Maßnahmen koordiniert und reflektiert. Für die kontinuierliche Entwicklungsarbeit im Modellversuch war es besonders schmerzlich, dass bereits kurz nach Beginn des Schuljahres zwei Teamleiterinnen völlig überraschend aus dem Dienst ausscheiden mußten.

- Klassenstufenteams:
  Für die Lehrerteams auf jeder Klassenstufe wurden ebenfalls gemeinsame Freistunden im Stundenplan geschaffen, um die Zusammenarbeit zu ermöglichen. Eine echte Zusammenarbeit bildete sich jedoch nur in wenigen Teams aus.
- Medienorganisation:
  Um eine möglichst problemlose Verfügbarkeit der Medien sicherzustellen, wurde vom Kollegium die Einrichtung einer sog. *Medienwerkstatt* vorgeschlagen. Hier sollte der für das Projekt freigestellte Lehrer durch Förderlehrer und andere Lehrkräfte im Rahmen von Verfügungsstunden unterstützt werden: bei der Vor- und Nachbereitung von Medienproduktion, der Verwaltung und Ausgabe von Software, bei der Einweisung von Schülerarbeitsgruppen in den Gebrauch einzelner Geräte und bei der selbständigen Medienarbeit.

Schulsituation

Die Bemühungen um eine Stabilisierung der Zusammenarbeit wurden durch eine politische Grundsatzentscheidung beeinträchtigt: Mit Beginn des Schuljahres 1997/98 sollte die Nachmittagsbetreuung der Schule eingestellt und durch eine Einrichtung in freier Trägerschaft ersetzt und die Schule in eine normale Hauptschule umgewandelt werden. Als erster Schritt dazu wurden bereits für dieses Schuljahr 1996/97 die bislang verfügbaren Lehrerstunden für Nachmittagsbetreuung und Pädagogische Konferenzen um die Hälfte gekürzt.

Beide Verordnungen des Ministeriums lösten im Kollegium Enttäuschung und Frustrationen, aber auch Verunsicherung und Ängste wegen möglicher Versetzungen aus. Das Kollegium hielt die Form bisheriger Nachmittagsbetreuung gerade für diese Schülergruppe für besonders wichtig und fühlte sich in seinem pädagogischen Engagement verkannt. Alle Bemühungen um eine Erhaltung des Schulstatus blieben jedoch erfolglos. Wegen dieser bevorstehenden Änderung des Schulstatus wurde auch frühzeitig versucht, die Rahmenbedingungen für die letzte Phase des Modellversuchs abzuklären und zu sichern. Dazu fanden Gespräche der Projektleitung mit dem Schulamt (Februar 1997), mit der Regierung von Mittelfranken (März 1997) und mit dem Ministerium (mit Frau Staatssekretärin Hohlmeier am 25.04.1997 in Nürnberg) statt. Bei dieser Gelegenheit wurden auch Möglichkeiten zur Dokumentation der Projektergebnisse und ihrer Weitergabe und Umsetzung an den bayerischen Hauptschulen diskutiert.

Bewertung der organisatorischen Rahmenbedingungen

Die Zusammenarbeit in der Teamleiterkonferenz funktionierte hervorragend und ermöglichte eine erfolgversprechende Weiterentwicklung der Projektarbeit. Die Medienwerkstatt ließ sich nicht verwirklichen wegen der erschwerten Schulsituation, mangelnder Flexibilität in Organisationsfragen und aus persönlichen Gründen. Insgesamt führte die bevorstehende Änderung des Schulstatus zu einem Motivationsverlust im Kollegium.

4.3.3 Schulhausinterne medienpädagogische Fortbildung

Formen der Fortbildung

Wie in der ersten Projektphase wurde die Fortbildung auf mehreren Ebenen durchgeführt:

- Für das gesamte Kollegium in Form pädagogischer Konferenzen. Diese wurden von der Teamleiterkonferenz besprochen, in Absprache mit der Schulleitung geplant und in eigener Regie durchgeführt.
- Für die Klassenstufenteams in Form der Betreuung durch einzelne Mitglieder der Projektleitung. Zusätzlich fanden ganztägige Fortbildungen unter Leitung auswärtiger Referenten in der Schule statt.
- Für einzelne Lehrkräfte in Form gezielter medienpädagogischer Hilfen bei der Vor- und Nachbereitung von Unterrichtseinheiten.

Inhalte der Fortbildung

Die Hauptaufgabe zu Beginn des Schuljahres bestand darin, das Kollegium in den ersten Entwurf eines integrierten Curriculums zur Medienerziehung einzuführen. Es kam darauf an, die medienpädagogischen Ziele und Themen auf den einzelnen Klassenstufen im Stoffverteilungsplan für das Schuljahr zu verankern.

Dieses Curriculum sieht vor, dass auf jeder Klassenstufe ein bestimmtes Medium in den Mittelpunkt der Arbeit gestellt wird. Dementsprechend konzentriert sich Fortbildung im nächsten Schritt auf die Einübung und Vertiefung medienspezifischer Arbeitstechniken und Methoden (ganztätige Fortbildungen für die Klassenstufenteams.)

Das Curriculum zur Medienerziehung war inhaltlich auf den inzwischen im Entwurf vorliegenden neuen Hauptschullehrplan ausgerichtet. Zur Vorbereitung auf diesen neuen Hauptschullehrplan waren vom Schulamt mehrere Fortbildungen vorgeschrieben. Diese Veranstaltungen wurden dazu genutzt, dem Kollegium die vielfältigen Möglichkeiten zur Verbindung von Fachlernzielen mit medienpädagogischen Zielen und Themen vor Augen zu führen.

Die Entwicklungen im Modellversuch erzwangen in der 2. Hälfte des Schuljahres neue Schwerpunktsetzungen in der Fortbildung. Eine ganztätige Konferenz für das gesamte Kollegium Ende Februar und die nachfolgenden Veranstaltungen konzentrierten sich auf zwei Fragen:

- Welche unterrichtlichen, erziehlichen und schulischen Probleme brennen uns im Kollegium auf den Nägeln?
- Wie läßt sich das Anliegen der Medienerziehung in diesem Problemzusammenhang dauerhaft und nachhaltig verankern? Welche Aufgaben stellen sich dabei für eine Weiterentwicklung unserer Schule? (Profilbildung)
- Wie können die besonderen Erziehungsschwierigkeiten und Disziplinstörungen an dieser Schule durch geeignete methodische Arbeitsweisen unter Einbezug der Möglichkeiten der Medien und praktischen Medienarbeit aufgefangen und verringert werden?

Speziell zu diesem letzten Punkt fand am 17.06.1997 ein Gespräch des gesamten Kollegiums mit den führenden Vertretern der Schulabteilung der Regierung von Mittelfranken statt.

Bewertung

Die Lehrkräfte beteiligten sich stets engagiert an den Veranstaltungen, leisteten zunehmend produktive und ganz wichtige Beiträge für die Weiterentwicklung der Projektidee und wiesen auch verstärkt auf Probleme und schwierige Randbedingungen bei der Umsetzung medienpädagogischer Maßnahmen hin. Besonders hervorzuheben ist die Tatsache, dass die Fortbildungen im wesentlichen von der Teamleitergruppe konzipiert und weitergehend auch inhaltlich von Mitgliedern des Kollegiums bestritten wurden.

4.3.4 Integration der Medienerziehung in den Unterrichts- und Schulalltag

Integriertes Curriculum zur Medienerziehung

Als Ergebnis der Entwicklungsarbeit in der ersten Projektphase wurde dem Kollegium zu Beginn des Schuljahres der erste Entwurf eines solchen Curriculums vorgelegt. Es beruht in seiner Grundstruktur auf drei wesentlichen Erkenntnissen aus der ersten Projektphase:
- Notwendigkeit der Reduzierung der Vielfalt und Komplexität der Medien für Lehrkräfte und Schüler: Konzentration auf ein Leitmedium für jedes Schuljahr
- Notwendigkeit einer weitgehenden Verknüpfung medienpädagogischer Ziele mit den verpflichtenden Fachlernzielen: Orientierung an den neuen Lehrplaninhalten und Verankerung im Stoffverteilungsplan durch die Lehrkräfte.
- Notwendigkeit einer durchgehenden Förderung der Lese- und Sprachfähigkeit sowie der Computernutzung über alle Schuljahre hinweg als wesentliches Fundament der angestrebten Medienkompetenz.

Auf der Basis dieser Elemente sollte das Curriculum eine systematische Integration medienpädagogischer Ziele in den Unterrichtsalltag und ihre Verwirklichung sicherstellen. Seine vertikale Gliederung ist durch die Leitmedien festgelegt, die sich aus den Fähigkeiten und Medienpräferenzen der Schüler ergeben:
Leitmedium:

5. Schuljahr: Bilder, Fotos, Comics
6. Schuljahr: Fernsehen, Video
7. Schuljahr: Hörmedien
8. Schuljahr: Zeitung, Zeitschriften
9. Schuljahr: Computer, Multimedia, Internet

Die horizontale Gliederung des Curriculums ist durch jeweils drei Themenbereiche („Projektrahmen") pro Schuljahr gekennzeichnet, von denen einer bis Weihnachten, einer bis Ostern und der dritte bis Jahresende durchgeführt werden sollte. Die thematisch gebündelten Unterrichtseinheiten können in mehrere Fächer hineinreichen und sollen medien-

spezifische Arbeitstechniken sowie im Bereich der Medienanalyse als auch der Medien-
produktion umfassen.
Einer dieser Projektrahmen wurde schwerpunktmäßig auf das Fach Deutsch (Lese- und
Sprachförderung) ausgerichtet. Wo immer möglich sollte bei der Umsetzung von den
Schülern der Computer als Informations-, Lern-, Arbeits-, Gestaltungs- und Dokumenta-
tionsmittel genutzt werden.

Zur Umsetzung des Curriculums:
Nicht alle Klassenlehrer konnten für die Umsetzung des Curriculums gewonnen werden.
In einigen Teams wurden die vorgeschlagenen Themenbereiche aufgegriffen, präzisiert
und in die Jahresplanung aufgenommen. In anderen Teams einigte man sich auf alternative Inhalte, die gemeinsam umgesetzt wurden.

Medien und Gewalt

Die in der ersten Projektphase begonnenen Arbeiten zur Gewaltproblematik in den Medi-
en wurden unter Leitung des Wiss. Ass. Hubert Kleber mit großer Intensität weitergeführt. Der Entwurf zum neuen Hauptschullehrplan sah zum Thema „Gewalt im Alltag,
Gewalt in den Medien" ein verpflichtendes, fächerübergreifendes Projekt für die 5. Jahrgangsstufe vor. Deshalb wurde die Vorbereitung, sowie Erprobung und Bewertung der
Bausteine für das geplante Handlungskonzept mit dem Team der 5. Jahrgangsstufe
durchgeführt. Ziel ist ein Interventionsprogramm zur gewaltfreien Konfliktlösung. Im
Rahmen von vier großen Unterrichtseinheiten (Bausteinen) sollen die folgenden Ziele
und medienpädagogischen Themen angestrebt bzw. bearbeitet werden:

Baustein A
Ziele:
- Erkennen der realen/medialen Alltagserfahrungen der Schüler zur Gewalt
- Erarbeitung des Gewaltbegriffs

Inhalte:
1. Erkennen der realen/medialen Alltagserfahrungen der Schüler zur Gewalt
1.1 Bewusstmachung gewalthaltiger Eigenerfahrungen (Alltag/Schule/Freizeit)
1.2 Bewusstmachung gewalthaltiger Eigenerfahrungen im Medienbereich
1.3 Bewusstmachung realer/medialer Gewalterfahrungen durch Zeichen von Comics
2. Erarbeitung des Gewaltbegriffs
2.1 Sachliche Strukturierung des Gewaltbegriffs in Anlehnung an Schülererfah-
rungen

Baustein B
Ziele:
- Analyse und Reflexion von Gewalt in den Medien am Beispiel einer Fernseh-
serie
- Analyse und Reflexion der realen Alltagserfahrungen zur Gewalt

114

Inhalte:

1. Analyse und Reflexion von Gewalt in den Medien am Beispiel einer Fernseh-serie
1.1 Einführung in die Technik der Filmanalyse
1.2 Durchführung der Filmanalyse anhand eines ausgewählten Beispieles – Kon-fliktlösungsmuster gewaltdarstellender, medialer Idole
1.3 Reflexion der Ergebnisse
2. Analyse und Reflexion der realen Alltagserfahrungen zur Gewalt
2.1 Gewalt und Konfliktlösung im öffentlichen/rechtlichen/kriminellen Bereich
2.2 Gewalt und Konfliktlösung im alltäglichen Bereich (Schule, Familie, Freun-deskreis)
2.3 Zusammenfassende Wertung

Baustein C
Ziel: Erarbeitung und Einübung von Konfliktlösungsmöglichkeiten

Inhalte:

1. Konfliktbegriff und Ursachen des Konflikts
2. Konfliktlösungsstrategien nach Gordon
2.1 Zielsetzung der Sequenz
2.2 Du-Botschaften und Ich-Botschaften
2.3 Aktives Zuhören
2.4 Methoden der Konfliktlösung
    2.4.1 Die drei Methoden der Konfliktlösung (Methode I, II und III)
    2.4.2 Die sechs Schritte zur Methode III (Konfliktlösungsstrategie nach Gor-don)
      – Übungen zur Methode III
      – Möglichkeiten und Grenzen der Methode III

Baustein D
Ziel: Produktion von Medien zum Thema Gewalt

Inhalte:

1. Einführung in die Technik der Videoproduktion
2. Herstellung eines Videoprodukts
2.1 Verfremden gewaltdarstellender, medialer Idole
2.2 Dokumentation von konstruktiven Konfliktlösungsprozessen in der Klasse

Integration der Medienerziehung in den Schulalltag

In Verbindung damit sollte sich der Unterricht öffnen und durch die Medienarbeit sollte die Schule nach außen mit anderen lokale Institutionen vernetzt werden. Eine Integration der Medienerziehung in den Schulalltag wurde auf mehreren Ebenen angestrebt:

- Arbeitsgruppen zu medienpädagogischen Themen als Angebote im Rahmen der Nachmittagsbetreuung für die Schüler. Wegen der drastisch reduzierten Lehrerstunden konnten nur wenige Angebote tatsächlich verwirklicht werden.
- Medienpädagogische Projektwoche im März 1997
  Während dieser Woche wurde der Stundenplan aufgehoben und die gesamte Zeit für die Durchführung und Präsentation eines medienpädagogischen Projektrahmens verwendet. Die Klassenlehrer arbeiteten zusammen mit Fachlehrern in Teams; dadurch konnten für die Medienproduktion auch kleinere Schülergruppen gebildet werden. Ein schönes Beispiel für die Arbeitsweise stellt ein Gemeinschaftsprojekt aller drei 9. Klassen dar: Sie erstellten zusammen einen „Ratgeber für Schulabgänger", eine Broschüre mit vielen nützlichen Informationen am Übergang von der Schule in den Beruf. Dieser Ratgeber wurde an den anderen Erlanger Hauptschulen, an Realschulen und der Wirtschaftsschule verkauft. Bei der Informationsbeschaffung mußten die Schüler Kontakte zum Arbeits- und Jugendamt, zur Polizei, zur Industrie- und Handelskammer, Versicherungen, Krankenkassen und Geldinstituten herstellen und dort auch Interviews führen.
- Frühlingsfest für Eltern
  Bei der Projektarbeit spielte auch der Gedanke einer indirekten Medienerziehung vor allem in Verbindung mit der Nachmittagsbetreuung eine wichtige Rolle: Aufbau von Handlungsalternativen zum bloßen Medienkonsum. Bei diesem Frühlingsfest konnten die verschiedensten Arbeitsgruppen aus dem musisch-sportlichen Bereich ihre Ergebnisse präsentieren, daneben wurden auch einige Medienproduktionen gezeigt. Die Eltern waren begeistert.

Bewertung der Medienintegration

Im Verlauf des Schuljahres ließ sich deutlich eine zunehmende Selbstverständlichkeit bei der Medienintegration beobachten. Auf der anderen Seite wurden jedoch immer klarer bestimmte Grenzen sichtbar
- in den Unterrichts- und Schulorganisation
- in den Lehrkräften
- in den Schülern.

Bei verstärktem Medieneinsatz war sinnvolles Arbeiten häufig nur mit kleinen Schülergruppen möglich und die anderen Schüler ließen sich nicht so leicht über längere Zeit still beschäftigen. Auch die Auflösung des starren Zeitrasters und die Kooperation mit Fachlehrern (z.B. in Kunst) warf schulorganisatorische Probleme auf. Insbesondere Nacharbeiten bei der Medienproduktion waren nur mit zwei oder drei Schülern am Nachmittag möglich. Die geplante Medienwerkstatt, die diese Probleme auffangen sollte, funktionierte nicht. Eine große Schwierigkeit für manche Lehrkräfte bestand in der Orientierung des medienpädagogischen Curriculums am neuen Hauptschullehrplan, der offiziell noch gar nicht in Kraft war. Sie wollten daher nicht auf den vertrauten Stoffverteilungsplan verzichten. Die zunehmend offenen Formen des Unterrichts führten zu einer Verstärkung von Disziplin- und Erziehungsschwierigkeiten einerseits, aber auch zu Verbesserungen im Klassenklima, in den Lehrer-Schüler-Beziehungen und im Sozialverhalten andererseits. Bei weitem nicht alle Lehrkräfte waren bereit, sich auf die Risiken veränderter Unterrichtsinhalte und -methoden einzulassen.

Im Laufe des Schuljahres rückten die Probleme mit den Schülern zunehmend in das Zentrum vieler Diskussionen in der Teamleiterkonferenz. Immer wieder machten Lehrkräfte darauf aufmerksam, dass sie mit der Medienarbeit an die intellektuellen Grenzen bei ihren Schülern stoßen. Selbständiges Arbeiten mit Medien stellt aber nicht nur geistige Anforderungen, sondern zusätzlich ein erhöhtes Maß an Selbstkontrolle und sozialen Fähigkeiten. Manche Schüler sind so stark verhaltensgestört, dass sie diesen Anforderungen nicht genügen können; sie sind auch durch Medieneinsatz nicht motivierbar. Regelmäßig treten Schwierigkeiten auf, wenn nach abwechslungsreichem Projektunterricht in traditionellen Unterrichtsformen weitergearbeitet wird. Die Erziehungsproblematik wurde bei dem Fortbildungstag zur Profilbildung thematisiert und war Gegenstand eines Gesprächs mit Vertretern der Schulabteilung der Regierung von Mittelfranken am 17.06.1997.

4.3.5 Wissenschaftliche Begleitung des Modellversuchs und Öffentlichkeitsarbeit im Rahmen des Projekts

Wissenschaftliche Begleitung

Als Grundlage für die Dokumentation und Evaluation der Projektarbeiten wurden die Erfassungsbögen zur Bewertung der einzelnen Unterrichtseinheiten und Projekte verbessert. Sie wurden alle gesammelt und werden zur Zeit qualitativ ausgewertet. Während der Projektwoche wurde zusätzlich ein kleiner Fragebogen zur Erfassung des Schülerverhaltens eingesetzt und ausgewertet.

Zur Evaluation des Projektverlaufs wurden alle Sitzungen der Projektleitung, der Teamleiterkonferenz, die Fortbildung und sonstige Besprechungen protokolliert und insbesondere die Anliegen und Konfliktthemen der Beteiligtengruppen erfasst.

Ein wichtiges Fundament über die Mediennutzungsmuster und Medienpräferenzen ihrer Schüler. Zu ihrer Erfassung wurden von Dr. Bofinger vom ISB München - getrennt für die einzelnen Medien - kleine Fragebögen entwickelt und erprobt, mit deren Hilfe die einzelnen Schulklassen ihr Medienverhalten empirisch untersuchen und anschließend gemeinsam diskutieren können. Für die Auswertung der Fragebögen durch die Schulklassen ist eine Computerdiskette in Arbeit, die ein leicht handhabbares Auswertungsprogramm enthalten wird.

Zum Ende des Schuljahres führte Dr. Bofinger mit diesen Fragebögen eine Gesamterhebung bei allen Schülern durch, ergänzt durch eine sehr differenzierte Einschätzung jedes einzelnen Schülers durch die Klassenlehrer hinsichtlich einer ganzen Reihe von Variablen. Auf diese Weise können in der Forschung bisher noch nicht überprüfte Zusammenhänge zwischen Mediennutzung, Schülerpersönlichkeiten, Schulleistung und Sozialverhalten erstmalig untersucht werden. Mit den Auswertungsarbeiten wurde begonnen.

117

Bei folgenden Veranstaltungen konnte der Modellversuch einer größeren Öffentlichkeit präsentiert werden, bzw. bestand die Möglichkeit, Ergebnisse oder Erfahrungen aus dem Modellversuch zur Diskussion zu stellen.

16.11.1996	Sitzung der Deutschdidaktiker an den Bayerischen Universitäten in Nürnberg: Vorstellung des Modellversuchs
20.11.1996	Fortbildungstag des Pädagogischen Instituts der Stadt Nürnberg für Lehrer aller Schularten zu Medienerziehung und Multimedia
05./06.12.1996	Herbsttagung der AG Medienpädagogik in der Deutschen Gesellschaft für Erziehungswissenschaft (DfGE) in der Erziehungswissenschaftlichen Fakultät der Universität Erlangen-Nürnberg in Nürnberg zum Thema: Modellversuche zur schulischen Medienerziehung
20./21.02.1997	Tagung „Neue Medien - neue Aufgaben der Lehrerbildung" an der Universität Paderborn. Referat: „Anforderung an die Lehrerausbildung auf der Basis von Erfahrungen in Modellversuchen zur Medienerziehung"
27. - 29.04.1997	Kongreß der Bertelsmann Stiftung in Gütersloh: „Erfolgreiche Integration von Medien in der Schule: eine Zwischenbilanz" (6. deutsch-amerikanischer Dialog über Medienkompetenz als Herausforderung an Schule und Bildung): Vorstellung des Modellversuchs als eines von zwei deutschen Beispielen
26.06.1997	Workshop „Schulprofil Medienerziehung" des Landesinstituts für Lehrerfortbildung und Unterrichtsforschung in Halle - Erfahrungen aus dem Modellversuch zum Thema „Schulprofil"

Vorbereitung der Abschlußarbeiten in der letzten Projektphase

Um rechtzeitig die Rahmenbedingungen für die Durchführung der Abschlußarbeiten in der letzten Projektphase zu schaffen, wurde von der Projektleitung in Absprache mit der Teamleiterkonferenz eine Aufstellung der wichtigsten Anliegen und Vorhaben erarbeitet. Sie diente als Grundlage für vorbereitende Gespräche im Stadtschulamt Erlangen, bei der Schulabteilung der Regierung von Mittelfranken und im Ministerium sowie für die Planung der Kooperation mit dem ISB in München.

4.4   Die Präzisierung eines integrierten Curriculums und seine Überprüfung und Evaluation in der 3. Projektphase im Schuljahr 1997/98

4.4.1   Ziele und geplante Maßnahmen für die 3. Projektphase im Schuljahr 1997/98

Laut Projektantrag waren folgende Arbeitsschritte vorgesehen:
-    Erarbeitung und Diskussion von integrativen Konzepten für die Klassenstufen 5/6 und 7/9 als Grundlage für ein Curriculum der Medienerziehung in der Hauptschule

- Zusammenstellung der erprobten Konzepte, Materialien und Bausteine
- Diskussion und Evaluation der durchgeführten Maßnahmen zur schulhausinternen Lehrerfortbildung
- Diskussion und Bewertung der Erfahrungen mit dem Konzept der integrativen Medienerziehung mit Schulleitung und Lehrern
- Auswertung der Daten und Aufbereitung der Ergebnisse
- Abschlußarbeiten zur Veröffentlichung der Ergebnisse

4.4.2 Organisatorische Rahmenbedingungen

Schulsituation

Mit Beginn des Schuljahres 1997/98 wurde die Ernst-Penzoldt-Hauptschule in eine „normale" Hauptschule umgewandelt, d.h., die Nachmittagsbetreuung der Schüler und der Mensabetrieb wurden komplett eingestellt. Die nun in der Trägerschaft der Arbeiterwohlfahrt angebotene Mittags- und Nachmittagsbetreuung wurde nur noch von ca. 40 (im Gegensatz zu vorher 240 Schülern) wahrgenommen.

Aus dieser Neuorganisation der Schule ergaben sich erhebliche Konsequenzen für den Modellversuch, die gerade in der letzten Phase des Projekts zu Beeinträchtigungen führen mußten:

- Durch die Reduzierung des Kollegiums gingen engagierte Mitarbeiter für den Modellversuch verloren.
- Die Konzentration des Unterrichts auf den Vormittag führte zum Wegfall vieler Frei- und Zwischenstunden für die Lehrkräfte. Dadurch schränkten sich die Möglichkeiten für spontane Gespräche und Kooperationen erheblich ein.
- Es gab kaum mehr Spielräume für flexible Unterrichtsorganisation und Projektarbeit.
- Verhaltensauffälligkeiten und Erziehungsschwierigkeiten bei den Schülern nahmen deutlich zu.

Kooperation Projektleitung - Schule

Für den erfolgreichen Abschluß der Projektarbeiten war die organisatorische Sicherung der aufgebauten Formen und Strukturen der Kooperation von essentieller Bedeutung. Diese mußten jedoch der veränderten Struktur der Schule und den speziellen Zielen und Arbeiten in der letzten Projektphase angepaßt werden.

- Teamleiterkonferenz:
  Weil in diesem Schuljahr die Inhalte des inzwischen überarbeiteten Curriculums zur Medienerziehung erprobt und evaluiert werden sollten, erübrigte sich eine wöchentliche Konferenz. Sie wäre auch stundenplantechnisch nicht durchführbar gewesen.

- Klassenstufenteams:
  Zu Beginn des Schuljahres erklärten sich erfreulicherweise alle Klassenlehrer bereit, an der Erprobung und Evaluation des Curriculums mitzuarbeiten. Daher konzentrierte sich die Zusammenarbeit auf die Betreuung und Begleitung dieser Teams.

- Medienorganisation:
  Es wurde nochmals der Versuch gemacht, den Betrieb der Medienwerkstatt sicherzustellen. Dort sollten zuverlässige Schüler als Helfer für den Medieneinsatz geschult und die Lehrkräfte bei der medienpraktischen Arbeit und bei der Herstellung von Medienprodukten unterstützt werden. Die Arbeit verlief nicht zufriedenstellend.

- Computerraum:
  Ein wichtiges Ereignis war die Einrichtung eines Computerraums während des Schuljahres. Dadurch konnten Computer und Multimedia verstärkt in die Projektarbeit einbezogen werden. Vorbereitung und Inbetriebnahme des Raumes stellten eine erhebliche Belastung für Herrn Winklmann dar.

Bewertung der Rahmenbedingungen

Gerade in dieser letzten Projektphase wurde noch einmal deutlich, wie sehr medienpädagogische Maßnahmen auf flexible Organisationsstrukturen, sowohl auf Unterrichts- als auch auf Schulebene angewiesen sind. Ohne flankierende Unterstützung durch Medienbetreuer und eine Medienwerkstatt wird sich eine intensivere Medienerziehung auf Dauer wohl an keiner Schule verwirklichen lassen. Dies gilt in Zukunft umso mehr, je weiter auf der Grundlage der Digitalisierung alle Medien mit Hilfe des Computers zu multimedialen Verbundsystemen zusammenwachsen.
Unabdingbar sind weiterhin vielfältige und auch spontane Kooperationsmöglichkeiten im Kollegium, die ebenfalls flexible Organisationsstrukturen zur Voraussetzung haben.

4.4.3 Schulhausinterne medienpädagogische Fortbildung

Fortbildungsinhalte

Sie bezogen sich auf die Erprobung und Evaluation des überarbeiteten Curriculums in Verbindung mit der Einführung des neuen Hauptschullehrplans:

- Schulungen am Computer: CD-ROM, Lernsoftware, Internet und e-mail;
- Vorstellung des Curriculums zur Medienerziehung;
- Hilfen bei der Jahresplanung;
- Erläuterung der Projektrahmen und der Arbeitsweise;
- Hilfen bei der Planung und bei der praktischen Medienarbeit;
- Konzeption einer Projektwoche im November und eines Projekttages im Februar;

- Reflexion und Evaluation der Unterrichtseinheiten;
- Überlegungen zu einem Schulprofil „Medienerziehung";
- Erarbeitung von Empfehlungen zur Umsetzung einer integrativen Medienerziehung.

Fortbildungsformen

Die Fortbildung fand auf drei Ebenen statt:
- Pädagogische Konferenzen, über das ganze Schuljahr verteilt, bei der Einführung des Curriculums und bei Planungsarbeiten;
- Klassenstufenteams im Zusammenhang mit der Planung, Durchführung und Evaluation der Projektrahmen;
- Individuelle Begleitung und konkrete Hilfen bei der praktischen Medienarbeit, bei der Dokumentation der Ergebnisse und bei der Erstellung der Bausteine.

Bewertung

Aufgrund der Neuorganisation der Schule stellten die Fortbildungsmaßnahmen in Verbindung mit der Projektarbeit eine erhöhte Belastung für die Lehrkräfte dar. Trotzdem arbeiteten fast alle sehr engagiert mit, weil sie den persönlichen Gewinn für ihren Unterricht erkannten. Sie beteiligten sich sehr gewissenhaft an der Projektevaluation.

4.4.4 Integration der Medienerziehung in den Unterrichts- und Schulalltag

Erprobung des medienpädagogischen Curriculums

Zu Beginn des Schuljahres wurde mit dem Kollegium abgesprochen, die Jahresplanung so vorzunehmen, daß die drei Projektrahmen des Curriculums auf jeder Jahrgangsstufe bis zum Februar erprobt werden können. Es stellte sich allerdings heraus, daß die Vorhaben mehr Zeit erforderten, so daß sich die Erprobung teilweise bis ins späte Frühjahr hinzog. Da sich die Lehrkräfte insgesamt auf einen neuen Lehrplan einstellen mußten, verzögerte sich der Beginn der medienpädagogischen Maßnahmen.
Ein Vorhaben sollte im Rahmen einer medienpädagogisch ausgerichteten Projektwoche im November 1997 durchgeführt werden. Trotz eines großen Arbeitsaufwands trafen die offenen Unterrichts- und Arbeitsformen auf große Zustimmung bei Lehrpersonen und Schülern. Dadurch wurde ein großer Motivationsschub für die folgenden Projekte ausgelöst.

Ein weiterer Ansporn für die Integration der Medienerziehung ergab sich im Zusammenhang mit der Durchführung eines Projekttags im Februar 1998. Mit diesem Projekttag sollte das Ende der praktischen Arbeit in der Schule markiert und Ergebnisse aus dem Modellversuch der Öffentlichkeit vorgestellt werden. Er wurde an einem Samstag durchgeführt und begann mit einem Angebot zum Frühstück, bereitgestellt vom Elternbeirat, einer Pressekonferenz für die bayerischen Zeitungen und Rundfunkanstalten und einer großen Ausstellung, in der die Klassen in unterschiedlichen medialen Formen Ergebnisse aus ihrer Projektarbeit präsentierten. Die Hauptveranstaltung wurde in Form einer Fernsehshow durchgeführt. Drei Schülerinnen und zwei Lehrerinnen moderierten den Ablauf. In kurzen Gesprächsrunden wurden die Projektleitung, Vertreter des Schulamts, der Regierung von Mittelfranken und des Kultusministeriums zu den Zielen und zur Bedeutung des Modellversuchs, zur Notwendigkeit der Medienerziehung und den Erfahrungen aus der Projektarbeit, zur Einschätzung der Ergebnisse und zu den Möglichkeiten der Verwirklichung eines integrativen Konzepts an allen Hauptschulen befragt. Dazwischen stellte eine Klasse von jeder Jahrgangsstufe ein Projekt vor und das Ganze wurde von der Big Band der Schule umrahmt. Die zahlreichen Gäste aus der Stadt, von anderen Schulen, von der Universität, der Regierung von Mittelfranken und des Kultusministeriums sowie die anwesenden Eltern waren sehr beeindruckt von den Darbietungen und den Leistungen der Schüler.

Gewalt im Alltag - Gewalt in den Medien

Das Interventionsprogramm zur gewaltfreien Konfliktlösung als Grundlage der Dissertation des Wiss. Mitarbeiters H. Kleber für die 5. Jahrgangsstufe wurde aufgrund der Erprobungen im vorausgegangen Projektjahr nochmals überarbeitet und in eine endgültige Fassung gebracht. Für die wissenschaftliche Evaluation des Programms wurden eigene Befragungs- und Beobachtungsinstrumente entwickelt. Im Herbst 1997 wurde das Handlungskonzept von Herrn Kleber selbst in einer für ihn fremden Klasse durchgeführt. Die Bearbeitung der vier Bausteine nehmen insgesamt zwei Wochen der kompletten Unterrichtszeit in Anspruch. Im Frühjahr 1998 fand die eigentliche Erprobung des Interventionsprogramms mit zwei Lehrerinnen an anderen Schulen statt, die nicht in den Modellversuch eingebunden waren. Die organisatorische Vorbereitung der Unterrichtsversuche, die Einweisung der Lehrerinnen, die wissenschaftliche Begleitung und die Durchführung der Evaluationsgespräche und der Nacherhebungen bei den Schülern erwies sich als außerordentlich arbeitsintensiv und erforderte jeweils ca. 5 Wochen. In dieser Zeit stand der Mitarbeiter nicht für andere Dienstaufgaben zur Verfügung.
Die Auswertung der Begleituntersuchungen zog sich bis Ende 1998 hin. Die Dissertation soll bis Herbst 1999 fertiggestellt sein. Nach Abschluß der Promotion wird das Interventionsprogramm als Handreichung veröffentlicht und soll dann mit Unterstützung von Fortbildungsveranstaltungen in den Schulen verbreitet werden.

Schulprofil „Medienerziehung"

Nach Abschluß der Erprobung des Curriculums setzte im Kollegium eine Diskussion über die Weiterentwicklung der Schule ein, die von zwei Anliegen geprägt war, die sich bereits am Ende des zweiten Projektjahres als sehr drängend erwiesen hatten:
- Wie könnten die Erfahrungen und Errungenschaften aus dem Modellversuch für die weitere Arbeit in der Schule auch nach Abschluß des Modellversuchs gesichert und weiterentwickelt werden?
- Wie können die nach der Einstellung der Nachmittagsbetreuung verstärkt auftretenden Erziehungsprobleme bei den Schülern pädagogisch sinnvoll bearbeitet werden?

Zum ersten Punkt wurde von Seiten der Projektleitung ein Konzept für ein Schulprofil „Medienerziehung" eingebracht. Es knüpfte an die Forderung nach Profilbildung im neuen Hauptschullehrplan und an die im Modellversuch geschaffenen Bedingungen an der Schule an. Der Vorschlag wurde in einer pädagogischen Konferenz im Frühjahr 1998 diskutiert. Er fand Zustimmung unter der Bedingung, daß im Rahmen der Profilbildung auch andere Anliegen und Aufgaben angemessen berücksichtigt werden können. Für die Bewältigung der Erziehungsschwierigkeiten wurden vom Kollegium eigene Vorschläge entwickelt und ebenfalls im Rahmen einer pädagogischen Konferenz diskutiert. Vom Projektleiter wurde der Schule Unterstützung auch nach Abschluß des Modellversuchs im Rahmen der Möglichkeiten zugesichert.

Bewertung der Maßnahmen zur integrativen Medienerziehung

Es kam für die Projektleitung völlig überraschend, daß sich zu Beginn des Projektjahres alle Klassenleiter bereit erklärten, an der Erprobung des Curriculums mitzuwirken. Deutlich war zu beobachten, daß im Zusammenhang mit dem neuen Hauptschullehrplan eher mit neuen Unterrichtsmethoden und offenen Arbeitsformen experimentiert wurde, unter Einbezug der Medien und medienpädagogischer Themen. Als wichtigste Erkenntnis läßt sich festhalten: Die Durchführung der medienpädagogischen Projektrahmen, wie sie im Curriculum beschrieben sind, erfordert sehr viel Zeit und großen Arbeitseinsatz. Es wurde meist zu wenig berücksichtigt, daß es sich um Vorschläge handelt, die nicht *alle* umgesetzt werden müssen.

Als außerordentlich wertvoll im Modellversuch haben sich die jährlichen Projektwochen mit medienpädagogischer Ausrichtung erwiesen. Sie schaffen Raum für die zeitaufwendige praktische Medienarbeit. Sie ermöglichen Lehrern und Schülern völlig neue Erfahrungen mit Unterricht und Schule und fördern bei manchen schwachen Schülern erstaunliche Fähigkeiten und Leistungspotentiale zutage.
Insgesamt hat sich die Struktur des entwickelten Curriculums zur Medienerziehung sehr gut bewährt: Die Lehrkräfte wissen, mit welchen Medien sie sich ein Jahr lang befassen müssen, welche medienpädagogischen Ziele und Themen zu behandeln sind und wie sie in den lehrplangemäßen Unterricht integriert werden können. Die Erfahrungen zeigen, daß sich die Schüler durch Medienthemen sehr gut motivieren lassen und sonst nicht genutzte Kompetenzen in den Unterricht einbringen können. Durch Medieneinsatz und produktive Medienarbeit verändern sich die Unterrichtsmethoden, Sozialformen und das Klassenklima auf positive Weise. Gerade durch die Möglichkeiten der neuen Medien könnten sich diese Effekte in Zukunft noch stärker auswirken.

Die Grenzen eines integrativen Konzepts schulischer Medienerziehung liegen in der Vielfalt an pädagogischen Aufgaben, die Lehrerinnen und Lehrer heute zu bewältigen haben. Sie liegen vor allem aber in unerwarteten und aufreibenden Hemmnissen und Schwierigkeiten im Alltag, die aus medien-, unterrichts- und schulorganisatorischen Gegebenheiten und Regelungen erwachsen. Sie liegen schließlich auch in erstarrten Denkstrukturen und Alltagsroutinen im beruflichen Handeln der Lehrpersonen, die erst mühsam aufgebrochen werden müssen. Wenn das integrative Konzept der Medienerziehung an anderen Schulen eingesetzt werden soll, ist besonderes Augenmerk auf diese Rahmenbedingungen zu legen. (Vgl. dazu die Empfehlungen im Abschnitt 6.5, S.210 ff.!)

4.4.5 Maßnahmen zur projektbegleitenden Evaluation und zur wissenschaftlichen Begleitung

Projektbegleitende Evaluation

Mehr als in den ersten beiden Projektjahren mußte auf eine möglichst vollständige Dokumentation der durchgeführten Unterrichtseinheiten zur Erprobung des Curriculum geachtet werden. Eine wissenschaftliche Hilfskraft wurde beauftragt, die Lehrkräfte bei der Erstellung der Unterrichtsdokumentationsbögen zu unterstützen. In Gesprächen und Interviews wurden fehlende oder mißverständliche Daten ergänzt.

Eine weitere Aufgabe bestand in der Bearbeitung und Erfassung der entstandenen Medienproduktionen in den einzelnen Schulklassen. Dazu gehörten Ausstellungen, Wandzeitungen, Arbeitsberichte, illustrierte Fabelbücher, Diareihen, Videofilme, Hörmagazine, Zeitungen, Lernzirkel, Prospekte. Die Nachbearbeitung und Fertigstellung der Medienprodukte war für Lehrkräfte und Schüler sehr wichtig, nahm jedoch enorm viel Zeit in Anspruch. Davon wurde insgesamt Herr Winklmann sehr stark belastet, aber gleichzeitig waren damit große medienpädagogische Lerneffekte verbunden. Die systematische Erfassung und Auswertung aller Produkte überstieg bei weitem die Möglichkeiten der Projektgruppe. Eine große Anzahl von Medienprodukten ist jedoch fertig bearbeitet, an der Schule einsehbar und kann auch über die Stadtbildstelle Erlangen entliehen werden.

Projektdokumentation

Während der Projektwoche im November 1997 wurde die Arbeit in den einzelnen Klassen von zwei Kamerateams mit Videokameras gefilmt. Dazu gehörten auch kurze Interviews mit Kommentaren der Lehrerinnen und Lehrer zu ihren Projekten. Daraus entstand ein ca. 20-minütiger Videofilm von Gömann/Graf: „Integrative Medienerziehung in der Hauptschule. Ein BLK-Modellversuch an der Ernst-Penzoldt-Hauptschule in Erlangen-Spardorf."

Im Rahmen der Projektarbeit einer 7. Klasse zum Thema „Jugendliche und das Recht" produzierten die Schüler eine Hörkassette. Beide Medien werden über die Landesbildstellen Nord- und Südbayern vertrieben und sind ab Herbst 1999 bei den Stadt- und Kreisbildstellen ausleihbar. Sie sind als Ergänzung zu den Bausteinen des Sammelwerks „Medienzeit" gedacht, die inzwischen im Auer-Verlag Donauwörth erschienen sind (vgl. unten!).

Auswertung der Projektergebnisse

Nach Abschluß der eigentlichen Projektarbeiten in der Schule im März 1998 begann eine wissenschaftliche Hilfskraft mit der Auswertung der auf unterschiedliche Weise erfaßten und dokumentierten Unterrichtseinheiten und Projektarbeiten zur Medienerziehung. In einem ersten Schritt wurde aus qualitativen Daten ein Kategorienschema entwickelt, das alle für die integrative Medienerziehung bedeutsamen Aspekte, Ziele, Formen, Rahmenbedingungen, Wirkungen, Einschätzungen in einen systematischen Zusammenhang bringt.

In einem zweiten Schritt wurde versucht, diese Faktoren soweit als möglich zu quantifizieren, um daraus gewisse Trends und Zusammenhänge ableiten zu können. Sie sind für eine Bewertung und Weiterentwicklung des integrativen Ansatzes und für effektive unterstützende Maßnahmen bei der Einführung des Curriculums an einer Schule von besonderer Bedeutung. Die Aufbereitung und Auswertung der Daten nahm sehr viel Zeit in Anspruch und mußte nach Abschluß des Modellversuchs vom Projektleiter selbst weitergefülut werden.

Wissenschaftliche Begleitforschung

Die Ergebnisse aus der Lehrer-Schüler-Befragung zu Ende des Schuljahres 1996/97 wurden ausgewertet und einige wesentliche Erkenntnisse in einer Konferenz dem Kollegium zurückgemeldet. Gegen Ende des Schuljahres wurde der noch fehlende Fragebogen zur Computernutzung und Computerspielen in der Schule getestet. Die Ergebnisse der Lehrer-, Schüler- und Elternbefragung wurden zu einer eigenen Veröffentlichung zusammengefaßt: Bofinger, J., Lutz, B., Spanhel, D.: Freizeit- und Medienverhalten der Hauptschüler. Eine explorative Studie über Hintergründe und Zusammenhänge. (KoPäd Verlag, München 1999)

Abschließende Evaluation des Modellversuchs

Nach Beendigung der Projektarbeiten in der Schule wurde eine abschließende Evaluation des integrativen Konzepts zur Medienerziehung in zwei Schritten vorgenommen:

- Bewertung des integrierten Curriculums zur Medienerziehung.
  Dazu wurden alle Klassenleiter einzeln in Form von mündlichen Interviews vom Projektleiter befragt. Die Zusammenfassung der Ergebnisse findet sich in dem Basisbaustein zum Curriculum.

- Die Erfahrungen aus dem Modellversuch wurden im Rahmen einer pädagogischen Konferenz zu Ende des Schuljahres mit dem Kollegium diskutiert. Außerdem wurde der Schulleiter vom Projektleiter zu seinen Erfahrungen aus dem Modellversuch befragt.
  Die Ergebnisse dieser abschließenden Evaluation wurden in sehr knapp gehaltenen Empfehlungen zusammengefaßt. Sie sollen möglichen Entscheider- und Nutzergruppen als Leitlinien und Orientierungshilfen bei der Einführung einer erfolgversprechenden integrativen Medienerziehung in den Schulen dienen. (Vgl. S.210 ff.)

Bei verschiedenen Gelegenheiten konnten wiederum der integrative Ansatz zur Medienerziehung und Ergebnisse aus dem Modellversuch einer breiteren Öffentlichkeit vorgestellt werden:

11.1.98	Lehrerfortbildung im Landkreis Forchheim: „Integrative Medienerziehung in der Hauptschule"
09.2.98	Vortrag bei der Learntec in Karlsruhe: Schulprofil „Medienerziehung" - Zur Notwendigkeit einer Änderung der Schulorganisation
19.3.98	Kongreß der Deutschen Gesellschaft für Erziehungswissenschaft: Vortrag zum Thema: „Medienpädagogische Evaluationsforschung - am Beispiel des BLK-Modellversuchs zur integrativen Medienerziehung in der Hauptschule"
05.5.98	Kongreß „Medienkompetenz" der Staatskanzlei Kiel: Vortrag zum Thema: „Neue Medien - alte Bildung. Notwendigkeit einer Reform der Schulorganisation und der Lehrerbildung"
20./21.9.98	Expertentagung des Bundesministeriums für Familie, Frauen und Jugend zum Thema Medienkompetenz. Zwei Vorträge: „Wie kann 12 - 15jährigen Medienkompetenz vermittelt werden." „Welche medienpädagogischen Kenntnisse und Fähigkeiten müssen Lehrerinnen und Lehrern in der Ausbildung vermittelt werden."
19.11.98	Lehrerfortbildung im Landkreis Eichstätt: „Integrative Medienerziehung in der Hauptschule."

4.4.6 Abschlußarbeiten zum Modellversuch

Die Fertigstellung der Abschlußarbeiten nahm sehr viel mehr Zeit in Anspruch als geplant. Die wichtigsten Publikationen konnten erst bis zum Jahresende 1998 fertiggestellt werden. Im einzelnen sind im Zusammenhang mit dem Modellversuch folgende Publikationen entstanden:

Ergebnisse aus dem Modellversuch

1. Veröffentlichungen

a) Bofinger, Jürgen: Der Fernsehkonsum von Hauptschülern. ISB-Beiträge zur Medienerziehung. Staatsinstitut für Schulpädagogik und Bildungsforschung. Arbeitsbericht Nr. 273, München 1996

b) Bofinger, Jürgen: Medienwelten von Jugendlichen. In: Achtung Sendung! 4/96, S.69-72

c) Spanhel, Dieter: Integrative Medienerziehung - ein Curriculum für die Hauptschule, Basisbaustein Medienzeit. Auer Verlag, Donauwörth, 1998

d) Kleber, Hubert; Meinhof, Cornelia: Bilder, Bilder, Bilder.... Integrative Medienerziehung: Bildmedien. Praxisbaustein Medienzeit, Hauptschule Jahrgangsstufe 5. Auer Verlag, Donauwörth, 1998

e) Kraus, Anne; Winklmann, Lorenz: „Hör doch mal!" - Integrative Medienerziehung: Hörmedien. Praxisbaustein Medienzeit, Hauptschule Jahrgangsstufe 7. Auer Verlag Donauwörth, 1998

f) Bofinger, Jürgen; Lutz, Brigitta; Spanhel, Dieter: Das Freizeit- und Medienverhalten von Hauptschülern. KoPäd Verlag, 1999

2. Medienproduktionen

a) Videofilm: „Integrative Medienerziehung in der Hauptschule",
Göhmann; Graf , 1997/98

b) Hörkassette: Radio-Reportage „Tatort Warenhaus",
Klasse 7c, Ernst-Penzoldt-Hauptschule , Erlangen-Spardorf, 1997/98

Veröffentlichungen über den Modellversuch

a) Spanhel, Dieter: Medienerziehung an den Hauptschulen.
Hilfen für Schüler, Eltern und Lehrer.
In: Schulreport 2/96, Juni 1996, S.18-20

b) Spanhel, Dieter:
Spiel in Familie und Gruppe als Ausgleich zur medienpädagogischen Alltagswelt und Freizeitkultur.
In: Unterrichten/Erziehen 4/96 , S. 49-52

c) BLLV, Julia Ogilvie:
„Integrative Medienerziehung" an der Erlanger Ernst-Penzoldt-Schule.
In: Mittelfränkische Lehrerzeitung 4, Juli/August 1996,

d) Spanhel, Dieter; Kleber, Hubert:
Integrative Medienerziehung in der Hauptschule.
In: Pädagogische Welt, Heft 8, August 1996 S. 359-364

e) Spanhel, Dieter:
Integrative Medienerziehung in der Hauptschule.
In: Unterrichten/Erziehen, Heft 5/1996, S. 51-54

f) Winklmann, Lenz:
Medienproduktion durch Schüler im Rahmen des
Modellversuchs „Integrative Medienerziehung".
In: Unterrichten/Erziehen, Heft 5/1996

g) Spanhel, Dieter:
Integrative Medienerziehung in der Hauptschule - ein Modellversuch.
In: Schulmagazin 5 bis 10, Heft 6/1996, S. 75-78

h) Spanhel, Dieter:
Erziehung in einer mediengeprägten Alltagswelt.
In: Liedtke, M. (Hrsg.): Kind und Medien. Julius Klinkhardt Verlag, Bad Heilbrunn,
1997, S. 229-247

i) Spanhel, Dieter: Unterrichtliche Integration. - Erfolgskontrolle (Evaluation) des Vorhabens. In: Dichanz, Horst (Hrsg.): Schulprofil Medienerziehung. Handreichungen
zur Entwicklung eines medienspezifischen Schulprofils, Halle/Saale, 1998

j) Spanhel, Dieter:
Projektbeschreibung des Modellversuchs zur integrativen
Medienerziehung an Hauptschulen in Erlangen/Spardorf
In: Handbuch Medien: Medienpädagogische Projekte und
„Modelle" der Bundeszentrale für politische Bildung. Bonn 1999

5. Ergebnisse

5.1 Ergebnisse der projektbegleitenden Evaluation: Auswirkungen der integrativen Medienerziehung auf den Unterrichts- und Schulalltag

5.1.1 Vorgehensweise und Grundlage der Daten

Die projektbegleitende Evaluation stellte ein zentrales Instrument der Informationsgewinnung im Sinne der responsiven Evaluation dar. Es handelte sich dabei um die möglichst gute Dokumentation aller wichtigen Planungen, Abläufe und Ergebnisse während des Modellversuchs. Dazu gehörten die Protokolle der Teamleitersitzungen, schulinternen Fortbildungen und Pädagogischen Konferenzen, die Dokumentationen der Projektwochen und Projekttage, der medienpädagogischen Unterrichtseinheiten und Maßnahmen sowie die Erfassung der entstandenen Medienproduktionen. Soweit es irgend möglich war, wurden Ergebnisse aus dieser Informationssammlung wieder in den Ablauf des Modellversuchs zur Steuerung und Stimulierung seiner Weiterentwicklung eingespeist.

Im folgenden geht es jedoch nur um einen Teilaspekt dieser projektbegleitenden Evaluation, nämlich um die Erfassung und Analyse der medienpädagogischen Unterrichtseinheiten und Maßnahmen während des normalen Schulalltags, während der Projekttage und bei der Vorbereitung, Durchführung und Nachbereitung der Projektwochen. Dieser Aspekt betrifft die zentrale Frage des Modellversuchs: Wie ist die Idee einer integrativen Medienerziehung tatsächlich umgesetzt worden und welche Wirkungen konnten dabei erzielt werden?

Die Evaluationsmaßnahmen zur Beantwortung dieser Fragen waren mit großen Schwierigkeiten verbunden: Zunächst mußten angemessene Instrumente in Form von Dokumentationsbögen entwickelt und erprobt werden. Sie dienten einer qualitativen Erhebung mit dem Ziel, möglichst differenziert und offen die Bedingungsfaktoren und Hemmnisse, die Formen und Methoden, die positiven und negativen Wirkungen der Integration medienpädagogischer Themen und Einheiten in den alltäglichen Unterricht und das Schulleben zu beschreiben. Da den Lehrpersonen durch die Mitarbeit in einem offenen Entwicklungsprojekt bereits sehr viel zugemutet werden mußte, neigten viele dazu, sich vor dem Ausfüllen der Bögen ganz zu drücken oder sie nur oberflächlich zu bearbeiten. Deshalb war von Anfang an eine wissenschaftliche Hilfskraft beauftragt, die Lehrerinnen und Lehrer bei der Bearbeitung der Bögen zu unterstützen und immer wieder auf eine möglichst vollständige Dokumentierung der Maßnahmen zu achten. Teilweise wurden die Bögen sogar gemeinsam ausgefüllt. Trotzdem konnten bei weitem nicht alle medienpädagogischen Aktivitäten erfaßt werden.

Für die umfangreichen Maßnahmen während der Projektwochen erwies sich der Dokumentationsbogen als zu differenziert und es mußten vereinfachte Erfassungsinstrumente in Form von Projektblättern und Medienlisten eingesetzt werden. Im letzten Jahr war es ein Anliegen des Kollegiums, die problematischen Verhaltensweisen der Schüler zu erfassen. Dafür wurden einfache offene Fragebögen verwendet. Schließlich wurden auch Protokolle der Teamleiterbesprechungen und Unterrichtsdokumente in die Auswertung einbezogen. Da die Hilfskraft gelegentlich am Unterricht einzelner Lehrkräfte aktiv oder beobachtend teilnahm, konnten öfter auch unklare oder unvollständige Angaben ergänzt werden.

Beschreibung der Stichprobe

Diese Vorgehensweise wirkte sich auf die vorliegende Datenbasis aus und muß bei der Interpretation und Bewertung der Ergebnisse berücksichtigt werden. So ist z.B. nicht bekannt, in welchem Verhältnis die erfaßten Einheiten zur Grundgesamtheit der durchgeführten Maßnahmen stehen. Auch die Verteilung über die unterschiedlichen Lehrkräfte wurde nicht berücksichtigt. Das kann bedeuten, daß von einzelnen Lehrkräften viele, von anderen nur sehr wenige Maßnahmen erfaßt wurden. Schließlich ist zu beachten, daß sich die folgenden Darstellungen jeweils auf unterschiedliche Stichproben beziehen, und die inhaltlichen Kategorien teilweise aus verschiedenen Erhebungsinstrumenten stammen. Trotzdem hielten wir es für ganz wichtig, durch vorsichtige Quantifizierung einige grundlegende Trends und Zusammenhänge sichtbar zu machen.

Die folgenden Darstellungen beschreiben die Zusammensetzung der Stichprobe hinsichtlich der erfaßten „Fälle"; das können unterschiedlich dimensionierte medienpädagogische Maßnahmen, Projekte oder kleinere Unterrichtseinheiten sein.

Die erste Tabelle (Tabelle 1.1) gibt einen Überblick über die Verteilung der Fälle auf die drei Projektjahre sowie auf die Lokalisierung der Fälle im normalen Unterricht bzw. im Kontext einer Projektwoche. Über die medienpädagogische Bedeutung der Projektwochen im Verhältnis zu den Einheiten während des normalen Unterrichts im Verlaufe des Schuljahres können keine klaren Schlüsse gezogen werden, da die Zahl nicht dokumentierter Fälle im Jahresablauf nicht bekannt ist. Trotzdem ist erkennbar, daß den Projektwochen ein erhebliches Gewicht zukommt. Die geringere Fallzahl im letzten Projektjahr ist durch den enormen Zeitdruck und die abschließenden Evaluationsmaßnahmen zu erklären.

Bei der Verteilung über die Schuljahre (Tabelle 1.2) zeigt sich die Schwierigkeit einer medienpädagogischen Arbeit im 9. Schuljahr, wo alle Kräfte auf die Vorbereitung der Abschlußprüfung ausgerichtet sind. Die Übergangsklassen mit einem hohen Anteil an Schülern, die kaum deutsch sprachen, beteiligten sich nur punktuell an den Maßnahmen des Modellversuchs.

Die Tabelle 1.3 gibt einen Überblick über die verschiedenen Dokumentationsformen, auf denen die Daten beruhen.

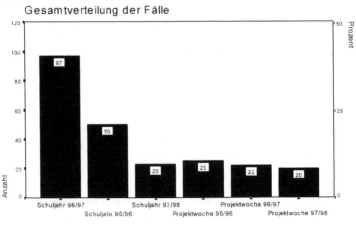

Tabelle 1.1: Anzahl der erfaßten medienpädagogischen Maßnahmen

130

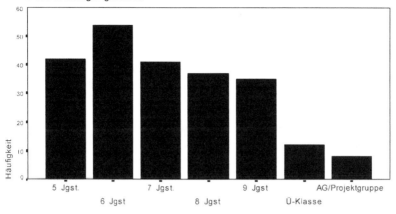

Tabelle 1.2: Verteilung der erfaßten medienpädagogischen Maßnahmen über die Jahrgangsstufen

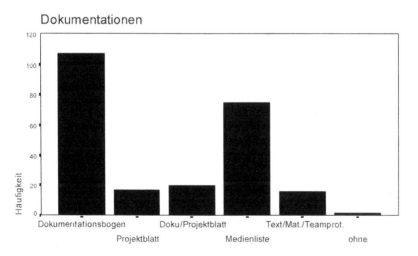

Tabelle 1.3: Dokumentationsformen zur Erfassung der medienpädagogischen Maßnahmen

(Doku = Dokumentationsbogen - Mat. = Material
Teamprot. = Protokoll von Teambesprechungen)

131

5.1.2 Medienpädagogische Ziele und ihre Verteilung

In der Einführung zu Beginn des Modellversuchs und in den Fortbildungen waren die Lehrerinnen und Lehrer auf die grundlegenden Ziele der Medienerziehung in Anlehnung an Tulodziecki (1995) eingeschworen worden. In den folgenden Darstellungen bedeuten die einzelnen Zielkategorien:

Medienwirkungen: Aufarbeitung von Medienwirkungen:
- emotionale Wirkungen
- medienbedingte Vorstellungen über die Wirklichkeit
- medienbedingte Verhaltensweisen

Medienanalyse: Medienanalyse und –kritik:
- Analyse formaler Angebotsweisen
- inhaltliche Analyse
- Medienaussagen verstehen und kritisieren

Sinnvolle Mediennutzung und Handlungsalternativen:
- mediale Möglichkeiten in Unterricht und Schule nutzen
- Medien als Werkzeuge
- Eigenaktivitäten mit Medien, z.B. Beobachtungsaufträge
- Handlungsalternativen

Aktive Medienarbeit: Herstellung eigener Medienprodukte:
- produktorientiert: Etwas Neues entsteht
- Dokumentation von Unterrichtsergebnissen

Gesellschaftliche Bedeutung der Medien und Teilhabe an der Medienkultur:
- Teilnahme an Wettbewerben, z.B. Lese- oder Filmwettbewerb
- Leserbriefe an Tageszeitungen
- schulübergreifende Teilhabe

Tabelle 2.1 zeigt die Verteilung der Zieldimensionen bei den durchgeführten Maßnahmen. Ganz eindeutig überwiegen die Ziele „sinnvolle Mediennutzung" (41%) und „aktive Medienarbeit" (31%). In beiden Fällen geht es um aktive Formen des Medieneinsatzes, bei denen die Medien auf vielfältige Weise als Werkzeuge in den Dienst der Unterrichtsziele gestellt werden konnten. In mehr als 40% der Fälle wurden dabei zwei oder drei Zielaspekte zugleich verfolgt. Die Gewichtung der Zieldimensionen sieht in den Projektwochen etwas anders aus als während des Schuljahres (Tabellen 2.2 und 2.3): In den Projektwochen überwiegt ganz eindeutig die aktive Medienarbeit, die besonders viel Zeit, Vor- und Nachbereitungsaufwand erfordert. Das schlägt sich auch darin nieder, daß bei der praktischen Medienarbeit sehr häufig die Klassenlehrer mit Fachlehrern zusammenarbeiten (Tabelle 2.4). Im normalen Unterricht erscheint die Integration in Form sinnvoller Mediennutzung als die praktikabelste Form der Medienerziehung. Damit bestätigt sich die Vermutung, daß ohne Verbindung mit dem Fachunterricht eine intensivere Medienerziehung kaum eine Chance hat. Allerdings bleibt die Frage offen, inwieweit bei der praktischen Medienarbeit und bei den unterschiedlichen Formen sinnvoller Mediennutzung die Medien selbst auch zum Thema gemacht wurden.

In dem Dokumentationsbogen wurden die Lehrerinnen und Lehrer auch nach einer möglichen Verfehlung der angestrebten Unterrichtsziele gefragt. Obwohl dazu nur eine geringe Zahl von Angaben gemacht wurden, zeichnen sich doch gewisse Tendenzen ab (vgl. 2.5 bis 2.7). Für das Nichterreichen sowohl fachlicher als auch medienpädagogischer Ziele werden die Ursachen überwiegend in den Schülern gesucht. In erster Linie werden dafür ihre Überforderung, aber auch mangelnde Motivation und Arbeitshaltung verantwortlich gemacht. Hinsichtlich der medienerzieherischen Ziele spielen daneben insbesondere organisatorische und zeitliche Gründe eine Rolle.

Insgesamt verteilt sich die Verfehlung medienpädagogischer Ziele entsprechend der Verteilung der Zieldimensionen selbst: Am häufigsten werden Ziele bei der aktiven Medienarbeit und der sinnvollen Mediennutzung nicht oder nur teilweise erreicht.

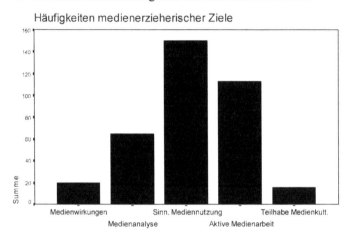

Tabelle 2.1: Verteilung der angestrebten medienerzieherischen Ziele

Medienpädagogische Ziele	Count	Pct of Responses	Pct of Cases
Medienwirkungen	3	2,6	4,8
Medienanalyse	20	17,2	31,7
Sinnvolle Mediennutzung	34	29,3	54,0
Aktive Medienarbeit	54	46,6	85,7
Teilhabe an Medienkultur	5	4,3	7,9
Total responses	116	100,0	184,1

4 missing cases; 63 valid cases

Tabelle 2.2: Verteilung der Ziele während der Projektwochen

133

```
                                       Pct of   Pct of
                              Count  Responses  Cases

Medienwirkungen                  17      6,9    10,1
Medienanalyse                    45     18,1    26,6
Sinnvolle Mediennutzung         116     46,8    68,6
Aktive Medienarbeit              59     23,8    34,9
Teilhabe an Medienkultur         11      4,4     6,5
                             -------    -----   -----
              Total responses   248    100,0   146,7
```

1 missing cases; 169 valid cases

Tabelle 2.3: Verteilung medienpädagogischer Ziele während des normalen Unterrichts

```
                    Zusammenarbeit der Lehrkräfte

                        keine
                        Zus./      Zus.      Row
                        k.A.                 Total
     Medienpädagogische    0         1
     Ziele              ─────────────────────
                  1        8        12        20
     Medienwirkungen     40,0      60,0       8,6

                  2       24        41        65
     Medienanalyse       36,9      63,1      28,0

                  3       88        62       150
     Sinnvolle Mediennutz. 58,7    41,3      64,7

                  4       37        76       113
     Aktive Medienarbeit  32,7      67,3      48,7

                  5        5        11        16
     Teilhabe Medienkultur 31,3     68,8       6,9
                        ─────────────────────
              Column     122       110       232
              Total     52,6      47,4      100,0
```

Percents and totals based on respondents

232 valid cases; 5 missing cases

Tabelle 2.4: Häufigkeit der Zusammenarbeit in Abhängigkeit von medienpädagogischen Zielstellungen

134

```
                                                          Pct of
                                                Count     Cases

Nicht abprüfbar                                    1       7,1
Zeitgründe                                         2      14,3
Organisatorische Gründe                            3      21,4
Überforderung                                     11      78,6
Arbeitshaltung, Motivation                         2      14,3
Medienverfügbarkeit/-eignung,
 technische Gründe                                 2      14,3
Externe Störungen (hier: Bauarbeiten)             2      14,3
Fehlende Vorerfahrung d. Lehr./Schül.             1       7,1
                                               -------    -----
                        Total responses           24     171,4


33 missing cases;  14 valid cases
```

Tabelle 2.5: Gründe für die Verfehlung fachlicher Ziele

```
                                                          Pct of
                                                Count     Cases

Zeitgründe                                         4      23,5
Organisatorische Gründe                            5      29,4
Überforderung                                      4      23,5
Arbeitshaltung, Motivation                         4      23,5
Medienverfügbarkeit/-eignung, techn.Gr.            3      17,6
Fehlende Vorerfahrung Lehr./Schül.                 1       5,9
                                               -------    -----
                        Total responses           21     123,5


36 missing cases;  17 valid cases
```

Tabelle 2.6: Gründe für die Verfehlung medienpädagogischer Ziele

Count	Medien-wirkung	Medien-analyse	Sinnvoll Medien-nutzung	Aktive Medien-arbeit	Teilhabe Medien-kultur	Row Total
	WIRK	ANAL	SINN	AKTM	TEIL	
Zielverfehlung						
0	5	14	36	34	2	91
nein	5,5	15,4	39,6	37,4	2,2	67,4
	50,0	51,9	83,7	66,7	50,0	
1	1	3	1	4	0	9
ja	11,1	33,3	11,1	44,4	,0	6,7
	10,0	11,1	2,3	7,8	,0	
2	4	9	5	12	2	32
teilweise	12,5	28,1	15,6	37,5	6,3	23,7
	40,0	33,3	11,6	23,5	50,0	
3	0	1	0	1	0	2
nicht garantiert	,0	50,0	,0	50,0	,0	1,5
	,0	3,7	,0	2,0	,0	
4	0	0	1	0	0	1
weiß nicht	,0	,0	100,0	,0	,0	,7
	,0	,0	2,3	,0	,0	
Column Total	10	27	43	51	4	135
	7,4	20,0	31,9	37,8	3,0	100,0

Percents and totals based on responses

78 valid cases; 159 missing cases

Tabelle 2.7: Häufigkeit der Verfehlung medienpädagogischer Ziele

5.1.3 Formen der Integration medienpädagogischer Maßnahmen in den Unterrichts- und Schulalltag

Der Modellversuch zielte in seinem Kern darauf, geeignete Formen zur Integration medienerzieherischer Aktivitäten in den Unterrichts- und Schulalltag zu finden und zu erproben. Der besondere Anspruch des Modellversuchs als Entwicklungsprojekt bestand eben
darin, jene Integrationsformen ausfindig zu machen, die sowohl den theoretischen Anforderungen, (d.h., den medienpädagogischen Zielen), als auch den konkreten praktischen
Bedingungen in der Hauptschule entsprechen. In dem oben beschriebenen Prozeß der „responsiven Evaluation" bildeten sich im Verlaufe des Modellversuchs die nachfolgend
aufgeführten Integrationsformen heraus:

- Unterrichtsfach:
  Integration medienerzieherischer Aktivitäten in die einzelnen Unterrichtsfächer
  durch die Verbindung von fachlichen mit medienpädagogischen Zielen
- Medienthemen:
  Medienspezifische Themen, medienpädagogische Anliegen, die nicht direkt unter-
  richtlichen Lernzielen zuordenbar sind, z.B. Gewalt in den Medien oder formale
  Angebotsweisen in den Medien und deshalb ohne Anbindung an ein Fach in den
  Unterricht eingebaut werden.

- Projekt:
  Fächerübergreifende, projektorientierte Unterrichtseinheiten mit alternativen Arbeits-, Sozial- und Organisationsformen, die Fachlernziele aus mehreren Fächer mit medienerzieherischen Anliegen verbinden
- Medienspezifische Arbeitstechniken:
  Jegliche Medienerziehung ist auf die Beherrschung medienspezifischer Arbeitstechniken angewiesen, die die Schüler erwerben und einüben müssen. Dies betrifft sowohl Analyse- und Produktionstechniken als auch die möglichst sichere Handhabung der verschiedenen Medien.
  Diese Arbeitstechniken können bei verschiedensten Gelegenheiten im Unterricht, in Projekten, Arbeitsgruppen, als Hausaufgaben in Form kurzer Einheiten und Übungsphasen geübt werden.
- Sprachförderung:
  Bewußte Förderung der Sprach- und Lesefähigkeit im Kontext jeder Art von Medienarbeit und medienpädagogischen Aktivitäten auch außerhalb des Deutschunterrichts. Diese basale Integrationsform steht quer zu allen anderen Formen.
- Schulleben:
  Medienerzieherische Aktivitäten außerhalb des Unterrichts bzw. des Klassenzimmers (zeitlich und räumlich, z.B. Ausstellung, Leseecke, Spielesammlung, Elternkontakte).

Tabelle 3.1 zeigt die Häufigkeitsverteilung dieser Integrationsformen. Daraus ergibt sich, daß die basalen Formen, die medienspezifischen Arbeitstechniken und die Integration in den Fachunterricht, von herausragender Bedeutung sind. Daneben ist die Sprachförderung vorherrschend, während die Integration in das Schulleben eine geringere Rolle spielt.

Von besonderer Bedeutung im Hinblick auf die Durchführbarkeit und Übertragbarkeit eines integrativen Ansatzes schulischer Medienerziehung ist die Frage, wie sich durch die unterschiedlichen Integrationsformen der Unterricht verändert. Damit hängt entscheidend zusammen, welche über die medienpädagogische Kompetenz hinausgehende Anforderungen auf die Lehrerinnen und Lehrer zukommen. Die folgenden Tabellen zeigen die wichtigsten Veränderungen des Unterrichts- und Schulalltags im Gefolge integrativer Medienerziehung. In den Tabellen 3.2 und 3.3 wird zunächst sichtbar, welche Fächer insbesondere durch eine Intensivierung der Medienerziehung betroffen wären: Bezogen auf die Integrationsform „Unterrichtsfach" steht mit weitem Abstand das Fach Deutsch an erster Stelle, gefolgt von Englisch. Eine weitere Gruppe von Fächern mit etwa gleichrangiger Bedeutung sind Mathematik, Biologie, Kunst, Geschichte, Musik, Deutsch als Zweitsprache und noch Sozialkunde.

Bei der Integrationsform „Projekt" zeigt sich dagegen ein ganz anderes Bild: Zwar steht auch dort das Fach Deutsch mit Abstand an erster Stelle, danach folgen jedoch die Fächer Kunst, Sozialkunde, Geschichte und Erdkunde, in denen sich am ehesten fächerübergreifende Projektthemen finden lassen.

Aus diesen Ergebnissen folgt, daß das Fach Deutsch im Zentrum integrativer Medienerziehung stehen muß und daß in der Konsequenz dieses Fach im Kontext der heutigen Mediengesellschaft neu definiert werden muß (vgl. Wermke 1998). Daneben erfordert eine intensivere Medienerziehung ein Umdenken in den sozialwissenschaftlichen sowie in den musischen Fächern. Dies müßte in der fachdidaktischen Aus- und Fortbildung berücksichtigt werden.

Im weiteren verändern sich durch die unterschiedlichen Integrationsformen der Medienerziehung die Kommunikationsstrukturen des Unterrichts. Dies ergab sich zum ersten aus
einer verstärkten Kooperation der Klassenlehrerinnen und -lehrer mit Fach- oder Förderlehrern bzw. mit Mitgliedern des Projektteams, mit Praktikanten und studentischen Hilfs-
kräften. Tabelle 3.4 zeigt, daß in vielen Fällen, insbesondere bei Projekten, Medienaktivitäten im Schulleben und bei Behandlung medienspezifischer Themen eine solche Zusammenarbeit stattfand. Sie war ja auch ausdrückliches Ziel des theoretischen Ansatzes.

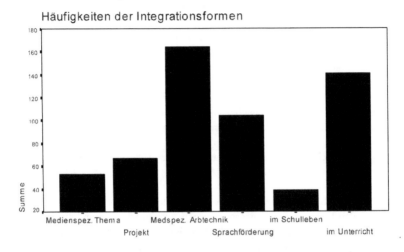

Tabelle 3.1: Häufigkeitsverteilung der Integrationsformen
(Medspez. Arbtechnik = medienspezifische Arbeitstechniken)

	Count	Pct of Responses	Pct of Cases
Deutsch	56	34,6	44,8
Geschichte	8	4,9	6,4
Sozialkunde	6	3,7	4,8
Erdkunde	5	3,1	4,0
Musik	8	4,9	6,4
Kunst	9	5,6	7,2
Arbeitslehre	5	3,1	4,0
Englisch	26	16,0	20,8
Mathe/Physik/Informatik	11	6,8	8,8
Biologie	11	6,8	8,8
Deutsch Zweitsprache	8	4,9	6,4
Religion/Ethik	4	2,5	3,2
Hauswirt./Textil	4	2,5	3,2
Maschinenschreiben	1	,6	,8
Total responses	162	100,0	129,6

16 missing cases (Unterrichtsfach ohne Fachangabe)
125 valid cases (Fälle)

Tabelle 3.2: Integrationsform „Unterricht": Verteilung auf die Fächer

```
                                        Pct of    Pct of
                              Count    Responses   Cases

Deutsch                         36       37,5      83,7
Geschichte                      10       10,4      23,3
Sozialkunde                     12       12,5      27,9
Erdkunde                         9        9,4      20,9
Kunst                           17       17,7      39,5
Arbeitslehre                     4        4,2       9,3
Englisch                         1        1,0       2,3
Mathe/Physik/Informatik          2        2,1       4,7
Biologie                         5        5,2      11,6
                              -------    -----     -----
              Total responses    96      100,0     223,3


24 missing cases;  43 valid cases
```

Tabelle 3.3: Integrationsform „Projekt": Verteilung auf die Fächer

```
              Integrationsformen

      Count    Medien-  Projekt Medien-  Sprach- Schul- Unter-
      Col pct  spezif.          spez. Ar-förder- leben  richt    Row
               Thema            beitstech. ung                   Total
                 1        2        3       4       5      6
Zusammenarbeit
          0     12       12       41      38       9     48       68
keine Zus./keine Ang. 34,3  24,0  41,4    57,6    34,6   62,3     50,0

          1     23       38       58      28      17     29       68
Zus. stattgefunden  65,7  76,0    58,6    42,4    65,4   37,7     50,0

     Column    35       50       99      66      26     77      136
     Total     25,7     36,8     72,8    48,5    19,1   56,6    100,0
```

Percents and totals based on respondents

136 valid cases; 2 missing cases

Tabelle 3.4: Zusammenarbeit der Klassenleiter/innen mit anderen Lehrpersonen je nach Integrationsform

Die Kommunikationsstrukturen verändern sich zum zweiten im Zusammenhang mit den Sozialformen des Unterrichts. Tabelle 3.5 läßt erkennen, daß bei etwa einem Fünftel der evaluierten medienpädagogischen Maßnahmen von vornherein nicht mit der ganzen Klasse, sondern in Gruppen gearbeitet wurde, am häufigsten bei medienspezifischen Themen und Arbeitsweisen sowie bei Aktivitäten im Schulleben. Insgesamt wurde bei medienerzieherischen Aktivitäten der Klassenverband sehr oft aufgelöst und Partner- bzw. Gruppenarbeit oder Einzelarbeit praktiziert (vgl. Tabelle 3.6). Während sich Einzel- und Partnerarbeit annähernd gleich über alle Integrationsformen verteilen, überwiegt die Gruppenarbeit bei den Integrationsformen Schulleben, Projekt, medienspezifische Themen und Arbeitsweisen. Insgesamt wird überdeutlich: Integrative Medienerziehung führt fast zwangsläufig zu einer Auflösung des Klassenverbandes und des herkömmlichen Frontalunterrichts. Sie ermöglicht und erzwingt die Umsetzung einer seit langem erhobenen schulpädagogischen Forderung. Gleichzeitig sind damit erhöhte Anforderungen an die methodischen Fähigkeiten der Lehrpersonen verbunden.

Zum dritten ändern sich mit der Integration der Medienerziehung die unterrichtlichen Arbeitsformen. Tabelle 3.7 zeigt, welche Arbeitsformen im Zusammenhang mit den einzelnen Integrationsformen bevorzugt werden. Die aufgeführten Kategorien ergeben sich aus den freien Lehrerantworten. Sie lassen zunächst erkennen, daß in den einzelnen Unterrichtseinheiten oder Maßnahmen jeweils mehrere Arbeitsformen (im Durchschnitt bis zu drei) eingesetzt wurden. Am häufigsten wurden selbständige Tätigkeiten genannt (Arbeits- oder Beobachtungsaufträge ausführen, Textarbeit oder Stillarbeit), an zweiter Stelle bereits Formen der Zusammenarbeit, dann das Unterrichtsgespräch und an vierter Stelle Aktivitäten außerhalb des Unterrichts bzw. des Klassenzimmers (z.B. in der Medienwerkstatt). Es überrascht nicht, daß besonders bei den Integrationsformen Projekt, Schulleben und medienspezifisches Thema vom herkömmlichen Unterricht abweichende Arbeitsformen auftreten. Allerdings lassen sich diese Ergebnisse nur schwer bewerten, da der Vergleich mit normalen Unterrichtsstunden fehlt. Außerdem ist es fraglich, ob die Lehrerinnen und Lehrer aus der Erinnerung tatsächlich alle Arbeitsformen eingetragen haben.

Integrationsformen

Count Row pct Col pct	Medien- spez. Thema THEM	Projekt PROJ	Medien- spez. Ar- beitstech. ARB	Sprach- förderung SPRACH	Schul- leben SCHUL	Unter- richts- fach UNT	Row Total
KLASSE	32 26,4 76,2	51 42,1 83,6	95 78,5 80,5	49 40,5 87,5	22 18,2 75,9	69 57,0 90,8	121 82,3
GRUPPE	12 41,4 28,6	12 41,4 19,7	25 86,2 21,2	9 31,0 16,1	7 24,1 24,1	7 24,1 9,2	29 19,7
Column Total	42 28,6	61 41,5	118 80,3	56 38,1	29 19,7	76 51,7	147 100,0

Percents and totals based on respondents

147 valid cases; 90 missing cases

Tabelle 3.5: Durchführung der einzelnen Integrationsformen in der Klasse oder in Arbeitsgruppen

140

Integrationsformen

Count Col pct Sozialformen im Unterricht	Medien- spezif. Thema THEM	Projekt PROJ	Medien- spez. Ar- beitstech. ARB	Sprach- förder- ung SPRACH	Schul- leben SCHUL	Unter- richt UNT	Row Total
GRUP	27 36,5 79,4	43 58,1 86,0	66 89,2 72,5	26 35,1 57,8	20 27,0 100,0	29 39,2 48,3	74 64,3
EINS	20 30,8 58,8	25 38,5 50,0	47 72,3 51,6	25 38,5 55,6	11 16,9 55,0	34 52,3 56,7	65 56,5
ZWEI	14 29,2 41,2	25 52,1 50,0	40 83,3 44,0	16 33,3 35,6	8 16,7 40,0	21 43,8 35,0	48 41,7
Column Total	34 29,6	50 43,5	91 79,1	45 39,1	20 17,4	60 52,2	115 100,0

Percents and totals based on respondents

115 valid cases; 122 missing cases

(GRUP = Gruppenunterricht; EINS = Einzelarbeit; ZWEI = Partnerarbeit)

Tabelle 3.6: Sozialformen im Unterricht in Abhängigkeit von Integrationsformen der Medienerziehung

Arbeitsformen

Count Row pct Col pct Integrationsformen	Unter- richts- gespräch UNTER	offene Gesprächs- form OFFEN	Schüler- gespr. SCHGE	Vortrag/ Vormachen Experim. VORTRAG	selbst./ Still- arbeit SELB	Zusammen arbeit: Team SOND	Wieder- holen/ Üben/ Prüfen WDH	außerhalb v. Unter./ Klassen- zimmer KUND	Row Total
THEM Medienspezifisches Thema	20 52,6 35,1	10 26,3 45,5	0 ,0 ,0	8 21,1 40,0	34 89,5 32,4	19 50,0 29,7	2 5,3 12,5	14 36,8 31,8	38 30,2
PROJ Projekt	28 53,8 49,1	12 23,1 54,5	0 ,0 ,0	9 17,3 45,0	47 90,4 44,8	30 57,7 46,9	3 5,8 18,8	28 53,8 63,6	52 41,3
ARB Medienspezifische Arbeitstechnik	42 42,9 73,7	17 17,3 77,3	0 ,0 ,0	15 15,3 75,0	85 86,7 81,0	58 59,2 90,6	14 14,3 87,5	38 38,8 86,4	98 77,8
SPRACH Sprachförderung	20 41,7 35,1	6 12,5 27,3	0 ,0 ,0	8 16,7 40,0	40 83,3 38,1	25 52,1 39,1	5 10,4 31,3	14 29,2 31,8	48 38,1
SCHUL Schulleben	8 38,1 14,0	2 9,5 9,1	0 ,0 ,0	6 28,6 30,0	18 85,7 17,1	13 61,9 20,3	3 14,3 18,8	13 61,9 29,5	21 16,7
UNT Unterrichtsfach	30 46,2 52,6	6 9,2 27,3	2 3,1 100,0	7 10,8 35,0	52 80,0 49,5	29 44,6 45,3	10 15,4 62,5	14 21,5 31,8	65 51,6
Column Total	57 45,2	22 17,5	2 1,6	20 15,9	105 83,3	64 50,8	16 12,7	44 34,9	126 100,0

Percents and totals based on respondents

126 valid cases; 111 missing cases

Tabelle 3.7: Welche Arbeitsformen werden bei den einzelnen Integrationsformen der Medienerziehung bevorzugt?

141

5.1.4 Medieneinsatz

Eine Grundforderung des integrativen Ansatzes besteht im Einbezug aller Medien. Die folgenden Tabellen zeigen, inwieweit dieses Anliegen im Verlaufe des Modellversuchs praktisch verwirklicht wurde. Dabei fällt auf, daß auch bei medienerzieherischen Maßnahmen die Text-Bild-Medien mit Abstand am häufigsten eingesetzt werden und bereits an zweiter Stelle der Computer folgt (Tabelle 4.1). Dies ist sicher auch darauf zurückzuführen, daß der Sprach- und Leseförderung ein hoher Stellenwert in der Medienerziehung eingeräumt wurde und Printmedien auf der 8. Jahrgangsstufe als Leitmedium dienten. Die häufige Computernutzung hängt vermutlich damit zusammen, daß in den meisten Klassenzimmern ein Multimediacomputer plaziert wurde und die Schüler außerdem in einem Gruppenraum an vier Macs arbeiten konnten. Die Tabelle 4.2 gibt genaueren Aufschluß über den Anteil der technischen Medien über alle Medienarten hinweg. Hier steht der Computer eindeutig an der Spitze, insbesondere wenn man die Arbeit mit CD-ROMs hinzunimmt. Die Auflistung belegt, daß die modernen technischen Medien in ihrer ganzen Breite genutzt wurden. Bildmedien dominierten gegenüber den Hörmedien. Der Computer wurde zwar vorrangig für die Textverarbeitung, daneben aber für zahlreiche weitere Funktionen eingesetzt (Tabelle 4.3). Diese erfreuliche Vielfalt des Medieneinsatzes dürfte damit zusammenhängen, daß von Beginn des Modellversuchs an mit dem Kollegium folgender Grundsatz vereinbart wurde: „Alle Schüler dürfen alle Medien nutzen!" Die von vielen Lehrpersonen befürchteten Beschädigungen durch unsachgemäßen Gebrauch blieben weitgehend aus; in den allermeisten Fällen gingen die Schüler sachkundig und verantwortungsbewußt mit den Medien um. Ein Problem stellte allerdings die selbständige Computernutzung dar. Immer wieder mißbrauchten einzelne Schüler ihre Freiheit dazu, Systemeinstellungen am Computer zu verändern, so daß der Medienverantwortliche aus dem Projektteam sehr viel Zeit für die Neuinstallation von Betriebssystemen und andere Arbeiten aufwenden mußte.

	Count	Pct of Responses	Pct of Cases
Text- od. Text-Bild-Medien	103	32,3	55,4
Einsatz Bildmedien	46	14,4	24,7
Anzahl Filme	58	18,2	31,2
Hörmedium, versch. Formen	37	11,6	19,9
Einsatz Computermedien	75	23,5	40,3
Total responses	319	100,0	171,5

17 missing cases; 186 valid cases

Tabelle 4.1: Häufigkeit des Medieneinsatzes nach Medienarten

	Count	Pct of Responses	Pct of Cases
Computer	72	18,0	41,9
Cd-Rom	32	8,0	18,6
Videorekorder	69	17,3	40,1
Videokamera	43	10,8	25,0
Schnittrekorder/Vertonung	11	2,8	6,4
Fotoapparat	32	8,0	18,6
Diaprojektor	3	,8	1,7
Overhead-Projektor	20	5,0	11,6
Cd-Player	20	5,0	11,6
Tonband/Kassettenrekorder	53	13,3	30,8
Mikrophon	39	9,8	22,7
Radioapparat	5	1,3	2,9
Total responses	399	100,0	232,0

0 missing cases; 172 valid cases

Tabelle 4.2: Aufteilung der Technischen Medien

	Count	Pct of Responses	Pct of Cases
Textprogramm	32	40,5	42,7
Lernprogramme	20	25,3	26,7
Schnittcomputer (Film-)	9	11,4	12,0
Internet	3	3,8	4,0
Musikprogramme	4	5,1	5,3
Spiele	2	2,5	2,7
Lexi-Rom	4	5,1	5,3
keine Angaben	4	5,1	5,3
sonstiges	1	1,3	1,3
Total responses	79	100,0	105,3

0 missing cases; 75 valid cases

Tabelle 4.3: Aufteilung der Computermedien

Um einen systematischen Aufbau von Medienkompetenz bei den Schülern zu unterstützen, wurden *Leitmedien* in den Mittelpunkt der medienpädagogischen Arbeit auf den einzelnen Jahrgangsstufen gestellt. Die Umsetzung dieser Idee spiegelt sich in der Tabelle 4.4 wieder: Das größere Gewicht der Leitmedien auf den einzelnen Klassenstufen ist sichtbar (5. Jg. Bild, 6. Jg. Filme bzw. audiovisuelle Medien, 7. Jg. Hörmedien, im 8. und 9. Jg. dominieren Text- bzw. Text-Bildmedien und Computer). Der Anteil der Printmedien und des Computers an allen eingesetzten Medien über die Klassenstufen hinweg läßt tendenziell das Bemühen um eine intensive Sprachförderung und um die Nutzung des Computers als (Schreib-) Werkzeug erkennen.

Tabelle 4.5 beleuchtet den Zusammenhang zwischen den medienerzieherischen Zielen bzw. Aufgabenfeldern und den eingesetzten Medien. Man erkennt, daß in allen Aufgabenfeldern die Vielfalt der Medien genutzt wurde. Gewisse Schwerpunktsetzungen sind tendenziell sichtbar und entsprechen dem spezifischen Charakter der Medien: Beim Erkennen und Aufarbeiten von Medienwirkungen dominieren Hör- und Bildmedien sowie Filme, bei Medienanalyse und -kritik stehen audiovisuelle Medien im Vordergrund und bei der sinnvollen Mediennutzung steht der Computer mit Abstand an der Spitze.

Hinsichtlich der Integrationsformen zeigt sich eine relativ ausgeglichene Verteilung der Medien (Tabelle 4.6). Daß in einzelnen Unterrichtsfächern bevorzugt bestimmte Medien eingesetzt werden und dies auch auf die Medienerziehung durchschlägt, ist naheliegend (Tabelle 4.7). An erster Stelle steht der Deutschunterricht mit einem verstärkten Einsatz von Bildern, Text-Bild- und audiovisuellen Medien. Dem Kunstunterricht kommt besondere Bedeutung hinsichtlich der Bilder und Text-Bild-Medien in Form von Comics zu. Es ist leicht nachvollziehbar, daß in den Sachfächern Geschichte, Sozialkunde und Erdkunde Text-Bild- und audiovisuelle Medien überwiegen. Die naturwissenschaftlichen Fächer (Ausnahme: Biologie) scheinen hinsichtlich der Medienerziehung eine Randposition einzunehmen. Eine Chance liegt hier evtl. in einem verstärkten Computereinsatz.

Count Row pct Col pct	5. Jgst	6. Jgst	7. Jgst	8. Jgst	9. Jgst	
EINBILD Einsatz Bildmedien	12 27,9 35,3	10 23,3 22,7	8 18,6 26,7	9 20,9 29,0	4 9,3 12,5	43 25,1
EINPRINT Text- od. Text-Bild- Medien	22 22,7 64,7	25 25,8 56,8	16 16,5 53,3	12 12,4 38,7	22 22,7 68,8	97 56,7
EINAUVIS Anzahl Filme	11 19,6 32,4	17 30,4 38,6	7 12,5 23,3	6 10,7 19,4	15 26,8 46,9	56 32,7
EINHOER Hörmedien	4 11,4 11,8	7 20,0 15,9	12 34,3 40,0	5 14,3 16,1	7 20,0 21,9	35 20,5
EINCOMP Einsatz Computer- medien	5 7,5 14,7	14 20,9 31,8	10 14,9 33,3	22 32,8 71,0	16 23,9 50,0	67 39,2
Column Total	34 19,9	44 25,7	30 17,5	31 18,1	32 18,7	

Percents and totals based on

171 valid cases; 66 missing

Tabelle 4.4: Medieneinsatz nach Jahrgangsstufen

144

Count Row pct Col pct	Medien- wirk- ung	Medien- analyse	Sinnvolle Medien- nutzung	Aktive Medien- arbeit	Teilhabe Medien- kultur	Row Total
EINBILD Einsatz Bildmedien	8 8,6 22,2	17 18,3 14,9	27 29,0 12,9	38 40,9 20,3	3 3,2 10,3	93 16,2
EINPRINT Text- od. Text-Bild- medien	12 6,4 33,3	41 21,8 36,0	67 35,6 32,1	57 30,3 30,5	11 5,9 37,9	188 32,7
EINAUVIS Anzahl Filme	8 7,1 22,2	34 30,4 29,8	32 28,6 15,3	33 29,5 17,6	5 4,5 17,2	112 19,5
EINHOER Hörmedium	6 9,2 16,7	9 13,8 7,9	25 38,5 12,0	21 32,3 11,2	4 6,2 13,8	65 11,3
EINCOMP Einsatz Computer- medien	2 1,7 5,6	13 11,1 11,4	58 49,6 27,8	38 32,5 20,3	6 5,1 20,7	117 20,3
Column Total	36 6,3	114 19,8	209 36,3	187 32,5	29 5,0	575 100,0

Percents and totals based on responses

187 valid cases; 50 missing cases

Tabelle 4.5: Zusammenhang zwischen medienerzieherischen Zielen und eingesetzten Medien

Integrationsformen

Count Row pct Col pct Medien	Medien- spez. Thema	Projekt	Medien- spez. Ar- beitstech.	Sprach- förder- ung	im Schul- leben	Unter- richts fach	Row total
EINBILD Einsatz Bildmedien	15 12,2 16,9	27 22,0 19,0	37 30,1 14,8	14 11,4 9,9	13 10,6 19,1	17 13,8 10,5	123 14,4
EINPRINT Text- od. Text-Bild- medien	27 9,6 30,3	44 15,7 31,0	73 26,0 29,2	57 20,3 40,4	22 7,8 32,4	58 20,6 35,8	281 33,0
EINAUVIS Anzahl Filme	18 12,1 20,2	28 18,8 19,7	45 30,2 18,0	18 12,1 12,8	10 6,7 14,7	30 20,1 18,5	149 17,5
EINHOER Hörmedien	15 15,8 16,9	13 13,7 9,2	24 25,3 9,6	16 16,8 11,3	9 9,5 13,2	18 18,9 11,1	95 11,2
EINCOMP Einsatz Computer- medien	14 6,9 15,7	30 14,7 21,1	71 34,8 28,4	36 17,6 25,5	14 6,9 20,6	39 19,1 24,1	204 23,9
Column Total	89 10,4	142 16,7	250 29,3	141 16,5	68 8,0	162 19,0	852 100,0

Percents and totals based on responses

187 valid cases; 50 missing cases

Tabelle 4.6: Zusammenhang zwischen Integrationsformen und eingesetzten Medien

145

		Bild-medien	Text-/Text-Bild-medien	Anzahl Filme	Hör-medien	Computer-medien	Row Total
Count Row pct Col pct		EINBILD	EINPRINT	EINAUVIS	EINHOER	EINCOMP	
Deutsch	DT	27 32,5 75,0	61 73,5 77,2	32 38,6 71,1	13 15,7 56,5	29 34,9 54,7	83 61,9
Geschichte	GESCH	5 35,7 13,9	13 92,9 16,5	8 57,1 17,8	2 14,3 8,7	7 50,0 13,2	14 10,4
Sozialkunde	SOZ	6 35,3 16,7	13 76,5 16,5	9 52,9 20,0	5 29,4 21,7	9 52,9 17,0	17 12,7
Erdkunde	ERD	5 41,7 13,9	9 75,0 11,4	5 41,7 11,1	2 16,7 8,7	8 66,7 15,1	12 9,0
Musik	MUS	1 10,0 2,8	2 20,0 2,5	3 30,0 6,7	5 50,0 21,7	5 50,0 9,4	10 7,5
Kunst	KU	15 60,0 41,7	18 72,0 22,8	8 32,0 17,8	5 20,0 21,7	7 28,0 13,2	25 18,7
Arbeitslehre	ARBL	2 40,0 5,6	4 80,0 5,1	1 20,0 2,2	1 20,0 4,3	4 80,0 7,5	5 3,7
Englisch	ENG	1 4,2 2,8	7 29,2 8,9	0 ,0 ,0	4 16,7 17,4	14 58,3 26,4	24 17,9
Mathe/Phys./Informat.	MATH	0 ,0 ,0	0 ,0 ,0	2 16,7 4,4	0 ,0 ,0	11 91,7 20,8	12 9,0
Biologie	BIO	3 33,3 8,3	6 66,7 7,6	5 55,6 11,1	2 22,2 8,7	5 55,6 9,4	9 6,7
Column Total		36 26,9	79 59,0	45 33,6	23 17,2	53 39,6	134 100,0

Percents and totals based on respondents

134 valid cases;   103 missing cases

Tabelle 4.7: Zusammenhang zwischen Medieneinsatz und Unterrichtsfächern

Als letztes wurden noch speziell die didaktischen Funktionen erfaßt, die beim Medieneinsatz zum Tragen kamen. An erster Stelle liegt die Verwendung der Medien als Arbeits- und Hilfsmittel (Tabelle 4.8), dicht gefolgt von praktischen, kreativen und eigenständigen Arbeiten mit Medien. Die traditionelle Funktion der Veranschaulichung wird erst an dritter Stelle genannt, gefolgt von der Informationsbeschaffung und der Dokumentation von Arbeits- bzw. Unterrichtsergebnissen. An dieser Rangfolge werden mit aller Klarheit die

Veränderungen in der medialen Struktur des Unterrichts durch verstärkte Medienerziehung deutlich. Darin liegt ein wichtiger Hinweis auf die Fruchtbarkeit des entwickelten integrativen Ansatzes.

```
                                                 Pct of    Pct of
                                        Count   Responses   Cases

Informationsbeschaffung                    50      10,0      31,6
Arbeits- u. Hilfsmittel                   121      24,3      76,6
Anschauung/Veranschaul./Arbeitsgrundlage   95      19,1      60,1
Fixierung/Dokumentation                    49       9,8      31,0
Motivation/Auflockerung/Belohnung          43       8,6      27,2
Wiederholung/Übung/Vertiefung              30       6,0      19,0
praktisch-kreatives/eigenständ.Arbeiten   110      22,1      69,6
                                        -------    -----     -----
                      Total responses     498     100,0     315,2

79 missing cases;   158 valid cases
```

Tabelle 4.8: Mit welchen speziell didaktischen Funktionen wurden Medien eingesetzt?

5.1.5 Medienproduktionen

Im Laufe des Modellversuchs entstand eine beeindruckende Vielfalt an Medienproduktionen. Sie konnten gar nicht alle erfaßt werden, da uns manche Lehrkräfte ihre Arbeiten nicht regelmäßig meldeten. Die folgenden Tabellen geben jedoch sicherlich ein repräsentatives Bild, das durch einige Beispiele konkretisiert und noch anschaulicher gemacht werden soll.

In Tabelle 5.1 ist die Anzahl der Medienproduktionen nach Medienarten bzw. Textsorten aufgelistet. An der Spitze stehen Texte, gefolgt von Bildmedien, Text-Bild-Medien, audio-visuellen und schließlich Hörmedien. Zu den Texten gehören insbesondere Arbeits- und Gruppenberichte, aber auch selbstgefertigte Gedichte und Fabeln und die Geschichten für drei selbst produzierte Bücher in den 5. Klassen; dann Zeitungsartikel und Nachrichten sowie die Beiträge für einen „Ratgeber für Schulabgänger", der dann auch an anderen Schulen verkauft wurde, schließlich Fragebögen, Umfrage- und Analyseprotokolle sowie Texte für Theater- und Hörspiele und Videofilme. Die Texte wurden fast ausschließlich am Computer geschrieben und gestaltet. An Bildmedien entstanden Fotos, Dias und Fotokollagen, Bilder, Comics und ein Zeichentrickfilm. Mit Text-Bild-Medien sind hier Dia-Serien mit Text, Wandzeitungen, eine tonbandgeführte Ausstellung und Schülertagebücher über zwei Wochen Unterricht im Wald gemeint. Audiovisuelle Medien sind im wesentlichen Videofilme, z.B. in Form von Geschichten, Reportagen, Nachrichten, Spielshow.

Als Hörmedien entstanden mit dem Computer bearbeitete Musikstücke, Hörbilder, Hörmagazine und ein Hörspiel über Ausländerfeindlichkeit, das im Rahmen eines Wettbewerbs prämiiert und im 2. Hörfunkprogramm des Bayerischen Rundfunks gesendet wurde.

Die Anzahl der Medienproduktionen verteilt sich mit gewissen Schwerpunkten im Bereich der Leitmedien ziemlich gleichmäßig über alle Klassenstufen (Tabelle 5.2). Texte treten verstärkt in Kombination mit Bild-, Hör- und audiovisuellen Medien auf. Spezifische Zusammenhänge zwischen den Integrationsformen und den entstandenen Medien lassen sich andeutungsweise aus der Tabelle 5.3 entnehmen:

Textmedien entstanden vorzugsweise im Zusammenhang mit der Sprachförderung, Text-Bild-Medien häufiger im Schulleben und bei Projekten, Hörmedien dagegen eher bei der Bearbeitung medienspezifischer Themen und Bildmedien bei Projekten.

Audiovisuelle Medien wurden im Rahmen der Integration ins Unterrichtsfach vergleichsweise seltener als bei anderen Integrationsformen produziert.

In den bisherigen Darstellungen ging es um eine erste quantitative Beschreibung der wichtigsten *Merkmale* integrativer Medienerziehung, wie sie sich bei der Entwicklung des Modells an der Ernst-Penzoldt-Hauptschule ausgeprägt haben. Im folgenden geht es nun um *Auswirkungen* der medienpädagogischen Maßnahmen auf die Schüler, auf den Unterricht und auf Lehrerinnen und Lehrer. Die Daten beruhen auf *Einschätzungen der Lehrpersonen.* Wegen der damit verbundenen Vorbehalte sollten die folgenden Interpretationen der Daten im Sinne einer ersten vorsichtigen Hypothesenbildung verstanden werden.

	Count	Pct of Responses	Pct of Cases
Textmedien	68	29,4	54,0
Text-Bild-Medien	38	16,5	30,2
Hörmedien	35	15,2	27,8
audio-visuelle Medien	39	16,9	31,0
Bildmedien	51	22,1	40,5
	-------	-----	-----
Total responses	231	100,0	183,3

111 missing cases; 126 valid cases

(Mehrfachnennungen möglich)

Tabelle 5.1: Anzahl der Medienproduktionen nach Medienarten

Medienproduktionen

```
             Count   |Text-    Text-    Hör-     audio-    Bild-
             Row pct |medien   Bild-    medien   visuelle  medien     Row
             Col pct |         Medien            Medien               Total
                     |ENTPRINT ENTTXTBI ENTHOER  ENTAUDVI  ENTBILD |
Jahrgangsstufe ──────
             5. Jgst     10       5        3        4        13        35
                       28,6     14,3      8,6     11,4      37,1      16,3
                       15,6     14,7      9,4     11,1      26,5

             6. Jgst     14       6        5       14        14        53
                       26,4     11,3      9,4     26,4      26,4      24,7
                       21,9     17,6     15,6     38,9      28,6

             7. Jgst     17       9       18        6         8        58
                       29,3     15,5     31,0     10,3      13,8      27,0
                       26,6     26,5     56,3     16,7      16,3

             8. Jgst     16       7        3        3         4        33
                       48,5     21,2      9,1      9,1      12,1      15,3
                       25,0     20,6      9,4      8,3       8,2

             9. Jgst      7       7        3        9        10        36
                       19,4     19,4      8,3     25,0      27,8      16,7
                       10,9     20,6      9,4     25,0      20,4

             Column      64      34       32       36        49       215
             Total     29,8     15,8     14,9     16,7      22,8     100,0
```

Percents and totals based on responses

116 valid cases;   121 missing cases

Tabelle 5.2: Anzahl der Medienproduktionen auf den einzelnen Jahrgangsstufen

Medienproduktionen

Count Row pct Col pct Integrations- formen	Text- medien ENTPRINT	Text- Bild- Medien ENTTXTBI	Hör- medien ENTHOER	audio- visuelle Medien ENTAUDVI	Bild- medien ENTBILD	Row Total
THEM Medienspezifisches Thema	19 48,7 27,9	9 23,1 23,7	14 35,9 40,0	11 28,2 28,2	15 38,5 29,4	39 31,0
PROJ Projekt	35 59,3 51,5	24 40,7 63,2	18 30,5 51,4	17 28,8 43,6	29 49,2 56,9	59 46,8
ARB Medienspezifische Arbeitstechnik	56 52,3 82,4	35 32,7 92,1	34 31,8 97,1	35 32,7 89,7	44 41,1 86,3	107 84,9
SPRACH Sprachförderung	37 75,5 54,4	12 24,5 31,6	13 26,5 37,1	14 28,6 35,9	14 28,6 27,5	49 38,9
SCHUL Schulleben	14 46,7 20,6	14 46,7 36,8	9 30,0 25,7	8 26,7 20,5	13 43,3 25,5	30 23,8
UNT Unterrichtsfach	32 51,6 47,1	17 27,4 44,7	16 25,8 45,7	15 24,2 38,5	22 35,5 43,1	62 49,2
Column Total	68 54,0	38 30,2	35 27,8	39 31,0	51 40,5	126 100,0

Percents and totals based on respondents

126 valid cases; 111 missing cases

Tabelle 5.3: Medienproduktionen im Zusammenhang mit den Integrationsformen der Medienerziehung

5.1.6 Förderung der Medienkompetenz bei den Schülerinnen und Schülern

Für die Beurteilung erhielten die Lehrkräfte keine Vorgaben, sondern sie konnten sich dazu frei äußern. Der Dokumentationsbogen enthielt zu dieser Thematik zwei Fragen:

- Welche Fähigkeiten für einen kritischen Umgang mit Medien konnten die Schüler erwerben?
- Welche medienspezifischen Arbeitstechniken haben die Schüler dabei erworben?

Die Angaben zur ersten Frage wurden in der Auswertung zunächst nach den im Dokumentationsbogen aufgeführten Zielkatalog der Medienerziehung kategorisiert. Das Ergebnis zeigt die Tabelle 6. Die mit Abstand häufigsten Angaben beziehen sich auf eine Förderung der Medienkompetenz im Zusammenhang aktiver Medienarbeit, während die Einübung in eine sinnvolle Mediennutzung und in Handlungsalternativen den zweiten Platz einnehmen. Die stärker kognitiv ausgerichteten Kompetenzen (Medienanalyse und -kritik) sowie insbesondere das Erkennen und Aufarbeiten von Medienwirkungen stehen deutlich dahinter zurück.

Eine Feinauswertung der Lehrerangaben zeigt, daß in jeder Kategorie ein bestimmter Aspekt von Medienkompetenz sehr deutlich im Vordergrund steht: Bei der Aufarbeitung von Medienwirkungen geht es vorrangig um medienbedingte Emotionen (Tabelle 6.1.1), bei der Medienanalyse und -kritik um Produktanalyse und Textverständnis (Tabelle 6.1.2) und bei der sinnvollen Mediennutzung um die Verwendung vielfältiger Medien als Informa-tionsquellen (Tabelle 6.1.3). Die aktive Medienarbeit fördert nach Angaben der Lehrpersonen zwei Aspekte von Medienkompetenz (Tabelle 6.1.4): Zum einen das Vertrautwerden mit dem Gerät und den verantwortlichen Umgang damit; zum anderen die Fähigkeit, Medien selbst herzustellen und dabei ihre Wirkungen zu erproben.

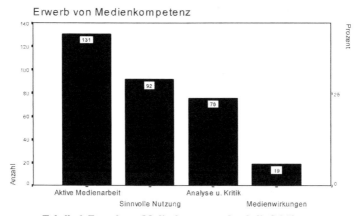

Tabelle 6: Erwerb von Medienkompetenz durch die Schüler

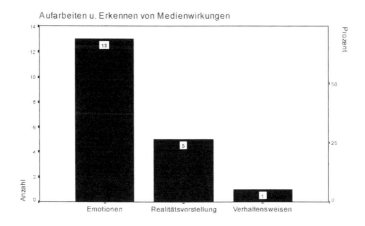

Tabelle 6.1.1: Fähigkeit zur Aufarbeitung von Medienwirkungen

151

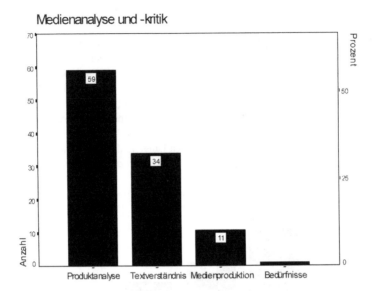

Tabelle 6.1.2: Fähigkeit zur Medienanalyse und -kritik

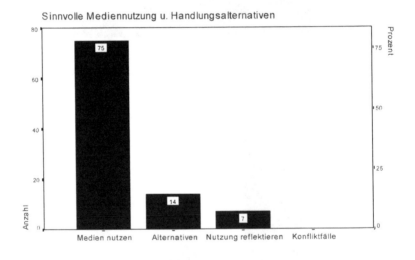

Tabelle 6.1.3: Fähigkeit zur sinnvollen Mediennutzung

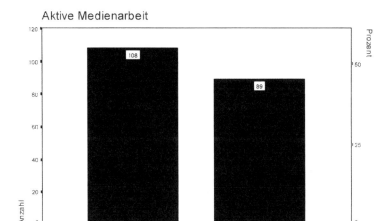

Aktive Medienarbeit

Tabelle 6.1.4: Fähigkeit im Zusammenhang mit aktiver Medienarbeit

Die zweite Frage betrifft die Aneignung medienspezifischer Arbeitstechniken als einen weiteren zentralen Aspekt von Medienkompetenz. Ohne ihre Beherrschung läßt sich eine integrative Medienerziehung nicht verwirklichen. Zum größten Teil eignen sich die Schüler diese Techniken nebenbei an, nur selten werden sie ausdrücklich zum Ziel und Inhalt des Unterrichts gemacht. Tabelle 6.2 zeigt die Ausdifferenzierung dieser Kategorie. Im Vordergrund stehen nach Einschätzung der Lehrkräfte Techniken bei der Verwendung von Medienprodukten, d.h. beim Umgang mit Medieninhalten. Dazu könnte auch noch das Sammeln und Darstellen von Informationen gerechnet werden. Techniken im Umgang mit den Geräten (Hardware) ist der zweite wichtige Punkt und schließlich geht es um Techniken beim Produzieren und Gestalten von Medien, also um medienspezifische formale Darstellungsweisen. In der weiteren Aufschlüsselung wird erkennbar: Fähigkeiten zum Umgang mit Geräten beziehen sich vorrangig auf den Computer, während bei der Medienproduktion Arbeitstechniken zur Herstellung von Texten und Bildern bedeutsam sind (Tabelle 6.3.1 und Tabelle 6.3.2). Arbeitstechniken bei der Verwendung von Medienprodukten betreffen in allererster Linie die Informationsentnahme zum Zwecke des Lernens sowie die Analyse und Verarbeitung von Medieninhalten (Tabelle 6.3.3). Daneben spielen die Fähigkeiten zum Sammeln und Auswerten von Informationen, vor allem jedoch zur Darstellung von Ergebnissen eine besondere Rolle (Tabelle 6.3.4). Schließlich erscheint den Lehrkräften offensichtlich auch die Vermittlung der Fähigkeit zum Sprechen, Spielen und Aufführen in medialen Kontexten bedeutsam (Tabelle 6.3.5).

Zur Kategorie der medienspezifischen Arbeitstechniken ist noch eine Anmerkung aufgrund der persönlichen Erfahrungen während des Modellversuchs zu machen. Bei vielen Gelegenheiten haben die Lehrerinnen und Lehrer betont, daß bei der Informationsentnahme, -analyse und -verarbeitung, also bei der Auseinandersetzung mit Medieninhalten viele Hauptschüler sehr rasch an die Grenzen ihres Wissens, ihrer Begriffsbildung und Lernfähigkeit stoßen. Von daher sind zahlreiche gut gemeinte Medienangebote und Software im Bereich der Hauptschulen nur bedingt einsetzbar. Das erklärt die beobachtete Tendenz bei den Lehrkräften an der Modellschule, vorgegebene Medienprodukte und Unterrichtskonzepte abzulehnen und statt dessen nach eigenen Ideen eine den tatsächlichen Fähigkeiten der Schüler angemessene aktive Medienarbeit zu bevorzugen.

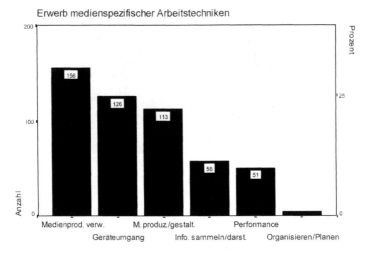

Tabelle 6.2: Erwerb medienspezifischer Arbeitstechniken

	Count	Pct of Responses	Pct of Cases
Visuelle Medien	34	21,7	27,0
Audio-visuelle Medien	31	19,7	24,6
Auditive Medien	33	21,0	26,2
Digitale Medien (PC)	59	37,6	46,8
Total responses	157	100,0	124,6

111 missing cases; 126 valid cases

Tabelle 6.3.1: Medienumgang

	Count	Pct of Responses	Pct of Cases
Texte/Zeitung/Bild-Text/WZ/Gedichte	50	33,1	44,6
Bilder/Comic/Plakate/Fotos	46	30,5	41,1
Filme/Filmaufnahmen	32	21,2	28,6
Hörmedien	21	13,9	18,8
Spiele	2	1,3	1,8
Total responses	151	100,0	134,8

125 missing cases; 112 valid cases

Tabelle 6.3.2: Medien produzieren

154

```
                                          Pct of   Pct of
                                Count   Responses   Cases

Zu Unterhaltungszwecken           10       5,1       6,5
Informationsentnahme/Lernen       84      42,9      54,2
Zur Analyse                       59      30,1      38,1
Bearbeitung/Veränderung           16       8,2      10,3
Verarbeiten (umsetzen, auswählen) 27      13,8      17,4
                                -------   -----     -----
               Total responses   196     100,0     126,5

82 missing cases;   155 valid cases
```

Tabelle 6.3.3: Medienprodukte verwenden

```
                                          Pct of   Pct of
                                Count   Responses   Cases

Informationen gewinnen            37      37,4      61,7
Informationen auswerten           17      17,2      28,3
(Ergebnis-)Darstellung            45      45,5      75,0
                                -------   -----     -----
               Total responses    99     100,0     165,0

177 missing cases;   60 valid cases
```

Tabelle 6.3.4: Informationen sammeln und darstellen

```
                                              Pct of   Pct of
                                    Count   Responses   Cases

Textsprechen/Theater/Rollenspiel/Sprache  45    88,2      90,0
Musikperformance                      3     5,9       6,0
Tanz-/Inline-/Sport-Show              1     2,0       2,0
Spiel-Zauber-Show                     2     3,9       4,0
                                    -------   -----     -----
               Total responses       51    100,0     102,0

187 missing cases;   50 valid cases
```

Tabelle 6.3.5: „Performance"

5.1.7 Auswirkungen der medienpädagogischen Maßnahmen auf Interesse und Motivation der Schüler

Ein sehr schönes Ergebnis der Evaluation ist der Nachweis, daß die medienpädagogische Arbeit die Schüler/innen in erstaunlich hohem Maße angesprochen hat. Die Lehrpersonen schätzten die Mitarbeit bei zwei Drittel der Schüler/innen gut bis sehr gut ein (Tabelle 7.1). Ca. 68 % der Schüler/innen zeigten Interesse an den medienpädagogischen Themen (Tabelle 7.2). Eine genauere Aufschlüsselung der motivierenden Aspekte der medienpädagogischen Maßnahmen läßt erkennen, daß weniger der Inhalt selbst, als vielmehr die methodische Aufbereitung (23 %), insbesondere aber der medienvermittelte Zugang (insgesamt fast 56 %) das Interesse der Schüler/innen wecken und sie zu guter Mitarbeit anspornen konnte (Tabelle 7.3). Die Auflistung der Motivkategorien zeigt noch deutlicher, welche Arbeitsformen und medialen Aspekte bei den Schülern ankommen. Daraus ergeben sich klare Hinweise, wie an der Hauptschule die Kluft zwischen der Schulwelt und den Medienwelten der Schüler überbrückt werden kann. Als positive Konsequenz daraus konstatieren ca. zwei Drittel der Lehrkräfte eine ganze Reihe positiver Veränderungen im sozialen Zusammenleben in den Schulklassen, u.a. Teamfähigkeit, Gruppenzusammenhalt, Verständnis und ein verbessertes Lehrer-Schüler-Verhältnis (Tabelle 7.4).

```
Mitarbeit


                            Frequency  Percent


sehr gut und gut                75       65,2
gut mit Einschränkung           35       30,4
wenig motiviert, sch             4        3,5
sonstiges                        1         ,9
                             -------   -------

                 Total         115      100,0


Valid cases      115        Missing cases        0
```

Tabelle 7.1: Einschätzung der Mitarbeit der Schüler/innen durch die Lehrperson

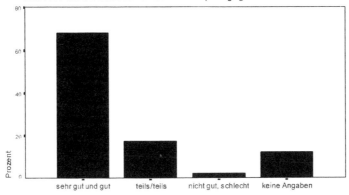

Interesse der Schüler/innen an den medienpädagogischen Themen

Thema kommt an

Tabelle 7.2: Interesse der Schüler/innen an medienpädagogischen Themen

```
                                              Pct of   Pct of
                                    Count   Responses   Cases

Fachliches Thema                      31      21,1      30,7
Methodische Aspekte                   34      23,1      33,7
Medienrezeption,-verarbeitung,-kritik 30      20,4      29,7
Aktive Medienarbeit                   52      35,4      51,5
                                     -------   -----     -----
                   Total responses   147     100,0     145,5

136 missing cases;  101 valid cases
```

MOTIVKATEGORIEN

Fachliches Thema (TEMA)
- persönliche Betroffenheit/Eigeninteresse der Sch.
- phantasieanregende, zeitaktuelle Themen
  oder solche, die sich als interessant erweisen
- Medienbezug des Themas

Methodische Aspekte (ARBFORM)
- Sozialform und Arbeitsform
  (Auflösung der Regelstruktur, Projektarbeit,
  partner-, Einzel- und Gruppenarbeit, Arbeitsteilung)
- Arbeitsatmosphäre
- Motivierendes Lehrerverhalten (Lob, Ansporn, Ermutigung)
- Didaktische Mittel: Medien, Begehung, Erkundung, Arbeitsauftrag

Medienrezeption, -verarbeitung, -kritik (MEDIEN)
- Medienrezeption (Film schauen...)
- Interesse an Inhalten oder Figuren
- Sprechen über Medienrezeption und eigene Medienerlebnisse
- Reflexion des Mediums, der Inhalte, der Absichten

Aktive Medienarbeit (AKTIV)
- Umgang mit Gerät oder neuen Fertigkeiten
- Selbsterfahrung/Selbstdarstellung/Sprechen über eigene Arbeit
- Kreatives, produktives Arbeiten, sichtbare Erfolge

Tabelle 7.3: Was die Schüler/innen nach Einschätzung der Lehrpersonen an den medienpäd-agogischen Maßnahmen motiviert hat

157

Veränderung im Zusammenleben

	Count	Pct of Responses
Teamfähigkeit / Kooperationsbereitschaft	11	22,9
Gruppenzusammenhalt, -gehörigkeitsgefühl	5	10,4
Sich-Kennenlernen, gegenseitiges Verständnis	7	14,6
Soziales Verhalten, Verantwortung, Rücksicht	3	6,3
Gefühle äußern	1	2,1
Arbeitshaltung	1	2,1
Verändertes Sch.-L.-/L.-Sch.-Verhältnis	4	8,3
Positive Auswirkung	2	4,2
Nicht meßbar (auch: FachL, FöL...)	12	25,0
Restkategorie (z.B. "muss sich zeigen")	2	4,2
Total responses	48	100,0

4 missing cases; 43 valid cases

Tabelle 7.4: Durch Medienerziehung verändertes Zusammenleben in den Schulklassen

5.1.8 Einschätzung des Schülerverhaltens allgemein

In kürzeren Projektbögen waren die Lehrer/innen direkt nach positiven bzw. konstruktiven und problematischen Schülerverhaltensweisen gefragt worden. Als Antwort darauf erscheinen in der Tabelle 8.1 noch einmal die wesentlichen positiven Effekte integrativer Medienerziehung. An der Spitze steht die Verbesserung der Motivation und Arbeitshaltung der Schüler, gefolgt von Freude an der Arbeit und am Ergebnis, größerer Selbständigkeit der Schüler und einem besseren Sozialverhalten. Im Gegensatz dazu führen die Angaben über problematisches Schülerverhalten in der Tabelle 8.2 die kaum zu überwindenden Schwierigkeiten vor Augen, mit denen die Lehrkräfte täglich zu kämpfen haben. Das sind vor allem einzelne schwache, unmotivierte oder unbeteiligte Schüler, die stören, sowie Störungen durch aggressive Verhaltensweisen (in 40 % der angegebenen Fälle). Das sind zum anderen unangemessene Arbeitshaltung (fehlende Ausdauer, Konzentration, Interesse), Unselbständigkeit und Überforderung (in 54 % aller Fälle). Von den Lehrkräften wurde immer wieder betont, daß gerade bei offenen Unterrichtsformen, Gruppen- und Medienarbeit einzelne Problemschüler genügen, um das Klima zu vergiften, einen zügigen Fortgang der Arbeit zu verhindern und die Anspannung der Lehrer/innen aufs äußerste zu strapazieren.

```
                                          Pct of   Pct of
                                  Count  Responses  Cases

Motivation/Arbeitshaltung verbessert     44    28,9    53,7
Freude an Arbeit u. Ergebnis, Spaß, Ehrgeiz  26  17,1    31,7
Selbständigkeit/Selbstreflexion/Selbstwert   18  11,8    22,0
Kreativität/Ideen/Anregungen             12     7,9    14,6
Schwache Sch. erreicht, hohe Integration 12     7,9    14,6
Weniger Störungen/Regelverletzungen/Aggress.  7  4,6     8,5
Verlässlichkeit bei Materialorganisation  3     2,0     3,7
Gruppenverh./Teamarbeit/kommunik. Fähigkeiten 15  9,9   18,3
Anregungen für Freizeit                   4     2,6     4,9
Gute Ergebnisse                           6     3,9     7,3
Positive Resonanz, Interesse v. Mitschülern   1   ,7    1,2
Rückkehr zum Regelunterricht              1      ,7     1,2
Kaum Hemmungen gg. Institutionen/Personen  2    1,3     2,4
Verantwortung für Mitschüler              1      ,7     1,2
                                         -------  -----   -----
                       Total responses   152   100,0   185,4

155 missing cases;  82 valid cases
```

Tabelle 8.1: Auswirkungen der Medienerziehung: Positives/konstruktives Schülerverhalten

```
                                          Pct of   Pct of
                                  Count  Responses  Cases

Aggressives Verhalten zwischen Sch.,
  Regelverletzungen                       9    13,8    19,6
einzelne/schwache/unmotivierte/unbeteiligte
  Sch. stören                            17    26,2    37,0
Arbeitshaltung: Ausdauer, Konzentration,
  Passivität, kein Interesse             15    23,1    32,6
Ungewohnte Arbeitsform, unselbständige Sch.
  (Lenkung, Kontrolle nötig)             13    20,0    28,3
Sch. (teilweise) überfordert              7    10,8    15,2
Verschwendung v. (Natur-)Materialien      1     1,5     2,2
Typisches Rollenverhaltung                1     1,5     2,2
Sch. finden Projektarbeit anstrengend     1     1,5     2,2
Manche, ohne nähere Angabe                1     1,5     2,2
                                         -------  -----   -----
                       Total responses   65    100,0   141,3

191 missing cases;  46 valid cases
```

Tabelle 8.2: Auswirkungen der Medienerziehung: Problematisches Schülerverhalten

5.1.9 *Konsequenzen der integrativen Medienerziehung für die Lehrerinnen und Lehrer*

Positive Auswirkungen des Modellversuchs (Tabelle 9.1) sahen die Lehrpersonen vor allem in den erhaltenen Anregungen, in ihrer eigenen Motivation und größeren beruflichen Zufriedenheit, aber auch in der erhaltenen Unterstützung und guten Zusammenarbeit (in 37 % der Fälle).

159

In weiteren 30 % der Fälle wurden die Auflockerung des Unterrichts, die Auflösung der Klassenstruktur, intensivere Betreuung durch Differenzierung und allgemein die Förderung unterrichtlicher Lernprozesse angesehen. Ein besseres Kennenlernen der Schüler, ihrer Interessen und Probleme sowie Äußerungen über die Eignung des Mediums oder Themas wurden in 24 % der Fälle als positiv angesehen. Die Gründe für eine größere Offenheit auf Seiten der Schüler/innen (Tabelle 9.2) zeigt noch einmal mit aller Klarheit die besondere Bedeutung der aktiven Arbeit mit Medien und der damit verbundenen offenen Unterrichtsformen.

Von besonderer Bedeutung für die spätere Übertragbarkeit der Ergebnisse aus dem Modellversuch ist die Frage nach den Problemen, die nach Einschätzung der Lehrpersonen die medienpädagogische Arbeit belastet haben. In der Tabelle 9.3 fällt auf, daß eine große Zahl von Schwierigkeiten benannt werden, unter denen jedoch wenige dominieren: Am meisten machen den Lehrkräften der erhöhte Zeitaufwand und die zusätzliche Arbeitsbelastung zu schaffen; hinzu kommen Probleme mit der Zeitplanung oder wegen Stundenausfalls (zusammen 22,5 %). Der zweite große Punkt ist die fehlende Hilfe, Schwierigkeiten bei der Kooperation, zu wenig Zeit für Teamarbeit (auch mit Fachlehrern: zusammen 15,5 %). Aufgrund der Erfahrungen im Modellversuch halten die Lehrpersonen bei Projekt- oder Gruppenarbeit mit Medien (bei der praktischen Medienarbeit) die Unterstützung durch eine zweite Lehrkraft für unbedingt erforderlich. Ein dritter Problembereich betrifft die Medien selbst. Unzureichende Ausstattung bzw. Verfügbarkeit der Medien sowie technische Schwierigkeiten und ein unzureichendes Angebot an geeigneter (lehrbuchnaher) Software (zusammen 19 %). Weitere Schwierigkeiten liegen im methodischen Bereich (selbstkritische Äußerungen zum methodischen Vorgehen), insbesondere im Zusammenhang mit der Projektarbeit (zusammen 17,6 %) schließlich in unterrichtsorganisatorischen Fragen (ungewohnte Sozialform, Klassengröße: 12 %) sowie bei den Schülern aufgrund des geringen Leistungsniveaus, fehlender Grundfertigkeiten und Ausdauer.

Weil in vielen Besprechungen die Lehrer/innen immer wieder über die zeitlichen Belastungen klagten, wurde dazu genauer nachgefragt. Erstaunlicherweise gab es dazu nur wenige Angaben, aus denen ersichtlich ist, daß etwa ein Viertel der Lehrkräfte keinen zusätzlichen Zeitaufwand, ein Viertel viel mehr und ein weiteres Viertel etwas mehr zeitliche Belastung sehen (Tabelle 9.4). Dieser erhöhte Zeitaufwand ist auf die Beschaffung der Arbeitsmittel oder Medien, auf die Einarbeitung in ein Medium bzw. ein Medienthema und auf den größeren Aufwand an Organisation und Planung zurückzuführen.

Insgesamt zeigen diese letzten Ergebnisse, daß ein integrativer Ansatz schulischer Medienerziehung nur dann erfolgversprechend umgesetzt werden kann, wenn die einzelne Schule je nach ihren spezifischen Rahmenbedingungen ein durchdachtes Konzept für die Medienorganisation im Schulhaus entwickelt, die Lehrkräfte durch schulinterne Fortbildung in ihrer methodischen Kompetenz gefördert und zu einer flexiblen Unterrichtsorganisation befähigt werden. Schließlich müßte ein Kollegium lernen, sich bei der Einarbeitung in neue Themen, bei der Vorbereitung von Projekten und bei der praktischen Medienarbeit gegenseitig zu unterstützen.

```
                                          Pct of    Pct of
                                Count   Responses    Cases

Anregung / Motivation für Lp.,
  Zufriedenheit m. Vorgehensweise    27      20,8      36,0
Kennenlernen d. Sch.,
  Schülerinteressen, Schülerprobleme 16      12,3      21,3
Auflockerung d. Unterrichts          4       3,1       5,3
Differenzierter Unterricht,
  intensive Betreuung               12       9,2      16,0
Äußerungen über Eignung des
  Mediums oder Themas               15      11,5      20,0
Förderung unterrichtlicher Lernprozesse 12   9,2      16,0
Auflösung der Regelstruktur,
  Gruppenarbeit, Kleingruppen       12       9,2      16,0
Unterstützung und gute Zusammenarbeit
  (2. Lehrperson/Hilfskräfte/Tutoren) 21     16,2      28,0
Fachmann/-frau (Anwesenheit, Rat)     2       1,5       2,7
Projekt-, technik-, medienerfahrene Sch. 7    5,4       9,3
Körperliche/sinnliche Erfahrung d. Sch.  1    ,8        1,3
Lp. hat selbst dazugelernt            1       ,8        1,3
                                   -------   -----    -----
              Total responses       130     100,0     173,3

162 missing cases;  75 valid cases
```

Tabelle 9.1: Auswirkungen integrativer Medienerziehung

```
                                          Pct of    Pct of
                                Count   Responses    Cases

Auflösung Regelstruktur, Projektarbeit   9      18,8      31,0
Gruppenarbeit, intensive Zusammenarbeit  7      14,6      24,1
Gespräche                                9      18,8      31,0
Thema                                    4       8,3      13,8
Aktive Medienarbeit, Medieneinsatz      14      29,2      48,3
Intensive Betreuung und Zuwendung        3       6,3      10,3
Kompetenz d. Lp.,
  Anwesenheit Fachmann/-frau             2       4,2       6,9
                                      -------   -----    -----
              Total responses           48     100,0     165,5

208 missing cases;  29 valid cases
```

Tabelle 9.2: Gründe für eine größere Offenheit auf Seiten der Schüler/innen

161

	Count	Pct of Responses	Pct of Cases
Zeitaufwand, Arbeitsbelastung	24	16,9	30,8
Integration der Projektarbeit in Lehrplan- anforderungen und Prüfungsvorbereitungen	7	4,9	9,0
Projekt zusätzlich zu normalem Unterricht (Übertrittsklasse)	3	2,1	3,8
Fehlende Abprüfbarkeit, Fehlen lehrbuchnaher Software	2	1,4	2,6
Ungewohnte Sozialform, Klassengröße, Kontrolle und Integration d. Sch.	17	12,0	21,8
Selbstkritische Äußerungen zum methodischen Vorgehen (Nachbereitung)	13	9,2	16,7
Geringes Leistungsniveau/Abstraktionsvermögen, fehlende Grundfertigkeiten/Ausdauer	9	6,3	11,5
Fehlende Hilfe, keine 2. Lehr- oder Betreuungsperson	14	9,9	17,9
Probleme mit Zeitplanung oder wegen Stundenausfalls	8	5,6	10,3
Eignung v. Medien, unzureichendes Angebot	7	4,9	9,0
Neue Klasse, fremde Klasse	2	1,4	2,6
Rückkehr zu Regelunterricht	2	1,4	2,6
Technische Ausstattung, techn. Probleme, Verfügbarkeit v. Medien	18	12,7	23,1
Finanzieller Aufwand	4	2,8	5,1
Zusammenarbeit der Lp., wenig Zeit für Teamarbeit	6	4,2	7,7
Unsicherheit bzgl. Medienarbeit/Kompetenz	4	2,8	5,1
Fachlehrende: unbefriedigender Einsatz als Hilfskraft, kein konstrukt. Arbeiten	2	1,4	2,6
Total responses	142	100,0	182,1

159 missing cases; 78 valid cases

Tabelle 9.3: Probleme, die nach Einschätzung der Lehrpersonen die medienpädagogische Arbeit belastet haben

	Frequency	Percent
nicht mehr	24	25,0
wenig mehr	15	15,6
viel mehr	25	26,0
mehr, ohne Angabe	11	11,5
keine Angaben	21	21,9
miss.	141	miss.
	-------	-------
Total	237	100,0

Valid cases   96   Missing cases   141

Tabelle 9.4: Zusätzlicher Zeitaufwand als Problem der Medienerziehung

5.1.10 Auswirkungen der Medienerziehung auf die Überwindung von Erziehungsschwierigkeiten

Auf die zunehmenden Erziehungsschwierigkeiten an den Hauptschulen heute muß nicht eigens hingewiesen werden. Im Antrag für den Modellversuch wurde die Auswahl der Hauptschule mit den problematischen Medienwelten der Hauptschüler begründet und eine verstärkte, integrative Medienerziehung als Hilfe für Schüler, Eltern und Lehrer postuliert. Aufgrund der besonderen Struktur der Modellschule als Schule mit Nachmittagsbetreuung (mit zahlreichen Gastschülern aus vielfach zerrütteten Familienverhältnissen) treten hier die üblichen Schwierigkeiten gehäuft und massiv auf. Andererseits war bei den Lehrkräften aufgrund der Erfahrungen und Anforderungen mit der Nachmittagsbetreuung eine größere Offenheit und mehr Engagement bei Erziehungsfragen zu erwarten.

Die mit dem Modellversuch verbundene Idee einer *integrativen Medienerziehung* bedeutet in der Konsequenz, daß in allen Bereichen von Unterricht und Schule neben die vom Lehrplan vorgegebene *Lern*ziele gleichrangig *Erziehungs*ziele gesetzt werden. Die mit der Forderung nach Medienkompetenz bei den Schülern angestrebte Fähigkeiten lassen sich nicht durch bloße Wissensvermittlung durch die Lehrkräfte erreichen, sondern nur durch das Handeln der Schüler. Die Ziele der Medienerziehung verlangen den Aufbau, die Einübung und Festigung neuer Handlungsorientierungen, Werte und Handlungsmuster in langwierigen Prozessen.
Integrative Medienerziehung und aktive und vielfältige Mediennutzung führen daher – so die Hypothese - zwangsläufig zu offenerem, handlungsorientiertem Unterricht, der bewährte Routinen aufbricht. Gerade in Klassen mit schwierigen und verhaltensauffälligen Schülern werden dabei die Lehrkräfte vor große Anforderungen gestellt. Das ist die Perspektive des Lehrers. Auf der anderen Seite war mit dem Projekt von Anfang an die Erwartung verbunden, daß durch Medienerziehung und Medieneinsatz die Schule besser an die mediale Alltagswelt der Schüler anknüpfen könnte. Die Medien sind *ihre* Welt, im

Medienumgang sind die Schüler kompetent; hier liegen ihre Interessen. Deshalb müßten sich auf der anderen Seite auch die Schüler über Medien für den Unterricht motivieren und aktivieren lassen und könnten dabei vielleicht sogar zugänglicher für die pädagogischen Bemühungen der Lehrkräfte werden. In dieser Perspektive der Schüler liegen die besonderen Möglichkeiten einer integrativen Medienerziehung.

Die Entwicklung im 2. Projektjahr ließ ganz klar die Diskrepanz zwischen beiden Perspektiven erkennen. Medienerziehung und intensive Mediennutzung *öffneten den Unterricht.* Wechselnde Arbeits- und Sozialformen, selbständige Arbeit mit Medien, Gruppen- und Projektunterricht wurden von vielen Schülern zunächst als Freibrief mißverstanden, und die Lehrkräfte hatten teilweise mit großen Disziplinproblemen zu kämpfen.

Wenn sich aber die Lehrkräfte auf Medienerziehung einließen und diese schwierige Übergangsphase zu überwinden suchten, dann öffneten sich die Schüler. Die Lehrkräfte berichteten von folgenden Beobachtungen:

- Die Beziehungen zwischen Lehrern und Schülern werden offener und vertrauensvoller, die Lehrkräfte lernen ihre Schüler aus einer neuen Perspektive kennen.
- Bei Medienthemen und Medienarbeit sind die Schüler motiviert, arbeiten überwiegend engagiert, mit Freude und ausdauernd mit.
- Bei der Medienproduktion zeigen sich die Schüler vielfach lernbereit und lernfähig, sie gehen sorgfältig mit den Geräten um und überraschen die Lehrkräfte mit besonderen Kenntnissen, Fähigkeiten und Interessen.
- In Medienprojekten arbeiten die Schüler überwiegend willig, selbständig und zuverlässig. Sie bringen teilweise Leistungen zustande (tragen Informationen zusammen, formulieren eigene Texte, schreiben Gedichte), die sie im herkömmlichen Unterricht regelmäßig verweigern.
- In der Einzel-, Partner- und Gruppenarbeit unter Einsatz von Medien läßt sich die Anbahnung von Schlüsselqualifikationen beobachten.
- Das offenere Verhältnis zu den Lehrkräften und die Verwendung von Medien (z.B. Zeichnen eigener Comics, Interpretationen von Fotos und Bildern, Vorstellen eigener Bücher oder Computerspiele) ermöglicht es manchen Schülern, eigene Meinungen, Gefühle und innere Probleme zu äußern, die sie sonst vor den Lehrkräften sorgsam verborgen halten.
- Bei der Medienanalyse und Reflexion des eigenen Mediennutzungsverhalten zeigen die Schüler oft erstaunliche Distanz und eine durchaus realistische Einschätzung ihres eigenen Medienumgangs und damit verbundener Probleme.

Diese Beobachtungen belegen, daß durch die Öffnung von Unterricht und die Öffnung der Schüler im Rahmen verstärkter Medienarbeit allein schon positive und wichtige erzieherische Effekte erzielt werden können. Aber damit sind die tiefgreifenden Verhaltensstörungen und Erziehungsprobleme noch längst nicht abgebaut. Die Lehrer müssen vielmehr versuchen, die mit der Öffnung verbundenen Verunsicherungen und Irritationen als Chance für einen Neuanfang zu nutzen und mit ihren Schülern gemeinsam neue Verhaltensregeln, Arbeits-, Lern- und Sozialformen zu vereinbaren. Der Aufbau eines guten Vertrauensverhältnisses könnte - im Zusammenhang mit einem guten Klassen- und Schulklima –

eine einigermaßen stabile Basis für die langwierigen Erziehungsprozesse zum Abbau der Verhaltensstörungen bilden.

Dazu wurden im Modellversuch folgende Lösungsmöglichkeiten entwickelt und in Ansätzen erprobt.

1. Eine ganze Reihe von Lösungsansätzen bezogen sich auf die Ermöglichung und organisatorische Sicherung offener und flexibler Unterrichts- und Arbeitsformen mit Medien, damit die Schüler in selbständiger Arbeit vorhandene Fähigkeiten erfahren und ausbilden, ihr Selbstvertrauen verbessern und ihr Selbstwertgefühl stärken konnten. Dazu gehörten im einzelnen:
   – Medienorganisation im Schulhaus, so dass auf jedem Stockwerk die erforderlichen Medien problemlos verfügbar waren. Grundprinzip war, daß alle Schüler alle Medien nutzen durften.
   – Einübung der Schüler in medienspezifische Arbeitsweisen, damit sie in Gruppen Arbeitsaufträge mit Medien selbständig lösen konnten;
   – flexible Verwendung des Computers im Klassenzimmer als Werkzeug, für Lernprogramme, zur Informationssuche und für Dokumentationszwecke;
   – einzelne Schüler wurden speziell für die Nachbearbeitung von Medienprodukten (außerhalb der Unterrichtszeit) geschult und eingesetzt;
   – offene Projektarbeit wurde vor allem in der Vorbereitung und Durchführung eines Projekttages und während einer Projektwoche eingeübt.
   – Alle Aspekte integrativer Medienerziehung liefen in der Idee einer Medienwerkstatt zusammen: Dadurch sollten die einzelnen Lehrkräfte unterstützt, Medien verfügbar gehalten und einzelne, in den Klassen störende Schüler bei einer selbständigen Medienarbeit beaufsichtigt werden.
   – Medienarbeit führte zu einer Öffnung der Schule nach außen; dazu gehörten Dichterlesungen in Büchereien, Museumsbesuche, Tonbandaufnahmen oder Videoaufzeichnungen und Fotos in der Stadt, in Betrieben und Institutionen, Zeitungs- und Nachrichtenprojekte.

2. Eine Reihe weiterer Lösungsversuche sollte insbesondere dem Aufbau stabiler und vertrauensvoller Beziehungen in den Schulklassen dienen:
   – Kooperation der Klassenlehrer einer Jahrgangsstufe oder mit Fachlehrern ermöglichte flexible Gruppenbildung; dadurch konnten Disziplinprobleme entschärft und das Klassenklima verbessert werden.
   – Bei heiklen Themen (Gewalt, Sexualität, Familienprobleme, eigenes Mediennutzungsverhalten) ermöglichten Medien eine distanzierte Beschäftigung, eröffneten aber auch besondere Ausdrucksmöglichkeiten (Bildinterpretation, Zeichnen eigener Comics); durch sensibles Eingehen konnten Lehrpersonen die Vertrauensbasis zu den Schülern verbessern.
   – Aktive Medienarbeit in Gruppen erforderte eine Unterordnung der Schüler unter die objektiven Anforderungen der Medien und ein verantwortungsvolles Zusammenwirken; am Ende stand der Stolz auf ein gemeinsames Produkt.

- Bestimmte Formen aktiver Medienarbeit ermöglichten eine Reflexion der Klasse auf ihre eigenen Arbeitsweisen, Fähigkeiten und sozialen Beziehungen, z.B. Zeitung über ein Zeitungsprojekt; Tagebuch und Videofilm über ein Waldprojekt, Ratgeber für Schulabgänger; Lehrfilm zu einer Unterrichtseinheit.
- Manche Lehrkräfte experimentierten mit Formen der Erlebnispädagogik. Diese gingen weit über den Ansatz des Medienprojekts hinaus, unabhängig davon, daß Medien dabei eine wichtige Begleit- und Dokumentationsfunktion übernahmen.

Beispiele: 2 Wochen Unterricht im Wald; mehrtägige Klassenfahrt mit Selbstversorgung; Erwerb eines Ackers in Schulnähe als Ausgangspunkt für ein Arbeitslehreprojekt.

3. Versuch zur Bündelung und Integration der einzelnen Lösungsansätze in einem Schulprofil„Medien": Diese Maßnahmen, Ideen und Lösungsansätze waren für sich betrachtet nicht neu. Das Neue und Weiterführende war die Tatsache, daß durch Integration der Medien die Schüler motiviert, geöffnet und zu vielfältigem, aktivem und erfolgreichem Einsatz ihrer Fähigkeiten angeregt werden konnten. Der entscheidende Punkt war jedoch, daß durch die Idee eines Schulprofils „Medien" im Kollegium die pädagogischen Bemühungen in einen einheitlichen Zusammenhang gestellt, fest im Bewußtsein verankert und gegenseitig gestützt werden sollten. Diese Idee des Schulprofils wurde im 2. Projektjahr im Kollegium diskutiert und im Rahmen von zwei pädagogischen Konferenzen konkretisiert. Dabei wurde klar, daß sich dieses Profil nicht ausschließlich auf die Medien konzentrieren konnte, sondern auch andere Aspekte von Schule und Unterricht einbeziehen mußte.
- Das Schulprofil sollte so entwickelt werden, daß die besonderen Fähigkeiten aller Lehrkräfte zum Tragen kommen können.
- Ein zentraler Punkt der Medienerziehung war die Reduzierung des Medienkonsums durch Einübung in alternative Handlungsweisen. Hier kam den sportlichen und musischen Fächern eine herausragende Bedeutung zu. In diesem Bereich hatte die Modellschule im Zusammenhang mit der Nachmittagsbetreuung schon seit langem ein besonderes Profil entfaltet: vielfältige Sportangebote, Schulband und Instrumentalunterricht.
- Als ein besonderes Anliegen des Kollegiums mußte der Abbau der Verhaltensauffälligkeiten und Erziehungsprobleme der Schüler berücksichtigt werden.

Aufgrund der politisch verfügten Neuorganisation der Schule (Beendigung der Nachmittagsbetreuung der Schüler), verbunden mit einer veränderten Zusammensetzung des Kollegiums, konnte dieser Ansatz im letzten Jahr des Modellversuchs nicht mehr weitergeführt werden.

5.2 Ergebnisse der wissenschaftlichen Begleitforschung

5.2.1 Erste Lehrer- und Schülerbefragung

Bereits in der Vorbereitungsphase des Modellversuchs erwies es sich als unabdingbar für die Projektleitung, genauere Informationen über die Einstellungen der Lehrerinnen und Lehrer zu den Medien allgemein, zum Medienverhalten der Schüler und zu dem Anliegen einer schulischen Medienerziehung zu bekommen.

(1) Als erstes wurde im Oktober 1994 eine Lehrerbefragung durchgeführt. Neben dem Kollegium der Modellschule wurden auch die Lehrerinnen und Lehrer der beiden anderen Erlanger Hauptschulen in die Untersuchung einbezogen. Die Fragen richteten sich auf das Medien- und Freizeitverhalten von Hauptschülern aus der Sicht der Lehrer, auf die Einschätzung des elterlichen Medienverhaltens durch die Lehrer, auf die eigenen Einstellungen zu Medien und das eigene Medienverhalten sowie auf Einstellungen gegenüber der Medienerziehung, insbesondere der schulischen Medienerziehung und deren Voraussetzungen und Möglichkeiten. Es ist hier nicht der Ort, um auf einzelne Ergebnisse einzugehen (vgl. dazu S. 64 - 68). Schon an einem einzigen Beispiel läßt sich die Handlungsbedeutsamkeit einer solchen pädagogischen Evaluationsforschung aufzeigen.
Die Lehrpersonen sollten eine Anzahl wichtiger Erziehungsaufgaben der Hauptschule hinsichtlich ihrer Wichtigkeit in eine Rangreihe bringen. Das überraschende Ergebnis: Medienerziehung wurde erst an sechster Stelle und Informationstechnische Grundbildung an siebter Position genannt, hinter der Umwelterziehung (1), Friedenserziehung (2), interkulturellen Erziehung (3), Drogenprävention (4) und Gesundheitserziehung (5). Daraus ergab sich zwingend die Notwendigkeit, in der ersten Phase der schulhausinternen Lehrerfortbildung das Kollegium an Hand von Forschungsergebnissen über die Medienwelten der Schüler, ihr Medienverhalten und dessen Auswirkungen aufzuklären und sie von der enormen Bedeutung der schulischen Medienerziehung zu überzeugen.

(2) Die erste Schüler- und Lehrerbefragung zum Freizeitverhalten und Fernsehkonsum der Hauptschüler
Mit dieser Befragung im Juli 1995 wurden zwei Ziele verfolgt: Zum einen sollten im Sinne einer wissenschaftlichen Begleitung des Schulversuchs empirische Vergleichsdaten gewonnen, zum anderen Zwischenergebnisse in die laufenden Prozesse des Projekts eingespeist werden, um dadurch unmittelbar zur Modellentwicklung beizutragen (handlungsorientierter Forschungsansatz).

Es wurde die Form einer schriftlichen Befragung gewählt, die jedoch nicht nur die Schüler, sondern auch die anderen Beteiligten (im ersten Schritt die Lehrer) mit einbezog. Aus forschungsökonomischen Gründen konnten jedoch im ersten Durchgang nur das Freizeitverhalten und der Fernsehkonsum erfaßt werden.

Die Befragungen in den einzelnen Klassen wurden umgehend ausgewertet (einschließlich Lehrerfragebogen), die Ergebnisse klassenweise aufbereitet, mit Hinweisen und Anregungen für die Diskussion mit den Schülern und für Unterrichtsvorhaben versehen und baldmöglichst den Klassenlehrern zugeleitet. Die Tatsache, daß der Schülerfragebogen auch Fragen über das Fernsehverhalten des Lehrers beinhaltete, erwies sich dabei als erfolgversprechender methodischer Ansatz: Die Schüler konnten so ihre Einschätzungen des Medienverhaltens ihres Lehrers mit dessen eigenen Aussagen vergleichen. Die Ergebnisse erleichterten den Einstieg in ein verständnisvolles und aus der Sicht der Schüler glaubwürdiges Unterrichtsgespräch zum Thema Fernsehen. Die Untersuchungsergebnisse wurden in einem eigenen Bericht veröffentlicht (Bofinger 1996).

Einige *Konsequenzen* aus den ersten beiden Untersuchungen für den Modellversuch:
1) Die Wichtigkeit ganz aktueller und spezifischer Daten über die Mediennutzung der Schüler und Lehrer als Basis für ein besseres gegenseitiges Verstehen und konkrete medienerzieherische Maßnahmen wurde bestätigt.
2) Die klassenbezogenen Befragungsergebnisse wurden von Lehrern und Schülern mit großem Interesse aufgenommen und bildeten den Ausgangspunkt für weiterführende Aktivitäten.
3) Die Zuordnung der Leitmedien zu den einzelnen Jahrgangsstufen wurde durch die Ergebnisse über die alterspezifischen Medienvorlieben der Schüler zusätzlich empirisch abgesichert.

Zusammenfassend konstatiert Bofinger (1996, S. 7): „Die unterschiedliche Bewertung verschiedener Freizeitaktivitäten durch Schüler (über sich selbst) und Lehrer (über ihre Schüler) macht deutlich, wie wichtig Hintergrundinformationen über die Lebenswirklichkeit von Schülern, über ihren Lebensstil und ihr Lebensgefühl und über den Stellenwert verschiedener Medien in einer solchen „Jugendkultur" für erfolgversprechende pädagogische Bemühungen in der Schule sind. Nur mit solchen Hintergrundinformationen ist ein vorurteilsloser, lebensnaher Dialog zwischen Lehrern und Schülern überhaupt denkbar, nur so besteht Aussicht, daß die Medienerziehung in der Schule von den Schülern ernst genommen wird und die Schüler zum Nachdenken anregt."

5.2.2 Erweiterte Eltern-, Lehrer- und Schülerbefragung

Die Ergebnisse dieser ersten Befragung und die Erfahrungen aus den Unterrichtsgesprächen führten zu einer Überarbeitung und zu einer *Weiterentwicklung des Instruments* in zwei Richtungen:
1) Es wurden zusätzliche Fragebögen zum Musikhören, Lesen und Computerspielen ausgearbeitet und getestet. Das erweiterte Befragungsinstrument wurde auf einer CD-ROM so gestaltet und mit Hinweisen versehen, daß es Lehrerinnen und Lehrer in ihrer Klasse einsetzen, ohne fremde Hilfe auswerten und die in Tabellenform oder kleinen Grafiken ausgedruckten Ergebnisse zur Grundlage verschiedener Unterrichtseinheiten machen können.
2) Das Befragungsinstrument wurde in Richtung auf einen grundlegenden medienpädagogischen Forschungsansatz ausgeweitet. Die Gründe dafür lagen zum einen darin, daß die

vorliegenden Forschungsergebnisse über das Medienverhalten der Hauptschüler teilweise nicht mehr aktuell und insgesamt sehr lückenhaft sind, so daß sie für das medienpädagogische Handeln der Lehrkräfte keine Hilfen bieten. Zum anderen ergab sich damit die Chance, bisher nicht überprüfte Zusammenhänge der Mediennutzung mit dem familiären Hintergrund, den schulischen Leistungen und mit bestimmten Persönlichkeitsmerkmalen der Schüler sowie mit ihrem Gewaltverständnis erstmals empirisch zu untersuchen. Die Studie erfolgte aufgrund praktischer Erfordernisse während des Modellversuchs in zwei Schritten:

- Im März 1996 wurde die Elternbefragung zum Medienumgang der Schüler in Familie und Freizeit durchgeführt. Dabei sollten Väter und Mütter jeweils einen eigenen Fragebogen ausfüllen.

- Im Juli 1997 fand die Schüler- und Lehrerbefragung über Hintergründe und Zusammenhänge beim Freizeit- und Medienverhalten der Schüler statt. Hierbei sollten die Klassenlehrer jeden einzelnen Schüler hinsichtlich Familiensituation, Sozialverhalten, ausgewählter Persönlichkeitsmerkmale, Verhalten im Unterricht einschätzen und dazu Angaben zu den Schulnoten in einigen ausgewählten Fächern machen.

Diese Schülerdaten wurden - unter strenger Wahrung der Anonymität - mit den jeweiligen Angaben der Schüler über ihr Freizeit- und Medienverhalten zusammengeführt. Auf diese Weise können nun für die schulischen Bildungs- und Erziehungsaufgaben insgesamt wichtige Zusammenhänge zwischen Familiensituationen, Persönlichkeitsvariablen, Freizeit- und Medienverhalten und schulischen Verhaltensweisen bzw. Schulleistungen näher beleuchtet werden. (Vgl. dazu im einzelnen die Fragebögen im Anhang!)

Wegen der Bedeutsamkeit dieser Fragestellung soll in nächster Zeit mit dem Forschungsinstrumentarium eine Repräsentativerhebung in Bayern durchgeführt werden.

Da die Ergebnisse dieser explorativen Untersuchung an der Modellschule bereits zu anderer Stelle veröffentlicht sind (Bofinger, Lutz, Spanhel 1999), können sie hier nicht mehr im einzelnen dargestellt werden. Es seien nur einige Folgerungen für den integrativen Ansatz schulischer Medienerziehung abgeleitet.

5.2.3 Die Bedeutung der Untersuchungsergebnisse für die Medienerziehung in den einzelnen Schulklassen

Die spezifischen Unterschiede in den einzelnen Schulklassen verweisen nachhaltig darauf, daß die Lehrpersonen auf genaue und differenzierte Kenntnisse über das Medienverhalten der Schüler in *ihrer* Klasse angewiesen sind. Eine genaue Kenntnis der Problemlagen in der jeweiligen Schulklasse ist die Voraussetzung für ein zielgerichtetes Vorgehen bei medienpädagogischen Maßnahmen und stellt die Basis für die Anbahnung eines bewußteren und reflektierten Medienhandelns bei den Schülern dar.

Die Erkenntnis, daß sowohl Eltern als auch Schüler ihr Medienverhalten mehrheitlich eher positiv sehen und zufrieden damit sind, läßt es nicht geraten erscheinen, eine Änderung des Medienverhaltens direkt als Ziel schulischer Medienerziehung anzugehen. Vielmehr wird es zunächst darauf ankommen, die Medienkenntnisse und -erfahrungen der Schüler als Anknüpfungspunkte für den Unterricht zu sehen, sie positiv in die Arbeit einzubeziehen und die vorhandenen Medienkompetenzen der Schüler für eine abwechslungsreiche und effektive Gestaltung des Unterrichts zu nutzen.

Aus den erstmals untersuchten Zusammenhängen zwischen Familiensituation, Schülerpersönlichkeit, Schulleistungen und Medienverhalten ergibt sich, daß die Lehrkräfte in jeder Klasse mit einer besonderen Problemgruppe konfrontiert sind: Gerade die Schüler, die stärker zu problematischen Formen der Mediennutzung tendieren, gehören zu einem größeren Prozentsatz zu der Gruppe der „undisziplinierten Durchschnittsschüler" bzw. zur Gruppe der sozial schwierigen und leistungsschwachen Schüler. Diese aber kommen überdurchschnittlich aus problematischen Familien, die wenig Interesse am Schulbesuch ihrer Kinder zeigen. Da, wo es am nötigsten wäre, bestehen nur geringe Chancen für eine Kooperation mit den Eltern. Die Frage ist, ob es nicht mittels aktiver Medienarbeit gelingen könnte, einen Zugang zu dieser Gruppe zu finden und ein Vertrauensverhältnis anzubahnen.

Die Ergebnissse über altersabhängige Medienpräferenzen und altersbedingte Verschiebungen im Medienmix bei den Schülern lassen es geboten erscheinen, auf den einzelnen Jahrgangsstufen die Auseinandersetzung mit diesen Medien in den Mittelpunkt zu stellen. Sie verweisen aber auch auf die Notwendigkeit, daß sich die Lehrkräfte Informationen über die präferierten Medieninhalte der Schüler und über aktuelle Trends in diesen Medien verschaffen, damit sie einigermaßen Bescheid wissen, worüber die Schüler reden, wenn sich das Gespräch um Medien dreht. Die Lehrkräfte sollten eine Ahnung davon haben, in welcher (Medien-) Welt ihre Schüler eigentlich leben.

5.2.4 Konsequenzen aus den Forschungsergebnissen für eine erfolgversprechende integrative Medienerziehung

Die Tatsache, daß die Schüler durchweg Medienensembles in unterschiedlichen Ausprägungen nutzen, unterstreicht die Notwendigkeit, alle Medien zu berücksichtigen und durch eine Orientierung an Leitmedien über die Jahrgangsstufen hinweg systematisch Medienkompetenz aufzubauen. Wie in vielen bisherigen Forschungen wurden wiederum sehr deutliche geschlechtspezifische Differenzen in der Mediennutzung festgestellt, die bisher in den praktischen Konzepten zu wenig Niederschlag gefunden haben. Es gibt dafür bislang kaum überzeugende Vorschläge. Ich sehe nur die Möglichkeit einer inneren Differenzierung durch Gruppenarbeit, um Schülerinnen und Schülern gleichermaßen die Gelegenheit zu geben, ihre spezifischen Fähigkeiten, Interessen und Umgangsweisen mit Medien weiterentwickeln oder auch ausgleichen zu können.

Die besondere Bedeutung des Musikhörens als primäre Freizeitaktivität und die ausgeprägte Abneigung der Hauptschüler gegen das Lesen weisen dem Musik- und Deutschunterricht eine Schlüsselstellung in der Medienerziehung zu. Umgekehrt müßte jeder Medieneinsatz so konzipiert werden, daß es zu lebendigen Sprechsituationen führt und nicht nur Leseanregungen vermittelt, sondern die Sprachfähigkeit der Schüler grundlegend fördert.

Einige Untersuchungsergebnisse, wie die Ablehnung anspruchsvoller Medienangebote und -inhalte sowie die mit dem Alter zunehmende Verlagerung der Mediennutzung aus der Familie in den Freizeitbereich deuten darauf hin, daß die Schüler ihre Medienwelten als einen pädagogisch nicht kontrollierten Rückzugsraum betrachten, den sie wohl brauchen und der nicht zerstört werden darf. In der Konsequenz ergibt sich daraus als zentrales Ziel schulischer Medienerziehung: Aufbau, Einübung und Festigung alternativer Medienhandlungs- und Nutzungsmuster, die es den Schülern erlauben, allmählich selbständig eine reflexive und kritische Distanz zu ihrem Medienverhalten auch in der Freizeit aufzubauen.

Konsequenzen aus den Untersuchungsergebnissen müssen auch für die Kooperation zwischen Schule und Elternhaus gezogen werden. Wenn die Eltern das Fernsehen in der Familie eher positiv wahrnehmen und mit dem Medienverhalten ihrer Kinder großteils zufrieden sind, dann hat es wenig Sinn, Medienerziehung zum Thema bei Elternabenden zu machen. Die von den Eltern gewünschten Informationen über Medienwirkungen und positive Anregungen für alternative Freizeitaktivitäten können im Rahmen von Projekttagen, Arbeitsgemeinschaften oder bei der Präsentation von Medienprodukten der Klasse oder der Schule gegeben werden. Die Hauptsorge der Eltern betrifft die Gewaltproblematik. Hierzu sollte das Kollegium einer Schule ein pädagogisches Konzept erarbeiten und mit den Eltern abstimmen, das sich nicht nur auf die Gewalt in den Medien, sondern auch in der Schule und im Alltag bezieht.
Die in der Untersuchung aufgedeckten Zusammenhänge zwischen der Familiensituation, der Schülerpersönlichkeit (Arbeits- und Sozialverhalten, Leistungsfähigkeit) und dem Freizeit- und Medienverhalten bestätigen noch einmal den Grundgedanken, daß Medienerziehung nicht als eine isolierte Aufgabe, sondern als integrativer Bestandteil des schulischen Erziehungs- und Bildungsauftrags gesehen und konzipiert werden muß.

5.3 Inhaltliche Ergebnisse der Konzeptentwicklung: Ein Curriculum für die Hauptschule

5.3.1 Die Struktur des Curriculums

Orientierung am Lehrplan der Hauptschule

Der Ausdruck „integriertes Curriculum" meint folgendes: Im Laufe des Modellversuchs wurde ein eigener „Lehrplan" für die Medienerziehung entwickelt, der genau in die vorgegebenen Erziehungs- und Bildungsaufgaben, die Lernziele und Unterrichtsinhalte des neuen Lehrplans für die Hauptschulen in Bayern eingepaßt ist. Das Curriculum ist so gestaltet, dass es keine *zusätzlichen* Aufgaben beschreibt, sondern dass es konkrete Wege aufzeigt, *wie* die medienpädagogischen Ziele im Rahmen der amtlichen Anforderungen und Inhalte des Hauptschullehrplans erfüllt werden können.
Dafür bietet die neue Konzeption des Hauptschullehrplans hervorragende Möglichkeiten. Gleichzeitig sind jedoch mit einem verstärkten Medieneinsatz und einer intensiveren Medienerziehung große Chancen und vielfältige Gelegenheiten verbunden, die Anliegen und Ideen des neuen Hauptschullehrplans zu verwirklichen. Dies läßt sich an den wichtigsten Orientierungen des Lehrplans erläutern:

- Offener Unterricht:
  Der neue Lehrplan orientiert sich am Leitbild eines offenen Unterrichts. Er bietet den Lehrpersonen inhaltliche Spielräume und mehr Gestaltungsmöglichkeiten; er gibt zugleich den Schülern verstärkte Gelegenheiten, ihr Vorwissen, ihre eigenen Fähigkeiten und Interessen, aber auch Probleme und Anliegen einzubringen, Schwerpunkte zu setzen und eigene Lernwege zu gehen. Die Vielfalt der Medienangebote und Arbeitsweisen mit Medien unterstützen diese Anliegen, motivieren die Schüler, nutzen ihre Medienkompetenzen und geben ihnen zahlreiche Anknüpfungsmöglichkeiten an außerschulische Medienerfahrungen.

- Methodenvielfalt:
  Medieneinsatz erzwingt eine methodische Öffnung des Unterrichts mit wechselnden Arbeits- und Sozialformen, mit variablen Ausdrucksmöglichkeiten, Formen der Unterrichtsdokumentation und Sicherung der Unterrichts- und Lernergebnisse. Fächerübergreifender und projektorientierter Unterricht kann durch die Medien erleichtert und verbessert werden.

- Handlungsorientierung:
  Unterricht beruht auf Kommunikationsprozessen, die an Kommunikations*medien* gebunden sind. Über Sprache und Printmedien hinaus eröffnen die neuen interaktiven Medien unerschöpfliche Möglichkeiten nicht nur zum kommunikativen Handeln, sondern zum handelnden Umgang mit Geräten. Die faszinierenden technischen Möglichkeiten der neuen Medien verleiten die Schüler zwar zum Spielen, sie können aber auch für die unterrichtlichen Lernprozesse nutzbar gemacht werden.

- Schlüsselqualifikationen:
  Die seit langem diskutierten und geforderten Schlüsselqualifikationen, die auch im Hauptschullehrplan festgeschrieben sind, erhalten durch die rasanten Entwicklungen im Medienbereich zusätzliche Bedeutung. Sie müssen um die Schlüsselqualifikation „Medienkompetenz" ergänzt werden. Durch die schulische Medienarbeit können sowohl fachliche als auch methodische und personale Schlüsselqualifikationen in hervorragender Weise gefördert werden.

- Öffnung von Schule:
  Medien als Kommunikationsmöglichkeiten erzeugen Öffentlichkeit und verlangen sie. Das gilt sowohl für schulinterne Öffentlichkeit (über die einzelnen Klassen hinaus: Schulleben) als auch für Kontakte nach außen, zu Eltern, Gemeinde und anderen öffentlichen Einrichtungen. Bei solchen Gelegenheiten könnte der häufig geforderte Ernstcharakter schulischen Lernens hergestellt werden.

Die Idee der Leitmedien

Bei der praktischen Umsetzung des Konzepts einer integrativen Medienerziehung zeigte sich sehr rasch eine grundlegende Schwierigkeit: Wann sollen welche Medien mit welchen medienpädagogischen Zielsetzungen in den Unterricht einbezogen werden? Der Lehrplan bietet zwar viele Anknüpfungspunkte, aber nach welchen Kriterien soll man entscheiden? Zum einen ist mit dem Konzept der Anspruch verbunden, das ganze Spektrum der Medien, die Sprache, die alten und die neuen elektronischen Medien bis hin zu Multimedia und Internet einzubeziehen. Zum anderen kann man unmöglich verlangen, daß jede Lehrperson im Umgang mit allen diesen Medien so versiert ist, daß sie diese jederzeit problemlos im Unterricht einsetzen kann, von persönlichen Vorlieben oder Ängsten einmal ganz abgesehen.

Aus diesem Dilemma heraus haben wir die Idee der Leitmedien entwickelt. Aus dem Kollegium selbst kam der Vorschlag, auf jeder Jahrgangsstufe ein bestimmtes Medium in das Zentrum der Arbeit zu stellen. Daneben wurden jedoch in den pädagogischen Konferenzen immer wieder zwei andere Anliegen thematisiert: 1) Durch eine Intensivierung der Medienerziehung darf auf keinen Fall die Sprach- und Leseförderung zu kurz kommen, weil gerade die Hauptschüler hier eklatante Schwächen aufweisen.
2) Im Rahmen des Modellversuchs erhielt die Schule neue Computer, die auf die einzelnen Klassenzimmer verteilt wurden. Sehr rasch erkannten die Lehrkräfte die positiven Wirkungen dieser Maßnahme: Die Computer wurden von den Schülern ganz selbstverständlich als Werkzeuge, als Spiel-, Arbeits- und Lernmittel genutzt.
Aus diesen Elementen - Leitmedien, Sprachförderung, Computer als Werkzeuge - ergab sich nun folgende Ordnung für den Aufbau eines Curriculums zur Medienerziehung:
1. Die Ausrichtung der Arbeit an *Leitmedien* auf jeder Jahrgangsstufe:
    5. Schuljahr: Bilder (Fotos, Dias, Gemälde, Comics)
    6. Schuljahr: Fernsehen, Video, Filme
    7. Schuljahr: Hörmedien
    8. Schuljahr: Zeitung, Zeitschriften (Printmedien)
    9. Schuljahr: Multimedia, CD-ROM, Internet

2. Parallel zu den Leitmedien soll *auf jeder Klassenstufe die Sprach- und Leseförderung* als Fundament jeglicher Medienkompetenz ein zentraler Bestandteil jeder Medienarbeit sein. In gleicher Weise soll der *Computer als Werkzeug, Lern- und Arbeitsmittel* von der 5. bis zur 9. Klasse in die tägliche Unterrichtsarbeit einbezogen werden.
Die Reihenfolge der Leitmedien läßt sich medienpädagogisch, entwicklungstheoretisch und didaktisch begründen. Gleichzeitig ist auf diese Weise gewährleistet, daß sich Lehrerinnen und Lehrer nur im Umgang mit zwei oder höchstens drei Medien kompetent machen müssen.

Formen der Integration

Die Abfolge der Leitmedien über die Schuljahre hinweg bestimmt die vertikale Gliederung des Curriculums. Seine horizontale Struktur wird von den Formen der Integration der Medien und medienpädagogischer Themen in den Unterricht und den Schulalltag geprägt. *Leitidee für die Integration* der Medienerziehung *in den Unterricht* ist die Verbindung von Fachlernzielen mit medienpädagogischen Zielen. Dies kann auf unterschiedliche Weise geschehen:

- Auf der Ebene eines einzelnen Unterrichtsfaches durch Verknüpfung konkreter Lernziele;
- auf der Ebene fächerübergreifender Unterrichtseinheiten;
- auf der Ebene medienpädagogischer Themen oder Projekte, für die Anknüpfungspunkte in verschiedenen Fächern gesucht werden.

Der neue Hauptschullehrplan bietet praktisch in allen Fächern eine Fülle von konkreten Hinweisen für den Einbezug von Medien in den Fachunterricht, aber auch bei den verpflichtenden fächerübergreifenden Bildungsaufgaben. Gerade diese Vielfalt an Möglichkeiten macht es jedoch den Lehrpersonen schwer, im Einzelfall zu entscheiden, welche Medien sie verwenden und welche medienpädagogische Ziele sie mit ihrem Einsatz verbinden sollen. Das integrierte Curriculum kann hier Orientierungen, konkrete inhaltliche Anregungen und Arbeitshilfen anbieten und zugleich eine kontinuierliche, über das ganze Schuljahr verteilte medienpädagogische Arbeit gewährleisten.

Der zweite Bereich ist die *Integration* der Medienerziehung *in den Schulalltag*. Leitidee hierfür ist eine vielfältige Nutzung der Medien zur Bereicherung des Schullebens, als Ausdrucks- und Kommunikationsmittel. Dabei geht es um eine Verknüpfung verschiedener Erziehungsaufgaben der Schule (z.B. interkulturelle Erziehung) mit der Medienerziehung. Der Bezugspunkt im Lehrplan liegt bei den fächerübergreifenden Erziehungs- und Bildungsaufgaben. Das im folgenden Kapital dargestellte Curriculum ist so aufgebaut, daß es alle diese Formen der Integration in einen geordneten Zusammenhang bringt.

Für die Leitmedien wurden auf den einzelnen Jahrgangsstufen je drei sog. „Projektrahmen" konzipiert. Sie verknüpften Lernziele aus unterschiedlichen Fächern unter einem übergeordnetem Rahmenthema mit konkreten medienpädagogischen Lernzielen, die auf die betreffenden Leitmedien ausgerichtet sind. Einer von diesen Projektrahmen auf jeder Klassenstufe hat seinen Schwerpunkt im Fach Deutsch; damit wird dem besonderen Anliegen einer stärkeren Sprach- und Leseförderung Rechnung getragen. Mit dem Ausdruck „Projektrahmen" ist keine fest umrissene Unterrichtseinheit gemeint, sondern nur ein grober thematischer Zusammenhang. So heißt z.B. der 1. Projektrahmen im 5. Schuljahr: „Unsere Schulklasse: Wir machen uns ein Bild von unserem Zusammenleben in Schule, Familie und Freizeit". Er lehnt sich an die fächerübergreifende Bildungsaufgabe „5.5 Lebensgemeinschaften" und an das Lernziel „5.1 Lebensraum Schule" im Fach Sozialkunde an. Diese Projektrahmen lassen Raum für individuelle Vorstellungen und Konzepte der Lehrpersonen und können leicht an die besonderen Gegebenheiten einer Schulklasse oder Schule angepasst werden.

Die Projektrahmen sind in Form eines Vier-Spalten-Modells dargestellt. In der ersten Spalte sind die relevanten Lernziele der angesprochenen Fächer aus dem neuen Hauptschullehrplan aufgelistet. In der zweiten Spalte finden sich direkt danebengestellt die medienpädagogischen Lernziele. In der dritten Spalte findet sich ein Vorschlag für den möglichen inhaltlichen Ablauf des Projektrahmens und in der vierten Spalte schließlich werden Hinweise für einen Einsatz der jeweiligen Leitmedien zum Zwecke der Unterrichtsdokumentation bzw. zur Bereicherung des Schullebens gegeben.

Im folgenden werden für jede Jahrgangsstufe Hinweise für die Arbeit mit den Leitmedien sowie ein Projektrahmen aus dem Curriculum als Beispiel vorgestellt (vgl. Spanhel, Donauwörth, o.J.).

5. Schuljahr: Leitmedien: Bilder, Fotos, Comics

1. *Leitmedium für das 5. Schuljahr* soll das *stehende Bild* in allen seinen Formen sein (Abbildungen, Fotos, Gemälde, Zeichnungen, Dias, auch Bildergeschichten und Comics). Ein tieferes Verständnis des Bildes als Kommunikationsmedium erschließt erst den Zugang zur ganzen Fülle der Bilderwelten der modernen elektronischen Medien. Für eine intensive Auseinandersetzung mit Bildern liefert der Lehrplan vielfältige konkrete Anlässe, insbesondere in den Fächern Deutsch, Biologie, Geschichte, Sozialkunde, Erdkunde und Kunsterziehung. Die Bilder sollten möglichst kreativ, nicht nur fachlich, sondern auch medienerzieherisch genutzt werden, z.b. um spezifische Arbeitsweisen, Analyse- und Produktionstechniken von Fotos, Bildern, Comics zu üben und so die Kinder immer besser in die Sprache des Bildes einzuführen (vgl. Deutsch: Arbeitstechniken zu 5.1). Im folgenden werden die Lehrplanbezüge nur zu den genannten Fächern aufgelistet. Darüber hinaus bieten auch die anderen Fächer bei zahlreichen Lehrplaninhalten Einsatzmöglichkeiten für Bilder als Informationsquelle, Veranschaulichungs-, Darstellungs- oder Ausdruckmittel.

2. Eine wesentliche Grundlage jeglicher *Medienkompetenz* sind *Sprach- und Lesefähigkeit.* Deshalb muss in der schulischen Medienerziehung die Förderung der Lesefreude und -fähigkeit von Anfang an als eine zentrale Aufgabe betrachtet werden. Es geht nicht darum, das Lesen als höherwertig darzustellen und den Medienkonsum zu verdammen. Vielmehr müssen alle Möglichkeiten genutzt werden, um die Schüler über ihre Medieninteressen zum Buch hinzuführen, durch gemeinsames Lesen grundlegende Fähigkeiten zu verbessern und einzuüben und das Lesen und Leseinteresse als alternative Freizeitaktivität aufzubauen und zu erhalten.
Das Medium „Bild" kann für dieses Anliegen dadurch fruchtbar gemacht werden, dass die Kinder eine Geschichte oder ein Buch durch Bilder illustrieren oder dass sie Fortsetzungsgeschichten zu einem Buch erfinden und diese in Form von Comics, Bildergeschichten, Fotokollagen oder im darstellenden Spiel anderen mitteilen.

3. Ein wichtiges Anliegen schulischer Medienerziehung besteht darin, dass die Schüler sowohl im Deutschunterricht als auch in den Sachfächern lernen, unterschiedliche symbolische und ikonische Mitteilungen zu verstehen, zu interpretieren und zu verarbeiten. Durch Vergleiche und kritische Analyse von Texten, Bildern, Comics und Fotos kann die erforderliche Symbolfähigkeit geübt und weiterentwickelt werden. Wichtig ist, dass die Schüler durch aktive Produktion von sprachlichen oder bildlichen „Texten" (Medien) in die Lage versetzt werden, nicht nur ihre Ideen, Anliegen, Probleme, sondern auch sachliche Informationen in unterschiedlichen symbolischen Darstellungsweisen auszudrücken.

4. Am Beginn der Medienerziehung im 5. Schuljahr steht der Lehrer vor der Aufgabe, sich einen möglichst genauen *Einblick in den Medienalltag der Schüler* zu verschaffen. Zur Erfassung des Freizeitverhaltens der Schüler und ihres Umgangs mit einzelnen Medien (Fernsehen/Video, Musik, Computerspiele, Lesen) wurden kurze Fragebögen entwickelt und erprobt. Ein einfaches Computerprogramm auf der beiliegenden CD-Rom ermöglicht die gemeinsame Auswertung der Befragung in der Klasse und die graphische Darstellung der Ergebnisse. Sie bieten eine sachliche Grundlage für einen ersten Meinungsaustausch über die Mediennutzung der Schüler in der Klasse und für weiterführende Analysen, Reflexionen oder neue Fragestellungen.

5. Für die Umsetzung der mit dem Leitmedium „Bild" verbundenen medienpädagogischen Anliegen wurden exemplarisch die folgenden drei umfasseneren Unterrichtseinheiten ausgewählt, die als „Projektrahmen" bezeichnet werden. Sie bündeln eine Reihe von Fachlernzielen aus unterschiedlichen Fächern um ein Kernthema eines Faches. Der variable Einsatz von Bildern sichert nicht nur eine optimale Erreichung der Fachlernziele, sondern dient zugleich der Verwirklichung spezifischer medienpädagogischer Ziele. Deshalb werden für jede Unterrichtseinheit parallel zu den Fachlernzielen die jeweils erreichbaren medienpädagogischen Ziele aufgelistet. Von den vorgesehenen Projektrahmen kann für den Stoffverteilungsplan einer bis Weihnachten, einer bis Ostern und der dritte bis zum Jahresende eingeplant werden. Statt der vorgegebenen Projektrahmen können natürlich auch andere Unterrichtseinheiten entworfen und je nach der besonderen Situation der eigenen Schulklasse ausgestattet werde, um die vorgesehenen medienpädagogischen Ziele zu verwirklichen. In der aktiven Arbeit mit Bildern können die Schüler ihre Alltagswelt mit den schulischen Lerninhalten verbinden; das kann den Unterricht bereichern, lebendiger und offener machen.

6. Arbeitshilfen
   Literatur:

   Doelker, C.: Ein Bild ist mehr als ein Bild. Visuelle Kompetenz in der Multimedia-Gesellschaft. Stuttgart 1997

   Fritz, A.: Lesen im Medienumfeld. Gütersloh 1991

   Tulodziecki, G.: Handlungsorientierte Medienpädagogik. Bad Heilbrunn 1995, S. 62-68; S. 169-175

   Weber, H.: Die Sprache der Bilder, Arbeitsblätter zur visuellen Kommunikation. Mühlheim/Ruhr 1994

   Medien:

   Zu LZ 5.5 Familie (Medien aus der Bildstelle)
   32 03241 Meine Familie - deine Familie (15 min. f)
   10 03012 150 Jahre Fotografie: Familienfotos (12 sw + f)

10 03131 Familienleben in früherer Zeit (1919- 1935 (12 sw))
42 00620 Videobrief aus Japan: Meine Familie (27 min. f)
50 05018 Meine Eltern kommen aus ...
         Gastarbeiterkinder erzählen (48 f)

Unterrichtsbeispiele und Materialien:
Ergänzend zu diesem Basisbaustein erscheint in der Heftreihe „Medienzeit" ein Praxisbaustein mit Unterrichtsbeispielen und Bildmaterial speziell zum Leitmedium „Bild" für
das 5. Schuljahr.

1. Projektrahmen: Unsere Schulklasse

Wir machen uns ein Bild von unserem Zusammenleben in Schule, Familie und Freizeit

Fachliche Lernziele	Medienpädagogische Lernziele
Sozialkunde LZ 5.1 Lebensraum Schule LZ 5.1.1 Eine neue Klasse - Wir lernen uns kennen LZ 5.1.3 Schule als Ort des Lernens: Vorstellungen und Wünsche zu Unterricht und Schulleben **Kunst** LZ 5.1 In Bildern erzählen: Aus Phantasie und Wirklichkeit LZ 5.4 Gemeinsam erkunden und gestalten: Wo wir spielen - wo wir lernen LZ 5.5 Visuelle Medien: Schreiben und Entziffern: Zeichen, Schriften, Dokumente **Fächerübergreifende Bildungsaufgabe** 5.5 Lebensgemeinschaften LZ 5.5.1 Meine Familie und ich LZ 5.5.2 Familienbilder LZ 5.5.3 Die Darstellung von Familien in den Medien **Musik** 5.2 Musik sehen - Bilder hören LZ 5.2.4 Musik nach Bildern - Bilder zur Musik **Deutsch** 5.1 Sprechen und Schreiben: ausgehend von möglichst konkreten Sprech- und Schreibanlässen... LZ 5.1.2 Erzählen zu Reizwörtern oder Bildern; nichtsprachliche Zeichen gezielt nützen Arbeitstechniken zu 5.1: - mit nichtsprachlichen Zielen informieren (z.B. Skizzen, Bilder, Symbole) 5.2 Lesen und Mediengebrauch LZ 5.2.2 Über die Rolle der Medien in der Freizeit sprechen	• Bilder „lesen" und die Sprache von Bildern verstehen können • Einübung in die Handhabung und die Möglichkeiten des Fotoapparates • Bilder zum Ausdruck eigener Vorstellungen und Erlebnisse einsetzen lernen • Aussagen und Wirkungen von Bildern erkennen und vergleichen (Fotos, Gemälde) • Ausdruck und Wirkung von Bildern durch gezielte Methoden verändern (Ausschnitt, Rahmen) • Analyse von Familiendarstellungen in Fernsehserien (Comic, Vorabendprogramm) • Eigene Freizeitaktivitäten erkennen und mit anderen vergleichen • Befragungsergebnisse anschaulich - bildhaft darstellen • Fotokollagen und Wandzeitung als Ausdrucks-, Gestaltungs- und Dokumentationsmittel einsetzen lernen

1. Projektrahmen: Unsere Schulklasse

Inhaltlicher Ablauf	Unterrichtsdokumentation, Schulleben
1. Wer wir sind • Schüler stellen sich gegenseitig an Hand von Fotos vor	Kennenlernspiele einsetzen!
• Schüler fotografieren sich so, wie sie sich darstellen möchten (Partnerarbeit)	*Fotodokumentation* Wandzeitung mit der Klassengemeinschaft gestalten
2. Wo wir lernen • Schüler erkunden mit dem Fotoapparat Klassenzimmer, Schulhaus und Umgebung (Gruppenarbeit)	*Bilderausstellung* Im Flur vor dem Klassenzimmer
• Bilderträume: Wie wir Klassenzimmer und Schule gestalten möchten (GA)	*Eltern* bei der Arbeit mit den Fotos einbeziehen
• Regeln für unsere Zusammenarbeit	
3. Wo wir leben • Schüler berichten an Hand eines Bildes, wo sie herkommen (Familie, Wohnung)	*Elternabend mit Kindern:* Wir stellen uns vor
• Jeder Schüler komponiert eine Bildergeschichte: Meine Rolle, mein Alltag in der Familie	*Museumsbesuch:* Familienbilder (Gemälde) im Museum anschauen und vergleichen
• Familiengeschichten an Hand alter Familienbilder erzählen	
• Analyse von zwei Familien in Fernsehserien	
4. Wo wir spielen • Schüler stellen ihre Hobbies und liebsten Spielplätze vor	
• Fragebogen zum Freizeitverhalten ausfüllen, auswerten, besprechen	
• Die schönsten Spiel- und Freizeitmöglichkeiten in Erlangen (vielleicht im Sommer)	*Ortsplan* mit den besten Freizeitmöglichkeiten

6. Schuljahr: Leitmedien: Fernsehen, Video

1. *Leitmedien* für das 6. Schuljahr sind *Fernsehen und Video*. Ergebnisse der Medienforschung zeigen eindeutig, dass Fernseh- und Videokonsum auf dieser Altersstufe am stärksten ausgeprägt sind, mit allen problematischen Formen. Danach wenden sich die Jugendlichen vermehrt anderen Medien zu. Im 6. Schuljahr besteht die wichtigste Aufgabe schulischer Medienerziehung darin, durch spielerische Aktivitäten in Sport, Kunsterziehung, Werken, Musik, durch szenisches Spiel und Gesellschaftsspiele die besonderen Interessen und Fähigkeiten der Schüler zu wecken und zu fördern und alternative Handlungsmuster und Freizeitaktivitäten zum bloßen Fernseh- und Videokonsum aufzubauen.

    Darüber hinaus muss aber auch einem oft übermäßigen und unreflektiertem Konsum von Fernseh- und Videofilmen behutsam entgegengewirkt werden. Das könnte durch eine sachliche Analyse und Kritik einer der überaus beliebten Vorabendserien im Fernsehen geschehen.

2. Die Befragungsergebnisse zum Freizeit- und Medienverhalten aus dem 5. Schuljahr bzw. eine erstmalige oder erneute Befragung zum Freizeit- und Fernsehverhalten und deren gemeinsame Auswertung am Computer mittels der beiliegenden CD-Rom geben das Fundament für eine erste Betrachtung und Diskussion des Stellenwerts von Fernseh- und Videokonsum, der *Präferenzen* und Nutzungsgewohnheiten im Kontext der übrigen *Freizeitaktivitäten*. Das Thema „Spiel und Spiele in anderen Ländern" als Teil der fächerübergreifenden Bildungsaufgabe „Freizeit" in Sozialkunde bietet hervorragende Gelegenheiten für einen spielerischen Einsatz der Videokamera.

    Bei der Aufzeichnung und Betrachtung selbstgestalteter Spiele und Spielszenen können die Schüler nicht nur die Handhabung der Kamera üben, sondern sehr eindringlich die besonderen Gestaltung- und Ausdrucksmöglichkeiten sowie die Wirkungen des Mediums Film erfahren. Darüber hinaus legt der Projektrahmen „Spiel" eine kritische Analyse der beliebten Gameshows in verschiedenen Fernsehsendern nahe. Er wird auch deshalb vorgeschlagen, weil es dafür Anknüpfungspunkte in vielen Fächern gibt, weil ausländische Schüler gut integriert werden können und weil er viele Möglichkeiten zu schulübergreifenden und außerschulischen Aktionen bietet.

3. Ein besonderes Anliegen schulischer Medienerziehung ist die Förderung einer *erweiterten Sprachfähigkeit* und *Kommunikationskompetenz*. Dazu gehört, dass die Schüler die Sprache der Fernseh- und Videofilme verstehen und als Mittel für eigenen Gefühlsausdruck und Mitteilungsabsichten nutzen lernen. Es kommt aber auch darauf an, verbale Sprache in die Sprache des Films und umgekehrt übersetzen zu können. Wie zahlreiche Unterrichtsbeispiele im Modellversuch gezeigt haben, ist dafür aktive Videoarbeit am besten geeignet. Der Deutschunterricht bietet dafür vielfältige Gelegenheiten, z.B. wenn kleine Lesestücke oder Gedichte mit verteilten Rollen gelesen und gefilmt oder in Dialoge umgeschrieben und die Spielszenen mit der Videokamera aufgenommen werden. Auf diese Weise oder auch durch Vergleich von Buch (Klassenlektüre) und Film kann der Medieneinsatz auch zur Förderung der Lesefreude und Lesefähigkeit beitragen.

4. Für die Umsetzung der mit den Leitmedien „Fernsehen und Video" verbundenen medienpädagogischen Aufgaben werden die folgenden „Projektrahmen" vorgeschlagen. Sie bündeln eine Reihe von Fachlernzielen aus unterschiedlichen Fächern um ein Kernthema eines Faches. Sie entsprechen der Forderung des neuen Hauptschullehrplans nach einem offeneren, projekt- und handlungsorientierten Unterricht. Der kreative Einsatz von Fernseh- und Videofilmen und insbesondere der Videokamera sichert nicht nur die optimale Erreichung der Fachlernziele, sondern dient zugleich der Verwirklichung wichtiger medienpädagogischer Ziele. Deshalb werden für jede Unterrichtseinheit parallel zu den Fachlernzielen die angestrebten medienpädagogischen Ziele aufgelistet. Bei gleichmäßiger Verteilung der drei Projektrahmen über das Schuljahr (bis Weihnachten, bis Ostern, bis Jahresschluss) steht genügend Zeit für die Durchführung zur Verfügung. Bei Medienthemen und aktiver Videoarbeit machen die Schüler begeistert mit, bringen gute Ideen und eigene Erfahrungen aus ihrem Medienalltag ein. Der Einsatz der Videokamera erfordert allerdings gut eingeübte und disziplinierte Gruppenarbeit. Beim Schneiden und Vertonen kleiner Filmproduktionen sollte wegen des Arbeitsaufwands eine speziell geschulte Arbeitsgruppe mit Unterstützung der Medienwerkstatt eingesetzt werden.

5. Arbeitshilfen:
Literatur:

Doelker, C.: Ein Bild ist mehr als ein Bild. Visuelle Kompetenz in der Multimedia-Gesellschaft. Stuttgart 1997

Lauffer, J.; Thier, M.: Alles total normal? Vorabendserien im Fernsehen. Medienpädagogische Handreichung. GMK, Bielefeld 1994

Tulodziecki, G.: Medienerziehung in Schule und Unterricht. Bad Heilbrunn 1992 (Medienanalyse und -kritik: S. 130-160; Mediengestaltung: S. 116-123)

Tulodziecki, G.: Handlungsorienterte Medienpädagogik in Beispielen. Bad Heilbrunn 1995 (Analyse und Kritik von Fernsehunterhaltung: Vorabendserien: S. 123-134; Gestalten eines eigenen Films: Videoprojekt: S. 185-195)

Zeitter, E. (Hrsg.): Medienerziehung für Grundschüler. Frankfurt/M.; IMK 1995 (Theoretische Grundlagen: S. 154-187; Sprache des Films: S. 188-211; Praktische Übungen zur Videoarbeit S. 213-218)

Medien (Bildstelle): 4200784 Filmsprache

Unterrichtsbeispiele und Arbeitsmaterialien:
Ergänzend zu diesem Basisbaustein erscheint in der Heftreihe „Medienzeit" ein Praxisbaustein mit Unterrichtsbeispielen und Materialien speziell zu den Leitmedien „Fernsehen, Video" für das 6. Schuljahr.

1. Projektrahmen: Spiel und Spiele in anderen Ländern

Wir untersuchen und stellen dar, wie Kulturen im Spiel aufeinandertreffen

Fachliche Lernziele	Medienpädagogische Lernziele
Sozialkunde Fächerübergreifende Bildungsaufgabe: 6.3 Freizeit LZ 6.3.1 Das eigene Freizeitverhalten • Freizeitgestaltung als Einzelner oder in der Gruppe LZ 6.3.2 Spiel, Sport und Unterhaltung in früheren Zeiten • Veränderungen des Freizeitverhaltens durch technische Neuerungen: Fernsehen LZ 6.3.3 Jugend und Freizeit in anderen Ländern: Spiel und Spiele in anderen Ländern **Deutsch** LZ 6.1.2 Über Sachverhalte informieren, Anleitungen, Beschreibungen oder Erklärungen verfassen LZ 6.1.3 Rollen sprechen und darstellen; Gestaltungsversuche mit Video aufzeichnen 6.2 Lesen und Mediengebrauch LZ 6.2.2 Über die Rolle der Medien in der Freizeit nachdenken **Kunsterziehung** LZ 6.7 Bauen, Gestalten, Spielen: Szenen und Episoden **Sport** LZ 6.4 Leisten, Gestalten, Spielen	• Anteil von Mediennutzung und Spiel im eigenen Freizeitverhalten untersuchen, vergleichen • Spielshows im Fernsehen, Video- und Computerspiele analysieren: Inhalte, Handlungsablauf, Wirkungen • Medien (Lexika, Filme, Handbücher) als Informationsmittel nutzen lernen • Befragungen durchführen: Eltern, Großeltern über Spiele früher; ausländische Kinder über Spiele in anderen Ländern • Spielerisch den Umgang mit der Videokamera einüben • Aufzeichnungen mit der Videokamera als Dokumentationsmittel einsetzen lernen • Spielinteressen als Alternativen zum Fernseh- und Videokonsum aufbauen

1. Projektrahmen: Spiel und Spiele in anderen Ländern

Inhaltlicher Ablauf	Unterrichtsdokumentation, Schulleben
1. Spiele heute und früher • Bedeutung des Spiels in unserer Freizeit (Auswertung des Fragebogens)	
• Wir beschreiben und ordnen moderne Spiele (Spielshows, Video-, Computerspiele)	AG: Spielszenen in der Stadt, im Sport, auf Spielplätzen aufzeichnen
• Wie früher gespielt wurde: Wir interviewen Eltern und Großeltern	
• Wir verfassen Spielbeschreibungen und Spielregeln	Quizspiele im Sachunterricht (Erdkunde, Geschichte, Biologie) in Gruppenarbeit anfertigen und zur Übung und Lernkontrolle einsetzen
• Nachspielen der schönsten Spielformen und Aufzeichnungen auf Video	
2. Spiele in fremden Ländern • Fremde Spiele erkunden, beschreiben, ordnen (Interviews mit ausländischen Schülern, Fachbücher, Spielzeugmuseum)	Besuch im *Spielzeugmuseum* *Interviews* mit der Videokamera in der Medienwerkstatt
• Schönste Spiele: Spielbeschreibungen, Spielregeln; Nachspielen und mit Video aufzeichnen	
3. Wir gestalten einen Elternabend • Vorführung einiger Spiele in Videosequenzen	*Elternabend:* Spiele aus anderen Ländern (evtl. als Gameshow gestalten)
• Vorbereitung der Spielmaterialien	
• Vorführung einiger Spiele	

7. Schuljahr: Leitmedien: Hörmedien

1. Die Medienerziehung im 7. Schuljahr soll die verschiedenen *Hörmedien* in das Zentrum der Aufmerksamkeit rücken. Wie viele empirische Untersuchungen zeigen, wenden sich in dieser Altersstufe die Hauptschüler vom Fernsehen ab und interessieren sich sehr stark für Hörmedien, Musik und Videoclips. Die Auseinandersetzung mit den Hörmedien ist deshalb besonders wichtig, weil sie häufig nur als „Nebenbei-Medien" sehr gedankenlos genutzt werden. Auf der anderen Seite liegt der besondere Einfluß der Hörmedien auf die Jugendlichen darin begründet, dass sie unmittelbar auf den Körper einwirken und dadurch starke Gefühlsregungen auslösen können.
Um die Vorlieben der Schüler und ihre besonderen Nutzungsgewohnheiten kennenzulernen, kann der eigens entwickelte Fragebogen zu den Hörmedien eingesetzt und gemeinsam ausgewertet werden. Dabei kommt es darauf an, die Medienpräferenzen der Schüler ernst zu nehmen, sie zu respektieren, sie nicht abzuwerten oder gar lächerlich zu machen, sonst kommt kein offener Dialog zustande.

2. Im neuen Hauptschullehrplan spielen die Hörmedien keine besondere Rolle und werden nicht eigens thematisiert, obwohl die Medienforschung immer wieder ihren Stellenwert nachweist. Im Fach Deutsch werden im Bereich „Lesen und Mediengebrauch" für das 7. Schuljahr Fernsehen und Filme genannt. Dabei bietet sich die Gelegenheit, die Bedeutung von Musik und Ton bei unterschiedlichen Filmgattungen zu untersuchen. Außerdem kann in diesem Zusammenhang eine Analyse von Musik-Videoclips (MTV oder VIVA) durchgeführt werden. Unabhängig davon läßt sich der Deutschunterricht auf vielfache Weise durch den Einsatz oder die Produktion von Hörmedien bereichern. Für das Lesen, den mündlichen und schriftlichen Sprachgebrauch können Tonband, Hörmagazine und Rundfunksendungen wertvolle Hilfen bieten, als Sprechanlässe, zur Informations-gewinnung, bei der Aufzeichnung von Interviews und zur Kontrolle und Verbesserung der eigenen sprachlichen Ausdrucksfähigkeit (beim Vorlesen, bei Rollen- oder Theaterspielen).

3. Für den Erfolg der Hörerziehung ist die Einübung in medienspezifische Arbeitsweisen wichtig. Schüler besitzen vielfach selbst Kassettenrecorder mit eingebautem Mikrofon, die dabei eingesetzt werden können. Für Wahrnehmungsübungen zum Hören stehen inzwischen eine Reihe von Tonkassetten zur Verfügung. Bei verschiedenen Gelegenheiten sollen die Schüler in den richtigen Gebrauch von Tonband und Mikrofon eingeführt werden. Bei der Produktion eines Hörspiels lernen sie die Wirkungen unterschiedlicher Kombinationen von Sprache, Geräuschen und Musik kennen und anwenden.
Als Gegengewicht zum bloßen Musikkonsum (Walkman) können die Jugendlichen die Möglichkeiten des Kassettenrecorders als eigenes Ausdrucksmittel entdecken. Vielleicht ist es sogar möglich, mit einer engagierten Gruppe im Musikunterricht mit Hilfe des Computers ein Musikvideo zu produzieren.
Der Vergleich von Rundfunknachrichten und Hörmagazinen mit Nachrichten- und Informationssendungen im Fernsehen und entsprechenden Zeitungsartikeln führt zu einem besseren Verständnis der spezifischen Sprache der unterschiedlichen Medien.

4. Für die Umsetzung der mit den Hörmedien verbundenen medienpädagogischen Anliegen werden im folgenden drei umfassendere Unterrichtseinheiten vorgeschlagen, die als „Projektrahmen" bezeichnet werden. Sie bündeln eine Reihe von Fachlernzielen aus den Fächern Deutsch und Sozialkunde um ein Kernthema des jeweiligen Faches oder in einer fächerübergreifenden Bildungsaufgabe. Darüber hinaus ergeben sich zahlreiche Anknüpfungspunkte im Fach Musik.

Der variable Einsatz von Hörmedien im Unterricht dieser Fächer sichert nicht nur eine optimale Erreichung der Fachlernziele, sondern dient zugleich der Verwirklichung spezifischer medienpädagogischer Ziele. Deshalb werden für jede Unterrichtseinheit diese beiden Lernzielgruppen parallel nebeneinander aufgelistet und zugeordnet. Im Stoffverteilungsplan kann von den vorgesehenen Projektrahmen einer bis Weihnachten, ein zweiter bis Ostern und der letzte bis zum Schuljahresende eingeplant werden.

Hörmedien dienen als Kommunikationsmedien dazu, anderen Menschen etwas mitzuteilen. Deshalb sollten Medienproduktionen (Nachrichten, Hörmagazin, Hörspiel) den Schülern anderer Klassen z.B. in der Pause oder im Rahmen von Schulfesten oder Elternabenden einer größeren Öffentlichkeit vorgestellt werden.

5. Arbeitshilfen
Literatur:

Doelker, C: Leitfaden Medienpädagogik. Zürich 1994, S. 119f. (Vom Umgang mit Medien: Hörkassette)

Landesbildstelle Berlin (Hrsg.): Schüler inszenieren literarische Texte. Berlin 1989

Six, U.; Roters, G.; Gimmler, R.: Hörmedien: eine Analyse zur Hörkultur Jugendlicher. Landau 1995

Tulodziecki, G.: Medienerziehung in Schule und Unterricht. Bad Heilbrunn 1992, S. 119-127

Tulodziecki, G.: Handlungsorientierte Medienpädagogik in Beispielen, Bad Heilbrunn 1995, S. 115-123 (Gestalten eines eigenen Hörmagazins: Klassenradio)

Zeitter, E. (Hrsg.): Medienerziehung für Grundschüler. Frankfurt/M., IMK, 1995, S. 112-131 (Theoretische Grundlagen und medienspezifische Übungseinheiten)

Medien aus der Bildstelle:
4201790 Jugend und Kriminalität (21 min f)
4201958 Ein Jugendstrafverfahren (20 min f)
5019060 Rechtskunde; Strafrecht (42 min f)

Unterrichtsbeispiele und Materialien:
Ergänzend zu diesem Basisbaustein erscheint in der Heftreihe „Medienzeit" ein Praxisbaustein mit Unterrichtsbeispielen und Hörkassette zu den Leitmedien für das 7. Schuljahr.

1. Projektrahmen: Wir machen Radio

Wir untersuchen Rundfunksendungen und produzieren ein Hörmagazin

Fachliche Lernziele	Medienpädagogische Lernziele
Deusch LZ 7.1.1 Miteinander reden und vor Zuhörern sprechen • Technische Formen der Informationsentnahme kennen, nutzen, hinterfragen und Informationen weitergeben • Verschiedene Informationsquellen heranziehen, Stoffsammlung erstellen; Protokoll • Kurzvortrag zu einem selbstgewählten Thema gestalten LZ 7.1.2 Für sich und andere schreiben • Meinungen und Anliegen sachbezogen und überzeugend darstellen, z.B. zu einem aktuellen Thema LZ 7.1.3 Kreativ mit Sprache umgehen • Rollen sprechen, darstellen, mit Hilfe medialer Aufzeichnungen reflektieren • Spielerisch mit Sprache umgehen 7.2 Lesen und Mediengebrauch LZ 7.2.1 • Sinnerfassend und klanggestaltend vortragen, mit musikalischer Untermalung lesen LZ 7.2.3 Sach- und Gebrauchstexte erfassen und auswerten • Unterschiedliche Sach- und Gebrauchstexte erschließen, z.B. Fallbeispiele, Gesetzestexte • Aussageabsicht erfassen, belegen und beurteilen Arbeitstechniken zu 7.2: • W-Fragen anwenden • Informationen ordnen... • Selbständig Informationsmaterial beschaffen	• Erkennen und Reflektieren eigener Hörgewohnheiten • Magazinsendungen im Rundfunk und Fernsehen analysieren und vergleichen • Sprachliche Gestaltungsformen (Moderation, Reportage, Interview, Kommentar) und Gestaltungsmittel unterscheiden und beurteilen • Zusammenwirken von Sprache, Musik, Werbung analysieren • Medienspezifische Arbeitstechniken einüben: • Zuhören - Protokollieren - Inhaltsangabe • Bedienung des Tonbandgeräts (Mitschnitte, Live-Aufnahme, Schneiden, Ein- und Ausblendungen) • Interviewtechnik • Kenntnisse und Fertigkeiten bei der Produktion eines Hörmagazins anwenden

1. Projektrahmen: Wir machen Radio

Inhaltlicher Ablauf	Unterrichtsdokumentation, Schulleben
1. Was Schüler und Erwachsene gerne hören	
• Befragung zu den Hörgewohnheiten der Schüler (Fragebogen und Hilfen zur Auswertung liegen vor!)	Erstellen einer *Info-Wand* (Tabellen, Grafiken mit dem Computer)
• Interviews mit Eltern, Lehrern, Verwandten, Schülern anderer Klassen über deren Hörgewohnheiten (in Gruppenarbeit)	*Tonband-Bericht zu den Hörgewohnheiten* (Zusammenschneiden und Kommentieren der Interviews)
2. Zuhören leicht gemacht	
• Aufbau von Radiosendungen protokollieren und vergleichen	
• Profil unterschiedlicher Rundfunksender herausfinden und einen Plan anfertigen (Vergleich öffentlich-rechtlicher mit privaten Sendern; beliebtester Jugendsender)	
• Sprachliche Darstellungsformen und Gestaltungsmittel untersuchen, Ausschnitte auf Tonband aufzeichnen und kommentieren	*Produktion* einer kleinen *Radio-Sendung* (Vorführung bei Schulfest oder Elternabend)
• Referat über Aufbau, Inhalt, Gestaltung einer Schulfunksendung (Benotungsmöglichkeit!)	
3. Hörmagazin „Schulnachrichten - selbst gemacht"	*Besuch* Erkundung eines (lokalen) Rundfunksenders (Studio)
• Wir gestalten in Gruppen ein kleines unterhaltsames Magazin über die Schule (Nachrichten, Erlebnisse, Interviews, Werbung, Musik, Lehrerbeitrag)	
• Hörer rufen an	
• Interviews im Studio	

8. Schuljahr: Leitmedien: Zeitung und Zeitschriften (Printmedien)

1. Im 8. Schuljahr sind als *Leitmedien* Zeitung und Zeitschriften, also die *Printmedien* in der Form journalistischer Texte vorgesehen. Im Zusammenhang mit der Entwicklung der elektronischen Medien (Fernsehen und Computer) und der Zunahme der Bilderwelten kommt dem Symbolsystem der Sprache in der gedruckten Form besondere Bedeutung zu. Die Wirkung der Bild- und Hörmedien beruht überwiegend auf unmittelbaren Wahrnehmungserlebnissen, Sinnesreizen und damit verbundenen Gefühlseindrücken. Dagegen ist die Sprache das Medium, in dem gedankliche Abstraktionen der Wirklichkeit in Begriffen erfasst, zu Aussagen kombiniert und zu Stellungnahmen über die Welt eingesetzt werden. Nur im Symbolsystem der Sprache können wir gedankliche Operationen, wie z.B. Vergleichen, Ordnen, Beurteilen, Argumentieren durchführen und anderen Menschen mitteilen. In der gedruckten Form lassen sich menschliche Erkenntnisse und Erfahrungen, Ideen und Phantasien, Informationen und Neuigkeiten sowohl dauerhaft speichern als auch schnell und massenhaft verbreiten.

2. Bei der Arbeit mit den Printmedien ist es wichtig, dass die Schüler die unterschiedlichen Sprachen von Zeitungen, Unterhaltungsmagazinen und Fachzeitschriften kennenlernen. Sie sollen die wichtigsten journalistischen Textsorten, ihre Aussage-Absichten und ihre sprachlichen Besonderheiten unterscheiden können. Dazu dienen sowohl vergleichende Analysen von Printmedien, als auch die Herstellung eigener Texte mit Hilfe des Computers. Den Schülern soll bewusst gemacht werden, wie sich die gesprochene Sprache im Rundfunk und Fernsehen von der Sprache in den Printmedien in Form und Wirkung unterscheidet. Sie sollen erkennen, dass gedruckte Texte im Gegensatz zu den flüchtigen Eindrücken der audiovisuellen Medien eine andere Form der Zuwendung, Zeit, Ruhe, Konzentration und gedankliche Auseinandersetzung verlangen.

3. Die Bedeutung der Printmedien wurde im neuen Hauptschullehrplan im Fach Deutsch durch ein eigenes Lernziel besonders herausgehoben: „Sich mit journalistischen Texten auseinandersetzen" (8.2.4). Gerade beim Vergleich journalistischer Texte besteht die große Chance, den Schülern zu verdeutlichen, wie mit Hilfe der Sprache Wirklichkeit nicht nur beschrieben und beurteilt, sondern überhaupt erst hervorgebracht wird. Bei der Analyse von Jugendzeitschriften oder Computerzeitschriften können sie erkennen, wie durch die besonderen Sprachen eine eigene Welt für Jugendliche oder für Computerfreaks entsteht.

4. Zur Verwirklichung der medienpädagogischen Ziele im Hinblick auf die Arbeit mit Printmedien werden im folgenden drei sog. Projektrahmen vorgeschlagen, die mit den Fachlernzielen unterschiedlicher Fächer verknüpft sind. Durch den Medieneinsatz kann der Fachunterricht selbst anregender, abwechslungsreicher und stärker handlungsorientiert gestaltet werden. Für die Produktion eigener Texte sollten die Schüler in jedem Fall den Computer verwenden, weil sie dadurch zu einem spontanen, kreativen, experimentierenden Umgang mit der Sprache angeregt werden und vielerlei Gestaltungsmöglichkeiten bei der schriftlichen Darstellung erproben können. Wichtig ist

dabei, dass die Arbeitsergebnisse, z.B. in Form der eigenen Zeitung anderen Schülern, Lehrern, Eltern und der Öffentlichkeit vermittelt werden.

Die drei Unterrichtseinheiten sollten gleichmäßig über das Schuljahr verteilt werden (bis Weihnachten, bis Ostern und bis zum Schuljahresschluss). Gerade bei den Printmedien können die grundlegenden medienspezifischen Arbeitstechniken (Entnahme von Informationen aus Texten, Exzerpieren, Interpretation von Texten, Erstellen und Lesen von Grafiken und Tabellen, Verfassen eigener Texte) in vielen Fächern und Unterrichtssituationen während des ganzen Jahres eingeübt werden.

5. Arbeitshilfen:
Literatur:

Buchwald, B.; Jürgens, M.: Zeitung macht Schule. Materialien für den Unterricht. Landesinstitut Schleswig-Holstein für Praxis und Theorie der Schule. Lübeck 1993

Baacke, D.; Lauffer, J. (Hrsg.): Nicht nur schöner Schein. Kinder- und Jugendzeitschriften in Deutschland. Schriften zur Medienpädagogik 16, GMK, Bielefeld 1994

Nachrichten. Unterrichtsvorschläge für das 7.-11.Schuljahr. Pestalozzianum, Zürich 1983

Medien:
Die Sache mit der Nachricht (Videokassette. 4 Teile)
Entstehung einer Schülerzeitung (Videokassette. 2 Teile)
(beide Videos: Pestalozzianum, Zürich)

Unterrichtsbeispiele und Materialien
Ergänzend zu diesem Basisbaustein erscheint in der Heftreihe „Medienzeit" ein Praxisbaustein mit Unterrichtsbeispielen und Materialien zu den Leitmedien „Zeitung; Zeitschriften" für das 8. Schuljahr.

1. Projektrahmen

Zeitung über die Zeitung (oder: Schülerzeitung)

Fachlernziele	Medienpädagogische Lernziele
Deutsch LZ 8.1 Sprechen und Schreiben Arbeitstechniken zu 8.1 • unterschiedliche Informationsquellen verwenden • Informationen zusammenfassen und auswerten • Eigene Texte überarbeiten LZ 8.2 Lesen und Mediengebrauch LZ 8.2.4 Sich mit journalistischen Textsorten auseinander setzen • Journalistische Textsorten kennen lernen • Aus verschiedenen Zeitungen Textbeispiele gegenüberstellen • Möglichkeiten der Meinungsbeeinflussung erkennen • Nachrichten und andere Fernsehsendungen mit Zeitungsberichten vergleichen. **Kunsterziehung** Visuelle Medien: LZ 8.5 Nachrichten aus der Klasse: Was uns interessiert und bewegt (Klassenzeitung, Wandzeitung, Infosäule) **Geschichte / Sozialkunde / Erdkunde** LZ 8.1 Gemeinde als politischer Handlungsraum LZ 8.2 Europa **Informatik** LZ 8.2 Informationsverarbeitung LZ 8.4.1 Computer in der Arbeitswelt	• Zeitung und ihre besondere Sprache verstehen, auswerten und beurteilen lernen • Unterschiedliche Zeitungen in Aufmachung, Inhalt und Sprache vergleichen; Kriterien zur Untersuchung, Beurteilung und Auswahl kennenlernen • Verschiedene Textsorten (Intentionen, Inhalte, Sprache, Aufbau, Wirkungen) kennenlernen • Berichte zum gleichen Thema in Rundfunk, Fernsehen, Zeitungen vergleichen • In den täglichen Gebrauch der Zeitung einüben • Kulturelle und politische Bedeutung der Zeitung kennenlernen • Einblick in die Produktions- und Vertriebsbedingungen einer Zeitung gewinnen • Zeitungsberichte (unterschiedliche Textsorten) verfassen lernen • Gestaltungsmöglichkeiten mit gedruckten Texten bei der Herstellung einer eigenen Zeitung erproben • Einsatz des Computers und seiner Möglichkeiten bei der Erstellung und Gestaltung einer eigenen Zeitung

1. Projektrahmen: Zeitung über die Zeitung

Inhaltlicher Ablauf des Unterrichts	Unterrichtsdokumentation, Schulleben
1. Tägliche Lektüre der Zeitung • Lesen und Diskussion über das Gelesene (thematisch offen) • Lesen mit Arbeitsauftrag und Diskussion zu bestimmten Themen **2. Analyse der Tageszeitung** • Analyse von Aufbau, Inhalten, Sprache, Aufmachung; Vergleich mit anderen Zeitungen • Analyse der verschiedenen Textsorten (Intention, Inhalt, Sprache, Wirkungen); Darstellungen zum selben Thema • Vergleich der Berichterstattung in Rundfunk, Fernsehen, Zeitung • Eigene Texte über die Ergebnisse dieser Analysen verfassen (in Gruppen); dabei unterschiedliche Textsorten verwenden	**Voraussetzung** für die Arbeit: • Zeitung in der Schule (Verfügbarkeit der Tageszeitung für jeden Schüler über 3-4 Wochen) • Sammeln unterschiedlicher Tageszeitungen in diesem Zeitraum • Aufzeichnung von Rundfunk- und Fernsehnachrichten
3. Betriebserkundung (Redaktion – Druckerei) • Vorbereitung und Durchführung vgl. Arbeitslehre! • Dokumentation mit Tonband, Fotos, Video, Notizen	Besuch einer Zeitungsredaktion und einer Großdruckerei; Diskussion mit einem Journalisten Unterstützung durch die Eltern bei der Herstellung einer eigenen Zeitung
4. Erstellung einer eigenen Zeitung über das Zeitungsprojekt	Zeitung an Mitschüler, Lehrer, Eltern verkaufen

9. Schuljahr: Leitmedien: Computer, Multimedia, Internet

1. Im Mittelpunkt der medienpädagogischen Arbeit im 9. Schuljahr sollen die *interaktiven, elektronischen Medien* Computer, Multimedia und Internet stehen. Sie zeichnen sich dadurch aus, dass sie die Möglichkeiten der Print-, Bild- und Hörmedien in sich vereinigen. Sie sind nicht nur exzellente Speichermedien, sondern können auch Informationen unter Ausnutzung verschiedener Zeichensysteme (Sprache, Bilder, Grafiken, Audio- und Videosequenzen) weltweit vermitteln. Der entscheidende Fortschritt besteht jedoch darin, dass der Nutzer mit diesen Medien interagieren und damit zugleich als Empfänger und als Sender von Informationen tätig werden kann. Damit können die in der Auseinandersetzung mit den Leitmedien der vorausgehenden Klassenstufen erworbenen Kompetenzen weiter geübt, gefestigt und vertieft werden.

2. Durch die Entwicklung der modernen elektronischen Medien haben sich die Informations- und Kommunikationsmöglichkeiten explosionsartig vermehrt. Die Folge davon ist, dass Jugendliche auch außerhalb der Schule unkontrolliert an alle Informationen herankommen können. Daher muss dem Schüler eine für die Zukunft außerordentlich wichtige und immer wichtiger werdende *Schlüsselqualifikation* vermittelt werden: Die Fähigkeit, aus der Informationsflut auszuwählen und bewusst zu entscheiden, welche Informationen man tatsächlich benötigt, in welchen Medien sie angemessen dargestellt sind, wie man an sie herankommt und wie sie am besten verarbeitet werden können. Diese Fähigkeit soll in verschiedenen unterrichtlichen Zusammenhängen eingeübt werden. Es geht also in der 9.Klasse weniger um Medienanalysen oder -produktionen, sondern um eine vielfältige Nutzung der elektronischen Medien als Informations- und Kommunikations-, als Lern- und Arbeitsmittel und als Werkzeuge. Die Fertigkeiten im Umgang mit den Geräten entwickeln und verbessern sich mit der Häufigkeit des Gebrauchs. Voraussetzung dafür ist, dass in jeder Klasse ein Multimedia-PC vorhanden und für alle Schüler jederzeit zugänglich ist und dass die Schüler außerdem die PC's im Informatikraum für Textverarbeitung und evtl. einfache grafische Darstellungen nutzen können.

3. Anknüpfungspunkte für die Leitmedien finden sich im neuen Lehrplan im Fach Deutsch (LZ 9.2.4), in Biologie (LZ 9.2: Grundlagen der Kommunikation) sowie in Informatik. Durch die folgenden Projektrahmen können diese Lernziele größtenteils abgedeckt werden. Die beschriebenen Schlüsselqualifikationen sollten jedoch in möglichst vielen unterrichtlichen Zusammenhängen eingeübt und für die Erreichung der Fachlernziele fruchtbar gemacht werden.

4. Für die medienpädagogische Arbeit im 9. Schuljahr werden drei Projektrahmen vorgeschlagen, die in der Zeit bis zum Zwischenzeugnis durchgeführt werden sollten, weil dann die Vorbereitungen auf den qualifizierenden Hauptschulabschluss im Zentrum der Arbeit stehen. Die Projektrahmen sind jedoch so ausgewählt, dass sie selbst einen wichtigen Beitrag zur Bewältigung der Anforderungen des Quali leisten können. Unabhängig davon können aber auch die Schüler, die den Quali nicht anstreben oder un-

möglich erreichen können, in der Arbeit mit den Medien für ihr Berufsleben grundlegend wichtige Fähigkeiten und Fertigkeiten weiter üben und sichern.

5. Arbeitshilfen:
Literatur und Hinweise auf Multimedia:
Aufenanger, S.; Lauffer, J.; Thiele, G.: Mit Multimedia in die Zukunft? Multimediale Möglichkeiten in der kulturellen Kinder- und Jugendbildung. Medienpädagogische Handreichung 7. GMK, Bielefeld 1995

1. Projektrahmen

Lernen lernen mit Medien - Von der Information zum Wissen

Fachlernziele	Medienpädagogische Lernziele
Deutsch LZ 9.1.1 Miteinander reden und vor Zuhörern sprechen • Aufgaben, Probleme, Konflikte erfassen, besprechen... • Informationen zusammenfassen, auswerten, weitergeben (auch aus Medien) LZ 9.1.2 Für sich und andere Schreiben • Protokollieren: Techniken des Mitschreibens • Sich mit Problemen auseinander setzen Arbeitstechniken zu 9.1 Arbeitsverlauf und Ergebnisse dokumentieren LZ 9.2.3 Sach- und Gebrauchstexte erfassen und auswerten • Gezielt und zügig Informationen entnehmen • Texte auf Informationsgehalt und Absicht untersuchen LZ 9.2.4 Sich mit Massenmedien auseinandersetzen • Unterschiedliche Medien gezielt als Informationsquellen verwenden **Biologie** LZ 9.1 Unser Ort als Lebensraum LZ 9.2.1 Aufnahme und Verarbeitung von Informationen beim Menschen LZ 9.2.2 Kommunikations- und Informationstechnik **Arbeitslehre** **LZ 9.1.1 Wege in den Beruf** LZ 9.1.4 Bedeutung der beruflichen Fort- und Weiterbildung • Lebenslanges Lernen LZ 9.1.6 Bedeutung der Arbeit im menschlichen Leben • Notwendigkeit und Wert der Arbeit	• Medien gezielt als Informationsmittel nutzen lernen • Medien (insbesondere Computer und CD-ROM) als Lernmittel einsetzen können • Medien (Computer und Lernprogramme) zur Steuerung, Kontrolle und Dokumentation der eigenen Lernprozesse anwenden lernen • Reflexionsmöglichkeiten der Medien zur Verbesserung der eigenen Lernprozesse nutzen lernen (Reflexion und Kontrolle des Verhaltens mittels Tonband- und Videoaufzeichnungen) • Medien (Computer) als Werkzeug für die Dokumentation und Kontrolle der Lernergebnisse einsetzen können

1. Projektrahmen: Lernen lernen mit Medien

Inhaltlicher Ablauf des Unterrichts	Unterrichtsdokumentation, Schulleben
1. Lernen kann Spass machen • Aneignung, Übung und Sicherung grundlegender Arbeits- und Lerntechniken mittels Medien • Texte zu einer Dia-Serie in Biologie schreiben • Wörter mit dem Tonband lernen • Englisch-Vokabeldatei anlegen • Steigerung der Aufmerksamkeit und Konzentration bei der Auswertung von Schulfunk- und Schulfernsehsendungen • Gezieltes Aufarbeiten von Vorkenntnisdefiziten (z.B. in Mathematik) mittels eines Computerprogramms, Schulbücher, Computer, CD-ROM	Arbeit individuell oder in kleinen Gruppen am Computer im Klassenzimmer, im Informatikraum oder in der Medienwerkstatt
2. Wie ich allein meine Lernerfolge verbessern kann • Gezielte Arbeit mit Übungsprogrammen am Computer • Lernkontrollen in Rechtschreiben, Englisch, Mathematik mittels Tonband oder Computer • Gezielte Überarbeitung eigener Texte mit dem Computer	Bei individueller Arbeit müssen Lerninhalt, Arbeitszeit und Ergebnisse dokumentiert und vom Lehrer abgezeichnet werden
3. Lernen durch Lehren Erstellung von Lernzirkeln mit Medieneinsatz für niedrigere Jahrgänge zu verschiedenen Themen in Gruppenarbeit	Anfertigung der Lernzirkel mit Hilfestellung der Medienwerkstatt

5.3.3 Arbeitsweise mit dem Curriculum

Die Projektrahmen sollten zu Beginn des Schuljahres in den Stoffverteilungsplan aufgenommen werden, der erste Rahmen bis Weihnachten, der zweite Rahmen bis Ostern und der dritte Rahmen bis zum Jahresschluß. Die Reihenfolge ist nicht festgelegt und die einzelnen Projektrahmen müssen nicht in einem Stück durchgearbeitet, sondern können über den ganzen Zeitraum verteilt werden. Die Inhalte lassen sich in den angegebenen Fächern oder fächerübergreifend, in kleineren oder größeren Unterrichtseinheiten oder in Projektform bearbeiten. Dabei sind die Angaben zu den fachlichen und medienpädagogischen Zielen sowie zum inhaltlichen Ablauf und zum Schulleben nur als Orientierungshilfe und Anregung gedacht. Im Modellversuch haben sich Projekttage und -wochen sehr bewährt, weil die Medienarbeit mehr Zeit erfordert und die Klassen dann kontinuierlich und vertieft an einem Thema arbeiten können. Wichtig ist, daß die Schüler im Laufe des Jahres in einem ausgewogenen Verhältnis spezifische Arbeitstechniken sowohl zur Medienanalyse als auch zur praktischen Medienarbeit erwerben und festigen. Darüber hinaus wäre darauf zu achten, daß sie vielfältige Handlungsmuster bei einem sinnvollem Einsatz der Leitmedien als Informations-, Arbeits-, Lern-, Dokumentations- und Kommunikationsmittel einüben.

Eine große Hilfe bei der medienpädagogischen Arbeit kann die Kooperation mit den Kolleginnen und Kollegen in den Parallelklassen bei der Konzeption, Vorbereitung, Durchführung und Nachbereitung der Projektrahmen sein. Als besonders motivierend für die Schüler haben sich in unserem Modellversuch die weitgehend selbständige Informationsbeschaffung mittels der modernen Medien sowie die mediale Aufbereitung, Dokumentation und gegenseitige Präsentation von Unterrichtsergebnissen erwiesen. Dabei findet nicht nur eine wiederholte Versprachlichung und eine vertiefte Durchdringung der Lerninhalte statt, sondern es werden über die Leitmedien hinaus auch die anderen Medien in unterschiedlichen Kontexten genutzt und dabei die Medienkompetenzen der Schüler erweitert und gefestigt.

5.3.4 Evaluation des Curriculums

Vorgehensweise bei der Bewertung des Curriculums

Der erste Entwurf für das Curriculum wurde den Klassenleitern zu Beginn des Schuljahres 1996/97 (im 2. Jahr des Modellversuchs) an die Hand gegeben. Sie wurden gebeten, die Themenvorschläge in ihren Stoffverteilungsplan für das neue Schuljahr aufzunehmen. Diese Erstfassung orientierte sich an dem damaligen Entwurf zum neuen Hauptschullehrplan. Wegen der daraus resultierenden Abweichungen vom vertrauten alten Lehrplan erfolgte in den meisten Klassen nur eine partielle Umsetzung. Zu Beginn des 3. Projektjahres (1997/98) wurde eine überarbeitete Version des Curriculums ausgegeben und die Teilnahme im Modellversuch an eine strikte Umsetzung der Vorgaben dieses Curriculums gebunden. Im Februar wurden die Klassenleiter vom Projektleiter in etwa einstündigen Interviews einzeln nach ihren Erfahrungen mit dem Curriculum befragt.

Die Lehrerinnen und Lehrer sollten im ersten Teil bewerten, ob das vorgesehene Leitmedium für diesen Jahrgang geeignet ist und genügend Arbeitsmöglichkeiten bietet und im zweiten Teil die Arbeit mit den jeweiligen Projektrahmen beurteilen. Im dritten und vierten Abschnitt wurden sie um eine Bewertung des Curriculums selbst, sowie um die mit seinem Einsatz verbundenen Veränderungen im Unterricht gebeten. Der Interviewleitfaden ist im Anhang abgedruckt; er diente nur als grobe Orientierung für die Befragung. Auf der Grundlage dieser Evaluation wurde das Curriculum nochmals in Details überarbeitet.

Bewertung des Curriculums durch die Klassenleiter der 5./6. Klassen

Leitmedium
Das stehende Bild in allen seinen Formen (als Abbildung, Foto, Gemälde, Dia oder Comic) als Leitmedium für das 5. Schuljahr und Bewegtbilder (die audiovisuellen Medien Film, Fernsehen, Video) als Leitmedium für das 6. Schuljahr wurden von allen Lehrkräften übereinstimmend als sehr passend für Lehrplan und Schüler eingeschätzt. Die guten und vielfältigen Anknüpfungsmöglichkeiten an die Inhalte des neuen Lehrplans wurden besonders betont. Mit den Leitmedien lassen sich Unterrichtsthemen besser aufschließen, Inhalte veranschaulichen und insgesamt der Unterricht bereichern. Sie können nach Ansicht eines Lehrers in allen Fächern (auch Musik, Religion oder Mathematik) eingesetzt werden und führen nach Meinung einer Lehrerin zu einem bewußteren Umgang mit Bildern. Alle vier Lehrkräfte stellen fest, dass die Leitmedien dem Alter und der Interessenlage der Schüler angemessen sind. Konsens besteht hinsichtlich der Einschätzung, dass die Kinder kaum Kompetenzen für den Umgang mit Bildern und Filmen mitbringen.

Einschätzung der Projektrahmen in den 5. Klassen:
Von den vorgeschlagenen *Inhalten* (Spalte 3) konnten jeweils nur zwei Themenblöcke durchgeführt werden. Als eine besondere Bereicherung und als Ansporn für die Klassen wurden die Formen medialer Unterrichtsdokumentation erlebt (Kollagen, Comics, eigenes Buch). Sehr fruchtbar und belehrend bei der Arbeit mit Texten und Bildern erwies sich der Computereinsatz. Die angestrebte Kooperation mit den Eltern stellte sich dagegen als sehr schwierig und fast nicht durchführbar heraus. Ein Elternabend fand statt, aber die Mitarbeit der Eltern war nicht sehr intensiv. Maßnahmen im Rahmen des Schullebens waren die Durchführung einer Lesenacht während der Projektwoche und die Vorführung der Comics zu den Fabeln mit dem Overheadprojektor und mit Musikuntermalung während des Projekttages.

Die Lernerfolge wurden von der erfahrenen Klassenlehrerin folgendermaßen beurteilt: Fachlich ein großer Gewinn; verbesserte Lernerfolge, allerdings nicht bei allen Schülern. Die medienpädagogischen Kompetenzen wurden von der Hälfte bis zwei Drittel der Schüler erreicht. In erziehlicher Hinsicht sind die Befähigung zur Partner- und Gruppenarbeit sowie eine größere gegenseitige Rücksichtnahme unter den Schülern bemerkenswert.

197

Beurteilung der Projektrahmen in den 6. Klassen:
Wie in den 5. Klassen konnten auch in den beiden 6. Klassen zwei der drei vorgegebenen Projektrahmen bearbeitet werden:
Die Lehrerinnen gaben an, alle aufgelisteten fachlichen und medienpädagogischen Lernziele erreicht zu haben. Die Verbindung von Fachlernzielen mit medienpädagogischen Zielen wurde als sehr gut, einsichtig und hilfreich beurteilt. Die Durchführung aller drei Projektrahmen über das gesamte Schuljahr verteilt erscheint machbar. Die vorgeschlagenen Unterrichtsthemen wurden übernommen und an die Gegebenheiten in der eigenen Klasse angepasst. Dabei wurde versucht, an den Medienalltag der Schüler anzuknüpfen. Aus Zeitgründen konnten nicht alle Themen behandelt werden, sie stellen jedoch gute Alternativen dar. An Aktivitäten im Rahmen des Schullebens ist ein Elternabend geplant, andere Maßnahmen außerhalb des Unterrichts erscheinen aus Zeitgründen problematisch. Der Einbezug der Eltern in die Schularbeit hängt nach Ansicht der Lehrerinnen sehr stark von der jeweiligen Elternschaft ab.

Die Unterrichtsergebnisse wurden in Form von Spielanleitungen, Quizkarteien, Videoaufzeichnungen und Videofilmen dokumentiert. Die Lernerfolge der Schüler im Verhältnis zum herkömmlichen Unterricht werden unterschiedlich beurteilt, was den fachlichen Aspekt betrifft: Eine Lehrerin betont, dass die Schüler mittels der Quizspiele tiefer in den Unterrichtsstoff in Erdkunde und Geschichte eingedrungen seien (- was die guten Ergebnisse in einer abschließenden Geschichtsprobe bestätigten!) und in Deutsch mehr Anstrengungsbereitschaft erkennen ließen. Die andere Lehrerin sieht - zumindest bei den abschließenden Aufsatztests (Fabelumschreibung; Vorgangsbeschreibung) - keine Verbesserung. In medienpädagogischer Hinsicht wird die Arbeit als erfolgreich bewertet, weil die Schüler tiefer in die Probleme der Fernsehangebote eingedrungen seien, Zusammenhänge der Werbung durchschaut und durch die praktische Videoarbeit eine kritischere Sicht des Fernsehens gewonnen hätten. Von einer Lehrerin wird der erzieherische Gewinn bei der praktischen Medienarbeit herausgestellt: Die Kinder müssten zusammenarbeiten, seien aufeinander angewiesen und lernten, auf Genauigkeit bei der Arbeit zu achten.

Insgesamt lohnt nach übereinstimmender Meinung aller vier Lehrkräfte der Unterrichts- und Erziehungserfolg den erheblichen Mehraufwand, der ein großes Maß an Begeisterung für die Arbeit mit Medien voraussetzte. Die Mehrarbeit werde sich dann etwas reduzieren, wenn man mit dem Medienumgang und den Medienvorlieben der Schüler vertraut sei und die medienspezifischen Arbeitstechniken und neuen Unterrichtsformen sicher beherrsche.

Curriculum
Das integrierte Curriculum zur Medienerziehung wurde von allen Lehrkräften in seiner vorliegenden Form positiv beurteilt. Der einleitende Teil verdeutliche die Idee und gebe eine grundlegende Orientierung für die Umsetzung. Die Aufteilung in Spalten sei sehr hilfreich und erleichtere die Vorbereitung. Insgesamt wurde das Curriculum als ein offener Rahmen verstanden, der viele gute Anregungen gebe und flexibel und kreativ genutzt werden könne. Das gelte auch für die angegebenen Hilfen und Materialien. Ein stärkerer Einbezug des Musikunterrichts (mit Hörübungen und Geräusche darstellen) wird angemahnt. Vergleiche zwischen Text und Film stellten eine sehr gute Bereicherung am Ende

einer Unterrichtseinheit dar. Als wichtig wird der *Einsatz des Computers* für die Unterrichtsdokumentation erachtet.

Veränderte Unterrichtsformen und Schülerverhalten
Durch die Integration medienpädagogischer Themen, einen vielfältigen Medieneinsatz und die Kombination unterschiedlicher Medien (Text - Bild - Musik - Comic - Video - Computer) veränderten sich Arbeits- und Sozialformen und der Unterricht wurde offener. Das wurde von allen Lehrkräften sehr positiv beurteilt. Viel Partner- und Gruppenarbeit in wechselnden Zusammensetzungen, kein Leistungsdruck während der Projektwoche. Der methodische Wechsel wurde von den Schülern genossen. Dadurch veränderte sich auch das Lehrer-Schüler-Verhältnis. Eine sonst strenge Lehrerin bezeichnete sich als lockerer und netter.

Aber es gab auch Probleme: Es gelang nicht immer, alle Schüler einzubeziehen. Bei wiederholten Videoaufnahmen verliert sich die Motivation der Schüler rasch. Der methodische Wechsel zwischen der Projektwoche und dem alltäglichen Unterricht darf nicht zu krass sein, sonst treten Übergangsprobleme auf. Vieles hängt natürlich von der Begeisterung der Lehrkräfte ab!

Voraussetzungen für eine erfolgreiche Durchführung der Projektrahmen sind eine gute Kooperation mit den Fachlehrern (Kunst, Musik; - Organisationsprobleme!) und die Unterstützung durch eine zweite Lehrkraft bei der praktischen Medienarbeit. Nach den Erfahrungen der Lehrkräfte sei es unmöglich, mit 30 Kindern praktische Videoarbeit zu machen. Außerdem sei für die Nachbearbeitung der Medienprodukte mit einer Schülergruppe eine zusätzliche mit der Medientechnik vertraute Fachkraft erforderlich.

Abschließend wurden die Lehrkräfte danach gefragt, wie sie in der Folge der veränderten Unterrichtsformen das beobachtete Schülerverhalten beurteilen. Sehr positiv wurde von allen eine größere Motivation und mehr Spaß der Schüler am Unterricht erlebt (Neuigkeitseffekt?), auch wenn in keiner Klasse wirklich alle Schüler gewonnen werden konnten. Einhellig begrüßt wurde eine verbesserte Konzentrationsfähigkeit und Arbeitshaltung, der Erwerb von Arbeitstechniken und die Übungsmöglichkeiten im mündlichen Sprachgebrauch. Teilweise wurde nicht nur eine Verbesserung der Leistung beobachtet; auffällig war für manche Lehrkräfte, daß plötzlich andere, zuvor nicht gekannte Qualitäten der Kinder zum Vorschein kamen! Eine Lehrerin urteilt: Für Schüler war dieser Unterricht ein absoluter Gewinn! Als weitere Pluspunkte wurden die gute Kooperation, Partnerschaft und Disziplin der Schüler genannt sowie ihre größere Selbständigkeit.

Bewertung des Curriculums durch die Klassenleiter der 7./8./9. Klassen

Leitmedium

Die Leitmedien haben sich nach Ansicht der Lehrkräfte auf allen Klassenstufen gut bewährt, sie geben gute Orientierung für die Medienarbeit und bieten genügend Anknüpfungsmöglichkeiten im Lehrplan. Von zwei Lehrkräften wird allerdings eine geringe Passung der Hörmedien mit dem Lehrplan des 7. Schuljahres bemängelt. Drei Lehrkräfte wiesen darauf hin, dass die Arbeit mit der Zeitung im 8. Schuljahr viele Hauptschüler überfordere.

Hörmedien, Zeitung und Computer erwiesen sich als gut geeignet, Unterrichtsthemen aufzuschließen; sie bringen Abwechslung und bereichern den Unterricht. Allerdings erfordert das eine Einarbeitung durch die Lehrkräfte und ein Umdenken; gewohnte Denkhaltungen müssen verlassen werden.

Nach dem übereinstimmenden Urteil der Lehrkräfte sind die Leitmedien dem Entwicklungsstand und der Interessenlage der Schüler angemessen. Die Schüler lassen sich motivieren, sind teilweise begeistert. Aber es gibt unterschiedliche Erfahrungen einzelner Lehrkräfte mit dem Einsatz von Hörmedien, Zeitung und Computer: Die einen erlebten die Arbeit mit diesen Medien sehr positiv, andere viel weniger. Das könnte mit unterschiedlichen Klassen, aber auch Unterrichtsformen zusammenhängen. Übereinstimmend wird berichtet, dass die Schüler größtenteils nur sehr geringe Kompetenzen im Umgang mit den Leitmedien mitbringen, weil sie von ihnen meist nur sehr einseitig genutzt werden (z.B. nur Musik hören; am Computer nur Spiele). Die Computerkenntnisse sind sehr unterschiedlich, wobei die Mädchen deutlich geringeres Interesse zeigen. Die Schüler zeigten wenig Bereitschaft, ihr Medienverhalten zu reflektieren, aber praktische Medienarbeit fand breite Zustimmung. Nach Meinung einer Lehrkraft sind die Medien weniger als Inhalt, aber sehr gut als Werkzeug geeignet. Für die Nutzung müssen jedoch erst Arbeitsformen aufgebaut werden und vielfach ist die Unterstützung der Medienwerkstatt erforderlich.

Beurteilung der Projektrahmen im 7. Schuljahr

Von allen Lehrkräften wird in diesem Zusammenhang betont, dass die vorgeschlagenen Projektrahmen eine Orientierungshilfe darstellen. Es wird gleichzeitig bemängelt, dass der neue Hauptschullehrplan wieder zu viele Lernziele enthält. Neben den genannten Fachlernzielen in Sozialkunde wurde in Deutsch die Verbesserung der Lesefähigkeit und des mündlichen Ausdrucks angestrebt. Trotz des großen zeitlichen Aufwands konnten längst nicht alle im Curriculum vorgeschlagenen Lernziele umgesetzt werden. Diese Fachlernziele wurden von den Lehrkräften auch richtig im Sinne von Orientierungshilfen verstanden. Sowohl hinsichtlich der Fachlernziele als auch medienpädagogischer Ziele muss die Freiheit zur Auswahl bestehen! Diese Freiheit wurde von allen Lehrkräften auch im Hinblick auf den Aufbau der Projektrahmen in Anspruch genommen. Ohne Verzicht auf andere Fachlernziele könnten die drei Projektrahmen kaum komplett durchgeführt werden. Ein großes Problem sehen die Lehrkräfte in dem verbindlich vorgeschriebenen Projekt im Fach Arbeitslehre im neuen Lehrplan, das mit erheblichem Aufwand verbunden ist. Dann kann nach ihrer Meinung nicht auch noch ein drittes Medienprojekt durchgeführt werden! Die angegebenen medienpädagogischen Ziele zu den beiden Projektrahmen wurden als sinnvoll angesehen und zu großen Teilen umgesetzt: Sensibilisierung für Geräusche, Befragungen zu Hörgewohnheiten, Interviewtechnik, Analyse von Kinderkassetten und Radiosendungen, Aufnahme- und Schneidetechniken, Medieneinsatz, um sich selber mitzuteilen. Nicht alle Ziele sind erreichbar; Einführung in die technische Handhabung der Geräte ist nur in kleinen Gruppen möglich.

Die Verbindung von Fachlernzielen mit medienpädagogischen Zielen wird von sinnvoll bis hervorragend bewertet. Sie bietet gute Möglichkeiten, Fächer zu verbinden (z.b. mit Arbeitslehre). Der Deutschunterricht reicht für die Umsetzung der medienpädagogischen Ziele allein nicht aus. Der Fachunterricht profitiert dabei auf unterschiedliche Weise von der Integration medienpädagogischer Themen: Einmal im motivationalen Bereich (Belebung; Aufschließen der Schüler), durch erweiterte Formen der Informationsgewinnung (z.b. Hörspielkassette über Columbus; Comics von Terre des hommes über Kinderrechte), vor allem aber durch die Einübung in fachspezifische Arbeitstechniken (z.b. Interviewtechnik; Auswertung von Befragungen).

Die Unterrichtsergebnisse wurden in Form von Tonreportagen, Hörmagazin und Hörspielen dokumentiert, die in verschiedenen Klassen vorgeführt wurden. Es entstanden aber auch Plakate und Wandzeitungen und eine Infowand. Bei allen Dokumentationen können die Schüler ihre Ideen einbringen und sie führen nach Ansicht der Lehrkräfte zur inneren Öffnung der Schule. Von einer Lehrkraft wurden besonders die Möglichkeiten zur Verbesserung des Schullebens hervorgehoben: Andere Personen in die Schule hereinholen, bzw. Schüler zu Befragungen hinausschicken (Bedeutung der Interviewtechnik!). Ein Geheft mit Hinweis auf Experten für die Schule sollte angelegt werden!

Übereinstimmend beurteilen die Lehrkräfte den mit der Umsetzung der Projektrahmen verbundenen Aufwand als sehr hoch, sehen aber auch die Lernerfolge der Schüler im Verhältnis zum herkömmlichen Unterricht positiv. Neben der Vermittlung medienpädagogischer Kompetenzen in Bezug auf das Leitmedium wurden genannt: aktive Erarbeitung des Stoffes; andere emotionale Einstellung zum Unterrichtsthema; höheres Interesse. In einer Klasse wurden neue Formen der Lernzielkontrolle erprobt und dabei viel bessere Ergebnisse erzielt als sonst. Auf die Verbesserung des mündlichen Ausdrucks wurde hingewiesen. In erzieherischer Hinsicht wird betont, dass man die Klassen besser kennenlernen konnte.

Beurteilung der Projektrahmen im 8. Schuljahr

In allen drei achten Klassen wurde in der Zeit von November bis Januar der erste Projektrahmen durchgeführt: das Zeitungsprojekt. Über den 2. Projektrahmen (Jugendzeitschriften) wurden keine Angaben gemacht. Der 3. Projektrahmen, die Erstellung einer Dokumentation über eine Betriebserkundung kann nach Auskunft der Lehrer erst im Frühjahr durchgeführt werden. Voraussetzung für die Durchführung des Zeitungsprojekts war die Lieferung der Tageszeitung für alle drei Schulklassen über drei Wochen hinweg. Bei diesem Zeitungsprojekt überschneiden sich die medienpädagogischen Ziele sehr eng mit den Fachlernzielen in Deutsch und Sozialkunde. Als spezielle Ziele zur Förderung der Medienkompetenz nannten die Lehrer: Vergleich verschiedener Zeitungen; Vergleich Zeitung - Fernsehen; Erkundung eines Zeitungsbetriebs; Diskussion mit einem Redakteur. Ein Lehrer betont, es käme darauf an, dauerhaft Interesse zu wecken; dazu müsste weitergearbeitet werden. Die Verbindung von Fachlernzielen mit medienpädagogischen Zielen wird als gute Vorgabe und Orientierungshilfe angesehen. Besonders betont wird die Anregung der Spracharbeit durch die Medien; Sprache sei fundamental wichtig, bereite aber den Schülern die größten Schwierigkeiten.

Die Unterrichtsergebnisse wurden in Form von Wandzeitungen, in einer Wandzeitung zu Fremdwörtern, sowie in einer eigenen Zeitung dokumentiert. In einer Klasse legte jeder Schüler für sich eine schön gestaltete Mappe an. Für den Projekttag wurden ein Sketch und ein Zeitungscafé vorbereitet. Über Aufwand und Erfolg beim Zeitungsprojekt und über die Lernerfolge der Schüler machten die Lehrer keine Angaben.

Beurteilung der Projektrahmen im 9. Schuljahr

Den Aufbau der Projektrahmen haben die Lehrer im Sinne von Anregungen und Hilfen bzw. von Bausteinen verstanden, mit denen die Unterrichtseinheit je nach spezifischer Situation der Klasse gestaltet werden kann.

In ähnlicher Vielfalt wie bei der Informationsbeschaffung wurden die Medien zur Dokumentation der Unterrichtsergebnisse eingesetzt. So entstanden Videofilme, Fotos, Plakate, Computerdisketten, Wandzeitungen, mit dem Computer gestaltete Berichte, ein kompletter Lernzirkel über Europa, ein farbig gedrucktes Faltblatt, in dem eine Klasse sich selbst und ihre besonderen Fähigkeiten im Umgang mit Medien darstellt.

Die Lernerfolge der Schüler wurden von den Lehrern insgesamt sehr positiv beurteilt: In fachlicher Hinsicht wurden die Befähigung zur Informationsbeschaffung und zur Bearbeitung von Informationen, bessere Formulierungsfähigkeit und Erfolge beim Rechtschreiben genannt. In medienpädagogischer Hinsicht wird das veränderte Verhältnis der Schüler zu den Medien hervorgehoben: alle Schüler können mit dem Computer, mit Textprogrammen, CD-ROM aber auch mit Video, Foto und Tonbandgerät, viele mit dem Internet umgehen und wissen um die Zugänge zu Informationen Bescheid. Allerdings wurde betont, dass die Lernfortschritte schwer meßbar seien. In einer Klasse wurde dies in Form einer Schülerbefragung versucht. Hinsichtlich der Informationsbeschaffung konstatierte ein Lehrer einen großen Erfolg bei geringem Aufwand, weil die Schüler auch viel zu Hause arbeiteten. In erzieherischer Hinsicht verwiesen die Lehrer auf eine verbesserte Motivation und Lernbereitschaft bei vielen Schülern, aber auch auf verstärkte Disziplinprobleme im Zusammenhang mit offenen Unterrichtsformen.

Curriculum

Das Curriculum in seiner Gesamtheit wurde von allen Lehrerinnen und Lehrern der 7. bis 9. Klassen als sehr gut geeignet für die Integration der Medienerziehung bewertet. Insbesondere die Darstellung mit den vier Spalten wird als äußerst hilfreich für die Unterrichtsvorbereitung angesehen. Die Einleitungstexte zu den einzelnen Leitmedien erläutern nach übereinstimmender Meinung knapp und präzise die Grundidee und das Anliegen interaktiver Medienerziehung. Wichtig sei, so wurde mehrfach betont, die Freiheit bei der Umsetzung des Curriculums. Ein Lehrer meinte, in der Einleitung sollte noch stärker auf den Anstoßcharakter des Curriculums hingewiesen und die Lehrkräfte zum Experimentieren ermutigt werden. Der Einbezug weiterer Fächer (z.B. Mathematik und Englisch: Lern- und Übungsprogramme am Computer) ergebe sich vielfach aus der Fächerkombination der Klassenlehrer. Wichtig sei jedoch eine enge Zusammenarbeit der Klassenleiter auf den einzelnen Jahrgangsstufen.

Ein Lehrer meinte allerdings ganz lapidar: „Das medienpädagogische Anliegen ist eine Utopie!"

Schüler

Hier wurden die Lehrerinnen und Lehrer gefragt, wie sie das Schülerverhalten während der Arbeit mit den Projektrahmen im Verhältnis zum herkömmlichen Unterricht beurteilen.

Wie bereits in anderen Zusammenhängen verwiesen sie auf verbesserte Motivation und Leistungsbereitschaft sowie Konzentrationsfähigkeit, die aber rasch wieder nachlasse. Möglichkeit zur Selbsttätigkeit sporne die Schüler an, sie zeigten Eigentätigkeit und erhöhtes Interesse, teilweise waren Leistungssteigerungen bei ganz schwachen Schülern beobachtbar. Schüler haben Power und wollen aktiv tätig sein: neue Arbeitstechniken und vielfältige Arbeitsformen (Computer) boten dafür gute Möglichkeiten. Viel Spaß macht die Gruppenarbeit mit Medien und vor allem außerhalb der Schule; das können die Schüler. Ein Lehrer weist darauf hin, dass sich diese positiven Momente in der Arbeit mit den Projektrahmen nicht auf den übrigen Unterricht auswirkten; Lernen und Lesen blieben sehr mühsam.

Sehr unterschiedlich erlebten die Lehrkräfte die Auswirkungen der Medienerziehung auf die Disziplin der Schüler: Die einen berichteten über eine gute Disziplin; schwierige Schüler fügten sich in die Arbeit ein, in anderen Fällen gab es erhöhte Disziplinprobleme. Ein Lehrer einer 9. Klasse beobachtete eine größere Zuverlässigkeit der Schüler und ein Nachlassen der Sucht auf Videospiele. Insgesamt ist zu beachten, daß die Aussagen der Lehrkräfte immer nur auf einen Teil der Schüler zutreffen; letztlich werden nie alle Schüler mit den neuen Themen, Methoden und Medien erreicht.

Unterricht

Alle Lehrkräfte stimmen darin überein, daß sich im Zusammenhang mit intensiverer Medienerziehung und vielfältigem Medieneinsatz zwangsläufig die Unterrichtsorganisation ändern muß. Ein flexibler Wechsel zwischen unterschiedlichen Methoden, Arbeits- und Sozialformen bereitet Schwierigkeiten und bringt teilweise organisatorische Probleme. Das betrifft nicht nur den Zeitaufwand, sondern vor allem die Arbeit in Kleingruppen: Teilweise arbeiten die Schüler begeistert in der Gruppe, aber ihre Kapazitäten sind schnell erschöpft und dann gibt es erhebliche Störungen und Disziplinprobleme. Vielfach wären bei der Gruppenarbeit zusätzliche Betreuer nötig und einzelne Schüler müssten aus dem Klassenverband herausgenommen und eigens versorgt werden. Die neuen Arbeitsformen verändern aber auch die Lehrerrolle: Lehrer und Schüler kommen sich näher; ein verbessertes Vertrauensverhältnis bietet mehr Möglichkeiten, auf die Schüler einzuwirken.

Als wichtige Voraussetzungen für eine erfolgreiche Medienintegration wurden genannt: Ausstattung des Klassenzimmers und problemlose Verfügbarkeit der erforderlichen Medien, Unterstützung bei der Medienarbeit durch Fachkräfte, gute Kooperation mit den Fachlehrern (Kunst, Musik) und mit den übrigen Klassenlehrern sowie Unterstützung durch die Schulleitung bei der Überwindung organisatorischer Probleme. Ein Lehrer weist darauf hin, daß die Erfahrungen mit den Leitmedien beim Durchlauf z.B. von der 7. bis zur 9. Klasse jeweils an die nachfolgenden Lehrkräfte weitergegeben werden müssten und dass ein klassenübergreifendes Arbeiten notwendig wäre, um den Arbeitsaufwand zu minimieren. Schließlich verwiesen die Lehrerinnen und Lehrer auf einige Probleme und Schwierigkeiten bei der Umsetzung der Projektrahmen, die sich nicht so leicht überwinden lassen. Das sind einmal die großen Klassen und zum anderen organisatorische Probleme, die mit dem Schulsystem zusammenhängen. Die Hauptschwierigkeiten liegen jedoch in den äußerst begrenzten Fähigkeiten der Schüler, in ihrer ungenügenden Sprach- und Lesefähigkeit, der mangelnden Beherrschung grundlegender Kulturtechniken, der Unfähigkeit zu Disziplin- und Selbstkontrolle und der sehr unterschiedlichen Leistungsfähigkeit in den einzelnen Klassen. Grenzen werden aber auch in der eigenen mangelnden Medienkompetenz der Lehrkräfte gesehen und in den vielfältigen sonstigen Belastungen, mit denen sie im schulischen Alltag konfrontiert sind.

5.4 Unterrichtshilfen zur Umsetzung des Curriculum

5.4.1 Videofilm über eine Projektwoche im Rahmen des Modellversuchs

Neben dem Curriculum zur integrativen Medienerziehung und den Ergebnissen der wissenschaftlichen Begleituntersuchung wurden in der Abschlußphase des Modellversuchs eine Reihe praktischer Unterrichtshilfen für die Hauptschulen erarbeitet und veröffentlicht. Diese sollten jedoch nicht nur als gedruckte Materialien, sondern auch in medialer Form zur Verfügung gestellt werden.

Während der Projektwoche im dritten Jahr des Modellversuchs (im November 1997) wurde über die Arbeit der Klassen der 5. und 6. Jahrgangsstufe ein Videofilm gedreht. Den Auftrag dazu erhielten zwei studentische Hilfskräfte, die in der Audio- und Videoarbeit ausgewiesen waren und die Möglichkeit hatten, den Film unter professionellen Bedingungen zu schneiden und zu vertonen: Göhmann, Graf: „Integrative Medienerziehung in der Hauptschule. Ein Modellversuch an der Ernst-Penzoldt-Hauptschule in Erlangen-Spardorf." Der Film kann über die Stadt- und Kreisbildstellen in Bayern ausgeliehen werden.

Der Videofilm ist als ergänzende Information zu dem integrierten Curriculum gedacht. Er soll die Prinzipien integrativer Medienerziehung veranschaulichen, die Lehrer/innen motivieren und ihnen konkrete Anregungen für die praktische Medienarbeit während einer Projektwoche geben. Nach kurzen Statements der Projektleitung erläutern die Lehrpersonen ihre Vorhaben, deren Umsetzung in Ausschnitten verdeutlicht wird. Am Schluß nehmen Lehrer/innen und Schüler/innen zu den Schwierigkeiten, aber auch Vorzügen und Erfolgen dieser Medienprojekte Stellung. Es wird davon ausgegangen, daß diese mediale Präsentation persönlicher Erfahrungen überzeugender auf andere Lehrer/innen wirkt als theoretische Argumentationen.

Für den Videofilm wurden Projektrahmen aus dem integrierten Curriculum ausgewählt, die in den gedruckten Publikationen nicht dargestellt sind. In den 5. Klassen ging es um die Kombination von Leseförderung und Bildpädagogik am Beispiel von Fabeln (ein Thema aus dem Deutsch-Lehrplan für das 5. Schuljahr). Eine Klasse fertigte ein bebildertes Fabelbuch an. Dazu wurden auch Texte und Bilder aus alten Büchern herangezogen. Einige Kinder erfanden eigene Fabeln. Die Texte wurden am Computer geschrieben und gestaltet. Am Ende der Woche präsentierte die Klasse voller Stolz ihr Fabelbuch. In der anderen 5. Klasse war das Projektziel die szenische Gestaltung einer Fabel mit farbigen Bildern auf Folie und musikalischer Untermalung für eine Schulaufführung. Aus der 6. Jahrgangsstufe wird im Film der 3. Projektrahmen „Der Zaubertrick" beleuchtet. Im Zusammenhang mit Lernzielen aus dem Deutschunterricht (LZ 6.1.2: Für sich und andere schreiben: Anleitungen, Beschreibungen oder Erklärungen verfassen) wurde ein kleiner Videofilm zur Dokumentation eines Zaubertricks konzipiert und produziert. Der Film vermittelt etwas von der Begeisterung, mit der die Lehrerin eine Woche lang mit ihrer Klasse an der Realisierung dieses Projekts gearbeitet hat.

5.4.2 CD-ROM zur Erfassung des Freizeit- und Medienverhaltens der Hauptschüler

Die im Abschnitt 5.2 beschriebenen und im Anhang abgedruckten Fragebögen bildeten die Grundlage für die Produktion einer CD-ROM „Merides", die über die Stadt- und Kreisbildstellen in Bayern vertrieben wird (vgl. Anhang). Die Idee dieser CD-ROM ist die folgende: Lehrer und Schüler einer Klasse sollen eine Untersuchung ihres Freizeit- und Medienverhaltens durchführen und mit Hilfe der CD-ROM selbst auswerten können. Auf diese Weise ergibt sich ein konkreter Einblick in die aktuelle Medienwelt der Schüler einer Klasse. Dieser vermittelt nicht nur den Lehrpersonen Aufschlüsse über Aufgaben und mögliche Ansatzpunkte für medienpädagogische Maßnahmen, sondern kann auch mancherlei Diskussionen bei den Schülern auslösen.

Von der CD-ROM können die Fragebögen zum Freizeitverhalten und zu den einzelnen Medien ausgedruckt werden. Sie enthält ein Formular zur Erfassung der Schülerantworten sowie einige Auswertungsroutinen. Mit ihrer Hilfe können auf Knopfdruck wichtige Ergebnisse der Klassenbefragung in Form von Tabellen und graphischen Darstellungen abgerufen werden. Die CD-ROM liefert den Lehrkräften Hinweise, wie sie diese Ergebnisse unterrichtlich auswerten können. Sie enthält außerdem Ergebnisse aus der Untersuchung an der Modellschule zum Vergleich. Als Hintergrundinformationen werden weiterhin vergleichbare Resultate aus der Medienforschung und weiterführende Erkenntnisse angeboten.

Im Modellversuch stieß die rasche Rückmeldung der Befragungsergebnisse durchweg auf großes Interesse in den Klassen und führte meist zu lebhaften Gesprächen und Auseinandersetzungen. Nach den bisherigen Erfahrungen schulischer Medienerziehung verschließen sich die Schüler in den meisten Fällen, wenn Lehrer/innen versuchen, mit ihnen über ihr Medienverhalten und über ihre Medienpräferenzen ins Gespräch zu kommen. Sie wissen, daß vielen Eltern und Lehrer/innen der Medienkonsum von Jugendlichen aus pädagogischer Sicht als problematisch erscheint. Sie wollen sich aber den Spaß an dieser Medienwelt nicht verderben und sich möglichst wenig in diese „Privatsphäre" hineinschauen und hineinreden lassen. Auf der Grundlage objektivierter Befragungsergebnisse sind sie aber offenbar eher in der Lage, über Medienfragen zu sprechen. Daher bietet die CD-ROM eine Chance, daß ein lebensnaher, glaubwürdiger und verständnisvoller Dialog zwischen Lehrer/innen und Schüler/innen in Gang gebracht werden kann.

5.4.3 Praxisbausteine - zwei Beispiele für die Umsetzung von Projektrahmen

In Ergänzung zu dem Curriculum für eine integrative Medienerziehung in der Hauptschule (Spanhel 1998) wurden zwei Praxisbausteine in dem Sammelwerk „Medienzeit" des Bayerischen Staatsministeriums für Unterricht und Kultus veröffentlicht. Sie bringen Beispiele dafür, wie die im Curriculum dargestellten Projektrahmen an der Modellschule ausgearbeitet, inhaltlich konkretisiert und praktisch erprobt wurden. Beide Bausteine sind das Ergebnis einer guten Kooperation zwischen Mitgliedern der Projektleitung mit den Lehrerinnen und Lehrern der jeweiligen Jahrgangsstufen.

Der erste Baustein von H. Kleber und C. Meinhof „Bilder, Bilder, Bilder .... Integrative Medienerziehung: Bildmedien" ist für die 5. Jahrgangsstufe vorgesehen. Er zielt darauf ab, die Medienkompetenz der Schüler im Bildbereich systematisch, praxisnah und mit erprobten Materialien aufzubauen und zu fördern. Mit der Arbeit am „stehenden Bild" als Leitmedium (Bildanalyse und Bildproduktion) sollen zugleich die Grundlagen für das Verstehen und den Umgang mit „Bewegtbildern" (Filme, Fernsehen, Video) als Leitmedium für die 6. Jahrgangsstufe geschaffen werden.

In den fünf Lerneinheiten wird konsequent die Verbindung von Fachlernzielen aus den Fächern Deutsch, Kunst, Musik, Religionslehre und Biologie mit medienpädagogischen Zielen aufgewiesen. Ein wichtiges Anliegen wird mit der 5. Lerneinheit verfolgt: „Bilder können lügen". Den Schülern sollen die vielfältigen Manipulationen mit Bildern in ihrer Alltagswelt bewußt gemacht werden, indem sie selbst entsprechende Techniken erproben.

Der zweite Baustein von A. Kraus und L. Winklmann „Hör` doch mal! - Integrative Medienerziehung: Hörmedien" wurde für die 7. Jahrgangsstufe ausgearbeitet. Im Mittelpunkt steht hier das Fach Sozialkunde mit dem Rahmenthema „Jugendliche und das Recht". Es wurden aber auch Bezüge zum Deutschunterricht und zur Arbeitslehre hergestellt. Weil immer wieder Schüler im Supermarkt gegenüber der Hauptschule beim Klauen erwischt wurden, wählte die Klassenleiterin entsprechend dem Leitmedium als Ziel des Vorhabens die Produktion einer Radio-Reportage zum Thema „Tatort Warenhaus". Zur Beschaffung der erforderlichen Informationen wurden vor allem Tonband-Interviews durchgeführt. Der Baustein zeigt exemplarisch, wie neben der Arbeit mit dem Leitmedium die Thematik ganz selbstverständlich auch die sinnvolle Nutzung anderer Medien nahelegt, z.B. die Auswertung lokaler Medienberichte zu jugendlichen Straftaten, die Erstellung von Texten, Grafiken und Tabellen aus Computer, die Nutzung unterschiedlicher Medien als Informationsquellen. In diesem Zusammenhang wird deutlich, wie wichtig die Einübung medienspezifischer Arbeitstechniken für medienpädagogisch orientierte Projektarbeit ist.

Die Tonbandkassette mit der Radio-Reportage „Tatort Warenhaus" als Begleitmaterial zum Praxisbaustein ist bei den Stadt- und Kreisbildstellen in Bayern ausleihbar.

5.4.4 „Gewalt im Alltag - Gewalt in den Medien". Ein Interventionsprogramm zur gewaltfreien Konfliktlösung für die 6. Jahrgangsstufe

Ein wichtiges Anliegen des Modellversuchs war von Anfang an die Frage, wie im Rahmen schulischer Medienerziehung die Gewaltproblematik in den Medien angegangen werden sollte. Die theoretische Begründung und die praktische Entwicklung, Erprobung und Evaluation eines Handlungskonzepts zum Umgang mit der Gewalt in den Medien wählte sich H. Kleber (Mitarbeiter am Lehrstuhl Pädagogik II der Erziehungswissenschaftlichen Fakultät in Nürnberg) als Thema seiner Dissertation. Im Verlaufe des Modellversuchs wurden schrittweise Elemente für dieses Konzept erarbeitet und auf ihre Brauchbarkeit hin überprüft (vgl. Kapital 4). Die Schwierigkeit bestand darin, zunächst die vorhandenen Unterrichtsvorschläge oder außerschulischen Konzepte zu sichten und hinsichtlich ihrer möglichen Eignung für die Hauptschule auszuwählen. Viele Programme erwiesen sich für eine 5. oder 6. Hauptschulklasse als zu schwierig, andere berücksichtigten jeweils nur Teilaspekte der Problematik, z.B. die Förderung der moralischen Entwicklung.

Theoriegeleitet wurde schließlich ein vierteiliges Interventionsprogramm zur gewaltfreien Konfliktlösung ausgearbeitet und in der letzten Phase des Modellversuchs auch noch überprüft.

Das Neue an diesem Handlungskonzept ist der systematische Einbezug der Mediengewalt sowie ein konsequent und detailliert ausgearbeiteter Übungsplan zur gewaltfreien Konfliktlösung. Die Analyse von gewalthaltigen Darstellungen in den Medien und die Herstellung eines eigenen Videofilms in der letzten Phase des Programms zum Thema „Verfremden gewaltdarstellender Idole oder konstruktive Konfliktlösungsmöglichkeiten als Antwort auf einen Konflikt" führen dazu, daß das gesamte Programm zwei komplette Unterrichtswochen umfaßt.

Dieses Interventionsprogramm wurde in drei Schulklassen an unterschiedlichen Schulen (in einem Fall vom Autor selbst) komplett durchgeführt und wissenschaftlich evaluiert. Es hat sich nach diesen bisherigen Erfahrungen sehr gut bewährt. Nach Abschluß des Promotionsverfahrens soll das Interventionsprogramm als Praxisbaustein für die Hauptschulen im Sammelwerk „Medienzeit" des Bayerischen Staatsministeriums für Unterricht und Kultus veröffentlicht werden.

6. Konsequenzen aus dem Modellversuch: Die Sicherung integrativer Medienerziehung im Rahmen der Entwicklung eines Schulprofils „Medienerziehung"

6.1 Begründung für ein Schulprofil „Medienerziehung"

Das wichtigste Ergebnis des gesamten Modellversuchs liegt in der Erkenntnis, daß eine nachhaltige Integration der Medienerziehung am besten im Zusammenhang mit der Entwicklung eines Schulprofils verwirklicht werden kann. Diese Lösung bietet sich umso mehr an, als von den Hauptschulen in der Zukunft verstärkt eine Profilbildung verlangt wird. Ein weiteres zentrales Ergebnis ist die Tatsache, daß eine kontinuierliche Medienerziehung und verstärkter Medieneinsatz unausweichlich Veränderungen in den unterrichtlichen und schulischen Organisationsstrukturen zur Voraussetzung hat bzw. nach sich zieht. Von besonderer Bedeutung ist dabei die Einrichtung einer Medienwerkstatt.

Wenn sich eine Hauptschule also den Herausforderungen der modernen Mediengesellschaft stellen will, muß sie Planungsüberlegungen anstellen, die auf ein Programm zur Schulentwicklung hinauslaufen. Das muß gar nicht heißen, daß das angestrebte Schulprofil ausschließlich auf Medienerziehung ausgerichtet ist.

In diesem letzten Kapitel sollen allerdings die Erfahrungen und empirisch gesicherten Ergebnisse aus dem Modellversuch in ihren schulpraktischen Konsequenzen unter der Leitidee der Entwicklung eines Schulprofils „Medienerziehung" dargestellt werden. Neben den organisatorischen Fragen, den Möglichkeiten einer Medienwerkstatt und den Formen der Integration medienpädagogischer Maßnahmen geht es dabei insbesondere um die Notwendigkeit, die Verfahrensweisen und Schwierigkeiten einer Kontrolle einer solchen Schulentwicklung. Ohne die Mühen einer kontinuierlichen Evaluation wird auf Dauer auch diese Vorgehensweise zur Umsetzung integrativer Medienerziehung erfolglos bleiben. Um die Ablaufschritte dieses Prozesses zusammenhängend beschreiben zu können, wurden einzelne Wiederholungen aus den vorausgegangenen Kapiteln in Kauf genommen.

6.1.1 Die Forderung nach einer Profilbildung jeder Schule im neuen Hauptschullehrplan

Das Fundament dafür bildet der Erziehungs- und Bildungsauftrag der Hauptschule:
„Die Hauptschule erschließt ihren Schülern die wesentlichen Bereiche der Kultur und verhilft ihnen dadurch zur vielseitigen persönlichen Entfaltung. Sie vermittelt ihnen einen verläßlichen Grundbestand an Wissen und Können und fördert ihre individuellen Begabungen und Neigungen. Sie knüpft an vorhandene Interessen und Erfahrungen an, weckt neue Interessen und ermöglicht neue Erfahrungen, die die jungen Menschen ohne das schulische Angebot nicht machen würden. Sie befähigt zu einer verantwortlichen Gestaltung des Lebens und zur Wahrnehmung von Rechten und Pflichten in der Gesellschaft und bereitet auf das zukünftige Erwachsenenleben vor. Sie ist zugleich Stätte jugendlichen Lebens, sinnerfüllte Gegenwart. Sie entwickelt einen eigenen jugendgemäßen Stil gemeinsamen Lebens und Lernens, der Entwicklungsunterschiede in den Altersstufen berücksichtigt." (S. 4/5)

Medien und ihre Angebote sind ein wichtiger Bestandteil der Kultur in unserer heutigen Gesellschaft. An die vielfältigen Interessen und Erfahrungen der Jugendlichen aus ihrem Medienalltag kann und muß die Schule anknüpfen. Eine entsprechende Profilbildung könnte daher sehr gut zur Erfüllung dieses Erziehungs- und Bildungsauftrags der Hauptschule beitragen. Im Lehrplan heißt es dazu:

„Jede Hauptschule wird durch ihren Erziehungsbereich geprägt. Die Schule entwickelt ihr eigenes Profil, wobei sie die ethnische und religiöse Herkunft der Schüler, die geschichtliche und kulturelle Tradition sowie die Arbeitswelt ihre Heimat berücksichtigt. Dabei kommen die besonderen Begabungen und Interessen der Lehrer und Schüler zur Entfaltung." (S. 11)

Bei dieser Vorstellung von Profilbildung geht es im wesentlichen darum, einen wichtigen Aspekt aus der Lebenswelt der Schüler aufzugreifen und die pädagogische Arbeit in Schule und Unterricht daran auszurichten. Durch Profilbildung soll eine bessere Identifikation der Schüler, Lehrer/innen und Eltern mit „ihrer" Schule erreicht, die Arbeit der Lehrkräfte effektiver gemacht und die Zusammenarbeit mit den Eltern erleichtert werden. Dies wird im folgenden am Beispiel der Medienerziehung als Leitidee für ein Schulprofil aufgezeigt.

6.1.2 Die Entwicklungen an der Modellschule als Beispiel für die erforderlichen Voraussetzungen für Profilbildung

Die Besonderheit der Modellschule lag darin, daß über viele Jahre hinweg neben den Schülern aus dem Schulsprengel Schüler aus dem ganzen Stadtgebiet am Nachmittag durch die Lehrer der Schule betreut wurden. Diese Schüler kamen zum Großteil aus schwierigen sozialen Verhältnissen, viele waren ausländischer Herkunft, so daß die EPH als soziale Brennpunktschule bezeichnet werden muß. Das bedeutete:

Die Jugendlichen brachten ihre Alltagsprobleme mit in die Schule. Sie waren leistungsschwach und im Unterricht schwer zu motivieren und konnten sich kaum auf die schulischen Anforderungen konzentrieren. Nur wenige schafften den Qualifizierten Hauptschulabschluss. Die anderen konnten unter den gegebenen gesellschaftlichen Verhältnissen kaum eine Lebensperspektive entwickeln.

Das Kollegium hatte sich über Jahre hinweg mit großem pädagogischem Engagement um diese Probleme gekümmert. In Kooperation mit der Schulpsychologin arbeitete das Kollegium in regelmäßigen Konferenzen an einem pädagogischen Konzept zur Stärkung des Selbstwertgefühls der Schüler.

Die Erfahrungen aus den beiden ersten Jahren des Modellversuchs legten daher die vom Lehrplan geforderte Entwicklung eines Schulprofils in Richtung einer „Medienschule" nahe. Sie zeigten, daß die bisherigen pädagogischen Bestrebungen unter dem Aspekt des Medieneinsatzes, der Medienerziehung und der Nutzung der neuen Medien als Lern- und Arbeitsmittel erweitert und vertieft werden konnten. Wenn auch dabei sind manche Probleme verschärft hervortraten, so wurden doch auch ganz neue Möglichkeiten, Chancen und Handlungsalternativen sichtbar.

Im einzelnen sprachen folgende Beobachtungen während des Modellversuchs für die Profilierung der EPH als „Medienschule":

- Vielfältige Mediennutzung in der Schule verringert die Kluft zwischen der medialen Alltagswelt der Schüler und den Anforderungen und Inhalten des Unterrichts.
- Über die Medien können die Lehrkräfte leichter Zugang zu den Problemen und inneren Konflikten der Schüler finden und sie besser verstehen. Beim gemeinsamen Arbeiten an und mit Medien verändert sich das Lehrer-Schüler-Verhältnis positiv, wird offener und vertrauensvoller.
- Medien und Medienthemen motivieren viele Schüler und machen es ihnen leichter, ihre Medienerfahrungen (Wissen und Fertigkeiten) an die Themen und Aufgaben des Unterrichts anzuschließen. Sie können konzentrierter arbeiten und machen kleine Erfolgserlebnisse, die ihre Leistungsbereitschaft steigern.
- Vielfältige Nutzung der Medien führt zu variablen Arbeits- und Sozialformen und zu neuen Lernmethoden. Dabei können auch leistungsschwache Schüler wichtige Schlüsselqualifikationen (Arbeitstechniken und -haltungen, soziale und sprachliche Fähigkeiten, Tugenden) erwerben, die nicht nur für ihre Identitätsbildung, sondern für den Übergang ins Berufsleben sehr bedeutsam sind.
- Mediennutzung in Form praktischer Medienarbeit führte vielfach zur Projektarbeit, die den vertrauten Rahmen von Klassenunterricht und Schule öffnet und neue Erfahrungen ermöglicht. Zusammenarbeit im Kollegium, Kooperation mit außerschulischen Partnern, stärkerer Einbezug der Eltern unterstützten die pädagogischen Bemühungen der Schule und eröffneten den Schülern neue Perspektiven.

Diese positiven Entwicklungen im Modellversuch wurden mit hohem Arbeits- und Zeiteinsatz, mit vielen Mühen, Enttäuschungen und Konflikten erkauft. Das ist der Preis, der für jede Art von Profilbildung bezahlt werden muß. Gerade deshalb sollten jedoch diese Schritte auf eine „Medienschule" hin fortgesetzt werden. Dafür sprachen weiterhin die Investitionen, durch die zwei fundamentale Voraussetzungen für das Schulprofil einer „Medienschule" geschaffen wurden:

- Das ist zum ersten die hervorragende Medienausstattung, die im Rahmen des Modellversuchs der Schule zur Verfügung gestellt wurde, die aber erst durch die mühsam aufgebauten Organisations- und Kooperationsformen und die Öffnung von Unterricht und Schule ihre Wirksamkeit entfalten konnte.
- Das sind zum zweiten die außergewöhnliche Medienkompetenz, die pädagogischen und didaktisch-methodischen Kenntnisse, Fähigkeiten und Erfahrungen, die sich viele Lehrkräfte im Laufe des Modellversuchs bei den kontinuierlichen, schulhausinternen pädagogischen Konferenzen und bei der Umsetzung neuer Ideen und Arbeitsformen aneignen konnten.

Es wäre kaum zu verantworten gewesen, die in den Jahren des Modellversuchs mit großem Aufwand geschaffene günstige Basis für ein eigenes Schulprofil der EPH nicht konsequent zu nutzen und weiterzuführen.

6.1.3 Die Möglichkeiten zur Entwicklung eines Schulprofils „Medienerziehung" an den Hauptschulen

Die Ausprägung eines eigenen Profils „Medienerziehung" heißt für eine Hauptschule, daß eine vielfältige und kreative Mediennutzung und eine kritische Auseinandersetzung mit den Medien und ihren vielfältigen Angeboten als einheitliche Leitidee für die Gestaltung von Unterricht und Schulleben und für die Pflege und Entwicklung einer eigenen Schulkultur dient.

Wichtig ist dabei, die ganze Breite der Medien, von den traditionellen Printmedien bis zu den modernsten elektronischen Medien (Internet) einschließlich der verschiedensten Formen von Spiel, Theater und Kunst einzubeziehen. Damit diese einheitliche Gestaltungsidee zum Tragen kommt, muß sie nach innen und außen spürbar gemacht werden. D.h., Lehrkräfte und Schüler müssen sich diese Idee zu eigen machen, sie müssen dahinter stehen und gemeinsam an ihrer Verwirklichung arbeiten, dann wird sie auch nach außen den Eltern, der Gemeinde und der lokalen und regionalen Öffentlichkeit deutlich gemacht und schließlich auch von außen unterstützt und mitgetragen werden können. Zur Bedeutung von Schulleben und Schulkultur heißt es:

„5.2 Die Schüler erhalten Gelegenheit, im sozialen Bezug Erfahrungen zu sammeln, Interessen zu entfalten und sich an sinnvolle Aufgaben zu erproben. In gemeinsamen Unternehmungen und wechselnden Situationen können sie zunehmend selbständiger handeln, Entscheidungsfreude und Verantwortungsbewußtsein entwickeln, Bereitschaft zu ehrenamtlicher Tätigkeit gewinnen, Formen des demokratischen Lebens einüben, Lösungsansätze für Probleme finden und Regeln des mitmenschlichen Umgangs und der Konfliktbewältigung anwenden. Sie erhalten Anregungen für vielfältige und sinnvolle Formen der Freizeitgestaltung." (S. 10)

Alle hier genannten Möglichkeiten, Aufgaben und Forderungen lassen sich durch Medieneinsatz und im Rahmen von Medienprojekten und Medienkultur verwirklichen. Insbesondere für die Darstellung des Schulprofils nach außen sind die Medien von größter Bedeutung, nicht nur in Form der Schülerzeitung, wie im Lehrplan erwähnt:

„5.7 Damit Schulleben gedeihen kann, ist es für Schüler und Lehrer wichtig, dass ihre Schule von der Öffentlichkeit beachtet wird und Ansehen genießt. Die Schule bemüht sich deshalb darum, ihre Bildungs- und Erziehungsarbeit der Öffentlichkeit vorzustellen. Alle Formen schulischer Aktivitäten, in denen Lehrer und Schüler die vielfältigen Möglichkeiten der Hauptschule darstellen, sind dazu geeignet. So ist z.B. die Gestaltung einer Schülerzeitung ein wichtiger Beitrag zur Öffentlichkeitsarbeit. Sie fordert in besonderer Weise die sprachlichen, künstlerischen und technischen Kräfte der Schüler heraus. Schüler aller Jahrgangsstufen wirken bei ihrer Herstellung mit und werden dabei von ihren Lehrern unterstützt." (S. 11)

Aus den Erfahrungen des Modellversuchs folgt, daß in beiden Bereichen des Schullebens und der Darstellung als Medienschule nach außen viele mediale Formen denkbar sind. Das Profil als Medienschule zeigt sich nach innen in Form von Konferenzen zur Medienpädagogik, Kooperation bei Medienthemen, Medienorganisation im Schulhaus, fächer- und klassenübergreifenden Medienprojekten (Projektwoche und Projekttag), Teilnahme an entsprechenden Wettbewerben. Nach außen kann das Profil als Medienschule in Medienprojekten mit anderen Institutionen (Zeitungsredaktion, Fernsehen, Medienzentrum, Bibliotheken und Museen), in Ausstellungen, Veröffentlichungen und Vorträgen sichtbar gemacht werden.

Zusätzlich eröffnet das Profil einer „Medienschule" besondere Chancen bei der Verwirklichung der fächerübergreifenden Bildungsaufgaben, wie sie im 2.Kapitel, Teil A beschrieben sind. Dort werden im Kontext der Fragen zur persönlichen Lebensgestaltung die Medien unter Punkt 2.14 (S. 18/19) als eine eigene Bildungsaufgabe formuliert. Dabei wird jedoch übersehen, daß neben dem speziellen Anliegen einer Medienerziehung die Medien als Mittler, als Kommunikationsmittel und als Instrumente vielfältige und fruchtbare Möglichkeiten bei der Verwirklichung all der anderen fächerübergreifenden Bildungsaufgaben bieten. Bei verstärktem Medieneinsatz läßt sich daher die Fülle der verschiedenartigen Bildungsaufgaben immer wieder in einen sinnvollen Zusammenhang bringen. So könnte die medienpädagogisch ausgerichtete Profilbildung auch zu einer raschen und konsequenten Umsetzung des neuen Hauptschullehrplans beitragen.

6.2   Organisation eines Entwicklungsprozesses zur Profilbildung

6.2.1 Schwierigkeit des Anfangs

Die Schwierigkeit des Anfangs liegt darin, daß die schulische Medienerziehung ein sehr komplexes Aufgabenfeld darstellt. Welche medienerzieherischen Anliegen sollen in welchem Unterrichtsfach mit Bezug auf welches Medium behandelt werden?
Nach den bisherigen Erfahrungen im Modellversuch erscheint es sinnvoll, die Arbeit während eines Schuljahres auf ein Medium und damit verbundene spezifische medienerzieherische Aufgaben zu konzentrieren. Durch Absprache im Kollegium könnte auf diese Weise eine Überforderung der Lehrkräfte vermieden, aber auch ein systematischer Aufbau der Medienkompetenzen bei den Schülern sichergestellt werden. Das schließt nicht aus, daß nicht auch andere Medien im Unterricht eingesetzt werden können. Es bedeutet nur, daß während eines Schuljahres ein bestimmtes Medium im Zentrum der Medienerziehung stehen und unter pädagogischen Gesichtspunkten thematisiert und reflektiert werden soll. Die im Modellversuch bewährte Zuordnung der Leitmedien zu den einzelnen Klassenstufen gibt eine wichtige Orientierungshilfe:

    5. Schuljahr: Bilder, Fotos, Comics
    6. Schuljahr: Fernsehen und Video
    7. Schuljahr: Hörmedien
    8. Schuljahr: Printmedien (Zeitung; Zeitschriften)
    9. Schuljahr: Computer und elektronische Medien (Multimedia und Internet)

Grundsätzlich sollte jedoch jede Schule in eigener Verantwortung entscheiden, welche Medien für die Gestaltung eines Schulprofils „Medienerziehung" herangezogen werden sollen. Aus prinzipiellen Erwägungen sind meines Erachtens alle technischen Medien (einschließlich der Printmedien) zu berücksichtigen (Spanhel 1995; Spanhel/Kleber

1996). Eine einseitige Festlegung auf die gerade aktuellen elektronischen und interaktiven Medien (Multimedia oder Internet) wird einerseits den grundlegenden medienpädagogischen Anliegen nicht gerecht und schränkt zudem die Gestaltungs- und Handlungsmöglichkeiten erheblich ein.

Wenn im Kollegium über geeignete Leitmedien für die einzelnen Jahrgangsstufen diskutiert wird, sollten folgende Fragen für die Festlegung maßgeblich sein:

- Wie sehen die Medienvorlieben und Medienkompetenzen der Schüler auf dieser Klassenstufe aus?
- Wie sehen die spezifischen Mediennutzungsmuster bei diesen Schülern aus und welche Lernmöglichkeiten bzw. Erziehungs- oder Schulschwierigkeiten könnten daraus folgen?
- Welche Anknüpfungsmöglichkeiten an die vorgeschriebenen Lehrplaninhalte und Fachlernziele gibt es bei der Arbeit mit einem bestimmten Leitmedium und den damit verbundenen medienpädagogischen Themen auf dieser Klassenstufe?

Das Kollegium könnte überlegen, ob nicht zu Beginn der Entwicklung eines neuen Schulprofils „Medienerziehung" eine Beschränkung auf ein einziges, fächer- und klassenübergreifendes Medienprojekt erfolgen sollte, z.b. die Einrichtung eines Schulradios in Form eines Pausenradios oder sogar in Kooperation mit einem lokalen Privatsender. Dabei wäre ein Aufbau in kleinen Schritten möglich und viele Fächer könnten sich beteiligen, ohne daß die Lehrkräfte allzusehr unter Druck geraten. Auf diese Weise könnten in einem begrenzten Feld erste Erfahrungen mit praktischer Medienarbeit gesammelt, neue Unterrichtsformen und Kooperationsmöglichkeiten erprobt, medienspezifische Arbeitsweisen eingeübt und Motivationen bei Schülern und Lehrern geweckt werden. Innerhalb dieses Rahmens ließen sich bereits viele der nachfolgend aufgeführten Möglichkeiten und Formen unterrichtlicher Integration ausprobieren. Von einer solchen Basis aus ist es dann in jedem Falle einfacher, die weiteren Schritte in Richtung auf ein ausgeprägtes Schulprofil „Medienerziehung" auf den Weg zu bringen.

6.2.2 Organisatorische Rahmenbedingungen für die Profilbildung

Die Implementierung und Sicherung veränderter Organisationsstrukturen im System Schule

Aus den bisherigen Überlegungen ergibt sich ganz klar, daß die Ausstattung der Schulen mit neuen Medien allein noch keine Profilbildung oder gar eine Optimierung der Lernprozesse bewirken kann. Die Strukturen der Institution Schule und ihrer Teilsysteme Unterricht, Lehrer und Schüler haben sich über lange Zeiträume hinweg ausgebildet, verfestigt und stabilisieren sich gegenseitig. Darin eingebettet ist das berufliche Handeln der Lehrkräfte, das sich größtenteils ebenfalls in festen Alltagsroutinen vollzieht. Beides gewährt Lehrern und Schülern Rückhalt und eine gewisse Sicherheit im Umgang mit den besonderen Herausforderungen der Gegenwart (vgl. Spanhel, Hüber 1995). Solche verfestigten Strukturen lassen sich nur sehr schwer aufbrechen. Viele Lehrkräfte versuchen daher zunächst, medienpädagogische Maßnahmen oder den Einsatz der neuen Medien an ihre

Alltagsroutinen anzupassen oder abzublocken, wenn damit allzu tiefgreifende Störungen verbunden sind. Aber dieses Lösungsmuster und die Aufrechterhaltung der erstarrten Denk-, Handlungs- und Organisationsstrukturen behindern nicht nur die Profilbildung, sondern auch das Lernen als selbstgesteuerte Konstruktionsprozesse und führen zu unerwünschten Lernprozessen. Wie unser Modellversuch und andere Schulentwicklungsprojekte zeigen, dauert es drei bis fünf Jahre, bis sich neue Strukturen stabilisieren können und dauerhaft in den Köpfen der handelnden Personen verankert sind. Dabei sind Rückschläge zu erwarten und mancherlei Konflikte zu bewältigen (vgl. Balser 1993).

Nach unseren Erfahrungen stellt die Entwicklung eines Schulprofils Medienerziehung eine Möglichkeit dar, Veränderungen in den Organisationsstrukturen in Gang zu bringen, ihnen eine einheitliche Ausrichtung zu geben, und damit eine neue Lernkultur ermöglicht. Ein Schulprofil Medienerziehung setzt voraus, daß sich Schulleitung und Mehrheit des Kollegiums von dieser Idee überzeugen lassen, sich dafür entscheiden und Einigkeit darüber erzielen, wie dieses Profil für ihre Schule aussehen und in welchen Schritten es verwirklicht werden soll. Die Betroffenen selbst müssen also die erforderlichen Veränderungen der Strukturen der Schulorganisation planen, einleiten, vorantreiben und evaluieren. Dieser Prozeß der Selbstorganisation und Selbststeuerung müßte zunächst auf *strukturelle Transformationen* im System Schule hinzielen, wenn damit auf Dauer eine erfolgversprechende Medienerziehung gewährleistet werden soll.

1) Schulleitung

Ein gutes Verhältnis zwischen Schulleitung und Kollegium ist die primäre Voraussetzung für erfolgversprechende Schulentwicklung, weil aus systemischer Sicht Innovationen nicht von oben verordnet werden können. Medienpädagogische Vorhaben zur Profilbildung müssen deshalb im Rahmen pädagogischer Konferenzen besprochen, beschlossen und gemeinsam vorgeplant werden. Die Weiterführung kann von einer kleinen Initiativgruppe übernommen werden. Entscheidend ist, daß alle Entwicklungsschritte von der Schulleitung mitgetragen und in jeder Weise unterstützt werden. Die Schulleitung muß sich in erster Linie für den Prozeß der Profilbildung verantwortlich fühlen und ihn nach innen und außen absichern. Sie muß motivieren, Widerstände überwinden und organisatorische Hemmnisse beseitigen.

2) Arbeitsorganisation im Kollegium
Schulhausinterne Fortbildungen

Ein wertvolles Potential für die Profilbildung stellen die besonderen Fähigkeiten der einzelnen Mitglieder jedes Kollegiums dar. Trotzdem sind kontinuierliche medienpädagogische Fortbildungen unerläßlich. Sie können nach einem Anschub durch auswärtige Referenten durch kompetente Lehrkräfte im Schulhaus organisiert und geleitet werden. Da die meisten Lehrer/innen weder in ihrer Ausbildung noch im Rahmen von Fortbildungen mit medienpädagogischen Fragestellungen konfrontiert wurden, müßten nach und nach folgende Kenntnisse und Fähigkeiten gemeinsam in der Gruppe erarbeitet werden:

- Kenntnisse über die Medienwelten der Schüler, über Nutzungsmuster, über Medienwirkungen (insbesondere auf den Entwicklungsprozeß) und über ihre Medienkompetenz.
- Kenntnisse und Fähigkeiten darüber, wie die unterschiedlichen Medien, insbesondere die neuen Medien, zur Verbesserung der Lehr-, Lernprozesse eingesetzt werden können, um mit den Schülern vielfältige Formen sinnvoller Mediennutzung einüben zu können.
- Kenntnisse über die neuesten Entwicklungen im Medienbereich und ihre gesellschaftliche Bedeutung.
- Fähigkeiten zur kreativen Gestaltung und Eigenproduktion von Medien, um den Schülern alternative Medienhandlungsmuster vermitteln zu können.

Dazu gehört zu allererst die Vertrautheit der Lehrkräfte mit den jeweiligen Medien. Eine gewisse Sicherheit und Erfahrung im Umgang mit dem jeweiligen Medium (Handling von Hard- und Software) muß durch vieles Üben und durch häufiges unterrichtliches Arbeiten mit diesem Medium schrittweise aufgebaut werden. Das geschieht am besten mit den eigenen Geräten im Haus und gemeinsam mit Kollegen bzw. Kolleginnen, mit denen man später auch zusammenarbeiten will. Da nicht erwartet werden kann, daß alle Lehrkräfte mit allen Medien gut arbeiten können, erweist sich die Idee der Leitmedien auf den einzelnen Klassenstufen als sinnvoll. Zur Unterstützung und Entlastung der Lehrkräfte beim Medieneinsatz ist es sehr nützlich, wenn einige gute und zuverlässige Schülerinnen oder Schüler in jeder Klasse zu Medienspezialisten ausgebildet werden. Vor allem bei Projekten mit praktischer Medienarbeit könnte dies die Gruppenarbeit sehr erleichtern.

Fachliche und fächerübergreifende Kooperation

Medienpädagogische Vorhaben erfordern höheren Arbeits- und Organisationsaufwand, der sich durch fachliche Kooperation reduzieren läßt. Unterrichtseinheiten auf einer Klassenstufe werden gemeinsam geplant, Medien gemeinsam ausgewählt und begutachtet, Materialien erstellt, die Durchführung wird abgesprochen und gemeinsam reflektiert.

Bei vielen Unterrichtsthemen, sei es im Deutsch-, Englisch-, Sozialkunde-, Geschichts- oder Geographieunterricht, bieten sich beim Medieneinsatz auch Kooperationen zwischen diesen Fächern oder mit anderen, etwa Kunst oder Musik an. Das erfordert zeitweise eine flexiblere Handhabung des Stundenplans und die Bereitschaft der Lehrkräfte, in einer Freistunde mit einer anderen Klasse zu arbeiten.

Letztlich wird die unterrichtliche Integration der Medienerziehung nur dann zufriedenstellend gelingen, wenn im Rahmen von pädagogischen Konferenzen die Lehrer/innen ihre Erfahrungen und Erfolge, aber auch Schwierigkeiten, Enttäuschungen und Ängste offen austauschen und sich gegenseitig helfen. Durch eine solche gemeinsame Arbeit an einem Schulprofil können eine vertrauensvolle Atmosphäre und ein positives Schulklima entstehen, das berufliche Belastungen und Probleme überwinden hilft und zu einer besseren Arbeitszufriedenheit führt.

Lehrerarbeitsplatz

Eine wichtige Voraussetzung für eine Stabilisierung dieser strukturellen Änderungen wäre für die Lehrkräfte die Schaffung von Arbeitsplätzen im Schulhaus, die mit einem vernetzten Computer und mit Internetanschluss ausgestattet sein müßten.

3) Organisation der Zusammenarbeit mit möglichen Bündnispartnern:

Kooperation mit außerschulischen Partnern

An erster Stelle geht es darum, die Mitarbeit der Eltern durch kontinuierliche Information mittels Medien und durch Einbezug in Vorhaben zu gewinnen. Daneben wäre es wichtig, mit Lehrkräften anderer Schulen, die an ähnlichen Projekten oder Themen arbeiten, Erfahrungen, Materialien oder Konzepte auszutauschen und evtl. diese Kooperation in fachspezifischen lokalen Arbeitsgruppen zu stabilisieren.

Darstellung des Schulprofils Medienerziehung nach innen und außen

Medien brauchen Öffentlichkeit und sie schaffen Öffentlichkeit. Sie müßten dazu genutzt werden, anderen Klassen innerhalb der Schule oder in anderen Schulen über Projektergebnisse durch Wandzeitungen, Videofilme oder Hörspiele, Videozeitungen, e-mail oder Homepages zu informieren. Ebenso wichtig ist eine entsprechende Selbstdarstellung der Schule mittels unterschiedlicher Medien gegenüber den Eltern und der lokalen Öffentlichkeit. Im Rahmen der Medienarbeit könnte ein Netz von Beziehungen zu Bibliotheken, Bildstellen, Jugendamt, zu Betrieben und lokalen Medienanbietern aufgebaut werden. Damit ist nicht nur eine Bereicherung des Schullebens verbunden, sondern auch die Chance zu einer Identifikation der Schüler, Lehrer und Eltern mit „ihrer" Schule.

4) Zeitorganisation:

Die bisher angesprochenen organisatorischen Änderungen betreffen alle die räumliche Dimension von Schule und Unterricht. Änderungen in den Zeitstrukturen sind für die Schulentwicklung jedoch von gleicher Wichtigkeit. Das betrifft zunächst den Prozeß der Profilbildung selbst: Die Planungsschritte sollten jeweils für ein Jahr erfolgen und für die Erreichung kleiner Teilziele sollte man sich wirklich Zeit lassen. Schließlich bedarf dieser Prozeß einer Evaluation nicht nur durch die Schulleitung, sondern durch das gesamte Kollegium.

Im engeren zeitlichen Rahmen ist insbesondere die Stundenplan-Organisation bedeutsam: Lernen als ein eigenaktiver Konstruktionsprozeß unter Einbezug verschiedener Medien erfordert seine eigene Zeitstruktur und kann nicht einfach im Dreiviertelstunden-Takt abgewickelt werden. Die Einplanung von Doppelstunden, die Abfolge der Fächer, Epochenunterricht bei ein- oder zweistündigen Fächern, evtl. Stundentausch zwischen einzelnen Lehrkräften bieten Möglichkeiten für eine flexiblere Zeitgestaltung. Projekttage und Projektwochen auf einer Klassenstufe oder für die ganze Schule unter Aufhebung des Stundenplans erlauben die Durchführung größerer, fächerübergreifender Projekte mit eigenen Zeitstrukturen.

Eine an der Medienerziehung und am Einsatz der neuen Medien ausgerichtete Profilbildung dürfte bei einer Neuorganisation des Unterrichts nicht mehr die Darstellung und Weitergabe „fertigen" Wissens im Gleichschritt für alle Schüler in den Mittelpunkt stellen. Vielmehr ist die Kreativität und Phantasie der Lehrkräfte gefordert, damit in vielfältigen methodischen Formen mit Hilfe verschiedenster Medien die Aktivierung und der selbstgesteuerte und flexible Einsatz der individuell verfügbaren Lerninstrumente der Schüler zu einer vertieften Auseinandersetzung mit Inhalten und zur Weiterentwicklung ihres Lernapparats führt.

Das impliziert eine Reihe struktureller Änderungen:
1. Eigenständige Informationsbeschaffung und -bearbeitung durch die Schüler.
Ein vielfältiges Informationsangebot und variable Formen der Bereitstellung von Lerninhalten sowie der methodischen Zugangsweisen durch unterschiedliche Medien: Schüler müssen selbständig für das Unterrichtsthema geeignete Informationen suchen, auswählen und weiterbearbeiten. Dies kann zur Folge haben, daß Phasen des Unterrichts in anderen Räumen der Schule (z.B. in der Bibliothek oder im Computerraum), im Freien, in Betrieben oder anderen Institutionen (z.B. Museen oder Arbeitsamt) stattfinden. Dabei löst sich das Lehrer-Schüler-Verhältnis in unterschiedliche Beziehungsformen auf.

2. Neuorganisation und Reflexion der Lernformen und -methoden.
Dafür ist die Einübung in medienspezifische Arbeitstechniken , aber auch in selbständige Lernmethoden und Arbeitsformen (z.B. Lernzirkel) erforderlich. Medien können dabei auf vielfache Weise als Werkzeuge und Arbeitsmittel zum Schreiben, Speichern, Gestalten, Reflektieren und Dokumentieren verwendet werden. Dabei lernen die Schüler, ihre Arbeits- und Lernprozesse selbständig zu organisieren. Die selbstverständliche Nutzung der neuen Medien zur Problemlösung und Aufgabenbewältigung fördert auch die Medienkompetenz der Schüler.

3. Auflösung des Klassenverbandes.
Viele Arbeitsweisen sind nur in kleinen Gruppen möglich, was eine häufige Auflösung des Klassenverbandes zur Folge hat. Die Medien ermöglichen leichter als bisher ein ausgewogenes Verhältnis von Frontalunterricht, Gruppen-, Partner- und Einzelarbeit, bei dem die Schüler entsprechend ihren individuellen Fähigkeiten und Interessen engagiert am Thema arbeiten und den anderen Gruppenmitgliedern zugleich wertvolle Lernanstöße geben können. In diesem Rahmen lassen sich auch die geschlechtsspezifischen Unterschiede im Umgang mit Computern und Multimedia auffangen und ins Positive wenden.

4. Präsentation und Sicherung gemeinsamer Lernergebnisse.
Von besonderer Bedeutung für solche Unterrichtsformen ist eine kritische Reflexion der Lernwege und der medial dokumentierten Arbeitsergebnisse im Klassenverband. Die Präsentation von Arbeits- bzw. Unterrichtsergebnissen in der Klasse, in der Schule (für andere Klassen) und über die Schule hinaus (für die Eltern) ist eine hervorragende Gelegenheit zur wiederholten und vertieften Auseinandersetzung mit dem Thema und zu einer

noch schärferen sprachlichen, d.h. abstrakt-begrifflichen Fassung der wesentlichen Erkenntnisse. Diese personale sprachliche Kommunikation trägt zur Ausbildung eines gemeinsamen Wissens bei, das ein zentrales Fundament jedes sozialen Zusammenlebens in der Gesellschaft darstellt.

Insgesamt geht es bei allen diesen Änderungsvorschlägen um eine größere Flexibilität und Offenheit der schulischen und unterrichtlichen Strukturen und Organisationsprozesse. Diese Forderungen sind nicht neu, konnten aber aufgrund detaillierter Lehrpläne, ausgeprägter Lernzielkontrollen, einer starken Leistungsorientierung und der Ausrichtung an erstrebenswerten Schulabschlüssen im Schulsystem bis heute nie durchgängig verwirklicht werden.

Diese Vorschläge zur Schulorganisationsreform bedeuten jedoch nicht, daß nun die herkömmlichen Formen von Schule und Unterricht alle über Bord geworfen werden müssen. Zu bewahrende und neue Strukturen müssen aufeinander abgestimmt und ins richtige Verhältnis zueinander gesetzt werden.

Die *leitenden Prinzipien* bei der Neugestaltung sind
  - *Variation*, d.h. Vielgestaltigkeit, Vielfalt, Offenheit, Abwechslung statt Erstarrung und Gleichförmigkeit;
  - *Selektion*, d.h. begründete, selbstgesteuerte Auswahl von Informationen, Medien, Lern-, Arbeits- und Sozialformen statt zwingender Vorgaben und ständiger Gängelung;
  - *Stabilisierung*, d.h., Routinen, Wiederholung, Zuverlässigkeit und Sicherheit im Wandel durch Orientierung an vereinbarten Regeln und durch Herstellung und Sicherung von Gemeinsamkeiten (Kenntnissen, Überzeugungen, Werten und Zielen).

Diese Prinzipien müssen selbst immer wieder in ein ausgewogenes Verhältnis gebracht werden. Eine wichtige Voraussetzung für das Gelingen einer solchen Reform schulischer Organisationsstrukturen ist eine nachhaltige Unterstützung durch die Schuladministration.

Medienorganisation: Die Idee einer Medienwerkstatt

Verfügbarkeit aller Medien
Zunächst wäre dafür zu sorgen, daß auf jedem Stockwerk des Schulhauses (je nach Größe der Schule) eine Grundausstattung auditiver und audiovisueller Medien (Kassettenrekorder, Videoplayer, Fernseher) vorhanden ist, um Absprachen zwischen den Lehrkräften zu erleichtern und zeitaufwendiges Herrichten der Medien zu vermeiden. Daneben erscheint eine minimale Computerausstattung in den Klassenräumen unabdingbar. Wenigstens zwei Computer sollten in jedem Klassenzimmer stehen, damit die Schüler Informationen abrufen, einen Text schreiben oder Aufgaben bearbeiten können. Aber für einen kontinuierlichen und intensiven Medieneinsatz reichen diese Maßnahmen nicht aus. Die Frage ist, wie durch eine flexible Medienorganisation die Verfügbarkeit und Betreuung der Medien sichergestellt werden kann.

Idee einer Medienwerkstatt

Als ein wichtiges Ergebnis der Arbeit im Modellversuch hat sich die Idee einer Medienwerkstatt herauskristallisiert. Diese Idee lehnt sich an das Konzept der Lernwerkstätten an, die inzwischen an vielen Schulen erprobt werden. Die Einrichtung einer Medienwerkstatt verbessert die Chance, eine integrierte und intensivierte Medienerziehung langfristig zu verankern. Dies aus drei Gründen: Verstärkung von Medienerziehung und Medieneinsatz erfordern erhebliche Mehrarbeit, vor allem weil Medien vorrangig als Werkzeuge und im Rahmen aktiver Medienarbeit genutzt werden. Bereitstellung, Wartung und Reparatur der Medien, Einübung in medienspezifische Arbeitsweisen und Nachbearbeitung von Medienprodukten (z.B. Schnitt, Vertonung) erfordern spezielle Fähigkeiten und hohen Zeitaufwand. Außerdem bedarf die Medienerziehung immer neuer Impulse, Anregungen, Informationen und eines kontinuierlichen Erfahrungsaustausches.

Es handelt sich dabei nicht nur um einen Raum, in dem Medien bereitgehalten, gewartet, genutzt oder bearbeitet werden können. Die Idee der Medienwerkstatt betrifft die gesamte Organisation und Nutzung der Medien im Schulhaus. Die Medienwerkstatt kann günstige Rahmenbedingungen schaffen und Unterstützung dabei leisten, daß möglichst alle Medien, die traditionellen ebenso wie die modernen elektronischen und interaktiven Medien in den einzelnen Unterrichtsfächern eingesetzt werden. Die Lehrkräfte sollen auf diese Weise ohne größere Probleme die Medien in ihren vielfältigen didaktischen Funktionen und pädagogischen Möglichkeiten nutzen können. Die Medienwerkstatt könnte mithelfen, daß Lehrer und Schüler Medien ganz selbstverständlich als Informations-, Lern- und Arbeitsmittel, als Mittel zur Präsentation, Veranschaulichung, Demonstration und Simulation von Unterrichtsinhalten, als Werkzeug, als Kommunikations- und Ausdrucksmittel, als Mittel zur Dokumentation und Reflexion von Unterrichtsprozessen und –ergebnissen verwenden.

Räumliche und organisatorische Voraussetzungen:

Eine Medienwerkstatt sollte folgendermaßen ausgestattet sein:
- Arbeitsraum mit Video- und Audioschnittanlage, sonstiger technischer Ausstattung und Multimediacomputer zur Bearbeitung von Medienproduktionen;
- Arbeits- und Gruppenraum mit 2-3 Multimedia-PC's, Internet-Anschluss, Medien-Grundausstattung, Regalen für Software, Materialien und Literatur als Schulungsraum und Raum für Medien-Arbeitsgruppen;
- Fotolabor.

Jeder Raum sollte durch eine schulhausintern geschulte Lehrkraft verantwortlich betreut werden und zu festen Zeiten pro Woche für Lehrkräfte und Schüler offenstehen, um sich beraten zu lassen, Medienproduktionen zu planen oder Medienprodukte nachbearbeiten zu können.

Die eigentliche Medienwerkstatt (Arbeits- und Gruppenraum) sollte möglichst täglich wenigstens 2 Stunden besetzt sein. Dafür müßten nicht nur Verantwortliche für Hardware und Software - Medienbeauftragte mit Stundenermäßigung - eingesetzt und fortgebildet werden. Es könnten z.B. auch talentierte und interessierte Schüler in kleinen Gruppen ausgebildet werden, um die Arbeit der Lehrkräfte in der eigenen Klasse oder im Unterricht anderer Klassen zu unterstützen. Man könnte auch versuchen, nicht angestellte Lehr-

kräfte oder andere pädagogische Fachkräfte mit möglichst breiten Kompetenzen in der Medienarbeit wenigstens stundenweise zu beschäftigen.
Zu Beginn eines Schuljahres müßten folgende Voraussetzungen geschaffen werden:
- Mit dem Stundenplan Erstellung des Öffnungs- und Organisationsplans für die Medienwerkstatt
- Interne Fortbildung für die übrigen Betreuer der Medienwerkstatt
- Überprüfung und Organisation des Medienbestandes in den einzelnen Räumen (unter Mithilfe der Projektgruppe)
- Schulung der Spezialistengruppen von Schülern zu den einzelnen Leitmedien
- Festlegung der Medien-AGs

Die Arbeitsweise der Medienwerkstatt
Das Konzept könnte vorsehen, daß die Medienwerkstatt als Werkstatt, als spezifischer Lernort und als Kommunikationszentrum fungiert.
1) Werkstatt für Medien und Medienproduktion
- Anschaffung, Betreuung, Wartung, Reparatur der Medien
- Medien- und Software-Bereitstellung und Organisation
- Beobachtung und Aufzeichnung unterrichtsrelevanter Angebote im Rundfunk und Fernsehen (Schulfunk und -fernsehen)
- Information über Medienentwicklung, Sammlung von Software, Software-Kataloge
- Kontakt mit der Stadtbildstelle: Erfahrungsaustausch; Besorgung von Medien (Hard- und Software)
2) Lernwerkstatt für Lehrkräfte
- Einweisung und interne Schulung an neuen Geräten
- Einübung in medienspezifische Arbeitsweisen
- Kennenlernen und Erprobung neuer Software
- Herstellung und Bereitstellung von Medien für den Unterricht
- Gemeinsame Vorbereitung medienerzieherischer Maßnahmen, Unterrichtseinheiten und Medieneinsatz mit Kolleginnen/Kollegen
- Nachbearbeitung von Medienproduktionen oder Unterrichtsdokumentationen
3) Lernwerkstatt für Schüler
- Einzel- und Kleingruppenarbeit an/mit Medien (als Differenzierungsmaßnahmen, z.B. Lernprogramme am Computer, Lernzirkel, Medienrecherchen)
- Schulung von Kleingruppen in medienspezifischen Arbeitsweisen
- Ausbildung von Schüler-Spezialistengruppen zu den einzelnen Leitmedien
- Regelmäßige Medien-AGs mit Klassen- oder Fachlehrern
- Medienbearbeitung bzw. -nachbearbeitung mit Unterstützung der Betreuer
4) Medienwerkstatt als Kommunikationszentrum
- Öffentlichkeitsarbeit innerhalb der Schule (Schulveranstaltungen, Feste, Feiern)
- Organisation von Vorführungen der Medienproduktionen oder Ausstellungen (z.B.Unterrichtsdokumentationen)
- Schüler sollten zu einer festen Zeit in der Woche die Gelegenheit haben, eigene Projekte oder Produktionen in der Medienwerkstatt zu verfolgen.

- Öffentlichkeitsarbeit nach außen, z.B. durch Zeitungsberichte, Schülerzeitung, Ausstellungen, Informationen für Eltern
- Offene Werkstatt: Angebote medienpädagogischer Fortbildung für Lehrkräfte anderer Schulen, Nutzungsmöglichkeiten und Vorteile für die einzelnen Lehrkräfte

Nutzungsmöglichkeiten und Vorteile für die einzelnen Lehrkräfte:
- Informationen über Medien (Software; Eignung für den Unterricht)
- Hilfe bei der Anschaffung, Besorgung von Medien (Stadtbildstelle)
- Schulung bei der Handhabung von Geräten; Arbeitstechniken
- Hilfe durch Spezialistengruppe bei der praktischen Medienarbeit bzw. Medienproduktion
- Unterrichtsdifferenzierung durch Förderlehrer (Betreuung von AGs mit Medieneinsatz)
- Ausweisung einzelner störender Schüler aus dem Unterricht zur Arbeit in der Medienwerkstatt (unter Aufsicht!)
- Hilfen bei der Erstellung und Bearbeitung von Unterrichtsdokumentationen
- Materialien, Unterrichtsentwürfe für medienpädagogische Themen
- Einführung von Schülergruppen in medienspezifische Arbeitstechniken

Die Arbeit der Medienwerkstatt wird letztlich nur funktionieren, wenn sie vom ganzen Kollegium unterstützt wird:
- Öffnungszeiten und Organisation einhalten!
- Durch sorgfältigen und schonenden Umgang mit den Medien zur Entlastung der Betreuer beitragen!
- Schulungswünsche und Anforderungen der Spezialistengruppe rechtzeitig melden!
- Kurze Erfahrungsberichte zu eingesetzten Medien, Materialien, Software, Konzepten sind für andere Kolleginnen/Kollegen sehr hilfreich!
- Bei Differenzierungsmaßnahmen den Schülergruppen oder einzelnen Schüler klare Arbeitsanweisungen und Zeitvorgabe mitgeben!
- Neu entdeckte Medien (Software, Bilder, Materialien) baldmöglichst zur Anschaffung mitteilen

6.3 Profilbildung durch Integration der Medienerziehung

6.3.1 Voraussetzungen und Ziele

Entscheidend für eine erfolgreiche Medienerziehung im Rahmen eines entsprechenden Schulprofils ist die Bereitschaft der Lehrerinnen und Lehrer, die mit der unterrichtlichen Integration verbundenen didaktisch-methodischen Veränderungen und daraus folgende Konsequenzen zu akzeptieren. Dazu gehören die Bereitschaft und das konkrete Bemühen um folgende Punkte bei der Unterrichtsplanung und -vorbereitung:

1. Eine gewisse fachliche Offenheit, um mögliche Bezüge zwischen den unterrichteten Fächern und medienspezifischen Themen zu erkennen und unterrichtlich zu nutzen.

2. Die Bereitschaft, die Medienwelten ihrer Schüler und damit zusammenhängende Präferenzen oder Probleme unvoreingenommen zu beobachten und in die Planungsüberlegungen einzubeziehen.

3. Die Bereitschaft, die eigene Medienkompetenz zu erweitern, sich im Umgang mit den Leitmedien fit zu machen, medienspezifische Arbeitstechniken anzueignen und sich über die aktuellen Medienangebote und -entwicklungen zu informieren.

4. Die Fähigkeit zu einer möglichst offenen und flexiblen methodischen Unterrichtsgestaltung.

5. Die Bereitschaft zur Teamarbeit bei fächerübergreifenden Projekten und zu neuen Wegen bei der Schülerbeurteilung.

Für eine erfolgversprechende Umsetzung des Curriculums zur Medienerziehung im Rahmen der Entwicklung eines Schulprofils muß sich das Kollegium auf medienpädagogische Ziele und Prinzipien einigen. Die *Ziele* der Medienerziehung werden heute üblicherweise mit dem vieldeutigen Begriff „Medienkompetenz" gefaßt (vgl. von Rein 1996). Allerdings gibt es für den Bereich der schulischen Medienerziehung inzwischen eine relativ breite Übereinstimmung hinsichtlich der einzelnen Teilziele, die dadurch abgedeckt werden sollen. Sie zeigt sich in dem „Orientierungsrahmen" der Bund-Länder-Kommission für Bildungsplanung und Forschungsförderung „Medienerziehung in der Schule" (Materialien Heft 44, Bonn 1995). Dort wird das Ziel der Medienerziehung mit der allgemeinen Leitvorstellung für Erziehung und Bildung verbunden und als „sachgerechtes, selbstbestimmtes und kreatives Handeln in sozialer Verantwortung" (S. 15) gekennzeichnet. An dieser Leitvorstellung müsse sich auch die Medienerziehung orientieren und zugleich messen lassen. Weiter heißt es dort:

„Sachgerechtes, selbstbestimmtes, kreatives und sozialverantwortliches Handeln ist in einer von Medien beeinflußten Welt an bestimmte Bedingungen gebunden:

– an die Lebenssituation und das kommunikative Umfeld der Kinder und Jugendlichen,

– an ihre Bedürfnisse und Emotionen,

– an ihren Wissens- und Erfahrungsstand sowie

– an das Niveau ihrer Urteilsfähigkeit und ihres Wertbewußtseins." (S. 15)

Daraus werden Erlebnis- und Handlungsorientierung als grundlegende *Prinzipien* medienpädagogischen Handelns abgeleitet und diese durch die weiteren Prinzipien der Situations-, Erfahrungs-, Bedürfnis-, Kommunikations- und Entwicklungsorientierung ergänzt (S. 16 f.). „Auf der Basis dieser Orientierungen geht es um die Anregung und Unterstützung der Kinder und Jugendlichen bei der Mediennutzung, bei der Verarbeitung von Medieneinflüssen, bei der Unterscheidung und Analyse von Medienaussagen sowie bei der Medienproduktion mit dem Ziel einer eigenständigen Mitgestaltung der Medienkultur." (S. 17)

Diese Ziele und Prinzipien müssen bei der konkreten Ausgestaltung des Curriculum und bei der Planung medienpädagogischer Maßnahmen im Hinterkopf behalten werden. Kolleginnen und Kollegen sollten schon bei der Erstellung des Stoffverteilungsplans zu Beginn des Schuljahres, dann bei den Wochenarbeitsplänen und bei der konkreten Unterrichtsvorbereitung die Ziele, Anliegen und Themen der Medienerziehung und die Vorteile und methodischen Möglichkeiten des Medieneinsatzes im Blick haben und den Lehrplan auf medienpädagogische Ziele hin abklopfen. Dabei können sie sich an den vorgesehenen Leitmedien für die jeweilige Jahrgangsstufe und an den Projektrahmen des Curriculum für die integrative Medienerziehung (Spanhel 1998) orientieren. Für eine eigene Ausgestaltung dieser Projektrahmen und für die Verknüpfung der Medienerziehung mit anderen Fächern oder Unterrichtsthemen eröffnen sich durch eine Ausrichtung an den im folgenden dargestellten Integrationsformen reichhaltige Möglichkeiten.

6.3.2. Möglichkeiten zur Integration von Medienthemen in den Fachunterricht

Als Ausgangspunkt für die Integration bieten sich zu allererst diejenigen Unterrichtsfächer an, die selbst Medien zum Gegenstand haben: Das sind *Deutsch, Kunsterziehung und Musik*. Integration bedeutet hier, daß Medienthemen mit den fachlichen Zielstellungen praktisch zusammenfallen. Ein typisches Beispiel dafür wäre etwa der Themenbereich „Wahrnehmen und Mitteilen" (Doelker 1994, S. 40 - 45 und S. 132), der Fachlernziele im Deutschunterricht, in Musik und in Kunst in den Jahrgangsstufen 1 - 4 abdeckt. In ähnliche Richtung weist das Projekt „Farben - Formen - Klänge" von Zeitter (1995). In diesen Themenfeldern können ohne zusätzlichen Unterrichtsstoff und Zeitaufwand eine ganze Reihe fundamentaler medienerzieherischer Ziele verwirklicht werden. Es muß nur eine zu enge fachliche Perspektive überwunden werden. Medienbewußtes Arbeiten im Rahmen des Themas „Wahrnehmen und Mitteilen" entfaltet dann bei den Schülern nicht nur die Sinne für Primärerfahrungen, sondern verbessert und differenziert ihre mediale Wahrnehmung und unterstützt ihre Vorstellungsbildung, bezüglich der Sprache im Deutschunterricht, der Bilder, Fotos, Dias in Kunst, der Geräusche, Töne, Lieder in Musik. Bei der Aufnahme dieser Medienthemen in den Deutschunterricht lernen die Kinder unterschiedliche mediale Darstellungen von Wirklichkeit, z. B., wenn eine Geschichte mit verschiedenen Medien erzählt wird. Medien bieten schier unerschöpfliche Anlässe für sprachliche und nichtsprachliche Mitteilungen. Sie sind vielgestaltiges Mittel der Kommunikation, z.B. wenn Schüler ihre eigenen Erlebniswelten im Rahmen einer Ausstellung mit unterschiedlichen Medien den Mitschülern verständlich machen und sich darum bemühen, auch die anderen besser zu verstehen.

6.3.3. Weitere Möglichkeiten der unterrichtlichen Integration

Integration in den Deutschunterricht

Die Erlebniswelten der Schüler, das sind immer auch ihre Medienwelten, die Medienhelden und die Geschichten, die von ihnen erzählt werden, sei es in Büchern, Fernsehfilmen oder Hörkassetten, in Comics, Video- oder Computerspielen. Sie bieten stets aktuellen und für die meisten Kinder höchst interessanten und motivierenden Stoff für die zentralen Aufgaben des Deutschunterrichts im Bereich des mündlichen und schriftlichen Sprachgebrauchs sowie für die Sprachbetrachtung.

Beispiele:

Mündlicher Sprachgebrauch: Erzählen und Zuhören; Meinungen äußern und begründen; Informationen einholen und weitergeben; unterschiedliche Informationsmöglichkeiten kennen und nützen; Gesprächsformen und Diskussionstechniken einüben; ein Referat selbständig erarbeiten, gestalten und halten; es gibt kaum ein Lernziel, das nicht an Hand von Medienthemen verwirklicht werden könnte.

Schriftlicher Sprachgebrauch: Anschaulich und zusammenhängend erzählen; eigene Meinungen, Anliegen, Gefühle äußern; über Sachverhalte informieren; standardisierte Texte erstellen; Protokollieren; sich mit Problemen auseinander setzen: Wie immer hier die Lernziele lauten mögen, sie lassen sich durchweg an Geschichten, Sachverhalten, Informationen aus den Medien realisieren.

Sprachbetrachtung: Hier geht es im weitesten Sinne um das Erfassen, Analysieren und Reflektieren von sprachlichen und nichtsprachlichen Zeichen und ihrer Bedeutung.

Besonders eng mit der Medienerziehung verzahnt ist der Bereich der *Leseförderung*. Lese- und Medienerziehung können sich in vielfältiger Weise gegenseitig befruchten. Im neuen Lehrplan für die Hauptschule in Bayern stellen Lesen und Mediengebrauch einen einheitlichen Lernbereich dar. Neben den traditionellen Formen einer Verbindung, z.B. Vergleich zwischen Buch und Film, Verfilmung eines Gedichts, Produktion eines Hörspiels auf der Textgrundlage einer Novelle, kritische Analyse einer Fernsehserie oder eines Krimis, schlägt J. Wermke (1997) neue Wege vor. Sie zielen darauf ab, die Attraktivität der audiovisuellen Medienangebote für die Leseförderung zu nutzen. Aufgrund des Medienalltags der Schüler und der Wirksamkeit von Medienverbundsystemen verspricht sie sich Motivation und Leseförderung, z.B. durch Buchempfehlungen in Radio und Fernsehen, durch das Buch zum Film oder zur Sendung (nicht nur bei fiktionalen, sondern auch bei dokumentarischen Sendungen), durch die Verwendung von Medientext-Vorlagen (Drehbüchern, Radiogeschichten, Szenarios) als Lektüre im Deutschunterricht, durch den Wechsel zwischen literarischen Ereignissen in Form medialer Präsentationen und der traditionellen Literatur. Wenn Schüler wirklich zum Lesen motiviert werden sollen, kommt es dabei ihrer Meinung nach darauf an, daß nicht die Unterschiede und Besonderheiten der Darstellungsweisen und der Ästhetik am Anfang stehen, „sondern das Wiedererkennen, der Transfer, das Entdecken von Gemeinsamkeiten zwischen Literatur und Medien aus der Sicht ihrer Rezipienten." (Wermke 1997, S. 111)

Schließlich fordert Wermke eine verstärkte Einbeziehung der akustischen Dimension in den Deutschunterricht, eine „Hörerziehung als Hören auf den Klang der Welt und nicht als nachgeordnete Funktion in Kommunikationsprozessen." (Wermke 1997, S.117) Ästhetische Erziehung und eine Förderung kreativer Wahrnehmung verlangen ein Angebot an nonverbalen Reizen, damit primäre Wirklichkeitserfahrungen und Sprache zusammenkommen können. Deshalb sollten im Deutschunterricht nicht nur Bilder und Fotos, sondern auch akustische Medien zum Hören, Horchen und Lauschen genutzt werden. Die Bedeutung für die Spracherziehung wird an Unterrichtsbeispielen erläutert (S. 122 ff.).

Obwohl diese Fächer explizit auf auditive bzw. visuelle Medien ausgerichtet sind, kommen bislang wegen eines verengten und elitären Kunstbegriffs die zentralen Themen heutiger Medienerziehung selten zum Tragen. Dies könnte sich schlagartig ändern, wenn Lehrkräfte bereit wären, die Medienpräferenzen ihrer Schüler in ihrer Freizeitwelt herauszufinden, ernst zu nehmen, gelten zu lassen und in den Unterricht einzubeziehen. Die traditionellen Unterrichtsziele ließen sich dann für die Analyse und Kritik der Ästhetik unterschiedlicher Medien, für die Untersuchung ihrer Wirkungen und für die Eigenproduktion von Hörmedien (Musik und Computer), Fotos, Kollagen, Videofilmen oder Computerkunst erschließen. Eine anspruchsvolle Verbindung dieser Elemente könnte die Analyse und Produktion eines Musikvideoclips darstellen. Zu diesem Feld gibt es eine Fülle von Anregungen und Unterrichtsbeispielen in der medienpädagogischen Literatur. (Vgl. die Auflistung in Tulodziecki u.a. 1995, S. 239 - 260.)

Integration in das Fach Informatik

In den Schulstufen, in denen Informatik bzw. informationstechnische Grundbildung vorgeschrieben sind, bieten sich problemlos zusätzliche Möglichkeiten zur Integration der Medienerziehung. Das betrifft zunächst die kritische Auseinandersetzung mit Computerspielen und mit CD-ROMs, die unter dem Schlagwort „Edutainment" angeboten und von den Eltern gern gekauft werden, weil sie angeblich das Lernen der Schüler unterstützen können. Weiterhin können in diesem Feld den Schülerinnen und Schülern die zunehmende wirtschaftliche, gesellschaftliche und politische Bedeutung der Medien und ihr immer schnelleres Zusammenwachsen unter der Steuerung des Computers auf der Grundlage der Digitalisierung aller Medien vor Augen geführt werden. Bei der Erprobung und Anwendung von Programmen (Textverarbeitung, Graphikprogramm oder Tabellenkalkulation) erfahren sie, wie der Computer als Werkzeug, zur Problemlösung und Aufgabenbewältigung im Schulalltag eingesetzt werden kann und welche Möglichkeiten zur Beschaffung, zum Sammeln, Ordnen, Be- und Verarbeiten von Informationen damit verbunden sind. Besonders empfehlenswert wäre in diesem Zusammenhang ein Besuch in einer lokalen Zeitungsredaktion, in einem örtlichen Rundfunk- oder Fernsehstudio, um den Jugendlichen einen Eindruck davon zu vermitteln, in welchem Umfang heute der Computer bei der Produktion und Verbreitung der Massenmedien eingesetzt wird und welche Möglichkeiten zur Manipulation und Verfälschung von Bildern dabei entstehen. Schließlich können im Bereich der Informatik die neuen Formen individueller und weltweiter Kommunikation mittels Internet und e-mail unter medienpädagogischen Gesichtspunkten behandelt werden.

6.3.4 Integration durch die Verbindung von Fachlernzielen mit medienpädagogischen Zielen

Mit einer integrativen Medienerziehung ist der Anspruch verbunden, die schulischen Erziehungs- und Bildungsaufgaben unter einer neuen Perspektive zu betrachten. Es kommt darauf an, bei allen unterrichtlichen Lernprozessen den Aspekt der symbolischen Vermittlung, also den spezifisch medialen Aspekt in das *Zentrum der didaktischen Analyse* zu stellen. Dabei reicht es nicht mehr aus, Medien nur als Lernmittel, als Instrumente zur Bereicherung des Unterrichts, zur Effektivierung der Lernprozesse oder zur Motivierung der Schüler, zu betrachten. Aufgrund der Ziel-Mittel-Ambivalenz können Medien bei ihrem *didaktischen* Einsatz jederzeit zum Thema gemacht und damit *medienerzieherische* Ziele verfolgt werden. Wenn beim didaktischen Medieneinsatz die ganze Palette der Medien genutzt wird, bieten sie immer wieder ideale Gelegenheiten, die Besonderheiten der Sprache und Darstellungsformen, die Funktionen und Wirkungen, Leistungen und Gefahren eines bestimmten Mediums handelnd kennen zu lernen und bei den Schülern die angestrebten Medienkompetenzen aufzubauen.

Die Frage ist nun· Wie läßt sich der mediale Aspekt eines Unterrichtsthemas ermitteln? Wie muß der Unterricht geplant und organisiert werden, damit zugleich mit der Vermittlung der Fachlernziele auch medienpädagogische Ziele und Kompetenzen vermittelt werden können? Da natürlich nicht in jeder Unterrichtseinheit der medienerzieherische Aspekt thematisiert oder vertieft werden kann, müssen die Lehrkräfte entscheiden: Lohnt es sich in dieser Stunde? Und wenn ja, welche konkreten Hilfen werden benötigt, um die medienerzieherische Dimension ohne großen Aufwand für die Unterrichtsgestaltung fruchtbar zu machen? Dafür wurde der folgende Fragenkatalog ausgearbeitet:

Medienpädagogischer Fragenkatalog:

1) Auf welcher Ebene symbolischer Repräsentation soll ein Sachverhalt im Unterricht dargestellt werden? (handelnd, bildhaft, akustisch oder sprachlich?)

2) Welche (technischen) Medien sollen dabei verwendet werden? (Werkzeuge, Bilder, Folien, Filme, Videos, Tonkassetten, Computer, Bücher, Zeitschriften oder Lexika?)

3) Auf welche besondere Weise bringt das jeweilige Medium diese Wirklichkeit (den fraglichen Unterrichtsgegenstand) zum Vorschein? (dokumentarisch, fiktional, ausschnitthaft, verzerrt, perspektivisch, wertend...)

4) Welche medienspezifischen Arbeitstechniken und Fähigkeiten werden vom Schüler gefordert, wenn er sich mit dem in diesem Medium repräsentierten Gegenstand auseinandersetzen soll?

5) Welche Möglichkeiten und Notwendigkeiten ergeben sich daraus für eine variable Gestaltung der Arbeits- und Sozialformen im Unterricht?

6) Welche medienerzieherischen Ziele lassen sich in diesem Zusammenhang zusätzlich zu den Fachlernzielen vermitteln?

Eine beispielhafte Anwendung dieses Fragenkatalogs findet sich in Spanhel/Kleber 1996, S. 361-364. Gerade in den Sachfächern (z.B. in Sozialkunde, Wirtschaft, Geographie, Geschichte, aber ebenso in den naturwissenschaftlichen Fächern) finden sich zahlreiche Gelegenheiten, die Ziel-Mittel-Ambivalenz der Medien zu nutzen. Wenn Schüler z.B. die neuen Medien (e-mail, Internet und interaktive CD-ROM) für die Beschaffung von Informationen verwenden, müssen immer wieder die Möglichkeiten, aber auch die Schwierigkeiten und Grenzen dieser Medien thematisiert und reflektiert werden. Die wichtigste Aufgabe im Zusammenhang mit den neuesten Medienentwicklungen besteht jedoch darin, die Schüler zum richtigen Umgang mit der Informationsflut zu befähigen. Sie müssen lernen, ihre Recherchen an klaren Fragestellungen zu orientieren und präzise sachliche Kriterien zur Grundlage der Auswahl, Ordnung und Aufbereitung der Daten zu machen. Diese Fähigkeiten werden sich in Zukunft mehr und mehr zu einer zentralen Dimension von Medienkompetenz entwickeln.

6.3.5 Integration durch vielfältige Nutzung der Medien als Werkzeuge, als Lern- und Arbeitsmittel

Obwohl sehr eng mit dem didaktischen Medieneinsatz zusammenhängend möchte ich diese Dimension getrennt behandeln, denn damit wird eine weitere zentrale Aufgabe schulischer Medienerziehung angesprochen. Diese darf sich nicht darauf beschränken, bei den Schülern auf der rein kognitiven Ebene eine kritische und reflexive Distanz zu den Medien und dem eigenen Mediennutzungsverhalten herzustellen. Bei der häufigen und flexiblen Verwendung der verschiedenen Medien, bei der Erledigung alltäglicher Arbeiten und Aufgaben und bei der Lösung von Problemen in Unterricht und Schule müssen die Schüler alternative Nutzungsmuster aufbauen, einüben und festigen, die sich deutlich von den stark konsum-, genuß- und gefühlsorientierten Nutzungsformen in ihrer Freizeit unterscheiden.

Im Rahmen der Entwicklung eines medienspezifischen Schulprofils bieten sich dafür besonders folgende Einsatzfelder an:

1. Im Bereich der inhaltlichen Vorbereitung neuer Unterrichtseinheiten durch Schüler, z.B. Sammeln von Bildern oder Texten aus Zeitungen oder Zeitschriften, Fotos, Aufzeichnung von Hörfunk- oder Fernsehsendungen, Interviews mit dem Tonbandgerät, Beobachtung der Schulfunk- und Schulfernsehangebote, Sichtung der Angebote der Medienzentrale.

2. Im Bereich der unterrichtlichen Lernprozesse, z.B. bei der Informationsbearbeitung in Form von Fotokollagen oder Wandzeitungen, von Texten, Auflistungen oder grafischen Darstellungen am Computer; bei der Eigenkontrolle von Lernprozessen, z.B. beim Lesen-Üben oder beim Wörterlernen mit dem Kassettenrekorder, bei der Verhaltenskontrolle und -verbesserung in Rollenspielen mittels Videoaufzeichnung, beim Einsatz des Computers im Rahmen von Lernzirkeln.

3. Im Bereich der Ergebnissicherung des Unterrichts, z.B. durch Dokumentationen in Form von Videosequenzen, Wandzeitungen, einer tonbandgeführten Ausstellung, eines Artikels für die Schülerzeitung, einer mit dem Computer erstellten Broschüre.

4. Im Bereich des Schullebens, z.B. zur Dokumentation von Schulfesten, Ausflügen, Schullandheimaufenthalten, zur Herstellung von Einladungen für den Elternabend durch die Schüler.

Diese Beispiele mögen genügen. Auf zwei wichtige Aspekte muß noch hingewiesen werden. Diese Formen des Medieneinsatzes verlangen eine flexible Unterrichtsgestaltung mit rasch wechselnden Arbeits- und Sozialformen. Diese müssen häufig erst mühsam trainiert werden, sind aber unabdingbar. Entscheidend ist, daß bei all diesen Gelegenheiten die Schüler konsequent in medienspezifische Arbeitstechniken eingeführt und eingeübt werden. Dazu gehören nicht nur eine sachgerechte Handhabung der einzelnen Medien, sondern vor allem Grundtechniken der Analyse der Medieninhalte und medienspezifischen Darstellungsweisen und Grundtechniken der Medienproduktion.

6.3.6 Integration durch fächerübergreifende Unterrichtseinheiten zu medienrelevanten Themen (Medienanalyse und Medienproduktion)

Diese Form der unterrichtlichen Integration der Medienerziehung stellt die höchsten Anforderungen an die Lehrkräfte. Um wenigstens die organisatorischen Schwierigkeiten leichter in den Griff zu bekommen, haben wir bei unserem Modellversuch in Erlangen solche Einheiten vor allem im Rahmen von Projekttagen oder Projektwochen durchgeführt. Sie bedürfen jedoch nicht nur organisatorisch einer besonders gründlichen Vorbereitung, sondern auch in unterrichtsmethodischer Hinsicht. Außerdem müssen die Lehrkräfte ausreichende Erfahrungen in der praktischen Arbeit mit den jeweiligen Medien erworben haben und auch die Schüler müssen mit den medienspezifischen Arbeitsweisen gut vertraut sein. Praktische Medienarbeit übt die größte Anziehungskraft sowohl auf Lehrer als auch auf Schüler aus aber wenn Projekte ohne ausreichende Vorbereitungen und Vorerfahrungen durchgeführt werden, kommt es nicht selten zu enttäuschenden Ergebnissen, mit der schlimmen Konsequenz, daß dann schulische Medienerziehung pauschal als nicht durchführbar abgelehnt wird!

Selbst in der medienpädagogischen Literatur wird praktische Medienarbeit vielfach als der Königsweg schulischer Medienerziehung hingestellt. Natürlich freuen sich Schüler und Lehrer in gleicher Weise über ein schönes Medienprodukt, sei es ein Zeichentrick- oder Videofilm, ein Hörspiel, eine Computerzeitung oder gar ein Musikvideoclip, und für das Image der Schule nach außen mag dies eine erhebliche Wirkung ausüben. Dabei gibt es aber noch ein anderes Problem: An die Gestaltung eines Medienprodukts werden oft zu hohe Anforderungen gestellt und für eine ansprechende Gestaltung der Medienprodukte sind am Ende äußerst aufwendige Nacharbeiten erforderlich. Wenn sie, wie bisher in den meisten Fällen von den Lehrkräften allein oder mit einzelnen Schülern erledigt werden, tragen sie nichts zur Förderung der Medienkompetenzen bei den anderen Schülern bei.

Medienpädagogische Projekte und fächerübergreifende Unterrichtseinheiten können sowohl Medienanalysen als auch Medienproduktionen einschließen oder beides miteinander verbinden. Ein Beispiel für eine größere Unterrichtseinheit zur *Medienanalyse* (in den Fächern Deutsch und Sozialkunde) wäre etwa die kritische Analyse von Vorabendserien im Fernsehen unter dem Aspekt der Rollen in der Familie. Dazu könnten auch alte Familienfotos und Darstellungen von Familien in der Literatur oder in der Fernsehwerbung untersucht werden. Weitere beliebte Themen sind die Analyse von Zeitungen, Nachrichten, Comics oder Videoclips. Einige Beispiele für *Medienproduktionen* im Rahmen fächerübergreifender Projekte seien aus dem aus dem Erlanger Modellversuch aufgeführt:

- 6. Schuljahr: Zeichentrickfilm (Kunsterziehung, Deutsch, Musik)
- 6. Schuljahr: Videofilm „Der Zaubertrick" (Deutsch: Vorgangsbeschreibung)
- 7. Schuljahr: Ton-Diaschau „Der Wald" (Biologie, Deutsch, Musik)
- 7. Schuljahr: Ton-Diaschau und Videofilm „Kinderrechte" (Deutsch, Sozialkunde)
- 8. Schuljahr: Zeitung über die Zeitung „Die erste interessante Zeitung" (Deutsch, Sozialkunde)
- 9. Schuljahr: Broschüre „Ratgeber für Schulabgänger" (Arbeitslehre, Deutsch, Wirtschaft)

Ein sehr schönes Projekt in Verbindung von Medienanalyse und -produktion wurde in einer 6. Klasse durchgeführt: Es ging um einen Musikvideoclip der Gruppe „Die Ärzte" mit dem Titel „Schunder". Zum Zweck einer gründlicheren Analyse wurde eine Videofassung ohne Ton hergestellt und diese mit Schülerkommentaren unterlegt. Zu der Geschichte stellten die Schüler eigene Zeichnungen her, die mit dem Ton zu einem neuen Video kombiniert wurden. Schließlich wurde auch die Schlussdiskussion in der Klasse mit der Videokamera aufgezeichnet und das ganze zu einem fortlaufenden Videofilm zusammengeschnitten.

Diese vielfältigen Formen und Möglichkeiten einer Integration der Medienerziehung in den Schul- und Unterrichtsalltag in Verbindung mit der Sicherung geeigneter organisatorischer Voraussetzungen können allein noch nicht eine kontinuierliche und nachhaltige Medienerziehung im Rahmen schulischer Profilbildung garantieren. Sie wird nur dann langfristig verwirklicht werden können, wenn dieser in Angriff genommene Prozeß der Schulentwicklung beständig gemeinsam überprüft, bewertet und korrigiert wird. Dies ist deshalb so schwierig, weil es von den Lehrer/innen eine völlig neue Orientierung ihres beruflichen Handelns, weg von „ihren" Schülern und Klassen, hin zu ihrer Schule als gemeinsames Ganzes verlangt!

6.4   Erfolgskontrolle des Prozesses medienpädagogischer Profilbildung

6.4.1 Zur Problematik der Evaluation von Schulentwicklung

Bedeutung und Schwierigkeiten einer Erfolgskontrolle

Der Aufbau und die Stabilisierung eines Schulprofils „Medienerziehung" ist nicht von heute auf morgen möglich, sondern stellt einen relativ langwierigen Prozeß dar. Dabei wird es auch Stillstand, Rückschläge, Enttäuschungen geben. Aus der Schulentwicklungsforschung wissen wir, daß solche Prozesse einer kontinuierlichen Begleitung bedürfen und die Beteiligten immer wieder motiviert werden müssen. Das geschieht am wirkungsvollsten durch häufige Erfolgserlebnisse, die am ehesten durch ein Vorgehen in kleinen Schritten gesichert werden können. Ein Schulprofil wird sich auf lange Sicht jedoch nur dann ausprägen, wenn der Entwicklungsprozeß fortlaufend beobachtet, bewertet und Erfolgskontrollen ausgesetzt wird.

Auch wenn die Notwendigkeit einer solchen Evaluation im Kollegium erkannt und akzeptiert ist: Sobald es um die ersten Schritte zur praktischen Verwirklichung geht, werden zunächst vor allem psychologische Barrieren, aber auch noch eine ganze Reihe weiterer Schwierigkeiten auftauchen.

Die psychologischen Widerstände liegen vor allem darin, daß Erfolgskontrolle von vielen Lehrerinnen und Lehrern als Qualifizierung ihrer Person mißverstanden wird. Sie müssen überzeugt werden, daß es vielmehr darum geht gemeinsam zu überprüfen, inwieweit gemeinsam geplante Maßnahmen wie vorgesehen durchgeführt und die vereinbarten Ziele erreicht werden konnten, ob sich die damit verbundenen Erwartungen erfüllt haben, welche positiven und negativen Erfahrungen damit verbunden waren. Daß dabei indirekt immer auch eine Bewertung des eigenen beruflichen Handelns eingeschlossen ist, kann nicht ganz außer acht gelassen werden. Wenn jedoch die objektive Dimension der Evaluation in den Mittelpunkt gestellt wird, müßten anfängliche Vorbehalte im Kollegium überwunden werden können. Trotzdem wird es Schwierigkeiten geben, weil es nicht an jeder Schule selbstverständlich ist, daß die einzelnen Lehrkräfte ihre Arbeitsweise, Unterrichtsergebnisse oder beruflichen Probleme offenlegen.

Aber es gibt noch andere Probleme. Es reicht nicht aus, nur Ergebnisse eines Entwicklungsabschnitts zu bewerten, sondern es muß auch der Prozeß selbst evaluiert werden. Auf der Grundlage welcher Kriterien sollte dies geschehen? Es müßten dafür objektive Daten gewonnen werden, sonst beschränkt sich die Bewertung auf rein subjektive, gefühlsmäßige Einschätzungen, die evtl. den weiteren Entwicklungsprozeß behindern. Weil die Mitglieder des Kollegiums diese Daten selbst erheben müssen, ist damit erhebliche Mehrarbeit verbunden. Und wie lassen sich Daten über einen Entwicklungsprozeß gewinnen? Eine alle zufriedenstellende Lösung für diese Fragen wird sich nicht finden lassen. Wichtig ist, die Erfolgskontrolle nicht zu hoch zu hängen, sondern als konkrete Hilfe für die gemeinsame Arbeit und eine positive Entwicklung des Schulprofils anzusehen.

Interne oder externe Evaluation?

Beide Formen der Erfolgskontrolle sind Lehrerinnen und Lehrern aus ihrem beruflichen Alltag vertraut. Aber diese Kontrollen - extern durch die Eltern, intern durch Kolleginnen und Kollegen - sind meist spontan und wenig objektiv. Mit der anderen Form externer Kontrolle durch die Schulaufsicht sind eher unangenehme Erfahrungen verbunden. Bei der Entwicklung eines Schulprofils müßte eine interne Evaluation durch die betroffenen Lehrkräfte selbst zunächst im Vordergrund stehen.

Da die Ausbildung eines Schulprofils vielfältige Veränderungen im Schulalltag nach sich zieht, ist es wichtig, daß das Kollegium
- von der Notwendigkeit einer begleitenden Evaluation des Entwicklungsprozesses frühzeitig überzeugt wird;
- erste Evaluationsmaßnahmen gemeinsam festlegt und durchführt;
- die Erfolgskontrolle auf gemeinsam geplante medienpädagogische Maßnahmen und deren Auswirkungen auf Unterricht und Schule ausrichtet.

Damit eine interne Evaluation sachlich und objektiv durchgeführt werden kann, muß darauf geachtet werden, daß die Ziele, Maßnahmen, Prozesse und Ergebnisse möglichst gut dokumentiert werden und daß sie nicht nur von den durchführenden Lehrkräften selbst, sondern auch von den Schülern, Eltern und der Schulleitung bewertet werden.

Durch die Orientierung an gemeinsamer Planung und einer Reflexion im Team lassen sich anfängliche Ängste leichter überwinden. Dabei wird es einfach darum gehen, die Erfahrungen mit den ersten medienpädagogischen Unterrichtseinheiten in der Kleingruppe möglichst offen, ohne Kritik oder irgendwelche Bewertungen auszutauschen. Dann kann man in aller Ruhe aufgetretene Schwierigkeiten besprechen, mögliche Ursachen diskutieren und bei der Planung neuer Maßnahmen alternative Vorgehensweisen erarbeiten. Eine sehr positive und entwicklungsfördernde Evaluation besteht darin, daß gelungene Unterrichtseinheiten oder Entwicklungen im Rahmen einer pädagogischen Konferenz dem

Kollegium vorgestellt werden. Entscheidend ist, daß durch die Schulleitung möglichst anerkennende und ermutigende Rückmeldungen gegeben werden und keine vorschnelle Kritik erfolgt.

Schwieriger dürfte es sein, eine angemessene Erfolgskontrolle von Außenstehenden durchführen zu lassen, insbesondere dann, wenn diese den Entwicklungsprozeß nicht kontinuierlich verfolgen konnten und ihnen die Situation an der Schule nicht so vertraut ist. Eine externe Evaluation sollte deshalb nur mit Zustimmung des gesamten Kollegiums ins Auge gefaßt werden. Sie ist grundsätzlich auf zwei Ebenen denkbar. Naheliegend wäre eine Prozeßbegleitung durch eine Vertrauensperson der Schule, z.b. durch ein Mitglied des schulpsychologischen Dienstes. Eine Psychologin oder ein Psychologe könnte drei- oder viermal im Schuljahr im Rahmen einer pädagogischen Konferenz mit dem Kollegium die Ziele für die nächste Projektphase erarbeiten und in der folgenden Zusammenkunft an Hand dieser Ziele die Fortschritte und Probleme mit den Lehrkräften reflektieren, bei der Suche nach Problemlösungen und bei der Formulierung neuer Zielstellungen helfen. Zwischenschritte könnten im Kollegium oder in den Teams in Eigenregie kontrolliert werden.
Auf einer zweiten Ebene wäre eine Evaluation in Form einer wissenschaftlichen Begleitung denkbar, z.b. im Rahmen einer Kooperation mit einer Universität. Da eine solche Begleitung finanziell, personell und zeitlich aufwendiger ist, ließe sie sich wohl nur im Rahmen eines Schulversuchs in räumlicher Nähe zu einer Universität durchführen.

Wie könnte Evaluation als Prozeßbegleitung ablaufen?

Der Evaluationsprozeß könnte sich am Modell der „responsiven Evaluation" nach Beywl (1988) orientieren. Dieses Modell erscheint deshalb geeignet, weil ein wesentliches Merkmal die Offenheit in bezug auf Veränderungen während des Untersuchungsprozesses darstellt. Entwicklungsprozesse sind also integraler Bestandteil und Ziel dieses Konzepts. In diesem Modell wird davon ausgegangen, daß sich die Evaluation nicht an einem vorher festgelegten Projektplan orientiert, sondern daß die Entwicklung eines Schulprofils Schritt für Schritt in Kooperation zwischen allen beteiligten Personen, Gruppen und Institutionen konzipiert wird. Das bedeutet, daß der Evaluationsprozeß empfindlich und empfänglich („responsive") auf die Wünsche, Anliegen, Konfliktthemen und Interessenlagen der am Entwicklungsprozeß beteiligten Gruppen und Personen reagiert. Erst im Prozeß wird erkenntlich, welche Methoden der Erfolgskontrolle geeignet, welche Fragestellungen wichtig sind und auf welchem Wege die Beteiligten über Ergebnisse des Evaluationsprozesses informiert werden sollen. Die Ergebnisse der Erfolgskontrolle beeinflussen und steuern den weiteren Entwicklungsprozeß.
Bei den Beteiligtengruppen ist zu unterscheiden zwischen den Entscheidern, den Betroffenen und den Nutzern. Entscheidergruppen sind hier die Schulleitung und das Kollegium, evtl. ein Initiativkreis und die Arbeitsteams. Betroffene sind in erster Linie natürlich die Schüler und zum Teil die Eltern, aber auch Lehrkräfte, die (noch) nicht mitmachen und die Schulaufsicht. Nutzer können z.B. andere Schulen und Kollegien, die Institutionen, die die Absolventen der Schule aufnehmen (z.B. Betriebe oder Universitäten), die Schulaufsicht oder das Schulsystem insgesamt sein.

Die Anliegen oder Konfliktthemen dieser Beteiligtengruppen steuern den Entwicklungs- und damit auch den Evaluationsprozeß. Anliegen sind alle Themen, Vorschläge oder Wünsche, Gefühle oder Bedrohungen, die für eine oder mehrere Parteien von Interesse oder Wichtigkeit sind. Konfliktthemen sind alle Vorschläge, Maßnahmen, Prozesse oder Perspektiven, die unterschiedlich beurteilt und daher zu Streitpunkten werden. Die Schulleitung und/oder der Initiativkreis steuert den Aufdeckungsprozeß dieser entwicklungsleitenden Anliegen und Konfliktthemen und entscheidet darüber, ob bestimmte Anliegen und Konfliktthemen weiterverfolgt werden.

In Anlehnung an dieses Dialogmodell einer responsiven Evaluation könnte sich die Prozeßbegleitung bei der Entwicklung eines Schulprofils „Medienerziehung" in folgenden Schritten vollziehen:

- Beschreibung der Ausgangssituation an der eigenen Schule:
- Wie sieht bisher der Medieneinsatz an unserer Schule aus und welche Bedeutung hatte dabei die Medienerziehung?
- Festlegung der übergeordneten Ziele und Inhalte in Zusammenhang mit einem Schulprofil „Medienerziehung":
- Wie stellen wir uns das zukünftige Profil unserer Schule vor?
- Bestimmung der Beteiligtengruppen:
- Wer beteiligt sich verantwortlich am Planungsprozeß? Wer wirkt aktiv an der Umsetzung der Maßnahmen mit? Wer ist von dem Prozeß betroffen und wer könnte Nutzen daraus ziehen?
- Vereinbarung von Zwischenzielen und ersten Arbeitsschritten zur Umsetzung:
- Mit welchen konkreten Schritten wollen wir beginnen? Welche medienpädagogischen Maßnahmen sollen eingeleitet, welche Unterrichtsvorhaben durchgeführt, welche Medien schwerpunktmäßig berücksichtigt werden?
- Wiederholter Durchlauf folgender Schritte:

Durchführung und Dokumentation der geplanten Maßnahmen;
Durchführung von Erfolgskontrollen;
Diskussion der Ergebnisse unter Berücksichtigung der Anliegen und Konfliktthemen;
Neubestimmung der Ziele; Planung der nächsten Schritte und Maßnahmen;
erneuter Durchlauf dieser vier Schritte.
Die Kriterien und Maßstäbe für alle Formen und Schritte der Erfolgskontrolle müssen aus einer Klärung und Diskussion der übergeordneten Ziele und Inhalte eines Schulprofils „Medienerziehung" abgeleitet werden.

6.4.2 Ziele und Arbeitsschritte des Vorhabens als Ansatzpunkte für die Erfolgskontrolle

Worin liegt die Bedeutung eines Schulprofils „Medienerziehung"?

Aus den im ersten Kapitel beschriebenen Medienentwicklungen ergeben sich weitreichende *Konsequenzen für die Schule und eine schulische Medienerziehung:*
  1) Schule hat längst ihr Informationsmonopol verloren. Sie steht vor der schwierigen Aufgabe, die Fülle unverdauter Eindrücke und flüchtiger Vorstellungen der Schü-

ler, ihre breiten Interessen, ihr bruchstückhaftes und zusammenhangloses Detailwissen und ihre subjektiven und spielerischen Aneignungsformen an den systematischen und geordneten Lernschritten in den einzelnen Fächern und den Anforderungen eines Themas auszurichten.

2) Schule kann mit der Faszination der Medien, ihrer Dramaturgie, dem Abwechslungsreichtum und der Farbigkeit ihrer Darstellungsformen und der Vielfalt ihrer Angebote nicht mithalten - und sie darf es auch gar nicht! Ihre schwierige Aufgabe liegt vielmehr darin, die Schüler bei der vertieften und kritischen Auseinandersetzung mit einem Thema, bei der systematischen Auswahl und Verarbeitung von Informationen und beim Aufbau eigener, operativer Wissensstrukturen anzuleiten und zu unterstützen.

3) Schule steht in Distanz zur sonstigen Alltagswelt der Kinder. Mit ihrer „präsentativen Symbolik" (Langer 1965) wenden sich die audiovisuellen Medien sehr stark an das Emotionale und Unbewußte der Schüler und rufen ihre verborgenen Triebe, Bedürfnisse und Erlebnisse wach, die sie in Phantasien, Tagträumen und Spielen zu verarbeiten suchen. Schule hat dagegen die schwierige Aufgabe, über die „diskursive Symbolik" der Sprache das begrifflich-abstrakte Denken der Schüler zu fördern, um sie zur Selbstreflexion, Selbstbestimmung und zum eigenverantwortlichen Handeln zu befähigen.

Diese Aufgaben kann die Schule nicht gegen die Medien verwirklichen, sondern nur durch einen verstärkten Medieneinsatz. Darin liegt die fundamentale Bedeutung eines Schulprofils „Medienerziehung".

Welche Ziele sollen mit dem Vorhaben verfolgt werden?

Die übergeordneten Ziele lassen sich vor diesem Hintergrund folgendermaßen kennzeichnen: Durch einen verstärkten, vielfältigen und flexiblen Einsatz sollen die Medien einerseits zu einer besseren Bewältigung der schulischen Erziehungs- und Bildungsaufgaben beitragen und andererseits bei den Schülern den Aufbau jener Schlüsselqualifikationen, insbesondere der Medienkompetenz und Kommunikationsfähigkeit ermöglichen, die für das Leben in der modernen Gesellschaft erforderlich sind.

Damit sind zwei Zielebenen angesprochen:

Die eine Zielebene betrifft die *Einführung einer integrativen Medienerziehung* in der Schule. Integrative Medienerziehung bedeutet, daß die Erziehungs- und Bildungsaufgaben von Schule unter den Bedingungen einer medialen Alltagswelt neu umschrieben und gewichtet werden müssen (Spanhel 1995). Der Anspruch besteht darin, alle Erziehungs- und Bildungsaufgaben unter einer *neuen Perspektive* zu betrachten. Es kommt darauf an, bei allen unterrichtlichen und schulischen Lern- und Erziehungsprozessen den spezifischen medialen Aspekt, die *Dimension der symbolischen Vermittlung* in das Zentrum der pädagogischen, didaktischen und methodischen Überlegungen zu stellen.

Dabei müssen die unglaublichen Möglichkeiten und Chancen eines vielfältigen Medieneinsatzes genutzt werden. Daraus ergeben sich eine Reihe von Zielen bei einer entsprechenden Umgestaltung von Unterricht:

- Durch vielfältige Mediennutzung den Schülern helfen, die Kluft zwischen ihrer medialen Alltagswelt und den Anforderungen und Inhalten des Unterrichts zu überwinden.
- Beim gemeinsamen Arbeiten an und mit Medien ein offenes und vertrauensvolles Lehrer-Schüler-Verhältnis anstreben, um einen leichteren Zugang zu den Anliegen, Problemen und inneren Konflikten der Schüler zu finden und sie besser zu verstehen.
- Durch aktuelle Medienthemen und Medieneinsatz die Schüler ansprechen und sie motivieren, ihre Medienerfahrungen und damit verbundene Kenntnisse und Fertigkeiten in den Unterricht einzubringen, ihre Konzentrationsfähigkeit zu steigern und durch Erfolgserlebnisse ihre Leistungsbereitschaft zu verbessern..
- Durch vielfältige Verwendung der Medien als Informations- und Kommunikationsmittel, als Lern- und Arbeitsmittel, als Veranschaulichungs-, Ausdrucks- und Dokumentationsmittel in Verbindung mit variablen Arbeits- und Sozialformen und Lernmethoden den Unterricht öffnen und lebendiger gestalten, um den Erwerb von Schlüsselqualifikationen bei den Schülern zu ermöglichen.
- Durch praktische Medienarbeit in Form von größeren Unterrichtseinheiten, Projekttagen oder -wochen, Arbeitsgemeinschaften und Aktivitäten zur Gestaltung des Schullebens die vertrauten Rahmen von Unterricht und Schule sprengen und neue Erfahrungen mit Zusammenarbeit in der Schule, aber auch außerhalb, mit Eltern und anderen Institutionen ermöglichen und damit den Schülern Lebensperspektiven eröffnen.

Die andere Zielebene betrifft die angestrebte *Medienkompetenz der Schüler*. Sie umfaßt folgende Fähigkeiten:

1) Wahrnehmungskompetenz:
   Die besondere Sprache der verschiedenen Medien verstehen und beurteilen lernen; unterschiedliche Medien in ihrer jeweils spezifischen Machart, ihren ästhetischen und gestalterischen Ausdrucksmöglichkeiten und Wirkungen kennen lernen; Medieneindrücke und -erlebnisse differenziert und bewußt wahrnehmen.
2) Verarbeitungskompetenz:
   Die Medieninhalte und die dargebotenen Informationen über die Außenwelt, über Phantasien, die dargebotenen Geschichten und Mythen kognitiv aufnehmen, kritisch reflektieren und verarbeiten lernen.
3) Beurteilungs- und Selektionskompetenz:
   Die mit den Medienangeboten verbundenen Wertorientierungen erkennen und sich auf der Grundlage der eigenen Wertmaßstäbe mit ihnen kritisch auseinandersetzen; Kriterien erarbeiten und mit ihrer Hilfe Medien auswählen, analysieren und beurteilen lernen; an vielfältigen Beispielen die Fähigkeit zur Anwendung dieser Kriterien erproben und entwickeln lernen.
4) Kritische Nutzungskompetenz:
   Unterschiedliche Medien je nach ihrer Eigenart für eigene Zwecke und Ziele auswählen und nutzen lernen: zur Information und Bildung, zur Unterhaltung und zum Vergnügen, zur Kommunikation mit anderen und zur Problemlösung sowie als Mittel, um

soziale, politische, religiöse Interessen zu formulieren und in der Öffentlichkeit präsent zu machen.

5) Kreative Handlungskompetenz:
- Eigene Medien herstellen lernen, um die persönlichen Ausdrucks- und Gestaltungsmöglichkeiten spielerisch zu erweitern und sozial verantwortliches Medienhandeln einzuüben.
- Medien zur Bewältigung sozialer Probleme oder Konflikte einsetzen lernen.
- Die Entwicklung der Medien, ihre technischen, wirtschaftlichen, rechtlichen und politischen Produktionsbedingungen, ihre Verbreitung und Wirkungen in gesellschaftlichen Zusammenhängen kennen lernen, ein Gespür für diese Zusammenhänge entwickeln und lernen, wie man selbst Medien beeinflussen und demokratisch mitgestalten kann.

Evaluation der ersten Teilziele und Entwicklungsschritte

Wichtig erscheint, daß sich das Kollegium zu Beginn des gesamten Vorhabens ganz bewußt mit den prinzipiellen Problemen und Zielen schulischer Medienerziehung befaßt. Auf diesem Fundament sollte dann im Rahmen einer evtl. ganztägigen pädagogischen Konferenz ein möglichst klares Bild von dem angestrebten Schulprofil entworfen werden: Wie soll unsere Schule in einem, in drei oder in fünf Jahren aussehen?

Mit Hilfe einer Kreativmethode müßten insbesondere die Vorstellungen über das angestrebte Profil der Schule nach dem ersten Jahr präzisiert und eine Einigung darüber im Kollegium hergestellt werden. Diese Zielperspektiven sollten gut sichtbar, z.B. in Form von großen Wandzeitungen im Lehrerzimmer aufgehängt werden, damit alle Beteiligten immer wieder damit konfrontiert werden. Um Erfolge in der Anfangsphase zu sichern, bietet es sich an, dort zu beginnen, wo im Kollegium die besonderen Stärken beim Medieneinsatz liegen.

Weiterhin ist in dieser Konferenz die Klärung und Bestimmung der Beteiligtengruppen vorzunehmen. Wenn auch nicht alle Lehrkräfte von Anfang an aktiv an der Verwirklichung des Vorhabens mitarbeiten, so sollten es doch alle mittragen und durch Übernahme anderer Aufgaben unterstützen. Die Interessierten organisieren sich in einem Initiativkreis oder in Arbeitsgemeinschaften. Dann müßte entschieden werden, wann und wie die Betroffenen und Nutzergruppen, Schüler, Eltern und Schulaufsicht informiert und für die Verwirklichung und aktive Unterstützung gewonnen werden sollen.

Auf der Grundlage dieser Entscheidungen muß das Gesamtkollegium in dieser Konferenz für das erste Jahr die konkreten Schritte und Teilziele vereinbaren. Eine Orientierungshilfe bieten dabei die folgenden Fragen:
- Welche Medien sollen wir verstärkt einsetzen?
- Welche Probleme im Umgang mit den Medien sind bei unseren Schülern erkennbar? Welche medienerzieherischen Themen und Anliegen sollten deshalb vorrangig aufgegriffen werden?
- Welche Medienkompetenzen sollen die Schüler erwerben?
- Welche schulhausinternen Fortbildungen brauchen wir, um unsere eigenen medienpädagogischen Fähigkeiten zu verbessern?
- Wie könnten wir das neue Profil der Schule nach innen und außen sichtbar machen?

Die an Hand dieser Fragen festgelegten Teilziele liefern die Maßstäbe für die Evaluation, die während des ersten Jahres auf der Ebene des Gesamtkollegiums etwa dreimal (zu Weihnachten, zu Ostern und am Ende des Schuljahres) durchgeführt werden sollte. Daneben ist jedoch eine kontinuierliche Reflexion und Erfolgskontrolle der Maßnahmen in den Arbeitsgruppen anzustreben. Dort wären insbesondere die Anliegen und Konfliktthemen der Beteiligtengruppen zu erfassen, zu diskutieren und für den Fortgang der Arbeiten fruchtbar zu machen.

Nach Ablauf eines Schuljahres wäre der geeignete Zeitpunkt, um im Rahmen einer Schulkonferenz Eltern und Schülervertretung sowie die Schulaufsicht in die Evaluation einzubeziehen. Die weitere Evaluation des Prozesses der Profilbildung vollzieht sich nach den oben im beschriebenen Schritten. Welche Instrumente stehen dafür zur Verfügung?

6.4.3 Formen und Instrumente der Erfolgskontrolle

Dokumentation der Entwicklungen und Arbeitsergebnisse als Voraussetzung

Dies ist ein heikler Punkt, weil damit zusätzliche Arbeit verbunden ist. Die Ergebnisse von pädagogischen Konferenzen und Arbeitsgruppensitzungen (Probleme, Zielvereinbarungen, Planungen) sind möglichst klar zu protokollieren, Unterrichtsplanungen, eingesetzte Materialien, Medien (Software), Schülerarbeiten und entstandene Medienprodukte zu sammeln, Unterrichtsergebnisse festzuhalten, Schulfeste, Feiern, Elternabende, Ausstellungen oder sonstige Veranstaltungen zur Profilbildung oder Selbstdarstellung der Schule durch Fotos oder Videoaufzeichnungen zu dokumentieren. Besonders wichtig, aber ungewohnt ist die kontinuierliche Aufzeichnung der ablaufenden Prozesse, vor allem auch der Schwierigkeiten, Probleme oder Konflikte sowie der Anliegen der Beteiligtengruppen, z.B. in Form eines pädagogischen Tagebuchs.

Maßnahmen zur Evaluation auf der Schülerebene

Ein erster notwendiger Schritt auf dieser Ebene besteht darin, daß sich die Lehrkräfte ein Bild von der Medienwelt ihrer Schüler verschaffen. Mit Hilfe der beschriebenen Fragebögen können die Freizeitaktivitäten, Medienpräferenzen und Nutzungsmuster der Schüler erfaßt und gemeinsam ausgewertet werden. Dabei werden die Medienkompetenzen der Schüler, aber auch ihre Medienprobleme, ihre Anliegen und Interessen sichtbar, und daraus lassen sich konkrete medienpädagogische Ziele ableiten. Sie dienen zugleich als Grundlage für gemeinsame Planung eines möglichen Medieneinsatzes im Unterricht, von Medienprojekten oder praktischer Medienarbeit.

Der nächste logische Schritt besteht dann darin zu überprüfen, wie sich infolge dieser Maßnahmen die Medienkompetenzen bei den Schülern entwickelt haben. Als Maßstab dafür dient die oben aufgeführte Liste der Medienkompetenzen. Für die Beurteilung könnten eigene Medienprodukte der Schüler herangezogen werden (z.B. Fotos, Comics, Tonband- oder Videoaufzeichnungen, auch Mitschnitte), die sie selbst kommentieren oder von den einzelnen Schülern durchgeführte Medienanalysen.

In der Konsequenz einer gemeinsamer Planung von Medieneinsatz und Medienprojekten liegt schließlich auch eine Beurteilung dieser Maßnahmen durch die Schüler, z.B. durch

Befragung oder im Rahmen einer gemeinsamen Reflexion des Unterrichts bzw. der Projekte und der damit verbundenen Lernerfolge.

Formen der Evaluation auf der Lehrerebene

Da tiefergehende und längerfristige Veränderungen in den beruflichen Arbeitsvollzügen von Lehrerinnen und Lehrern nur schwer allein durchzuhalten sind, kommt es auf gegenseitige Unterstützung in Partner- oder Teamgruppen an. Dafür wiederum sind Offenheit und gegenseitiges Vertrauen im Kollegium Voraussetzung. Zum Aufbau und zur Stabilisierung geeigneter sozialer Strukturen und der angestrebten Veränderungen hat D. Wahl (1991) das sog. „Coping-Modell" entwickelt. Es sieht einen Wechsel der Arbeit in „Tandems" (Partnergruppen), Teams und im Gesamtkollegium vor. Die Tandems, zwei Lehrkräfte, die sich gut verstehen, arbeiten sehr eng zusammen und besprechen sich häufig (in den Pausen, vor oder nach dem Unterricht), planen gemeinsam, besuchen sich gegenseitig im Unterricht und tauschen ihre Erfahrungen aus. Ihre wichtigste Aufgabe ist die Errichtung und Erhaltung von Schutzschilden gegen Angriffe und Bedrohungen von innen (Angst, Enttäuschungen, Ärger) und von außen (falsche Erwartungen, Mißgunst, Konflikte). Diese enge Kooperation in den Tandems muß durch regelmäßigen Erfahrungsaustausch und Reflexion in kleinen Arbeitsgruppen ergänzt und gestützt werden. Durch Treffen im Abstand von vier bis sechs Wochen könnte die Ausbildung stabiler Kommunikationsstrukturen als Basis für fortlaufende informelle Erfolgskontrollen gesichert werden. Bei Bereitschaft zur Dokumentation der medienpädgogischen Arbeit könnte die Evaluation auf Partnerebene und in den Teams formalisiert und einer kritischen Diskussion und weiterer Auswertung auf Schulebene zugänglich gemacht werden.

Eine zentrale Frage der Evaluation betrifft die Entwicklung der *medienpädagogischen Kompetenz* der Lehrkräfte. Zur Einschätzung könnten folgende Fragen herangezogen werden:

- Teilnahme an medienpädagogischen Fortbildungen?
- Welche Fähigkeiten/Techniken im Umgang mit Medien, zur Medienanalyse und zur Medienproduktion konnten erworben werden?
- Wahrnehmung der medialen Dimension von Unterrichtsthemen?
- Wurde ein verstärkter didaktischer Medieneinsatz im Unterricht mit medienpädagogischen Themen verbunden?
- Führte der Medieneinsatz zur Veränderung der unterrichtlichen Arbeits- und Sozialformen?
- Konnte ein besserer Einblick in den Medienalltag der Schüler gewonnen werden?
- Welche Medienthemen wurden behandelt und welche medienpädagogischen Ziele damit verfolgt?

Diese Fragen sollte zunächst jede Lehrkraft für sich anonym und schriftlich beantworten, ehe darüber in den Arbeitsgruppen diskutiert wird, Schwierigkeiten im eigenen Medienumgang, Anliegen und Wünsche offengelegt und für das Team entsprechende schulhausinterne Fortbildungsmaßnahmen geplant werden. Diese könnten mit Hilfe der lokalen

Medienzentrale oder auch durch das Kollegium selbst organisiert werden, indem in der Medienarbeit und Medienpädagogik erfahrene Lehrkräfte mit einem Team arbeiten.

Evaluation auf der Ebene der Schule

Im Gesamtkollegium ist in gewissen Abständen immer wieder zu prüfen, inwieweit die einzelnen Maßnahmen und Arbeitsweisen in den Klassen, in den Tandems und Arbeitsgruppen sich so ergänzen und aufeinander beziehen, daß sich daraus ein einheitliches und sichtbares Profil für die Schule ergeben kann. Dabei ist natürlich auch immer wieder die Frage neu zu verhandeln, wie das Schulprofil „Medienerziehung" aussehen soll. Ein entsprechender Reflexionsprozeß im Kollegium stützt sich auf die Berichte der Arbeitsgruppen, auf Dokumentationen und Demonstrationen und auf Beobachtungen der Schulleitung.

Vor allem sollten - wie schon erwähnt - positive Beispiele vorgestellt und diskutiert, aber auch die Anliegen und Konfliktthemen aus den Teams aufgegriffen und als Steuerungselemente für den Fortgang des Entwicklungsprozesses ausgewertet werden. Eine wichtige Aufgabe von Schulleitung und Kollegium ist die Überprüfung der Selbstdarstellung der Schule nach innen: Auf welche Weise wird im Unterrichts- und Schulalltag und im Schulleben das Profil „Medienerziehung" für Lehrer und Schüler erfahrbar und erlebbar? Inwieweit haben sich die innerschulischen Kommunikationsstrukturen geöffnet?

Beispiele:

- Klassen stellen ihre Unterrichtsergebnisse in Form von Ausstellungen, Zeitung, Diaschau, Videofilm, Hörmagazin oder Computerdiskette anderen Klassen vor;
- Parallelklassen führen gemeinsam Medienprojekte durch und präsentieren die Ergebnisse der Schulöffentlichkeit;
- Schüler, die zu Medienspezialisten ausgebildet wurden, unterstützen die praktische Medienarbeit in anderen Klassen;
- eine Klasse (z.B. 7. oder 8. Schuljahr) stellt für eine andere (z.B. 5. oder 6. Schuljahr) einen mediengestützten Lernzirkel zu einem bestimmten Thema her.

Wenn die Profilbildung in ihren positiven Effekten nicht für alle Lehrenden und Lernenden im Schulhaus konkret erfahrbar gemacht werden kann, werden Begeisterung und Einsatzbereitschaft dafür bald erlahmen.

Um die Erfolgskontrolle durch das Kollegium abzusichern, sollten im Rahmen einer Schulkonferenz (etwa zweimal im Jahr) auch die Beobachtungen der Schüler und Eltern, ihre Beurteilungen, Anliegen und Vorschläge in den weiteren Planungsprozeß einbezogen werden. Die Schulkonferenz erscheint als der geeignete Ort, um zu überprüfen, ob das angestrebte Profil der Schule auch aus dem Blickwinkel der Eltern sichtbar wird. Außerdem ließen sich in diesem Rahmen die Planung und Durchführung klassenübergreifender und die ganze Schule betreffenden Maßnahmen, Projekte und Veranstaltungen auf ein breiteres Fundament stellen. Wenn auf diese Weise Schüler- und Elternvertretung zu Beteiligtengruppen gemacht werden, könnten die Maßnahmen eine größere Akzeptanz und Wirksamkeit erzielen.

Auf Ansatzpunkte und grundlegende Schwierigkeiten externer Evaluation wurde bereits im ersten Abschnitt verwiesen. Ergänzend muß hier noch auf eine weitere Möglichkeit hingewiesen werden: Evaluation durch die Überprüfung der Außenwirkungen der Profilbildung. Damit ist folgendes gemeint: An den Reaktionen mancher Beteiligtengruppen und der Öffentlichkeit auf die Bemühungen um eine Profilierung der Schule lassen sich sehr gut auch deren Erfolge ablesen. Es wäre also möglichst genau zu beobachten und zu kontrollieren, ob und wie sich das Bild der eigenen Schule in den Augen anderer Schulleitungen, anderer Kollegien, der Schulaufsicht, der örtlichen Medien oder der politischen Gemeinde verändert hat. Durch entsprechende Öffentlichkeitsarbeit kann die Schule selbst darauf Einfluß nehmen.

Im Rahmen der Diskussionen um Schulentwicklung ist heute sehr viel von Schulmanagement und Qualitätskontrolle die Rede. Wenn Schulen mehr Eigenständigkeit fordern und diese in Form von Profilbildung auch sinnvoll ausgestalten wollen, dann führt kein Weg an einer kontinuierlichen Evaluation vorbei. Es ist Teil der Profilbildung, daß jede Schule ihren eigenen Weg für die Lösung dieser Aufgabe findet.

6.5 Empfehlungen für eine erfolgversprechende Umsetzung integrativer Medienerziehung

6.5.1 Empfehlungen für Schulleitungen zur Einführung integrativer Medienerziehung in der Hauptschule

- An Hand der Anforderungen im Zusammenhang mit den Leitmedien die vorhandene Medienausstattung an der Schule überprüfen und für eine angemessene Medienausstattung sorgen!

- Verfügbarkeit der Medien im Schulhaus organisieren! Verantwortliche für Wartung, Reparatur, Neuanschaffungen benennen!

- In jedem Klassenzimmer sollte ein Multimedia-PC als Werkzeug stehen!

- Errichtung einer „Medienwerkstatt": Lehrerteam und Schüler-AG, die sich um Beschaffung und Archivierung von Software und Medienprodukten, um Geräteeinweisung und technische Hilfen, um Unterstützung bei der Erstellung und Nachbearbeitung von Medienproduktionen kümmern.

- Thematisierung des Anliegens in Pädagogischen Konferenzen und Angebot schulhausinterner Fortbildungen.

- Bereitstellung von organisatorischen Freiräumen für die Durchführung medienpädagogischer Projekte im Rahmen von Projekttagen und -wochen.

- Unterstützung von Teamarbeit und Kooperation (auch mit Fachlehrern und Förderlehrern) bei offenen Unterrichtsformen (Gruppenarbeit; Arbeitsformen außerhalb der Schule) und bei praktischer Medienarbeit.

- Einplanung gemeinsamer Freistunden für die Teamarbeit.

- Unterstützung bei der Öffnung von Schule, Gewinnung von Partnern, Einbezug der Eltern: Herstellung von Öffentlichkeit, Pflege von Kontakten mittels Medien

- Ermöglichung von Präsentationen erfolgreicher medienpädagogischer Unterrichtseinheiten, Maßnahmen, Projekte und ihrer Ergebnisse im Kollegium und in der Schulöffentlichkeit.

- Anregungen zur Schulentwicklung und Profilbildung in Richtung „Medienerziehung" geben!

6.5.2 Empfehlungen an die Kolleginnen und Kollegen an Hauptschulen zur Umsetzung integrativer Medienerziehung

- Lassen Sie sich vom Pädagogisch Beauftragten der Bildstelle eine schulhausinterne Fortbildung zum Leitmedium für ihre Klassenstufe geben (Handhabung, technische Möglichkeiten, an der Bildstelle vorhandene, zum Lehrplan passende Medien, Hilfen bei der praktischen Medienarbeit).

- Sorgen Sie für Verfügbarkeit und einwandfreies Funktionieren der erforderlichen Medien (Geräte).

- Sprechen Sie mit den Kolleginnen und Kollegen der Parallelklassen den Stoffverteilungsplan zu Beginn des Schuljahres ab und überlegen Sie, wo und wie sie die Projektrahmen des Curriculum integrieren und bei welchen Themen und Projekten sie kooperieren wollen.

- Üben Sie möglichst zu Beginn des Schuljahres mit den Schülern ganz konsequent Arbeitsformen (Partnerarbeit, Gruppenarbeit) und medienspezifische Arbeitstechniken ein.

- Bilden Sie einige interessierte, geschickte und zuverlässige Schüler zu Medienhelfern aus, die Sie bei der Bereitstellung und Bedienung der Geräte und bei der Nachbearbeitung von Medienprodukten unterstützen können.

- Verschaffen Sie sich mit Hilfe der vorliegenden Fragebögen eine Einblick in die Medienpräferenzen und in das Mediennutzungsverhalten Ihrer Schüler. Schauen Sie sich selbst diese Produkte an und treten Sie mit den Schülern in einen Dialog darüber, ohne zu werten oder zu kritisieren.

– Nutzen Sie die Medienangebote und die Medienkompetenzen der Schüler, um vielfältige Informationen zu einem Unterrichtsthema zu sammeln und den Unterricht zu bereichern. Lassen Sie die Schüler dabei möglichst selbständig arbeiten.

– Nutzen Sie das Leitmedium auch zur Dokumentation der Unterrichtsergebnisse und überlegen Sie, wie Sie neben der Überprüfung der Fachlernziele auch die erworbene Medienkompetenz der Schüler erfassen und bewerten können.

– Versuchen Sie, mit Eltern in ein kontinuierliches Gespräch über den Medienalltag der Schüler zu kommen.

6.5.3 Empfehlungen zur schulhausinternen Fortbildung durch die Pädagogisch Beauftragten der Bildstellen zur Einführung integrativer Medienerziehung an Hauptschulen

– Fortbildungen zur Medienerziehung sollten kontinuierlich für die Dauer von ein bis zwei Jahren durchführt werden. Später können sie nach Bedarf (bei Neuentwicklungen im Medienbereich, bei der Neuanschaffung von Medien oder zur Vorbereitung auf besondere Veranstaltungen) stattfinden.

– Die Pädagogisch Beauftragten der Bildstellen stoßen die Fortbildungen an und begleiten sie. Viele Veranstaltungen können aus dem Kollegium heraus organisiert und inhaltlich gestaltet werden.

– Für die internen Fortbildungen sollen sich je eine Lehrerin oder ein Lehrer durch externe Kurse für eines der Leitmedien ausbilden lassen und die Medienerziehung für die Klassen 5/6 bzw. 7/8/9 koordinieren.

– Die schulhausinternen Fortbildungen sollten getrennt für die Jahrgangsstufen 5/6 und die Jahrgangsstufen 7/8/9 abgehalten werden. Jeder Klassenlehrer sollte Sicherheit im Umgang mit den Leitmedien gewinnen, die für die von ihm unterrichteten Klassenstufen vorgesehen sind.

– Inhaltlich sollten die Fortbildungen in einem ausgewogenen Verhältnis Einführung in medienspezifische Arbeitstechniken, Angebote zur Medienanalyse und praktische Medienarbeit umfassen.

– Bei diesen Veranstaltungen können Teile der Projektrahmen aus dem Curriculum gemeinsam bearbeitet, Materialien und Medien gesichtet und überarbeitet werden.

– In den Fortbildungen kann auf die Unterrichtshilfen, Medienproduktionen und Materialien aus dem Modellversuch zurückgegriffen werden. (Vgl. die entspre-

chenden Bausteine in dem Sammelwerk „Medienzeit" des Bayerischen Staatsministeriums für Unterricht und Kultus)

–   Für die Einführung der Bildstellenleiter in das Curriculum stehen die Mitglieder
    der Projektgruppe und Lehrkräfte aus der Modellschule zur Verfügung.

**6.5.4   *Empfehlungen für die Schulaufsicht (Schulämter, Regierung, Ministerium) zur
Unterstützung des Konzepts einer integrativen Medienerziehung an Hauptschulen***

–   Stärkere Verpflichtung der Schulen auf das neue Gesamtkonzept der Mediener-
    ziehung in Bayern.

–   Das Curriculum zur Medienerziehung als verbindliche Anlage zum Lehrplan er-
    klären.

–   Veröffentlichung und Verbreitung des Curriculum unterstützen.

–   Schulhausinterne Fortbildungen an den Hauptschulen unterstützen.

–   Ein Medienbeauftragter von jeder Schule sollte besonders fortgebildet werden.

–   Einweisung der Pädagogisch Beauftragten an den Bildstellen in das Medienkon-
    zept veranlassen.

–   Den Schulen Experimentierräume für die Durchführung des Konzepts (Projekt-
    tage und -wochen; Medien AG's) gewähren.

–   Für die Organisation, Wartung, Neuanschaffung von Medien und für die Unter-
    stützung bei praktischer Medienarbeit einen Beauftragten für die Medienerzie-
    hung an den Schulen benennen lassen.

–   Für den damit verbundenen Arbeitsaufwand müßten den Schulen Stundenkon-
    tingente zur Verfügung gestellt werden.

–   Möglichkeiten schaffen, daß besondere Qualifikationen der Schüler (medienspe-
    zifische Arbeitstechniken und Medienkompetenzen) im Zeugnis vermerkt und
    dadurch anerkannt werden.

–   Vermittlung medienpädagogischer Grundkenntnisse und Fertigkeiten in der er-
    sten und zweiten Phase der Fortbildung.

–   Erarbeitung und Erprobung eines ähnlichen Curriculums für die Medienerzie-
    hung in der Grundschule, um die Medienerziehung in den Familien zu unter-

stützen und zu ergänzen und die Chancen der Medien für die Schule besser zu nutzen.

– Aufhebung der Trennung zwischen Medienerziehung und Informationstechnischer Grundbildung, weil die Medien zusammengewachsen sind und im Verbund genutzt werden und weil der Gebrauch der neuen Medien ebenso einer pädagogischen Begleitung bedarf wie Fernsehen, Video und Computerspiele.

– Bewußtmachung der Tatsache, daß Medien als Kommunikationsmedien bei der Erfüllung aller Erziehungs- und Bildungsaufgaben in spezifischer Weise als Mittler wirken und daß deshalb die Entwicklung der Medien in allen schulischen Bereichen neue Probleme, neue Erziehungs- und Bildungsaufgaben, aber auch ganz neue Chancen und Lernmöglichkeiten mit sich bringen.

6.5.5 Empfehlungen zur Integration der Medienpädagogik in die Lehrerausbildung

Auf lange Sicht muß das Anliegen integrativer Medienerziehung nicht nur für den Bereich der Hauptschule, sondern für alle Schularten durch eine verbindliche Integration der Medienpädagogik und pädagogischer Grundfragen der Informationstechnologien in die erste und zweite Phase der Lehrerausbildung gesichert werden. Allerdings wird es aufgrund der Breite und der komplexen Struktur des Lehramtsstudiums sehr schwierig sein, medienpädagogische Themen fest zu verankern. Trotzdem sollte wenigstens ein Minimalkatalog an Inhalten festgelegt werden, der sich aufgrund Ergebnissen des Modellversuchs sehr klar umreissen läßt.

1   Medientheoretische Grundlagen:

1.1 Medienentwicklungen und ihre gesellschaftlichen Auswirkungen (Medien und Informationstechnologien);
1.2 Medienangebote und ihre Nutzung durch Kinder- und Jugendliche; Kinder- und Jugend-Medienkulturen;
1.3 Medienwirkungen und ihre Verarbeitung durch die Schüler (Medien und Entwicklungsprozesse bei den Heranwachsenden);

2   Medienpädagogische Grundlagen und Konzepte:

2.1 Erziehungs- und Bildungsaufgaben im Bereich der Medien und Informationstechnologien;
2.2 Konzepte schulischer und außerschulischer Medienerziehung und Informationstechnischer Grundbildung;
2.3 Schulentwicklung durch Medienerziehung und Einsatz neuer Medien/Informationstechnologien.

3   Mediendidaktische Grundfragen:

3.1 Nutzung von Medien und Informationstechnologien im Fachunterricht: Verbindung von medienpädagogischen und fachlichen Lernzielen;

3.2 Grundlagen der Verwendung von Medien und Informationstechnologien in Lehr-Lernprozessen; Wissensmanagement als Bildungsaufgabe;

3.3 Konzipierung, Durchführung und Evaluation von Unterrichtseinheiten mit Medieneinsatz.

Ergänzend zu diesen Studieninhalten, die in den Bereichen Erziehungswissenschaft, Schulpädagogik und Fachdidaktik vermittelt werden könnten, müßten sich die angehenden Lehrer/innen im Umgang mit einem der Leitmedien sowie mit dem Computer (den Informationstechnologien) soweit vertraut machen, daß sie später im Beruf ohne Probleme pädagogisch und didaktisch damit arbeiten können.

Eine solche Minimalausbildung in der ersten Phase des Studiums müßte in der 2. Ausbildungsphase (Referendariat) weiter vertieft werden. Hier käme es darauf an, daß der medienpädagogische und mediendidaktische Aspekt in allen Schritten der Planung, Durchführung und Reflexion von Unterricht und Erziehungsmaßnahmen als eine besondere Perspektive zum Tragen kommt.

In dieser Phase der ersten beruflichen Erfahrungen geht es vor allem um
- die berufsfeld- und fachspezifische Auslegung und Umsetzung der medienerzieherischen Aufgaben und Inhalte;
- den kreativen Entwurf von Unterrichtseinheiten und medienpädagogischen Maßnahmen unter Ausschöpfung der vielfältigen Möglichkeiten der Medien und Informationstechnologien;
- die Festigung der Fähigkeiten im Umgang mit den Leitmedien sowie der medienspezifischen Arbeitstechniken und Handlungskompetenzen.

Ohne eine feste Verankerung eines Minimums an medienpädagogischen Themen in der Lehrerausbildung wird sich auf Dauer keine wie auch immer geartete schulische Medienerziehung verwirklichen lassen.

7. Literatur

Aufenanger, St. (Hrsg.): Neue Medien - Neue Pädagogik? Medienerziehung in Kindergarten und Grundschule. Bundeszentrale für politische Bildung. Bonn 1991

Aufenanger, St., Lauffer, J., Thiele, G.: Mit Multimedia in die Zukunft? Multimediale Möglichkeiten in der kulturellen Kinder- und Jugendbildung. Medienpädagogische Handreichung 7. GMK, Bielefeld 1995

Baacke, D., Lauffer, J. (Hrsg.): Nicht nur schöner Schein. Kinder- und Jugendzeitschriften in Deutschland. Schriften zur Medienpädagogik 16. GMK, Bielefeld 1994

Baacke, D., Sander, U., Vollbrecht, R.: Lebensgeschichten sind Mediengeschichten. Opladen 1990

Bachmair, B., Neuß, N., Tilemann, F.: Fernsehen zum Thema machen. Elternabende als Beitrag zum Jugendmedienschutz. München 1997

Bachmair, B.: TV-Kids. Ravensburg 1993

Balser, H.: Konfliktfeld Schule. Systemische Problembewältigung. Wetzlar 1993

Barthelmes, J., Sander, E.: Familien und Medien. Forschungsergebnisse und kommentierte Auswahlbibliographie. München 1990

Batz, H.: Schüler gestalten ein Hörspiel zum Thema „Gewalt und Ausländerfeindlichkeit". In: unterrichten/erziehen, H.5, 1996, S. 29-33

Bayerisches Staatsministerium für Unterricht, Kultus, Wissenschaft und Kunst: Lehrplan für die bayerische Hauptschule. KWMBl I So.-Nr. 1/1997

Bertelsmann Stiftung (Hrsg.): Medien als Bildungsaufgabe in Ost und West. Nutzungsdaten - Konzepte - Erfahrungsberichte. Gütersloh 1993

Beywl, W.: Entwicklung und Perspektiven praxiszentrierter Evaluation. In: Sozialwissenschaften und Berufspraxis, 14 (1991) 3, S. 265-279

Beywl, W.: Responsive Evaluation. Diss. Köln 1985

Beywl, W.: Zur Weiterentwicklung der Evaluationsmethodologie. Grundlegung, Konzeption und Anwendung eines Modells der responsiven Evaluation. Frankfurt/M. 1988

Bildungskommission NRW: Zukunft der Bildung - Schule der Zukunft. Neuwied 1995

Boeckmann, K.: Unser Weltbild aus Zeichen. Zur Theorie der Kommunikationsmedien. Wien 1994

Bofinger, J., Lutz, B., Spanhel, D.: Das Freizeit- und Medienverhalten von Hauptschülern. Eine explorative Studie über Hintergründe und Zusammenhänge. München 1999

Bofinger, J.: Der Fernsehkonsum von Hauptschülern. Ergebnisse einer Schülerbefragung im Modellversuch „Integrative Medienerziehung" an der Ernst-Penzoldt-Hauptschule in Erlangen-Spardorf. ISB- Beiträge zur Medienerziehung. Arbeitsbericht Nr. 273, München 1996

Bofinger, J.: Familiensituation und Schulbesuch. Dokumentation des Forschungsstandes. München 1994

Bofinger, J.: Medienwelten von Jugendlichen. In: Achtung Sendung 4/96, S. 69-72

Bollbrügge, G.: Selbstorganisation und Steuerbarkeit sozialer Systeme. Weinheim 1997

Brandt, P.; Vilgertshofer, R. (Hrsg.): Medienerziehung in der Schule. Unterrichtspraktische Umsetzung. 2 Bde. Donauwörth

Buchwald, B., Jürgens, M.: Zeitung macht Schule. Materialien für den Unterricht. Landesinstitut Schleswig-Holstein für Praxis und Theorie der Schule. Lübeck 1993

Bueler, X.: System Erziehung. Ein bio-psycho-soziales Modell. Bern 1994

Charlton, M.; Neumann-Braun, K.: Medienkindheit - Medienjugend. Eine Einführung in die aktuelle kommunikationswissenschaftliche Forschung. München 1992

Doelker, Chr.: Ein Bild ist mehr als ein Bild. Visuelle Kompetenz in der Multimedia-Gesellschaft. Stuttgart 1997

Doelker, Chr.: Leitfaden Medienpädagogik. Zürich 1995

Drerup, H.: Medienforschung und Medienpädagogik - Vermittlungsprobleme. In: Unterrichtswissenschaft 1992, H. 2, S. 144-161

Eimeren, B. v., Maier-Lesch, B.: Mediennutzung und Freizeitgestaltung von Jugendlichen. In: Media Perspektiven 11/1997, S. 589-603

Feierabend, S., Klingler, W.: Jugendliche und Multimedia: Stellenwert im Alltag von Zwölf- bis 17jährigen. In: Media Perspektiven 11/97, S. 604-611

Fritz, A.: Lesen im Medienumfeld. Eine Studie zur Entwicklung und zum Verhalten von Lesern in der Mediengesellschaft. Gütersloh 1991

Furth, H.G.: Piaget für Lehrer. Düsseldorf 1973

Glogauer, W.: Die neuen Medien verändern die Kinder. Weinheim 1993

Groebel, J., Klingler, W.: Kinder und Medien 1990. In: Media Perspektiven, 1994/1, S. 3

Guba, E., Lincoln, Y.: Effective Evaluation. Improving the usefullness of evaluation through response and naturalistic approaches. San Francisco 1981

Höltershinken, D.; Kasüschke, H.-P.; Sobiech, D.: Praxis der Medienerziehung. - Beschreibung und Analyse im schulischen und außerschulischen Bereich. Bad Heilbrunn 1991 In: Mittelfränkische Lehrerzeitung, 16. Jg.1996, H4, S.3-4

Institut für Jugendforschung (Hg.): Schüler-Media-Analyse 1993. München 1993

Institut Jugend, Film, Fernsehen (Hrsg.): „Baukasten Gewalt". Vier Broschüren und eine Videokassette. München 1998

Issing, L.J., Klimsa,P. (Hrsg.): Information und Lernen mit Multimedia. Weinheim 1995

Kleber, H., Meinhof, C.: Bilder, Bilder, Bilder....Integrative Medienerziehung: Bildmedien. Hauptschule, Jahrgangsstufe 5. Sammelwerk „Medienzeit", Donauwörth, 1998

Klingler, W., Schönenberg (Hrsg.): Hören, Lesen, Fernsehen - und sie spielen trotzdem. Beiträge zum Medienumgang von Kindern. Baden-Baden 1996

Klingler, W., Windgasse, T.: Was Kinder sehen. In: Media Perspektiven, 1994,1, S. 3

Kösel, E., Scherer, H.: Konstruktionen über Wissenserwerb und Lernwege bei Lernenden. In: Voß, R. (Hrsg.): Die Schule neu erfinden. Neuwied, Berlin 1996, S. 105-128

Kraus, A., Winklmann, L.: „Hör doch mal!" Integrative Medienerziehung: Hörmedien. Hauptschule, Jahrgang 7. Sammelwerk „Medienzeit", Donauwörth 1998

Kunczik, M.: Gewalt des Fernsehens. Wirkungsmodelle und Wrkungseffekte unter Berücksichtigung der Wirkung auf Kinder und Jugendliche. Bern 1993

Kunczik, M.: Medien und Gewalt. Köln 1987

Landesbildstelle Berlin (Hrsg.): Schüler inszenieren literarische Texte. Berlin 1989

Langer, S.: Philosophie auf neuem Wege. Das Symbol im Denken, im Ritus und in der Kunst. Frankfurt/M. 1965

Lassahn, R.: Grundriß einer Allgemeinen Pädagogik. Heidelberg 1977

Lauffer, J., Thier, M.: Alles total normal? Vorabendserien im Fernsehen. Medienpädagogische Handreichung. GMK, Bielefeld 1994

Löhr, P., Schmidbauer, M.: Kinder- und Jugendsendungen in Fernsehen und Hörfunk. Sammelwerk „Medienzeit", Donauwörth o.J.

Lüde, R. v.: Konstruktivistische Handlungsansätze zur Organsiationsentwicklung in der Schule. In: Voß, R. (Hrsg.): Die Schule neu erfinden. Neuwied, Berlin 1996, S. 282-301

Lukesch, H. u.a.: Jugendmedienstudie. Verbreitung, Nutzung und ausgewählte Wirkungen von Massenmedien bei Kindern und Jugendlichen. Regensburg 1990

Lukesch, H.: Medien und ihre Wirkungen. Eine Einführung aus der Sicht der Wissenschaft. Reihe „Medienzeit", Donauwörth, o.J.

Lukesch, H.: Mediennutzung durch Kinder und Jugendliche. Reihe „Medienzeit", Donauwörth o.J.

Maturana, H., Varela, F.: Der Baum der Erkenntnis. Bern 1991

Medienerziehung in der Schule.- Orientierungsrahmen. Materialien zur Bildungsplanung und Forschungsförderung, Heft 44. BLK, Bonn 1995

Medienkompetenz als Herausforderung an Schule und Bildung. Ein deutsch-amerikanischer Dialog. Kompendium zu einer Konferenz der Bertelsmann Stiftung. Gütersloh 1992

Merkert, R.: Medien und Erziehung. Darmstadt 1992

Meyer, P., Wiemken, J.: Computerspiele - spielerische und kreative Computeranwendungen für Kinder und Jugendliche. Modellversuch. Landesbildstelle Bremen, Bremen 1997

Moser, H.: Einführung in die Medienpädagogik. Aufwachsen im Medienzeitalter. Opladen, 2. Auflage 1999

Moser, H.: Zum Verhältnis von Familie, Freizeit, Schule. Basel 1992

Nachrichten. Unterrichtsvorschläge für das 7.-11. Schuljahr. Pestalozzianum, Zürich 1983

Ogilvie, J.: Integrative Medienerziehung an der Erlanger Ernst-Penzoldt-Hauptschule. In: Mittelfränkische Lehrerzeitung, 16. Jg.1996, H4, S.3-4

Opaschowski, H., Duncker, C.: Jugend und Freizeit. Hamburg 1996

Piaget, J., Inhelder, B.: Die Psychologie des Kindes. Frankfurt 1977

Rein, A. v. (Hrsg.): Medienkompetenz als Schlüsselbegriff. Bad Heilbrunn 1996

Sacher, W.: Audiovisuelle Medien und Medienerziehung in der Schule. Strukturelle und typologische Ergebnisse einer Repräsentativuntersuchung. München 1994

Sacher, W.: Computer und die Krise des Lernens. Eine pädagogisch-anthropologische Untersuchung zur Zukunft des Lernens in der Informationsgesellschaft. Bad Heilbrunn 1990

Schmälzle, U. F. (Hrsg.): Neue Medien - mehr Verantwortung! Analysen und pädagogische Handreichungen zur ethischen Medienerziehung in Schule und Jugendarbeit. Bundeszentrale für politische Bildung. Bonn 1992

Schmidbauer, M., Löhr, P.: Kinder auf dem Medienmarkt der neunziger Jahre. In: Televizion 7/1994/1, S. 8-28

Six, U., Roters, G., Gimmler, R.: Hörmedien. Eine Analyse zur Hörkultur Jugendlicher. Landau 1995

Six, U.: Konzepte für medienpädagogische Elternarbeit. Kiel 1995

Spanhel, D.: Jugendliche vor dem Bildschirm. 2.völlig neubearb. Aufl., Weinheim 1990

Spanhel, D.: Das Lernen optimieren. Neue Chancen durch den Einsatz von Informations- und Kommunikationstechniken. In: Medienimpulse, 3. Jg.(1994) H.9, S. 64-73

Spanhel, D.: „Wirklichkeit aus zweiter Hand." Wie Jugendliche die elektronischen Medien nutzen, um sich ihre eigene Lebenswelt aufzubauen. In: Schulmagazin 5 bis 10, H.5, 1995 a), S. 58-61

Spanhel, D.: Schlüsselqualifikationen verändern das Lernen in der Schule. In: Schulmagazin 5 bis 10, H.10, 1995 b), S. 53-57

Spanhel, D.: Die pädagogische Problematik der Medien. Konsequenzen für die schulische Medienerziehung. In: Miedaner, M. (Hrsg.): Familienmitglied Fernseher? Neuried 1995 c), S. 134-160

Spanhel, D.: Medienerziehung an Hauptschulen. Hilfen für Schüler, Eltern und Lehrer.In:Schulreport 2/1996a, S. 18-20

Spanhel, D.: Integrative Medienerziehung in der Hauptschule. In:unterrichten/ erziehen, H.5, 1996b, S. 51-54

Spanhel, D.: Integrative Medienerziehung in der Hauptschule - ein Modellversuch. In: Schulmagazin 5 bis 10, 6/1996c, S. 75-78

Spanhel, D.: Erziehung in einer mediengeprägten Alltagswelt. In: Liedtke, M. (Hrsg.): Kind und Medien. Bad Heilbrunn, 1997, S. 229-247

Spanhel, D.: Probleme der Evaluationsforschung in Modellversuchen zur schulischen Medienerziehung. Vortragsmanuskript. Hamburg 1998a

Spanhel, D.: Unterrichtliche Integraton. - Erfolgskontrolle (Evaluation) des Vorhabens. Zur Problematik der Evaluation von Schulentwicklung. In: Dichanz, H.: Schulprofil „Medienerziehung". Handreichungen zur Entwicklung eines medienspezifischen Schulprofils. Landesinstitut für Lehrerfortbildung. Halle/Saale, 1998b, S. 73-101

Spanhel, D.: Schulprofil Medienerziehung. Zur Notwendigkeit einer Schulorganisationsreform. In: Beck, U., Sommer, W.(Hrsg.): Learntec 98. 6. Europ. Kongreß und Fachmesse für Bildungs- und Informationstechnologie. Karlsruher Kongreß- und Ausstellungs-GmbH, Karlsruhe 1998c, S. 393-406

Spanhel, D.: Integrative Medienerziehung - ein Curriculum für die Hauptschule. Basisbaustein. Sammelwerk „Medienzeit", Donauwörth 1998d

Spanhel, D.; Hotamanidis, St. (Hrsg.): Die Zukunft der Kindheit. Die Verantwortung der Erwachsenen für das Kind in einer unheilen Welt. Weinheim 1988

Spanhel, D., Hüber, H.-G.: Lehrersein heute - berufliche Belastungen und Wege zu deren Bewältigung. Bad Heilbrunn 1995

Spanhel, D., Kleber, H.: Integrative Medienerziehung in der Hauptschule. In: Pädagogische Welt, 50. Jg. 1996, H.8, S.359-364

Theunert, H. u.a.: Wir gucken besser fern als ihr. München 1995

Theunert, H.: Gewalt in den Medien - Gewalt in der Realität. 2. Aufl. München 1996

Theunert, H.; Schorb, B.: Mordsbilder: Kinder und Fernsehinformation. Berlin 1995

Treml, A., K.: Lernen. In H.-H. Krüger, W. Helsper (Hrsg.): Einführung in Grundbegriffe und Grundfragen der Erziehungswissenschaft. Opladen 1995, S. 93-102

Tulodziecki, G.: Handlungsorientierte Medienerziehung in Beispielen. Bad Heilbrunn 1995

Tulodziecki, G.: Medienerziehung in Schule und Unterricht. Bad Heilbrunn 1992

Voß, R. (Hrsg.): Die Schule neu erfinden. Neuwied 1996

Wahl, D. u.a.: Erwachsenenbildung konkret. Weinheim 1991

Weber, H.: Die Sprache der Bilder. Arbeitsblätter zur visuellen Kommunikation. Mülheim/Ruhr 1994

Wege zur Medienkompetenz. Schulische Medienerziehung in Sachsen-Anhalt. Landesinstitut für Lehrerfortbildung, Lehrerweiterbildung und Unterrichtsforschung. Halle 1996

Wermke, J.: Integrierte Medienerziehung im Fachunterricht. Schwerpunkt: Deutsch. München 1997

Willke, H.: Systemtheorie, 3. überarb. Aufl., Stuttgart 1991

Winklmann, L.: Medienproduktionen durch Schüler im Rahmen des Modellversuchs „Integrative Medienerziehung". In: unterrichten/erziehen, H.5, 1996, S. 21-24

Wottawa, H., Thierau, H.: Lehrbuch Evaluation. Bern 1990

Wottawa, H.: Evaluation. In: Weidenmann, B., Krapp, A., u.a. (Hrsg.): Pädagogische Psychologie. Ein Lehrbuch, 3. Aufl. Weinheim 1993, S. 703-733

Zeitter, E. (Hrsg.): Medienerziehung für Grundschüler. Das Forschungs- und Entwicklungsprojekt zur medienpädagogischen Aus- und Weiterbildung von Lehrerinnen und Lehrern der Primarstufe. Frankfurt/M. 1995

8. Anlagen

8.1 Unterrichtsdokumentationsbogen

8.2 Fragebögen der wissenschaftlichen Begleituntersuchung

8.3 Interview-Leitfaden zur Evaluation des Curriculums zur Medienerziehung

8.4 Kurzinformation über die CD-ROM „Merides" zum Freizeit- und Medienverhalten der Hauptschüler

Dokumentation medienpädagogischer Maßnahmen

Name:......................... Klassenstufe:..................... Datum:.................

Thema:..

Fach/Fächer/AG:...
(bzw. fächerübergreifend)

Mit wem haben Sie zusammengearbeitet?
- Kolleginnen/Kollegen...
- Personen oder Einrichtungen außerhalb der Schule.........................
....

Welche Dokumente oder medialen Produkte sind im Rahmen dieser Stunde/Maßnahme
entstanden? (Z.B. Fotos, Comics, Wandzeitungen, Videos, Folien)
Bitte Anlage oder Verweis!
....
....

Die medienpädagogische Maßnahme (Unterrichtseinheit bzw. -stunde) wurde
durchgeführt
→   als Projekt (z.b.Waldprojekt)   O
→   im Deutschunterricht (z.b. Lesen)   O
→   im Unterrichtsfach (z.B. Sozialkunde:Kinderrechte)   O
→   als mediensprezifisches Thema (z.B. Zeitung; Mediengewalt)   O
→   als Übung einer medienspezif. Arbeitstechnik (z.b.Comic zeichnen)   O
→   im Rahmen des Schullebens (z.b. AG, Elternabend, Bibliotheksbesuch)   O

Unterrichtsziele:
Was wollten Sie in dieser Unterrichtsstunde (mit dieser Maßnahme) erreichen?
- Fachliche Lernziele:...
....

- Medienpädagogische Ziele:
    + Erkennen und Aufarbeiten von Medienwirkungen   O
    + Medienanalyse und -kritik
      (Bewerten und Verstehen von Medienbotschaften)   O
    + Sinnvolle Mediennutzung und Handlungsalternativen   O
    + Aktive Medienarbeit (eigenes Gestalten und Verbreiten von Medien)   O
    + Einblick in die gesellschaftliche Bedeutung der Medien und   O
      Teilnahme an der Medienkultur

Beschreiben Sie stichpunktartig den **Ablauf der Maßnahme:**(Rückseite benützen!)

Ablauf der Unterrichtsstunde bzw. medienpädagogischen Maßnahme:

....

....

....

....

....

....

....

....

....

Medienpädagogische Aspekte:

Welche Medien haben Sie eingesetzt?...
(evtl. Software-Titel/Fundstelle)...
Welche didaktischen Funktionen (zur Verbesserung der unterrichtlichen Lernprozesse,
z.B. zur Veranschaulichung, Informationsbeschaffung) hatten diese Medien?
....
....

Welche Arbeits- und Sozialformen erforderten die eingesetzten Medien bzw. die
angestrebten medienädagogischen Ziele?
....

Welche medienspezifischen Arbeitstechniken haben die Schüler dabei erworben?
....
....

Welche Fähigkeiten für einen kritischen Umgang mit Medien konnten die Schüler
erwerben?
....

Inwieweit haben sich durch diese Unterrichtsstunde bzw. medienpädagogische
Maßnahme das Zusammenleben in der Schulklasse bzw. das Schulleben verändert?
....
....

Welchen zusätzlichen Arbeits- und Zeitaufwand erforderte der Einsatz der Medien bei
der Vorbereitung?
....

Allgemeine Bewertung:

Wie ist das Thema bei den Schülern angekommen? Was hat sie besonders interessiert
oder motiviert?
....

Wie haben sie mitgearbeitet?
....

Welche der angestrebten fachlichen bzw. medienpädagogischen Lernziele konnten nur
teilweise oder gar nicht erreicht werden?
....
Warum nicht?..
....
Persönliche Stellungnahme bzw. Erfahrungen:
(Evtl. Rückseite benützen)
Bitte den Dokumentationsbogen samt Anlagen sofort ins Fach! - Danke!

MEDIENERZIEHUNG IN BAYERN

(Befragung genehmigt vom Bayerischen Staatsministerium für Unterricht und Kultus mit KMS vom   1999 Nr.   )

Instruktionen und Fragen für Lehrer

Sie haben Sie für Ihre Klasse erhalten

1   dieses Schreiben mit Instruktionen und Fragen an Sie (die Lehrer) und
2   einen Fragebogensatz über das Freizeitverhalten und die Computernutzung von Schülern.

Was ist als erstes zu tun?

Erstellen Sie zuerst eine **Namensliste** Ihrer **Klasse** und geben Sie jedem Schüler eine Nummer (oder benutzen Sie eine vorhandene nummerierte Schülerliste Ihrer Klasse). Verwenden Sie nach Möglichkeit keine alphabetische Liste, um jede Schüleridentifikation durch Außenstehende zu vermeiden. Verwahren Sie diese Namensliste mit den dazugehörigen Schülernummern sorgfältig auf.

Was sollen Sie weiter tun?

1   Tragen Sie die genaue Bezeichnung Ihrer Klasse in das Feld rechts oben auf dieser Seite ein. Füllen Sie danach die Tabelle auf der Rückseite spaltenweise aus (→ Einzelschüler). **WICHTIG!** Die Angaben bei den einzelnen Schülernummern müssen unbedingt der Namensliste entsprechen. Für die Eintragungen bei der **FAMILIENSITUATION**, der **FAMILIENER-WERBSTÄTIGKEIT** und den **GESCHWISTERN** sind die folgenden **Zahlenschlüssel** vorgesehen:

FAMILIEN-SITUATION	1 =	2-Eltern-Familie (Kind lebt bei beiden leiblichen Eltern)
	2 =	Stiefeltern-Familie (Kind lebt bei einem leiblichem Elternteil und Stiefvater oder Stiefmutter)
	3 =	1-Eltern-Familie (Kind lebt entweder bei der leiblichen Mutter oder beim leiblichen Vater)
	4 =	andere Familienform (Kind lebt bei Großeltern/Verwandten; auch: im Heim)
FAMILIEN-ERWERBS-TÄTIGKEIT	1 =	beide Eltern sind voll erwerbstätig (in 1-Eltern-Familien: Vollerwerbstätigkeit)
	2 =	ein Elternteil ist voll, der andere teilzeiterwerbstätig (in 1-Eltern-Familien: Teilzeiterwerbstätigkeit)
	3 =	ein Elternteil ist voll erwerbstätig, der andere führt den Haushalt (in 1-Eltern-Familien: Haushalt)
	4 =	mindestens ein Elternteil ist erwerbs-/arbeitslos (in 1-Eltern-Familien: Erwerbs-/Arbeitslosigkeit)
GESCHWISTER	1 =	Einzelkind
	2 =	Kind mit Geschwistern

2   Bei allen anderen Schülermerkmalen mit Ausnahme der Schulnoten ist Ihre subjektive Einschätzung gefragt. Bewerten Sie jedes Merkmal mit einem **notenähnlichen Zahlenschlüssel** von 1 (=sehr gut, ausgezeichnet, vorbildhaft, außerordentlich positiv, völlig unproblematisch) bis 6 (=ungenügend, ganz schlecht, äußerst problematisch, sehr bedenklich).

3   Bei den Fächernoten sollte das letzte (Halb-)Jahreszeugnis gewählt werden. Nur **ganze Noten** von 1 bis 6 sind hier erlaubt.

4   Wenn Sie ein Merkmal nicht beurteilen können, tragen Sie bitte eine „9" in das Kästchen ein. Aber bedenken Sie: Je mehr solche Eintragungen (=„weiß ich nicht") erfolgen, desto weniger Zusammenhänge können untersucht und belegt werden.

Und wie geht es mit der Schülerbefragung weiter?

1   Tragen Sie vor der Schülerbefragung auf der ersten Seite eines jeden Schülerfragebogens die **Bezeichnung der Klasse** ein und **nummerieren Sie die Schülerfragebogen** durch.

2   **WICHTIG!** Geben Sie jedem Schüler jeweils den **richtigen Fragebogen mit seiner Nummer aus der Klassennamensliste.** Nur so können die Angaben aus den zwei Fragebogenarten zusammengeführt werden. Achten Sie darauf, dass Fragebogen unter den Schülern keinesfalls ausgetauscht werden.

Schule/Ort: Klasse:

Merkmale		Zahlen-schlüssel	Schülernummern																																
			1	2	3	4	5	6	7	8	9	10	11	12	13	14	15	16	17	18	19	20	21	22	23	24	25	26	27	28	29	30	31	32	33	34	35
Familie	Familiensituation	1-4																																			
	Familienerwerbstätigkeit	1-4																																			
	Geschwister	1-2																																			
	Elterninteresse an der Schule	1-6																																			
Begabung Intelligenz, Ideenreichtum, Ausdrucksvermögen		1-6																																			
Leistungvermögen Lerneifer, Leistungswille, Interesse, Mitarbeit		1-6																																			
Selbstkontrolle Selbstbeherrschung, Friedfertigkeit, Betragen		1-6																																			
Sozialverhalten Kontaktfreudigkeit, Beliebtheit		1-6																																			
Schul-noten	Deutsch	1-6 =																																			
	Mathematik																																				
	1. Fremdsprache (E, L, F, (D))																																				
	Geschichte																																				
	Sport																																				

HINWEIS: Selbstverständlich sind die Vorgaben für die Schülercharakterisierung nur sehr grobe Anhaltspunkte für interindividuelle Unterschiede. Wie Vorlaufuntersuchungen zeigten, führt ein differenzierter Merkmalskatalog bei der gewählten schriftlichen Vorgehensweise jedoch eher zu mehr Arbeit für die befragten Lehrer als zu einer ergiebigeren Schülercharakterisierung.

Bitte bedenken Sie auch, dass jede Verweigerung, an dieser Befragung teilzunehmen, und jede Nichtbeantwortung zu einem Datenverlust führt, der die Aussagefähigkeit der gesamten

3

Untersuchung beeinträchtigt. Bitten Sie deshalb Ihre Schüler und deren Eltern um ihre Mitarbeit.

Für Ihre eigene Mitarbeit bei dieser Erhebung und für Ihre Unterstützung möchten wir uns schon jetzt recht herzlich bedanken!

Meine Freizeit
Fragen an Schüler

Das Freizeit- und Medienangebot ist heutzutage sehr groß. Es gibt Leute, die das für eine ganz normale Entwicklung halten, aber es gibt auch welche, die vor schlechten Einflüssen warnen. Deshalb ist es gut, wenn man sich zuerst einmal ein Bild über den Umgang mit der Freizeit und mit den verschiedenen Medien macht. Dazu sollen deine Antworten auf die folgenden Fragen dienen.

Und hier sind die Fragen (Die Klammerzahlen sind nur für die Auswertung wichtig!):

1. **Bist du eine Schülerin oder ein Schüler?**
   (☞ Bitte nur EINE Antwort ankreuzen!)

So bitte ankreuzen! ----->	⊗
Ich bin eine Schülerin	⊙ (1)
Ich bin ein Schüler	⊙ (2)

2. **Wie alt bist du?** (☞ Bitte trage hier dein Lebensalter ein!)

   Ich bin [   ] Jahre alt.

3. **Was ist deine Muttersprache?**
   (☞ Bitte nur EINE Antwort ankreuzen!)

   | Deutsch | ⊙ (1 |
   | Andere Sprache | ⊙ (2 |

4. **Wo (mit wem) verbringst du am allerliebsten Deine Freizeit?**
   (☞ Bitte nur EINE Antwort ankreuzen!)

In der Familie/mit meinen Eltern, mit Geschwistern	⊙ (1
Mit meinem besten Freund/meiner besten Freundin	⊙ (2
In meiner festen Clique, in meiner "Bande"	⊙ (3
In einer nicht so festen Clique, mit Bekannten	⊙ (4
Ich bin am liebsten alleine	⊙ (5

5. **Du siehst hier eine Auswahl verschiedener Freizeitbeschäftigungen. Das sind sicher nicht alle. Was sind davon deine Lieblingsbeschäftigungen und welche magst du weniger gerne?**

   (☞ Gib **allen** Freizeitbeschäftigungen in jeder Reihe - so, wie du sie magst - eine "SCHULNOTE" von 1 (=mag ich besonders gerne) bis 6 (=mag ich überhaupt nicht). Bitte nur **ganze** Noten geben, keine halben, also nicht zum Beispiel 3+ oder 4-5!)

Arten von Freizeitbeschäftigungen	Das mag ich ... (Note von 1 bis 6)
ZUM BEISPIEL: Bergsteigen	2
1 Freizeitsport/Funsport (zum Beispiel Streetball, Inlineskating, Schilaufen, Schwimmen)	
2 Videospiele/Computerspiele spielen	
3 Ins Kino gehen	
4 Theater, (klassische) Konzerte, Ausstellungen besuchen	
5 Telekommunikation mit dem Computer (Internet-Surfen, Mailbox-User, „Chatten", E-mailen)	
6 Wandern, Reisen, Ausflüge mit der Familie (Eltern, Geschwister)	
7 Videofilme anschauen	
8 Musik hören	
9 Parties besuchen oder geben	
10 Spiele zuhause mit der Familie (Eltern, Geschwister)	
11 Basteln, Malen, Werken	
12 In die Disco gehen	
13 Telefonieren	
14 Stadtbummel, Einkaufen	
15 Freiwillige Gemeinschaftsarbeit leisten (Kirche, Pflegedienst, Sanitätsdienst, Feuerwehr, ...)	
16 Fernsehen	
17 Freizeit in einer Jugendgruppe, in einem Jugendclub	
18 Am Computer arbeiten, basteln, programmieren	
19 Jobben, Geld verdienen	
20 Sport im Verein, Wettkampfsport betreiben	
21 Bücher lesen	
22 In einem Jugendverband, einer politischen Partei, einer Bürgerinitiative mitarbeiten	
23 Zuhause faulenzen, träumen und dabei Comics, (Jugend-)Zeitschriften, Hefte lesen	

FERTIG!
DANKE, DASS DU MITGEMACHT HAST!

Was mich am Computer interessiert
Fragen an Schüler

Man sagt, dass der Computer immer mehr unser Leben beeinflusst. Es gibt Leute, die das für ganz normal halten, aber es gibt auch welche, die kein Interesse an Computern oder Videospielen haben. Deshalb ist es gut, wenn man sich zuerst einmal ein Bild über den Umgang mit dem Computer macht. Dazu sollen deine Antworten auf die folgenden Fragen dienen.

Und hier sind die Fragen (Die Klammerzahlen sind nur für die Auswertung wichtig!):

1. **Wie häufig beschäftigst du dich mit einem Computer, einer Videospielkonsole/Playstation (Sony, Nintendo,NES-Konsole, Sega) oder einem Gameboy?**
   (☞ Kreuze bitte in JEDER SPALTE, beim Computer, bei der Videokonsole UND beim Gameboy jeweils nur EINE Antwort an!)

	Computer	Videokonsole	Gameboy	
Nie	⊙	⊙	⊙	(1)
Selten, vielleicht 1-2mal in der Woche und dann jeweils höchstens 2 Stunden	⊙	⊙	⊙	(2)
Selten, vielleicht 1-2mal in der Woche, dann aber schon länger als 2 Stunden	⊙	⊙	⊙	(3)
Täglich oder fast jeden Tag, aber jeweils höchstens 2 Stunden	⊙	⊙	⊙	(4)
Täglich oder fast jeden Tag und meistens länger als 2 Stunden	⊙	⊙	⊙	(5)

2. **Mit wem spielst oder arbeitest du meistens am Computer, mit einer Videokonsole oder dem Gameboy?**
   (☞ Kreuze bitte in JEDER SPALTE, beim Computer, bei der Videokonsole UND beim Gameboy jeweils nur EINE Antwort an!)

	Computer	Videokonsole	Gameboy	
Ich beschäftige mich damit überhaupt nicht	⊙	⊙	⊙	(1)
Meistens alleine	⊙	⊙	⊙	(2)
Meistens mit einem Freund oder Klassenkameraden	⊙	⊙	⊙	(3)
Meistens mit mehreren Freunden/Klassenkameraden zusammen	⊙	⊙	⊙	(4)
Meistens mit meinen Eltern oder Geschwistern, Verwandten	⊙	⊙	⊙	(5)

3. **Hast du selbst einen Computer, eine Videokonsole oder einen Gameboy oder kannst du so etwas anderswo mitbenützen?** (☞ Du kannst bei jedem Gerät auch mehrere Antworten ankreuzen!)

	Computer	Videokonsole	Gameboy	
Besitze ich nicht und kann das auch anderswo nicht mitbenützen	◉	◉	◉	(1)
Ich besitze selbst so ein Gerät	◉	◉	◉	(2)
Kann ich zuhause mitbenützen (gehört mir selber aber nicht)	◉	◉	◉	(3)
Das haben wir schon in der Schule benützt	◉	◉	◉	(4)
Kann ich anderswo in meiner Freizeit mitbenützen (Verwandte, Freunde)	◉	◉	◉	(5)

4. **Wie ist der Computer ausgestattet, mit dem du dich am häufigsten beschäftigst?**
(Kreuze bitte in JEDER ZEILE deine Antwort an!)

Ich beschäftige mich nicht mit einem Computer	◉	(1)

(Wenn du hier ankreuzt, gehe gleich weiter zur Frage 8!)

Computerausstattung	vorhanden	nicht vorhanden	weiß ich nicht/ kenne ich nicht	
Soundkarte (mit Soundboxen/Lautsprecher)	◉	◉	◉	(2)
CD-ROM-Laufwerk	◉	◉	◉	(3)
Modemkarte, ISDN-Anschluss	◉	◉	◉	(4)
Videokarte	◉	◉	◉	(5)
Scanner	◉	◉	◉	(6)
Mailbox-, Internetzugang	◉	◉	◉	(7)

3

5. Für Computer, Videospielgeräte und für den Gameboy gibt es die unterschiedlichsten Programme.
Welche davon kennst du, welche hast du sogar selbst und wie sehr magst du die verschiedenen Programmarten?
(☞ Zuerst kreuzt du bitte in JEDER Reihe an, ob du eine Programmart überhaupt kennst (= FRAGE 1). Wenn du eine
Programmart NICHT kennst, brauchst du die Fragen 2 und 3 bei dieser Programmart nicht beantworten.
☞ Wenn Du eine Programmart kennst
1. kreuzt du bitte bei der FRAGE 2 an, ob du ein solches Programm selber hast, von Freunden oder von anderswo kennst
(hier kannst du auch MEHRERE Kreuze machen) und
2. kreuzt du bitte bei der FRAGE 3 an, wie sehr du diese Programme magst (bitte auch nur EIN Kreuz)

Programmarten		FRAGE 1		FRAGE 2			FRAGE 3		
		Solche Programme ...		Solche Programme ...			Solche Programme mag ich ...		
		kenne ich	kenne ich nicht	habe ich selbst	kenne ich von Freunden	kenne ich von anderswo her	sehr gerne	teils/ teils	überhaupt nicht
Geschicklichkeitsspiele, Sportspiele, Jump- und Runspiele (Mario, ...)									
Simulationen, Denkspiele	Flugsimulatoren								
	Strategiespiele, Verkehrs-, Wirtschaftsimulationen								
	Schach, andere Brettspiele								
Actionspiele	Fahrzeugrennen								
	Kampf-, Baller-, Abschießspiele								
	Abenteuer-(Adventure-), Rollenspiele, Labyrinthspiele								
Internet-Rollenspiele									
Lernspiele (in Mathematik, Musik, ...)									
Lernsoftware	Sprachen								
	Mathematik								
	Geographie, Erdkunde, Geschichte								
	Musik (Noten-, Instrumentenlehre, Musikgeschichte)								
	Andere (Schul-)Fächer								
	Lexika, Nachschlagewerke								
Programmieren	Programmiersprachen, Programmieren, Autorensysteme								
	Internetprogrammierung (Erstellen von Homepages)								
Telekommunikation (Newsgroups-/, Chatlines-/, e-mail-User)									
Anwendungen	Textverarbeitung, "Desk Top Publishing"								
	Zeichen-/Malprogramme								
	Präsentationssoftware								
	Musikspiele, Musikkomposition, Musiksampling								
	Datenbankanwendung/Adressenverwaltung								
	Tabellenkalkulation, Statistikprogramme								
	Geschäftsstatistiken								

6. Hier siehst du einige Behauptungen über den Computer. Welche Meinung hast du dazu?
   (☞ Kreuze zu jeder Behauptung an, was deine persönliche Meinung dazu ist!)

Meinungen über den Computer und über Computerspiele	völlig falsch	eher falsch	weiß ich nicht	eher richtig	völlig richtig	
Die Beschäftigung mit dem Computer hält einen von wichtigeren Dingen ab	○	○	○	○	○	(1
Mit dem Computer lassen sich viele Aufgaben ganz einfach lösen	○	○	○	○	○	(2
Der Computer ersetzt das eigene Denken	○	○	○	○	○	(3
Die Beherrschung von Textverarbeitungsprogrammen ist wichtig	○	○	○	○	○	(4
Computer machen dumm	○	○	○	○	○	(5
Die Arbeit am Computer fördert die Konzentration	○	○	○	○	○	(6
Ohne Computer kommt man heutzutage gar nicht mehr aus	○	○	○	○	○	(7
Das Arbeiten am Computer ist langweilig	○	○	○	○	○	(8
Es macht Spaß, am Computer selbst herumzubasteln	○	○	○	○	○	(9
Die Arbeit am Computer ist eine gute Vorbereitung für später	○	○	○	○	○	(1
Computer machen nur Stress	○	○	○	○	○	(1
Mit dem Computer kann man besser lernen als in der Schule	○	○	○	○	○	(1
Es ist wichtig zu wissen, wie ein Computer funktioniert	○	○	○	○	○	(1
COMPUTERSPIELE:						
Ich finde es toll, dass man in Computerspielen auch Verbotenes tun kann (Kämpfen, Schießen, Tricksen)	○	○	○	○	○	(1
Computerspiele regen einen nur unnötig auf	○	○	○	○	○	(1
Computerspiele sind eine echte Herausforderung	○	○	○	○	○	(3
In Computerspielen kann man sich einmal so richtig abreagieren („Dampf ablassen")	○	○	○	○	○	(1
Die Gewalt in Computerspielen ist doch nur ein Abbild der alltäglichen Gewalt	○	○	○	○	○	(1
Computerspiele sind reine Zeitverschwendung	○	○	○	○	○	(2
Die Helden in manchen Computerspielen sind echte Vorbilder	○	○	○	○	○	(1
Kampf- und Schießspiele haben einen schlechten Einfluss	○	○	○	○	○	(3
Computerspiele sind das beste Mittel gegen Langeweile	○	○	○	○	○	(2
Kampf- und Schießspiele machen einem Angst	○	○	○	○	○	(2
In Computerspielen kann man leichter Erfolg haben als im echten Leben	○	○	○	○	○	(2
Manche Computerspiele müssten verboten werden	○	○	○	○	○	(2
Computerspiele sind doch nur Fantasieprodukte, die mit der Wirklichkeit nichts zu tun haben	○	○	○	○	○	(2
Computerspiele lenken einen von Alltagssorgen ab	○	○	○	○	○	(2
Kampf- und Schießspiele machen aggressiv	○	○	○	○	○	(2
Bei Computerspielen kann man anderen besonders gut zeigen, wie geschickt man ist	○	○	○	○	○	(2
Computerspiele fördern die Gewalt	○	○	○	○	○	(2
Durch Computerspiele erhält man ein falsches Bild von der Wirklichkeit	○	○	○	○	○	(2
Computerspiele sind der beste Zeitvertreib	○	○	○	○	○	(2
Bei Kampf- und Schießspielen kann man anderen besonders gut zeigen, was man selbst drauf hat	○	○	○	○	○	(3
Bei Computerspielen vergisst man alles um sich herum	○	○	○	○	○	(3

FERTIG!
DANKE, DASS DU MITGEMACHT HAST!

Klasse: ....

Bitte kreuzen Sie im Fragebogen Ihre Antworten an oder füllen Sie die Lücken aus.

1. Wie alt ist Ihr Kind, das in die Hauptschule geht? Ist es ein Mädchen oder ein Junge?

Mein Kind ist ..... Jahre alt und   o   ein Mädchen
                                     o   ein Junge

1a. Hat Ihr Kind noch Geschwister? Wie alt sind sie?

o   Nein, mein Kind hat keine Geschwister.

o   Ja, mein Kind hat noch .... Geschwister im Alter von .... Jahren.

2. Sind Sie die Mutter oder der Vater? Und wie alt sind Sie?

Ich bin ..... Jahre alt und   o   die Mutter
                               o   der Vater

3. Welche Nationalität haben Sie?

o   deutsch   o   andere Nationalität, und zwar ....

4a. Wieviele der folgenden Geräte sind **insgesamt** *bei Ihnen im Haushalt ?*		*4b. Wieviele dieser Geräte gehören davon gehören Ihren Kindern?*	
	insgesamt haben wir davon:		meinen Kindern gehören davon:
Fernseher	.... Gerät(e)	Fernseher	.... Gerät(e)
Videorecorder	.... Gerät(e)	Videorecorder	.... Gerät(e)
Radio	.... Gerät(e)	Radiorecorder	.... Gerät(e)
Cassettenrecorder	.... Gerät(e)	Cassettenrecorder	.... Gerät(e)
WalkMan	.... Gerät(e)	WalkMan	.... Gerät(e)
CD-Spieler	.... Gerät(e)	CD-Spieler	.... Gerät(e)
Schallplattenspieler	.... Gerät(e)	Schallplattenspieler	.... Gerät(e)
Tele-Spiel	.... Gerät(e)	Tele-Spiel	.... Gerät(e)
Game Boy	.... Gerät(e)	Game Boy	.... Gerät(e)
Heimcomputer	.... Gerät(e)	Heimcomputer	.... Gerät(e)

5. *Was machen Sie selbst in Ihrer Freizeit oft, selten oder gar nicht?*
Bitte kreuzen Sie an.

Das mache ich.....

	nie	*sehr selten*	*manch-mal*	*ziemlich oft*	*sehr oft*
Fernsehen schauen	0	1	2	3	4
Videofilme ansehen	0	1	2	3	4
Radio hören	0	1	2	3	4
CD/MusiCassetten anhören	0	1	2	3	4
Zeitschriften lesen	0	1	2	3	4
Zeitung lesen	0	1	2	3	4
Bücher lesen	0	1	2	3	4
Tele-/Computerspiele spielen	0	1	2	3	4
am Computer programmieren	0	1	2	3	4

Bitte denken Sie bei den folgenden Fragen nur an Ihr Kind aus der Hauptschule und <u>nicht</u> an seine Geschwisterkinder!

6. *Und wie ist es mit Ihrem Kind?*
Wie oft beschäftigt sich Ihr Kind in der Freizeit mit diesen Tätigkeiten?

Das macht mein Kind ....

	nie	*sehr selten*	*manch-mal*	*ziemlich oft*	*sehr oft*
Fernsehen schauen	0	1	2	3	4
Videofilme ansehen	0	1	2	3	4
Radio hören	0	1	2	3	4
CD/MusiCassetten anhören	0	1	2	3	4
Zeitschriften lesen	0	1	2	3	4
Zeitung lesen	0	1	2	3	4
Bücher lesen	0	1	2	3	4
Tele-/Computerspiele spielen	0	1	2	3	4
am Computer programmieren	0	1	2	3	4

Bitte denken Sie bei den folgenden Fragen nur an Ihr Kind aus der Hauptschule und nicht an seine Geschwisterkinder!

---

7. Finden Sie das gut so, wie oft Ihr Kind das macht? Oder fänden Sie es anders besser?
Bitte kreuzen Sie wieder an:

	bin zufrieden, wie mein Kind es macht	sollte mein Kind öfter machen	sollte meinKind seltener machen
Fernsehen schauen	o	o	o
Videofilme ansehen	o	o	o
Radio hören	o	o	o
CD/MusiCassetten anhören	o	o	o
Zeitschriften lesen	o	o	o
Zeitung lesen	o	o	o
Bücher lesen	o	o	o
Tele-/Computerspiele spielen	o	o	o
am Computer programmieren	o	o	o

---

8. Wie oft kommen Sie dazu, diese Dinge mit Ihrem Kind zusammen zu machen?

Das mache ich zusammen mit meinem Kind

	nie	sehr selten	manch- mal	ziemlich oft	sehr oft
Fernsehen schauen	0	1	2	3	4
Videofilme ansehen	0	1	2	3	4
Radio hören	0	1	2	3	4
CD/MusiCassetten anhören	0	1	2	3	4
Bücher / Zeitschriften lesen	0	1	2	3	4
Tele-/Computerspiele spielen	0	1	2	3	4
am Computer programmieren	0	1	2	3	4

Bitte denken Sie bei den folgenden Fragen nur an Ihr Kind aus der Hauptschule und <u>nicht</u> an seine Geschwisterkinder!

Das stimmt ....

	überhaupt nicht	eher nicht	teil- weise	eher schon	ganz genau
- Wenn mein Kind nicht Fernsehen oder Video schauen würde, könnte es im Freundeskreis nicht richtig mitreden.	0	1	2	3	4
- Mein Kind findet Personen (oder Figuren) aus Filmen toll und würde am liebsten auch so sein.	0	1	2	3	4
- Ich weiß immer genau, was mein Kind im Fernsehen/ auf Video so alles sieht.	0	1	2	3	4
-Mein Kind will oft etwas haben, was es in der Fernsehwerbung gesehen hat.	0	1	2	3	4
- Wenn mein Kind Langeweile hat oder überdreht ist, läßt es sich mit Fernsehen/Video beruhigen.	0	1	2	3	4
- Es gibt bei uns öfter mal Streit über das, was wir uns im Fernsehen oder auf Video ansehen wollen.	0	1	2	3	4
- Mein Kind guckt sich zuviele schlechte Sendungen und Filme an.	0	1	2	3	4
- Ich würde gerne mein Kind mehr vom Fernsehen/Video abbringen, aber ich weiß nicht, wie.	0	1	2	3	4
- Mein Kind hat wenig Ideen, etwas anderes zu machen als fernzusehen oder Video anzuschauen.	0	1	2	3	4
- Wenn mein Kind viel Gewalt im Fernsehen/auf Video sieht, wird es auch selber gewalttätig.	0	1	2	3	4

Bitte denken Sie bei den folgenden Fragen nur an Ihr Kind aus der Hauptschule und <u>nicht</u> an seine Geschwisterkinder!

---

9. Wir haben hier ein paar Meinungen und Dinge über Fernsehen und Video aufgeschrieben. Wie ist das in Ihrer Familie? Stimmt das bei Ihnen auch so oder eher nicht?

<u>*Das stimmt* ....</u>

	überhaupt nicht	eher nicht	teil-weise	eher schon	ganz genau
- Wir sitzen zu Hause öfter mal gemütlich beim Fernsehen/Video zusammen.	0	1	2	3	4
- Beim Fernsehen/Video kann ich mich gut entspannen.	0	1	2	3	4
- Beim Fernsehen/Video vergesse ich meine Sorgen und Probleme.	0	1	2	3	4
- Zusammen Fernsehen/Video schauen ist eine gute Möglichkeit, gemeinsam etwas Schönes zu machen.	0	1	2	3	4
- Beim Fernsehen/Video können die Kinder einiges lernen.	0	1	2	3	4
- Wir unterhalten uns über Filme oder Sendungen, die wir zusammen gesehen haben.	0	1	2	3	4
- Mein Kind darf selber entscheiden, <u>was</u> es im Fernsehen/Video anschaut.	0	1	2	3	4
- Mein Kind darf darüber entscheiden, <u>wieviel</u> es fernsieht oder Video anschaut.	0	1	2	3	4
- Wir richten uns öfter mal nach den Programmzeiten (z.B. beim Essen).	0	1	2	3	4
- Mit Fernseh-/Videoverbot kann ich einiges erreichen, was ich sonst nicht so einfach durchsetzen könnte.	0	1	2	3	4
- Von Personen oder Handlungen aus Filmen kann mein Kind oft lernen, was es machen oder lieber lassen sollte.	0	1	2	3	4

10. *Viele Kinder und Jugendliche hören gerne Musik. Ist das bei Ihrem Kind auch so?*
Stimmen die folgenden Meinungen dazu?

<u>*Das stimmt*</u> ....

	überhaupt nicht	eher nicht	teil- weise	eher schon	ganz genau
- Musik ist für mein Kind sehr wichtig.	0	1	2	3	4
- Mein Kind mag vor allem Musik, die ich nicht so mag.	0	1	2	3	4
- Bei uns gibt es manchmal Streit darü- ber, wie laut mein Kind die Musik hört.	0	1	2	3	4
- Mein Kind hört sich immer nur die gleiche Musik an.	0	1	2	3	4
- Mein Kind macht seine Hausaufgaben zu oft mit Musik.	0	1	2	3	4
- Die Musikerinnen und Musiker sind meinem Kind wichtig.	0	1	2	3	4
- Die Texte, die da gesungen werden, gefallen mir.	0	1	2	3	4
- Mein Kind guckt auch gerne Musiksendungen im Fernsehen.	0	1	2	3	4

11. Wie ist das mit Computerspielen, zum Beispiel Game Boy oder Spiele am Fernseher oder Computer?

Wir haben hier auch dazu ein paar Meinungen aufgeschrieben. Stimmen die?

(Wenn Sie in der Familie keine Computerspiele haben, lassen Sie diese Frage bitte aus.)

<u>Das stimmt</u> ....

	überhaupt nicht	eher nicht	teil- weise	eher schon	ganz genau
- Mein Kind lernt dabei, mit Computern umzugehen.	0	1	2	3	4
- Ich spiele auch gerne mit Computerspielen.	0	1	2	3	4
- Ich kann gut verrstehen, daß mein Kind so gerne damit spielt.	0	1	2	3	4
- Bei vielen Computerspielen kann mein Kind eine Menge lernen.	0	1	2	3	4
- Um mit den Freunden und Freundinnen mitreden zu können, braucht mein Kind Computerspiele.	0	1	2	3	4
- Durch das Computerspielen spielt mein Kind zu wenig mit anderen Kindern.	0	1	2	3	4
- Bei vielen dieser Spiele wird zu viel geballert und geschlagen.	0	1	2	3	4
- Die Spielerei an den Computerspielen macht mein Kind ganz nervös.	0	1	2	3	4

12. Sollte die Schule den Kindern und den Eltern dabei helfen, mit Fernsehen, Video, Computerspielen und so weiter gut zurechtzukommen?

o   ja, die Schule sollte den <u>Kindern</u> dabei helfen

o   ja, die Schule sollte den <u>Eltern</u> dabei helfen

o   nein, die Schule hat damit nichts zu tun

---

13. Hier ist jetzt noch eine Liste mit Themen für einen Elternabend.
Was davon interessiert Sie?

Das finde ich <u>als Thema für einen Elternabend</u>...

	sehr interessant	interessant	nicht interessant
- Wieviel Fernsehen sollte mein Kind?	o	o	o
- Was interessiert Kinder und Jugendliche heutzutage im Fernsehen, bei der Musik oder an den Computerspielen?	o	o	o
- Wie wirkt sich die Gewalt im Fernsehen auf mein Kind aus?	o	o	o
- Sind Computerspiele schädlich?	o	o	o
- Wie ist es in anderen Familien mit Fernsehen, Computerspielen und so weiter?	o	o	o
- Was könnte man mit seinen Kindern noch alles machen?	o	o	o
- Was kann ich dagegen tun, wenn mein Kind zuviel fernsieht oder Computerspiele spielt?	o	o	o

---

Haben Sie noch Fragen oder Anmerkungen zu diesem Thema?
Dann schreiben Sie sie bitte auf der Rückseite auf!

Vielen Dank für Ihre Mithilfe !!!

Interview-Leitfaden zur Evaluation des Curriculums zur Medienerziehung

A. Leitmedium

1. Hat sich das Leitmedium auf dieser Klassenstufe bewährt?
   Lässt es sich gut mit den Lehrplaninhalten verknüpfen?

2. Ist das Leitmedium geeignet, Themen aufzuschließen und den Unterricht zu bereichern?

3. Ist das Leitmedium dem Entwicklungstand der Schüler angemessen?
   Bringen sie grundlegende Kompetenzen im Umgang mit dem Leitmedium mit, auf denen aufgebaut werden kann?

4. Entspricht das Leitmedium der Interessenlage der Schüler?
   Nehmen sie es an und wirkt es motivierend?

5. Schwerpunkte, Orientierungen, Probleme beim Einsatz des Leitmediums?

B. Projektrahmen

6. Welche Projektrahmen wurden durchgeführt? In welchem zeitlichen Rahmen? Aufgrund an Unterrichtsstunden?

7. Welche der aufgeführten Fachlernziele wurden angegangen?
   Welche wurden tatsächlich erreicht?

8. Bei welchen Themen fand eine Kooperation mit anderen Lehrkräften statt?

9. Welche der aufgelisteten medienpädagogischen Ziele wurden angegangen?
   Welche wurden tatsächlich erreicht?

10. Wie beurteilen Sie die Verbindung zwischen Fachlernzielen und medienpädagogischen Zielen?

11. Welcher Gewinn für das Fach (Fachlernziele) ergibt sich aus der Integration medienpägagogischer Themen in den Fachunterricht?

12. Wurden die vorgeschlagenen Unterrichtsthemen übernommen?

13. Ist der Aufbau der Projektrahmen geeignet? Beurteilung des Umfangs? Alternativen?

14. Welche Maßnahmen im Rahmen des Schullebens wurden mit Bezug auf den Projektrahmen durchgeführt?

15. Wie wurden die Unterrichtsergebnisse medial dokumentiert?

16. Wie beurteilen Sie die Lernerfolge der Schüler im Verhältnis zum herkömmlichen Unterricht?
- fachlich
- medienpädagogisch
- erziehlich

Wie wurden die Lernfortschritte gemessen?

17. Wie beurteilen Sie das Verhältnis Aufwand – Erfolg?
Möglichkeiten zur Reduzierung des Aufwands?

C. Curriculum

18. Ist das Curriculum hilfreich für die Unterrichtsvorbereitung?
Macht die Einleitung das Anliegen einer integrativen Medienerziehung klar?

19. Wurden die angegebenen Hilfen/ Materialien genutzt?
Wurden andere eingesetzt?

20. Sollten noch andere Fächer (Inhalte) oder Medien in diesen Projektrahmen einbezogen werden? Welche?

D. Schüler

21. Wie beurteilen Sie das Schülerverhalten während der Unterrichtseinheit im Verhältnis zum herkömmlichen Unterricht hinsichtlich folgender Aspekte:
- Motivation
- Mitarbeit
- Leistung
- Kooperation
- Disziplin
- Selbständigkeit
- Phantasie/ Kreativität
- Reflexion der Unterrichtsarbeit mit den Schülern bezüglich medienpädagogischer Aspekte

E. Unterricht

22. Wie verändert sich die Unterrichtsgestaltung durch die Integration medienpädagogischer Themen?
- Arbeitsformen
- Sozialformen
- Lehrerrolle

23. Voraussetzungen für das Gelingen der Medienintegration?

24. Probleme und Schwierigkeiten bei der Umsetzung der Projektrahmen?

25. Weitere Anregungen/ Kritik?

Staatsinstitut für Schulpädagogik und Bildungsforschung München

Universität Erlangen-Nürnberg, Erziehungswissenschaftliche Fakultät

MEDIEN ERZIEHUNG IN DER SCHULE

MERIDES

Das Freizeit- und Medienverhalten von Schülern

MEDIENZEIT/Praxisbaustein

Unterlagen für eine Schülerbefragung mit automatisierter Auswertung und Ergebnisdarstellung

MEDIENERZIEHUNG IN DER SCHULE

MERIDES

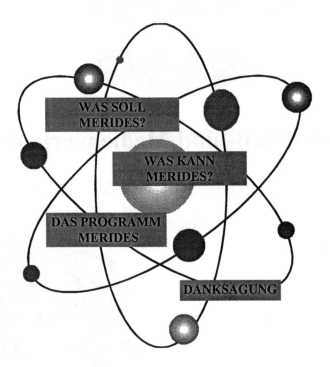

Bitte auf den gewünschten Text klicken!

Was kann  ?

Sie können zu jedem Thema

* einen **Schülerfragebogen aufrufen** und sich **ausdrucken** lassen (und die Vorlage für alle Schüler einer Klasse kopieren)

* die Schülerantworten nach einer Befragung in der Klasse in ein vorgegebenes **Auswertungsschema eintragen**

* sich die **Ergebnisse** einer Klasse in übersichtlicher Weise anzeigen und **ausdrucken** lassen und

* **Hintergrundinformationen und Unterrichtshinweise** zu einem Thema abrufen.

Viel Spass und viel Erfolg!

DAS PROGRAMM MERIDES

Mit welchem Thema wollen Sie sich beschäftigen?

Freizeitverhalten

Fernseh- und Videokonsum

Musikvorlieben

 **Computerumgang**

Lesegewohnheiten

Bitte auf die gewünschte GRAFIK klicken!

Sie interessieren sich für das
FREIZEITVERHALTEN
von Schülern?

Hier finden Sie alles,
was Sie zur Durchführung, zur Datenerfassung und
zur Auswertung einer Schülerbefragung über dieses Thema brauchen.

Bitte wählen Sie!

1. Schritt: Fragebogen

- anschauen ☑

- ausdrucken ☑

2. Schritt: Daten erfassen
(Schülerantworten
in eine Tabelle übertragen) ☑

3. Schritt: Daten auswerten
(Klassenergebnisse anschauen
und ausdrucken) ☑

Bitte die gewünschte Prozedur anklicken!

Auswertung
Freizeitverhalten

Zum Thema **Freizeitverhalten** von Schülern werden folgende Auswertungen angeboten:

Freizeitaktivitäten

**Hintergrundinformationen und
Unterrichtshinweise**

Auswertung

1. Was sind die wichtigsten (beliebtesten) und unbeliebtesten Freizeitaktivitäten von Schülern?
2. Unterscheiden sich weibliche und männliche Schüler?
3. Welche Unterschiede bestehen zwischen deutschen und ausländischen Schülern?

Freizeitpartner

**Hintergrundinformationen und
Unterrichtshinweise**

Auswertung

1. Wer sind die wichtigsten Freizeitpartner der Schüler?
2. Gibt es Unterschiede zwischen weiblichen und männlichen Schülern?
3. Was unterscheidet deutsche von ausländischen Schülern?

Jürgen Bofinger / Brigitta Lutz / Dieter Spanhel / Das Freizeit- und Medienverhalten von Hauptschülern

Eine explorative Studie über Hintergründe und Zusammenhänge

KoPäd Verlag München

Jürgen Bofinger / Brigitta Lutz / Dieter Spanhel: Das Freizeit-
und Medienverhalten von Hauptschülern. Eine explorative
Studie über Hintergründe und Zusammenhänge,
München 1999, 192 S., DM 29,- ISBN 3-929061-99-6

Diese Studie wurde im Rahmen eines dreijährigen Modellversuchs zur integrativen Medienerziehung an einer Erlanger Hauptschule durchgeführt. Gegenstand des Vorhabens war
der Versuch einer medienpädagogischen Evaluationsforschung, mit der die Umsetzung von
Handlungskonzepten hinsichtlich ihrer Praktikabilität und auch der Einschätzung der „betroffenen" Berufserzieher untersucht werden sollte. Dabei war die Ausgangshypothese, daß
die Hintergründe und Zusammenhänge des Freizeit- und Medienverhaltens in diesem Falle
von Hauptschülern für die schulische Medienerziehung und für den Bildungsauftrag der
Schule überhaupt von besonderer Relevanz sind, diese aber in der Medienforschung bisher
noch nicht genauer untersucht worden sind.
Die Befragung bezog sich nicht nur auf die Schüler, sondern erfaßte auch die Einstellungen
sowohl der Mütter als auch der Väter zum Freizeit- und Medienverhalten ihrer Kinder. Außerdem schätzten die Klassenlehrer jeden einzelnen Schüler hinsichtlich Persönlichkeitsmerkmale, Schulleistungen, Sozialverhalten und familiären Hintergrund ein.
Die Ergebnisse liefern wichtige Einsichten für die Verwirklichung eines integrativen Konzepts
schulischer Medienerziehung.

Jutta Wermke

**Integrierte
Medienerziehung
im Fachunterricht**

Schwerpunkt:
Deutsch

KoPäd

*München 1997, 224 Seiten, DM 28,-
ISBN 3-929061-42-2*

Hans Dieter Erlinger
Gudrun Marci-Boehncke (Hrsg.)

**Deutschdidaktik
und Medienerziehung**

Kulturtechnik
Medienkompetenz
in Unterricht und Studium

KoPäd

*München 1999, 168 Seiten, DM 28,-
ISBN 3-929061-55-4*

Ida Pöttinger

**Lernziel
Medienkompetenz**

Theoretische Grundlagen
und praktische Evaluation
anhand eines Hörspiel-
projekts

KoPäd

*München 1997, 272 Seiten, DM 36,-
ISBN 3-929061-26-0*

Olaf Kühn

**Vom Sehen plus
Hören zum Sprechen**

Zu den Chancen
des Videoeinsatzes
im Französischunterricht

KoPäd

*München 1998, 316 Seiten, DM 44,-
ISBN 3-929061-94-5*

Institut Jugend Film Fernsehen (Hrsg.)
Reihe Medienpädagogik

Band 1
Institut Jugend Film Fernsehen (Hrsg.)
Von Sinnen und Medien
Dialoge zur Medienpädagogik
155 S., München 1991; DM 14,80

Band 2
Helga Theunert (Hrsg.)
Faszination Computer
Computerarbeit mit Jugendlichen
120 S., München 1991; DM 14,80

Band 3
Bernd Schorb (Ed.)
Medienerziehung in Europa -
Media Education in Europe
Auf dem Weg zu einer
europäischen Medienkultur -
Towards a European Culture of Media
232 S., München 1992; DM 28,80

Band 5
Fred Schell
Aktive Medienarbeit mit Jugendlichen
Theorie und Praxis
3. Auflage
252 S., München 1999; DM 35,80

Band 6
Helga Theunert
Gewalt in den Medien -
Gewalt in der Realität
2., durchgesehene, mit einem Vorwort
aktualisierte Auflage
259 S., München 1996; DM 37,80

Band 7
Gitta Mühlen Achs,
Bernd Schorb (Hrsg.)
Geschlecht und Medien
160 S., München 1995; DM 23,80

Band 8
Fred Schell, Bernd Schorb,
Hans-Jürgen Palme (Hrsg.)
'Jugend auf der Datenautobahn'
Sozial-, gesellschafts- und bildungspoliti-
sche Aspekte von Multimedia
195 S., München 1995; DM 26,80

Band 9
Hans-Jürgen Palme, Andreas Hedrich,
Günther Anfang (Hrsg.)
Hauptsache: Interaktiv
Ein Fall für die Medienpädagogik
192 S., München 1997; DM 26,80

Band 10
Hans-Jürgen Palme, Fred Schell (Hrsg.)
Voll auf die Ohren 2
Kinder und Jugendliche machen Radio
Beispiele, Annregungen, Ideen
192 S. + Audio-CD mit Beispielen,
München 1998; DM 28,80

Band 11
Fred Schell, Elke Stolzenburg,
Helga Theunert (Hrsg.)
**Medienkompetenz: Grundlagen
und pädagogisches Handeln**
416 S., München 1999; DM 49,-

KoPäd

KoPäd Verlag - Kommunikation und Pädagogik
Pfälzer-Wald-Str. 64, 81539 München; Fon/Fax: 089-6891912; e-mail: kopaed@jff.crg.de